动车组系列培训教材·机械师

动车组制动系统

胡准庆　主　编
彭俊彬　程卫东　副主编

北京交通大学出版社
·北京·

内 容 简 介

本书是动车组系列培训教材之一。全书共8章，主要介绍动车组制动系统的相关概念、组成及基本工作原理，并详细介绍了国产CRH1型、CRH2型、CRH3型和CRH5型动车组制动系统的组成、工作原理和特点，以及动车组制动系统的试验和维修。

本书可作为高等学校铁道机车车辆类、轨道交通车辆类及动车组方向的专业教材，也可供铁路高职院校机车车辆类学生和研究动车组的工程技术人员使用和参考。

图书在版编目（CIP）数据

动车组制动系统/胡准庆主编. —北京：北京交通大学出版社，2012.6（2016.12重印）
（动车组系列培训教材·机械师）
ISBN 978-7-5121-1028-1

Ⅰ.①动… Ⅱ.①胡… Ⅲ.①动车-制动装置-技术培训-教材 Ⅳ.①U266

中国版本图书馆CIP数据核字（2012）第121377号

策划编辑：贾慧娟　陈跃琴　吴桂林
责任编辑：陈跃琴　特邀编辑：范跃琼
出版发行：北京交通大学出版社　　电话：010-51686414
　　　　　北京市海淀区高梁桥斜街44号　　邮编：100044
印 刷 者：北京鑫海金澳胶印有限公司
经　　销：全国新华书店
开　　本：185×260　印张：17.5　字数：437千字
版　　次：2012年6月第1版　2016年12月第6次印刷
书　　号：ISBN 978-7-5121-1028-1/U·104
印　　数：10 001~12 000册　定价：35.00元

《动车组系列培训教材·机械师》

编 委 会

出版说明

2005年，在铁道部的安排下，北京交通大学根据国外动车组设计资料、国内外技术交流文件，编写了动车组培训讲义，并对从事动车组运用的在职技术人员进行培训；随着中国高速动车组事业的飞速发展，到2010年，该讲义已经修订4版，先后培训了设计制造企业和运用部门各类人员4 000多人。

为适应动车组机械师专业人才培养的需要，北京交通大学机械与电子控制工程学院、北京交通大学出版社，在铁道部有关部门的指导下，组织北京交通大学铁道部动车组理论培训基地的教师，在南车青岛四方机车车辆股份有限公司、北车长春轨道客车股份有限公司、北车唐山机车车辆股份有限公司和青岛四方庞巴迪铁路运输设备有限公司等单位领导和专家的大力支持下，编写了本套《动车组系列培训教材·机械师》。

教材编写突出理论与实用相结合的原则。本着“理论通俗易懂，实操图文并茂”的原则，系统介绍了4种高速动车组的基本原理和结构组成。

本系列教材的出版，得到中国工程院王梦恕院士的关注和首肯，以及北京交通大学校领导、专家、教授的指导和支持，在此一并致谢。

北京交通大学机械与电子控制工程学院为该系列教材的出版，投入了大量的人力、物力和财力支持。

本系列教材从2012年1月起陆续出版，包括《动车组概论》、《动车组车体结构与车内设备》、《动车组转向架》、《动车组制动系统》、《动车组电力电子技术基础》、《动车组供电牵引系统与设备》、《动车组辅助电气系统与设备》、《动车组运行控制系统》、《动车组车内环境控制系统》、《动车组控制与管理系统》、《动车组司机室》、《动车组运用与维修》。

希望本套教材的出版对高速动车组的发展，对提高动车组的安全运行和维修、维护水平有所帮助。

教材编写委员会

2012年5月

院士推荐

中国高速铁路近年来发展迅速，按照铁路中长期发展规划，到2020年，全国铁路运营里程将由目前的9.1万km增加到12万km，其中时速200～350 km的客运专线和城际铁路将达到1.8万km，投入运营的高速动车组将达到1 000组。

高速铁路涉及诸多高新技术领域，其中作为铁路运输主要装备的高速动车组是这些高新技术应用的综合体现，它涉及系统集成技术、新型车体技术、高速转向架技术、快速制动技术、牵引传动技术、自动控制技术、网络与信息技术等。大量新技术装备的创新和应用，极大地提高了铁路客货运输的能力和快速便捷的出行，但在实际使用中对于现有参与运营、维修、管理等各类人员提出了更高、更新的要求，以确保高速铁路运营过程的安全与可靠性。目前相对于我国高速铁路里程建设速度，对于在实际运营、管理中迫切需求的大量技术人才培养明显滞后，因此会在高速铁路的长期运营中存在严重的安全隐患，温州“7.23”事故已经给了我们一个沉痛的教训。另外，相对于高速铁路建设发展的需求，目前能够满足高速铁路运营、维修人才培养需求的优质教材也存在严重不足，尚不能满足我国高速铁路发展对各类人才培养的需要。

北京交通大学机械与电子控制工程学院作为“铁道部高速动车组理论培训基地”和北京市动车组优秀教学团队所在单位，已长期从事有关铁道车辆专业的教学与科研工作，不但学术水平高，而且教学经验丰富。从2005年开始结合我国高速动车组技术的引进、消化、吸收和创新项目及高速列车国家科技支撑项目，进行研究和实践，取得了许多成果。在参考了国内外动车组设计资料、与国内外有关设计、制造、管理局等方面进行了相关技术和学术交流，在广泛听取来自企业和运用部门提出应加快对运营单位各专业人员进行岗位培训要求的基础上，组织相关专家、教授、高级技师等进行高速动车组运营工程师、技师培训讲义的编写，在内容的适用性、安全性、可靠性与全面性方面保持与国际高速动车组技术同步，并承担由铁道部下达的各项培训任务，至今已为各单位培训高速动车组运营、维修、管理人才4 000余人，为保证我国快速发展的高速铁路事业做出了相应的贡献。

今天，这套倾注了众多专家、教授、技师及铁路部门有关领导和工程技术人员大量心血的“动车组系列培训教材·机械师”即将由北京交通大学出版社付梓面世。这套教材的出版，恰逢其时，我们有理由相信它能够为促进我国高速铁路动车组的安全可靠运营和维护提供一个良好的支撑！

祝我国的高速铁路事业进一步健康、蓬勃、快速发展。

王梦恕

中国工程院院士

2012年5月

前　言

铁路运输作为我国交通运输体系的重要组成部分，在国民经济中占有非常重要的地位。尤其是铁路客运，每年要承担数亿旅客运量，旅行高峰时期更使本来繁忙的铁路旅客运输不堪重负，运能不足的矛盾非常突出，铁路旅客运输现状已成为制约我国国民经济发展的瓶颈。

2007 年 4 月，随着我国实施铁路第六次大提速，和谐号（China Railway Highspeed，CRH）动车组在既有线上实现了最高 250 km/h 的高速运营，标志着我国既有线提速达到了世界先进水平。2011 年 6 月，京沪高速铁路正式开通运营，标志着我国铁路技术装备进入了世界先进行列，对运输能力的释放和对时空距离的拉近，对我国社会经济的发展产生了广泛而深远的影响。

中国铁路高速动车组 CRH 是中国铁路自主品牌的高速动车组系列。在打造中国品牌高速列车的过程中，铁路行业迫切需要大量的动车组设计、制造、运用和维修等方面的专业技术人才。然而高等院校在动车组相关人才培养方面，缺少一套系统完整的教材。为此北京交通大学作为铁道部高速动车组理论培训基地，在铁道部大力支持下，组织编写了适合铁道机车车辆类专业使用的动车组系列教材，本教材作为系列教材之一，主要介绍动车组制动装置方面的内容。

动车组制动系统与传统列车有很大不同，新的制动方式的应用使原有的教材内容已经不能满足人才培养的要求，因此有必要对原有教材和近几年出版的动车组制动方面的书籍进行改编和内容加强，以满足铁路动车组制动技术人才的培养需求。

本教材共分 8 章。第 1 章介绍动车制动系统的概念、组成和特点；第 2 章介绍动车组制动系统的工作原理，重点介绍空气制动系统和制动控制系统的原理；第 3 章介绍 CRH_2 型动车组制动系统，重点介绍 CRH_2 型动车组空气制动系统、防滑装置和制动控制系统；第 4 章介绍 CRH_5 型动车组制动系统，重点介绍 CRH_5 型动车组的空气制动系统；第 5 章介绍 CRH_1 型动车组制动系统，重点介绍 CRH_1 型动车组空气制动系统；第 6 章介绍 CRH_3 型动车组制动系统，重点介绍 CRH_3 型动车组空气制动系统和制动控制系统；第 7 章介绍动车组制动系统的维修，重点介绍 CRH_2 型动车组制动系统的维修流程；第 8 章介绍制动系统的试验，重点介绍动车组制动静态性能试验、空气压缩机例行试验、司机制动控制器例行试验和制动控制装置例行试验。

本书由北京交通大学胡准庆主编，彭俊彬和程卫东参加了编写工作。具体编写分工如下：第 1 章～第 3 章由北京交通大学彭俊彬编写，第 4 章～第 6 章、第 8 章由北京交通大学胡准庆编写，第7章由北京交通大学程卫东编写。

在本书的编写过程中，得到了北京交通大学刘志明老师和陈淑玲老师的无私帮助，在此表示衷心的感谢。

由于水平所限，时间仓促，疏漏和不足之处在所难免，恳请广大读者提出批评和建议。

编者

2012年5月

Contents

目录

第 1 章　动车组制动系统概述

1.1　制动的相关概念

1.1.1　基本概念

人为地制止列车运动，包括使其减速、阻止其运动或加速运动，均可称为“制动”。反之，对已施行制动的列车，解除或减弱其制动作用，均称为“缓解”。为使列车能施行制动和缓解而安装在列车上的一整套设备，总称为“制动装置”。

我国铁路广泛使用的空气制动装置从结构上可分为制动机和基础制动装置两个组成部分。制动机是产生制动原动力并进行操纵和控制的部分，包括制动装置中的制动缸、分配阀等；基础制动装置是传送制动原动力并产生制动力的部分，如制动装置中的制动夹钳。

由制动装置产生的与列车运行方向相反的外力称为制动力，它是人为的阻力，比列车运行中由于各种原因自然产生的阻力要大得多。所以，尽管在制动过程中，列车运行阻力也起作用，但起主要作用的还是列车制动力。

从列车施行制动作用开始，到其完全停住所驶过的距离称为制动距离。它是综合反映列车制动装置性能和实际制动效果的主要技术指标。有时也采用制动（平均）减速度作为评价指标，两者的实质是一样的。但制动距离比较具体，制动减速度则较为抽象。两者的关系可用下式表示：

$$\left(\frac{v \times 1000}{60 \times 60}\right)^2 = 2 \cdot a \cdot s \tag{1-1}$$

$$a = \frac{v^2}{2 \times 3.6^2 \times s} \tag{1-2}$$

或

$$s = \frac{v^2}{2 \times 3.6^2 \times a} \tag{1-3}$$

式中：

v——施行制动时的列车初速度，简称“制动初速”，km/h；

s——制动距离，m；

a——列车在制动距离内的平均减速度，m/s^2。

为确保行车安全，世界各国都要根据本国铁路情况（主要是列车速度、信号和制动技术等）制定出自己的制动距离标准——紧急情况下制动距离的最大允许值，又称“计算制动距离”。有时也给出减速度标准。我国《铁路技术管理规程》（简称《技规》）原来规定的紧急制动距离为800 m，但随着列车速度的提高，制动距离的标准也要相应加长

（否则会使制动过程的减速度过大）。如对于国产 CRH 系列的动车组，当制动初速度为 160 km/h 时，规定紧急制动距离为 1 400 m；当制动初速度为 200 km/h 时，紧急制动距离为 2 000 m；当制动初速度为 300 km/h 及以上时，紧急制动距离超过 3 000 m。

1.1.2 制动对动车组的意义

对于动车组来说，制动的重要性早已不仅仅是安全问题了，它已成为限制列车速度进一步提高的重要因素；要想做到列车的“高速”，除了要有大的牵引功率之外，还必须有足够强的制动能力。

图 1-1 表示列车从甲站出发，经启动、匀速运行和制动工况在乙站停车的过程。在一定制动能力的保证下，动车组从图中 A 点开始减速进站。如制动能力不足，则必须从 A'点就开始制动，从而延长了制动距离，影响了行车效率；若想在原有的减速距离内停车，则列车运行的速度在起动阶段只能提升至 A''点的水平。列车的制动能量和速度的平方成正比，时速 200 ～ 300 km 动车组的制动能量是普通列车的 4 ～ 9 倍。可见，能力强大的制动装置对于保证动车组的高速、安全运行有着至关重要的意义。

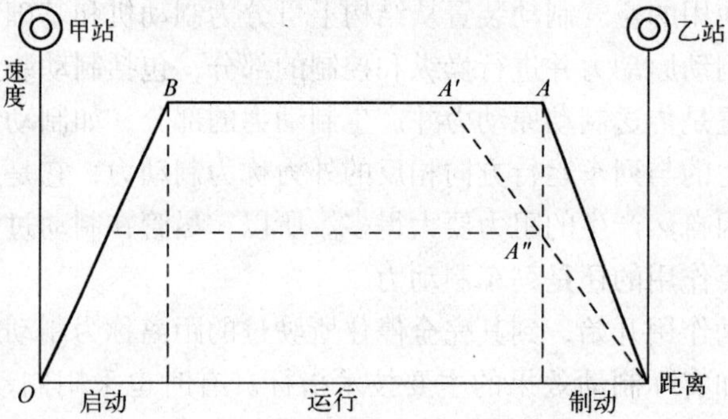

图 1-1 列车制动能力对速度的影响

1.1.3 制动方式的分类

制动方式有多种分类标准，本书主要介绍如下三种。

1. 按动能的转移方式分类

列车制动过程中动能的转移方式包含两层含义：一是“转”的方式，即将列车动能转化为何种其他形式的能量；二是“移”，即如何将转化出的其他形式的能量消耗掉。以闸瓦制动为例，“转”就是将列车动能通过闸瓦与车轮踏面的摩擦转化为热能，“移”就是将由动能转化出的热能耗散于大气。按动能的转移方式，动车组所采用的制动方式主要有以下几种。

1）盘形制动

盘形制动是在车轴或车轮辐板侧面安装制动盘，制动时用制动夹钳使两个闸片紧压制动盘侧面，通过摩擦产生制动力，将列车动能转变成热能耗散于大气，如图 1-2 所示。

与闸瓦制动相比，盘形制动有下列主要优点：

① 可大大减轻车轮踏面的热负荷和机械磨耗；

② 可按制动要求选择最佳“摩擦副”；

③ 制动平稳，几乎没有噪声。

因此，与闸瓦制动相比，盘形制动更适合于高速动车组。

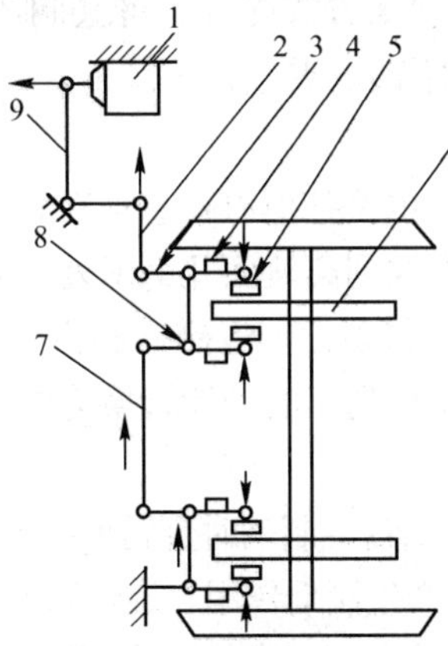

图 1-2 盘形制动装置

1—制动缸；2—拉环；3—水平杠杆；4—缓冲弹簧；5—制动闸片；
6—制动盘；7—中间拉杆；8—水平杠杆拉杆；9—转臂

2）电阻制动

电阻制动曾在动车组上大量应用。它是在制动时将原来驱动轮对的自励牵引电动机变为他励发电机，由轮对带动发电，并将电流通往专门设置的电阻器，采用强迫通风使热量耗散于大气，从而产生制动作用。

3）再生制动

与电阻制动相似，再生制动也是将牵引电动机变为发电机。不同的是，它将电能反馈回电网，使本来由电能变成的列车动能再生为电能，而不是变成热能耗散掉。

显然，再生制动比电阻制动更加经济。因此，20 世纪 90 年代后再生制动在各国的动车组上获得了广泛应用。

4）磁轨制动

磁轨制动是在转向架两个侧架下面同侧的两个车轮之间各安装一个电磁铁，制动时将它放下并利用电磁吸力紧压钢轨，通过电磁铁上的磨耗板与钢轨之间的滑动摩擦产生制动力，把列车动能变为热能耗散于大气，如图 1-3 所示。

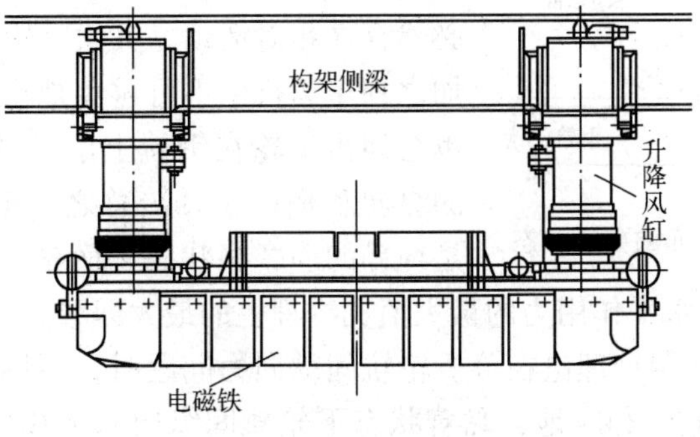

图 1-3 磁轨制动装置

磁轨制动的制动力不是通过轮轨黏着（“轮轨黏着”的概念详见本节“2. 按制动力的形成方式分类”相关内容）产生，不受轮轨间黏着力的限制，因而能在黏着力以外再获得一份制动力。磁轨制动与其他制动方式配合，可共同产生较高的制动力；在紧急制动时使用，可满足高速动车组对制动距离的要求。

5）轨道涡流制动

轨道涡流制动与磁轨制动相似，也是把电磁铁悬挂在转向架侧架下面同侧的两个车轮之间。不同的是，电磁铁在制动时只下放到离轨面几毫米处，而不与钢轨接触。它利用电磁铁和钢轨相对运动产生的洛伦兹力作为制动力。电磁铁和钢轨的相对运动使钢轨感应出涡流，从能量的角度来看，轨道涡流制动是将列车的动能转换为电能，再转换为热能耗散于大气。

6）旋转涡流制动

旋转涡流制动是在车轴上装有金属盘，制动时金属盘在电磁铁形成的磁场中旋转，盘的表面感应出涡流并产生洛伦兹力，从而产生制动作用。旋转涡流制动的能量转换过程与轨道涡流制动类似。旋转涡流制动广泛应用于日本新干线 100 系、300 系和 700 系动车组的拖车上。

7）翼板制动

翼板制动尚处于试验之中，是一种从车体上伸出翼板来增加空气阻力的制动方式。翼板的位置适当，动车组运行时的空气阻力可增加 3 ～ 4 倍。

2. 按制动力的形成方式分类

1）轮轨摩擦与黏着

根据刚体平面运动学的分析，对于沿钢轨自由滚动的车轮，车轮和钢轨的接触点在它们接触的瞬间是没有相对运动的，轮轨之间的纵向水平作用力就是物理学上说的静摩擦力，其最大值——“最大静摩擦力”是一个与运动状态无关的常量，它等于钢轨对车轮的垂向支持力与静摩擦系数的乘积。

轮轨间的静摩擦是一种难以实现的理想状态。首先，车轮和钢轨在很大的压力作用下都有变形，轮轨间是椭圆面接触（从侧面看是线接触而非点接触）。如图 1-4 所示，由于闸片摩擦力矩的作用，轮周上位于轮轨接触部位左、右两侧的部分分别处于拉伸和压缩状态，而钢轨上位于接触部位左、右两侧的部分状态正好与车轮相反。随着车轮的滚动，轮轨接触部位的轮周会发生从拉伸到压缩的状态转变，而接触部位钢轨的状态转变情况则与之相反，因而轮轨之间必然存在相对滑动。其次，由于车轮踏面是圆锥形，加之列车运行中不可避免地要发生冲击和各种振动，也会使得车轮在钢轨上滚动的同时必然伴随着微量的纵向和横向滑动。总之，车轮在钢轨上的运动不是纯粹的静摩擦状态，而是“静中有微动”或“滚中有滑”，轮轨间纵向水平作用力的最大值比物理上的最大静摩擦力要小得多。

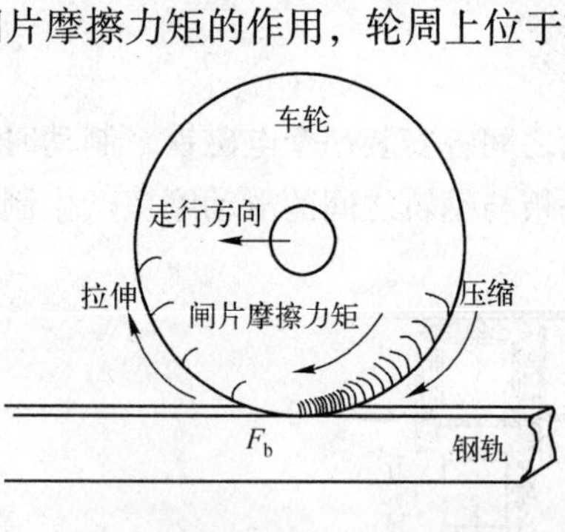

图 1-4　制动时轮轨表面的变形状态

因此，铁路牵引和制动理论在分析轮轨间纵向力问题时，不用“静摩擦”这个名词，而用“黏着”来代替它。相应地，黏着状态下轮轨间纵向水平作用力的最大值就称为黏着力，而把黏着力与轮轨间垂向载荷的比值称为黏着系数。而且，为便于应用，还假定轮轨间的垂直载荷在运行中固定不变，即黏着力的变化完全是由于黏着系数的变化引起的。这样，黏着力与运动状态的关系被简化为黏着系数与运动状态的关系。这时，黏着系数也就成了假定值（称为计算黏着系数），但由于它和假定不变的垂直载荷的乘积等于实际的黏着力，该假定用于黏着力计算是可行的，实际上也都是这样用的（以后凡是提到黏着系数，如无特别说明，均指假定值）。

2）黏着系数的影响因素

黏着系数的影响因素主要有两个：一个是轮轨间表面状况，另一个是列车运行速度。

轮轨间表面状态包括：干湿情况、脏污程度以及是否有锈等。轮轨的湿度、脏污程度又与天气、环境污染状况和制动装置的型式（如有无踏面清扫装置）等因素有关。天气因素包括：下雨与否、雨量大小和持续时间、有无霜雪等。轮轨干燥而清洁时黏着系数较大，轮轨刚刚潮湿，或有霜雪、油污时黏着系数明显减小。但如果连续大雨，钢轨被冲刷得很洁净，则钢轨虽然很湿，黏着系数也不会小。轨面生锈对黏着系数的影响是两方面的：薄薄的一层黄锈可使黏着系数增大；但锈层较厚，特别是有点湿润的棕色锈层，则反而会使黏着系数明显减小。

列车运行速度对黏着系数的主要影响是：随着制动过程中列车速度的降低，冲击振动以及伴随而来的纵向和横向的少量滑动都逐渐减弱，因而黏着力和黏着系数也逐渐增大，其增大的程度与列车的动力学性能、轨道的情况等有关。

由此可见，黏着系数的影响因素复杂多变，难以用理论方法确定；黏着系数的计算公式都是在大量试验的基础上，结合运用经验，根据平均值整理得到的。而且，黏着系数的变化范围很大，很难以一条曲线来表示，通常给出两条曲线，即给出一个范围。我国经试验研究得出的可供中国机车车辆设计时选用的制动黏着系数公式为：

干燥轨面
$$\mu = 0.0624 + \frac{45.6}{v + 260} \tag{1-4}$$

潮湿轨面
$$\mu = 0.0405 + \frac{13.5}{v + 120} \tag{1-5}$$

式中：μ——制动黏着系数；

v——列车运行速度，km/h。

其相应的黏着特性曲线如图 1-5 所示。黏着特性曲线是动车组对制动力进行控制的

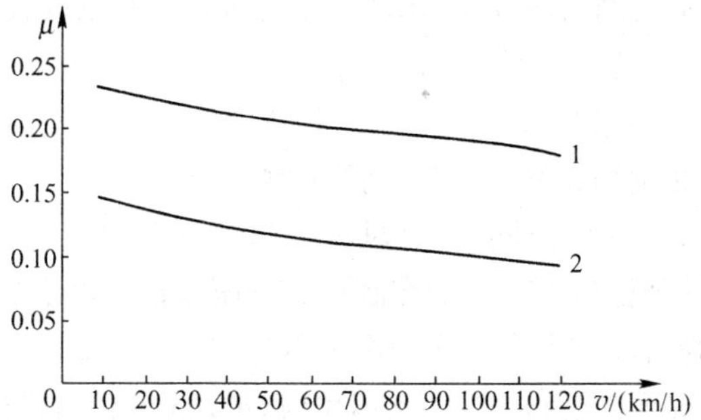

图 1-5 中国铁路推荐使用的实测黏着特性曲线

1—干燥轨面；2—潮湿轨面

依据，任何工况下，制动系统所产生的制动力都不应超过根据黏着特性计算出的值（因制动力要受到轮轨之间黏着力的限制），否则就会发生打滑。

日本新干线和德国高速铁路动车组黏着系数的经验公式如下：

日本（干轨） $$\mu = \frac{27.2}{v+85} \tag{1-6}$$

日本（湿轨） $$\mu = \frac{13.6}{v+85} \tag{1-7}$$

德国（干轨） $$\mu = 0.116 + \frac{9}{v+42} \tag{1-8}$$

德国（湿轨） $$\mu = 0.7 \times \left(0.116 + \frac{9}{v+42}\right) \tag{1-9}$$

3）黏着制动与非黏着制动

按照制动力的形成方式，制动方式可分为黏着制动和非黏着制动。前者是通过轮轨间的黏着作用产生制动力，且制动力的最大值受黏着力的限制；一旦轮轨间的作用力超过了轮轨黏着的限制，就会打滑。而非黏着制动方式则无需通过轮轨黏着产生制动力，其制动力的大小自然也就不受其限制。

在各国高速动车组所采用的制动方式当中，除磁轨制动和轨道涡流制动外（二者较少采用），其他方式一般说来都属于黏着制动。因此，黏着特性曲线对高速运行的动车组的制动力控制有着至关重要的作用。

3. 按制动力的操纵控制方式分类

按制动力的操纵控制方式，动车组所采用的制动方式可分为空气制动、电空制动和电制动三类。

1）空气制动

空气制动又分为直通式空气制动和自动式空气制动两种。

（1）直通式空气制动

直通式空气制动是较早出现的空气制动方式，其结构如图 1-6 所示。机车上的空气压缩机（风泵）产生压缩空气并送入机车上的总风缸储存。

当机车上操纵制动控制阀的手柄置于制动位Ⅰ时，总风缸的压缩空气便进入贯通全列车的制动管。制动管包括贯通每辆车的制动主管、端部的制动软管和软管连接器及由每根主管中部接出的制动支管。进入制动管的压缩空气可经由每辆车的制动支管“直通”其制动缸，推动制动缸内的活塞右移，压缩其背后的缓解弹簧，使活塞杆向外伸出，从而使装于制动杠杆下端的闸瓦及瓦托紧压车轮，产生制动作用。

当制动控制阀手柄置于保压位Ⅱ时，总风缸、制动管和大气三者之间的通路均被隔断，制动管和制动缸的空气压强保持不变。如在制动缸升压过程中将手柄反复置于制动位和保压位，可使制动缸空气压强阶段式上升，这种作用称为“阶段制动”，见图 1-7 左半部分。

当制动控制阀手柄置于缓解位Ⅲ时，制动缸和制动管的压缩空气均可由制动控制阀排往大气。制动缸活塞在缓解弹簧的复原力推动下左移，使活塞杆向缸内缩回，闸瓦离开车轮，制动状态得到缓解。如在制动缸降压过程中将手柄反复置于缓解位和保压位，可使制

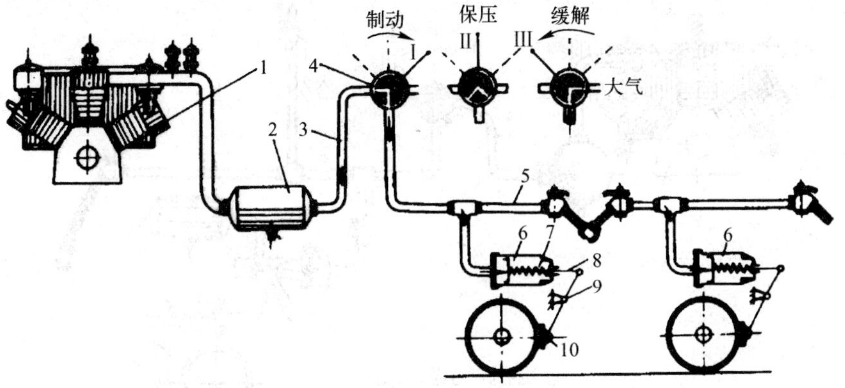

图 1-6 直通式空气制动结构

1—空气压缩机（风泵）；2—总风缸；3—总风缸管；4—制动控制阀；5—制动管；6—制动缸；7—缓解弹簧；8—活塞杆；9—制动缸杆及其支点；10—闸瓦及瓦托

动缸压强阶段式下降，这种作用称为“阶段缓解”，如图 1-7 右半部分所示。

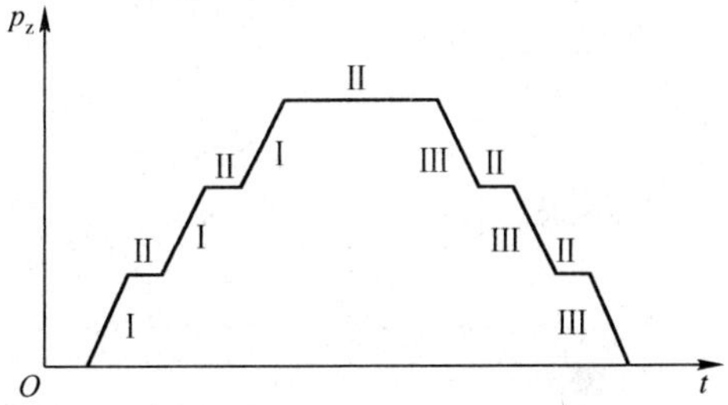

图 1-7 阶段制动和阶段缓解

Ⅰ—制动位；Ⅱ—保压位；Ⅲ—缓解位

直通式空气制动的特点是：制动管直接通向制动缸（直通），制动管充气（增压）制动缸也充气（增压），发生制动；制动管排气（减压）制动缸也排气（减压），发生缓解。它的优点是构造简单，并且既有阶段制动，又有阶段缓解，便于调节制动力。缺点是当列车发生分离事故，制动软管被拉断时，将彻底丧失制动能力；而且，由于制动时所有车辆的制动缸都靠机车上的总风缸经制动管供气，缓解时各车制动缸的压缩空气都需经制动管从机车上的制动控制阀处排出，因此，列车前后部制动和缓解发生的时间差大，会造成较强的纵向冲击，不适于编组较长的列车。所以，列车的制动操纵后来就改用了自动式空气制动。

（2）自动式空气制动

自动式空气制动装置的基本组成原理如图 1-8 所示。与直通式制动装置相比，每辆车上多了三通阀（“三通”指的是：一通制动管，二通副风缸，三通制动缸；有些自动式空气制动装置中的“分配阀”或“控制阀”与此处的三通阀功能相同，但结构更为复杂）和副风缸。

当制动控制阀手柄置于缓解位Ⅲ时，总风缸的压缩空气经制动控制阀进入制动管（增压），并进入三通阀 6，将三通阀内的活塞推至右极端（缓解位），并经活塞上部的充气沟进入副风缸 8。此时，制动缸 7 经三通阀通大气；如制动缸原来处于制动状态，则可得到缓解。

当制动控制阀手柄置于制动位Ⅰ时，制动管经制动控制阀通大气（减压），副风缸 8 的气压将三通阀 6 的活塞推向左极端（制动位），打开三通阀通往制动缸的孔路，使副风缸的压缩空气通往制动缸，产生制动作用。

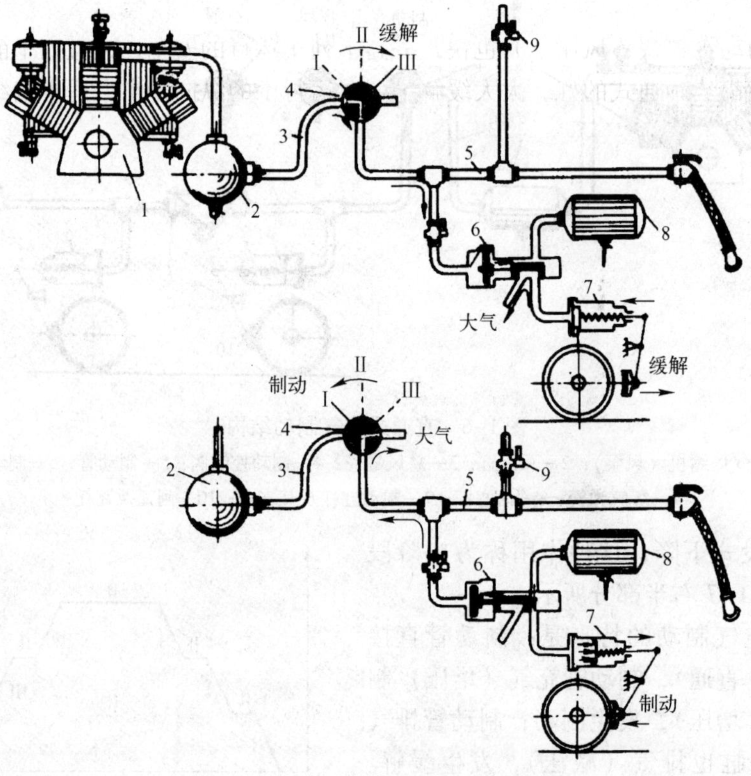

图1-8　自动式空气制动组成原理

1—空气压缩机；2—总风缸；3—总风缸管；4—制动阀；5—制动管；
6—三通阀；7—制动缸；8—副风缸；9—紧急制动阀（车长阀）

当制动控制阀手柄置于保压位Ⅱ时，制动管既不通总风缸也不通大气，制动管空气压强保持不变。此时，副风缸仍继续向制动缸供气，副风缸空气压强仍在下降。当副风缸空气压强降至比制动管空气压强略低时，制动管气压会将三通阀活塞向右反推至中间位置（中立位或保压位），恰好使三通阀通制动缸的孔被关闭；于是，副风缸停止向制动缸供气，副风缸空气压强不再下降，处于保压状态；制动缸空气压强不再上升，也处于保压状态。如在制动缸升压过程中将手柄反复置于制动位和保压位，则制动缸空气压强亦可分阶段上升，即实现阶段制动。

但是，如果在制动缸降压过程中将制动控制阀手柄由缓解位移至保压位，则制动管停止增压，副风缸也跟着停止增压，无法将三通阀活塞反推至中间位置（保压位）。活塞仍停留在右极端（缓解位），制动缸的压缩空气继续排向大气，直至完全缓解。手柄反复在缓解位和保压位之间移动，只能使制动管和副风缸的气压呈阶段式上升，却不能使制动缸实现阶段缓解，即只能实现一次彻底缓解。

自动式空气制动的特点与直通式的相反：它是制动管排气（减压）时制动缸充气（增压），发生制动；制动管充气（增压）时制动缸排气（减压），发生缓解。其优点是当列车发生分离事故，制动软管被拉断时，制动管风压急剧下降，三通阀自动而迅速地左移到制动位，列车可自动、迅速地制动直至停车。由于制动时各车都有副风缸分别向本车的制动缸供气，缓解时各车制动缸的压缩空气也分别从本车的三通阀处排出，因此，制动时制动缸的动作较快，风压上升也快，提高了列车运行的安全性，且列车前后部制动和缓解的一致性都比直通式的好，大大缓解了列车运行中的纵向冲击，适于编组较长的列车。

在我国制造的 CRH 系列的动车组中，只有 CRH3 和 CRH5 型动车组将自动式空气制动作为备用的制动方式，所有车型正常情况下的空气制动都采用直通方式；但需注意的是，动车组所使用的直通式空气制动装置与前面介绍的最早出现的直通式空气制动装置有所不同，其结构和工作原理详见后续章节。

2）电空制动

电空制动就是电控空气制动的简称，它是在空气制动机的基础上，每辆车加装电磁阀等电气控制部件而形成的。电空制动的特点是制动的操纵控制用电，制动作用的原动力还是压缩空气；当制动机的电控失灵时，仍可实行空气压强控制，临时变成空气制动机。

图 1-9 所示为自动空气制动机加装电控部件的情况，其工作原理如下：制动时各车的制动电磁阀的排气口同时打开，将制动管的压缩空气排往大气，产生制动作用。缓解时各车的缓解电磁阀的通路同时打开，使各车的加速缓解风缸同时向制动管充气（加速缓解风缸的压缩空气是制动管经过三通阀向副风缸充气时经过止回阀充入；由于此止回阀的作用，制动时加速缓解风缸的压缩空气没有使用）。保压时缓解电磁阀的通路被关闭，保压电磁阀将三通阀的排气通路切断，所以，三通阀主活塞此时虽然停留在充气缓解位，制动缸经三通阀与排气口相通，但不通大气，制动缸空气压强保持不变。

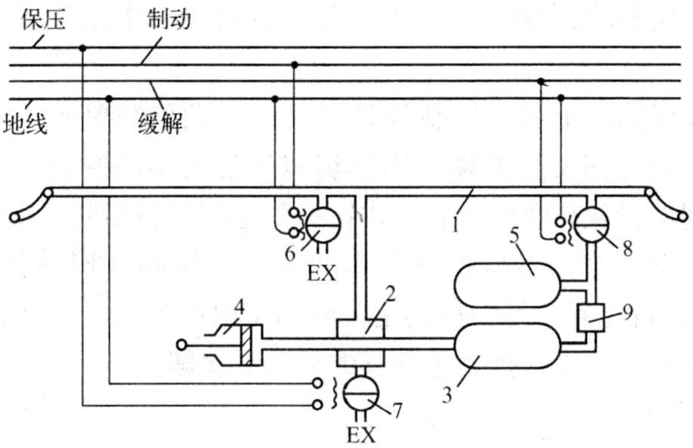

图 1-9　电空制动组成原理

1—制动管；2—三通阀；3—副风缸；4—制动缸；5—加速缓解风缸；6—制动电磁阀；7—保压电磁阀；8—缓解电磁阀；9—止回阀

电空制动机通过电气指令控制每辆车电磁阀的开闭，来控制制动管的充/排气（增/减压），从而使三通阀动作，实现全列车的制动和缓解。因此，与空气制动机相比，它大大改善了列车前后制动和缓解的一致性，从而显著减轻了列车的纵向冲击，缩短了制动距离。电空制动本质上也是空气制动。

3）电制动

操纵控制和原动力都用电的制动方式称为电磁制动，简称电制动，如前边讲到的电阻制动和再生制动。因电制动具有节能（再生制动的情形）、减少空气制动装置的磨耗及其他诸多优点，它已成为各种型号的高速动车组的主要制动方式。

1.1.4 制动作用的种类

动车组的制动作用按用途可分为如下四大类。

1. 常用制动

常用制动是正常情况下为调节、控制列车速度或进站停车所施行的制动。其特点是作用比较缓和，制动力可以调节，通常只用列车制动能力的 20%～80%，多数情况下用 50%左右。

2. 非常制动

非常制动是紧急情况下为使列车尽快停住而施行的制动，其特点是把列车的制动能力全部用上，且作用迅猛。对于 CRH_2 型动车组，非常制动的制动力为最大常用制动力的 1.4～1.5 倍，非常制动有时也称快速制动。

3. 紧急制动

紧急制动也是在紧急情况下产生作用的制动方式，特点与非常制动类似。它与非常制动的区别在于：非常制动一般为电、空联合制动，也可以是空气制动；而紧急制动则只有空气制动作用。

4. 辅助制动

辅助制动包括备用制动、救援/回送制动和停放制动 3 种方式。

1）备用制动

当运营中的动车组的电子制动控制装置（也称制动控制单元，即 BCU，详见 2.4 节相关内容）或常用制动电路发生故障，无法实施正常的制动控制时，可启用备用制动设备进行制动。备用制动设备有两种控制方式：一种是利用备用制动指令线传递备用制动控制装置发出的电气制动指令，直接控制各车的电空转换阀（EP 阀，详见 2.2 节相关内容），对制动和缓解进行控制；另一种则是启用动车组内备用的自动式空气制动装置进行制动，即通过制动管的增减压来控制全列车的制动和缓解。

2）救援/回送制动

救援/回送制动是通过救援机车的制动管来控制动车组的制动作用。当救援机车制动管的增减压信号传递至动车组时，又可采取两种控制方式：一种是将机车制动管与动车组制动管直接相连，由救援机车控制动车组制动管内的空气压强；另一种则是在救援机车和动车组之间加装一个空电转换装置（制动指令转换器），由它将机车制动管内的空气压强信号转换为电气指令信号来控制动车组的电空转换阀，实现各车的制动和缓解，如图 1-10 所示。

3）停放制动

停放制动是为使动车组能够停放在一定坡度的坡道上不溜车而施行的制动作用。停放制动可利用专门的弹簧停放装置使基础制动装置动作，也可将铁鞋放在车轮踏面下面阻止列车运动。停放制动有时也称驻车制动。

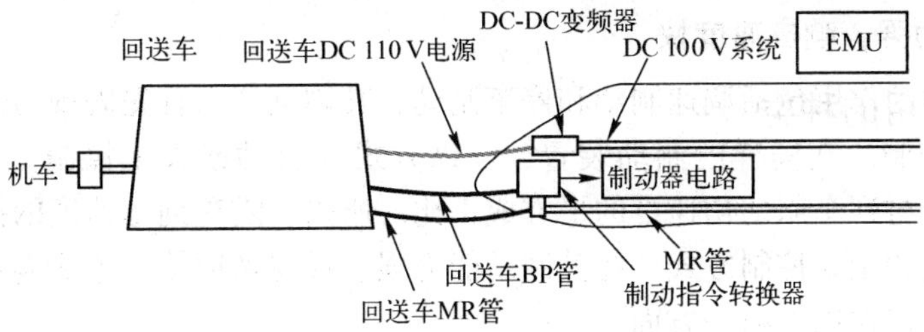

图 1-10　动车组的回送连挂示意图

1.2　动车组制动系统的组成和特点

1.2.1　动车组制动系统的组成

动车组运行速度高，给列车的制动能力、运行平稳性等方面提出一系列问题。因此，高速动车组必须装备高效率和高安全性的制动系统，为列车正常运行提供调速和停车的保障，并保证在意外故障或其他必要情况下有尽可能短的制动距离。此外，高速运行的动车组对制动系统的可靠性和制动时的舒适度也提出了更高的要求。

所以，动车组制动系统的性能和组成与普通的旅客列车有很大不同，它是一个能提供强大制动能力并能更好利用黏着的复合制动系统，包含多个子系统，主要由电制动系统、空气制动系统、防滑装置和制动控制系统等组成，制动时采用电制动与空气制动联合作用的方式，且以电制动为主，如图 1-11 所示。

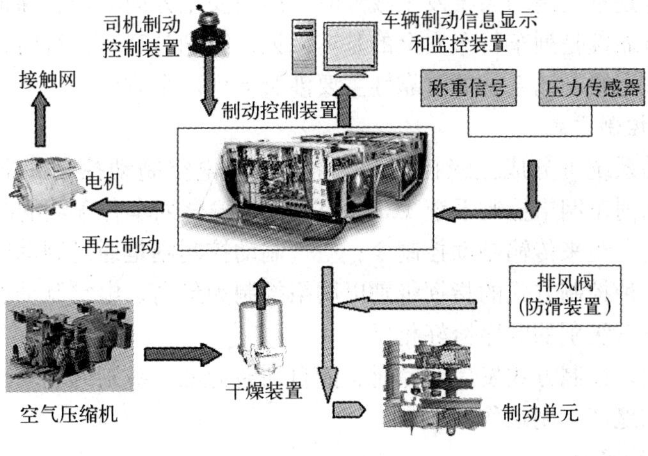

图 1-11　动车组制动系统的组成

1.2.2　动车组制动系统的特点

制动是发展动车组所必须解决的关键技术之一，动车组的制动系统必须具有如下四个方面的特点。

1. 制动能力强，响应速度快

动车组的制动作用包括调速制动和停车制动，其制动能力首先表现为停车制动作用时对制动距离的控制。在同样的制动装置、操纵方式（自动或人工控制）和线路条件下，制动距离基本上与列车制动初速度的平方成正比。所以，随着列车速度的提高，必须相应改进其制动装置和制动控制方式，使其制动能力强、反应速度快，才能满足缩短制动距离的要求，具体表现在以下两个方面。

① 采用电、空联合的制动模式，电制动优先，而且普遍装有防滑装置。电制动与空气制动结合可保证列车在从低速到高速的整个速度范围内都有充足的制动力，而防滑器的安装可使轮轨间的黏着力得到充分运用，进而有效地缩短制动距离。电制动可以大大减少空气制动系统零部件的磨耗，有的还可将能量再利用（再生制动的情形），因而得以优先使用。空气制动只作为电制动的后备和补充，在列车调速、低速行驶和电制动无法发挥作用的紧急情况下要求迅速停车时确保有效提供制动力。

② 操纵控制采用电控、直通或微机控制电气指令式等灵敏而迅速的系统。这些装置使制动系统的反应更为迅速，进一步缩短了制动距离。

2. 制动力分配的准确性和一致性高

动车组的制动作用采用微型计算机控制，可准确提供所需的制动力，确保列车正点运行。制动系统不但可以准确计算出动车组所需的总制动力，还可在电制动力和空气制动力之间准确地进行分配，并分别对电、空制动力准确地进行控制，以使不同的制动方式达到最佳的组合效果。

3. 故障导向安全

故障导向安全是指当制动系统发生故障时，能向安全方向动作，保证系统作用的可靠性。制动系统的可靠性是列车行车安全的基本保证，特别是高速运行时，制动系统失灵的后果不堪设想。动车组制动系统的可靠性主要涉及下列两个方面。

1）多级制动控制方式

动车组的制动系统可分成三级控制：网络控制、电空制动控制和空气制动控制。其中，网络控制是以列车网络控制系统 TCMS 控制并传输全列车各车辆的制动信息；电空制动控制是以电气指令线来传输制动控制令；空气制动控制则是通过制动管的空气压强改变进行控制。上述三种控制方式的指挥级别以网络控制为最高，电空制动次之，空气制动控制级别最低；而安全级别的顺序恰好相反。

当高级别的制动控制方式发生故障时，能自动转为低一级别的制动控制方式，以保证在不良状态下可靠地产生制动作用。

2）制动能力的冗余

在正常条件下，复合制动系统的各种制动方式应合理分担制动能量，一旦其中的某种制动方式发生故障时，其他制动方式应能提供补充。而且，对于空气制动，应充分考虑失电情况下系统响应时间延长和盘形制动摩擦系数的下偏差对制动距离延长的影响。

4. 制动冲击力小

按照列车动力学的观点，乘客的乘坐舒适性包括横向、垂向和纵向三方面的指标。

动车组制动作用的减速度远大于普通的旅客列车，因此，动车组的制动系统采用微型计算机控制，实现制动过程的优化，在平均减速度提高的同时，限制制动减速度的变化率（如：准确控制电、空制动的配合，减小因制动力控制不准引起的冲击），提高了乘坐舒适性。

同时，动车组的制动采用电控，指令传输的同步性高，各车制动的一致性好，大大减少了动车组的纵向冲动。

复习思考题

1. 制动对于动车组的意义体现在哪些方面？
2. 按动能的转移方式分，动车组采用的制动方式包括哪些种类？
3. 铁路上的“黏着”与物理上的“静摩擦”有什么关系？黏着系数的影响因素有哪些？
4. 什么是黏着特性曲线？它对动车组制动力的控制有什么重要作用？
5. 按制动力的操纵控制方式，动车组的制动方式可分为哪几种？
6. 按用途分，动车组的制动作用包括哪些种类？
7. 动车组的制动系统一般包括哪些组成部分？动车组的制动系统有何特点？

第2章 动车组制动系统的工作原理

如前所述，动车组必须采用能提供强大制动能力、并能更好地利用黏着的由多个子系统组成的复合制动系统。该复合制动系统通常由电制动系统、空气制动系统、防滑装置、制动控制系统等部分组成，下面对各部分的组成和工作原理分别加以介绍。

2.1 电制动系统

由于列车的制动能量与速度的平方成正比，故动车组的动能很大，需要足够大的制动功率。而传统的空气制动的制动能力受以下因素的影响：一是制动材料的摩擦性能对黏着利用的局限性，二是制动热容量和机械制动部件磨耗寿命的限制。加之电制动具有节能、减少磨耗带来的维护保养工作量等优点，因此动车组采用电制动与空气制动联合作用的方式，且以电制动为主。

应用在动车组上的电制动有电阻制动和再生制动两种，它们都是让列车的动轮带动动力传动装置（牵引电动机），使其产生逆作用发电，将列车的动能转变为电能，再变成热能消耗掉或反馈回电网。使用直流电机的动车组在制动时是把直流主电动机转变为发电机，然后进行电阻制动；直流电机的电阻制动控制是将电机与制动电阻串联，随着速度的降低逐渐减少电阻值。使用交流感应电机的动车组利用整流器和逆变器的组合（称为变换器），进行VVVF（Variable Voltage Variable Frenquency）控制，采用可将能量再利用的再生制动。

2.1.1 电阻制动

使用直流电机的动车组有的是通过调节主变压器输出侧抽头，将电网上25 kV的交流电变为电压可调的交流电，再经整流后送给主电动机（如日本新干线0系动车组）。有的是把经主变压器降压的交流电通过主控制整流器的连续相位控制，得到电压连续可调的直流电送给主电动机（新干线100系、200系和400系动车组）。下面以新干线100系动车组为例，介绍电阻制动系统的组成和工作原理。

1. 系统构成

动车组的主电动机回路和电阻制动主回路分别见图2-1和图2-2。

系统的工作过程如下：由司机制动控制器或列车自动控制系统ATC发出制动指令后，制动控制单元BCU首先对列车运行速度进行判断。当速度大于25 km/h时，制动主回路构成（PB转换器转为制动位置），然后制动接触器动作（B_{11}闭合、P_{11}打开、P_{13}打开），随后依次是励磁削弱接触器打开、预励磁接触器投入，最后，断路器投入（L_1闭合）。此时，电枢绕组、励磁绕组和主电阻器构成电阻制动主回路，并使电流向增加牵引时剩磁的方向流动，再由主电阻器将电枢转动发出的电能变为热能消耗掉。

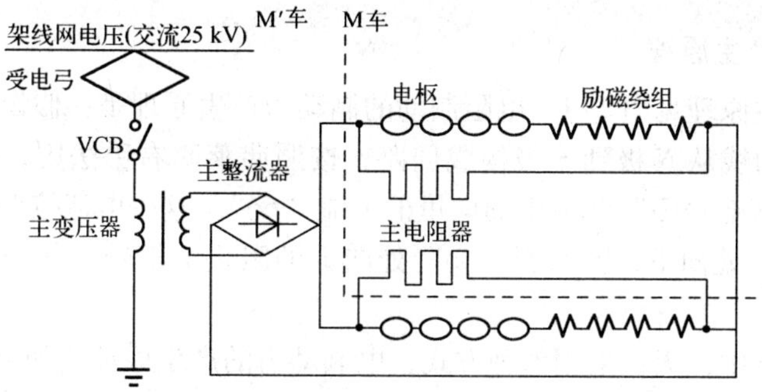

图 2-1　主电动机回路

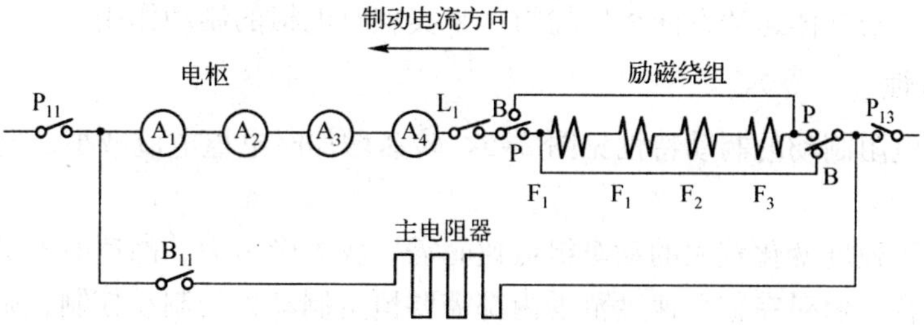

图 2-2　电阻制动主回路

电阻制动主回路的控制原理见图 2-3。

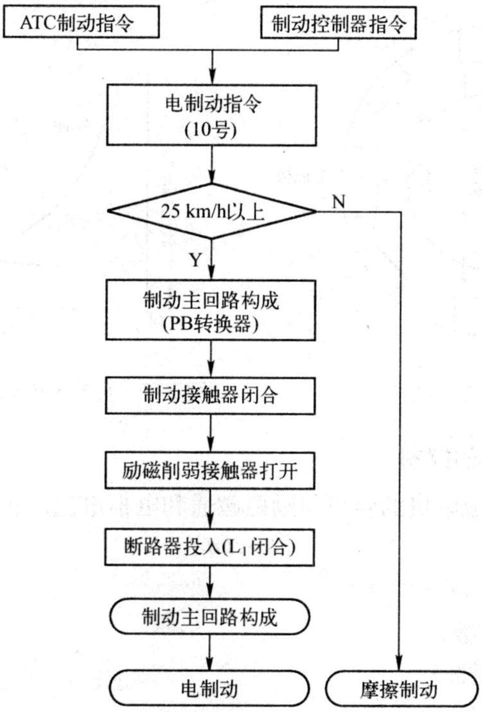

图 2-3　电阻制动主回路的控制原理

2. 制动力的产生原理

制动力的产生原理见图2-4。电阻制动的制动力产生原理是：假设转子（电枢）顺时针转动，励磁磁力线从N极到S极构成回路，按照弗莱明右手法则，则会产生如图所示的从纸面向外的电流“⊙”和从纸面向里的电流“⊗”。这一电流按弗莱明左手法则会产生在图左侧“⊗”处向下，图右侧“⊗”处向上的阻止电枢转动的力，这就是直流电机产生的电制动力。

在电制动系统中，无论采用何种方式，电制动力的产生原理均如上所述。即：将根据弗莱明右手法则产生的感应电动势通过回路形成感应电流，这一电流在电枢中流过时就会产生与电枢运动方向相反的制动力。简单地说，就是让运动的导体切割磁力线发电，然后利用该电流产生与导体运动方向相反的力，来实现对电枢的制动作用。

3. 制动特性

直流电机电阻制动的制动特性见图2-5。转速增加时电枢电流减小，电枢电流增加时制动力增加。

该特性对于速度变化较大的动车组低速时需要较大牵引力、高速时不需太大牵引力的牵引要求相吻合，但对在整个速度范围内都需要恒定制动力的制动控制，则需采取相应的措施。对于设有主电阻器的车辆，因变换了牵引时的主回路，电枢绕组、励磁绕组及主电阻器构成闭合回路产生制动电流。所以，即使电网停电，只要供给构成回路的控制电源，就可产生制动力。

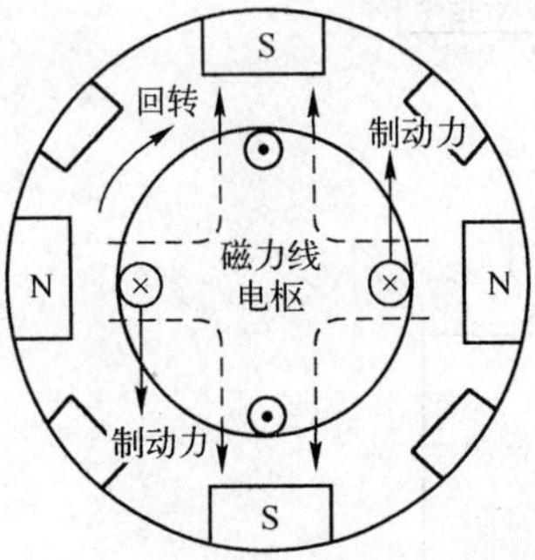

图2-4　制动力的产生原理

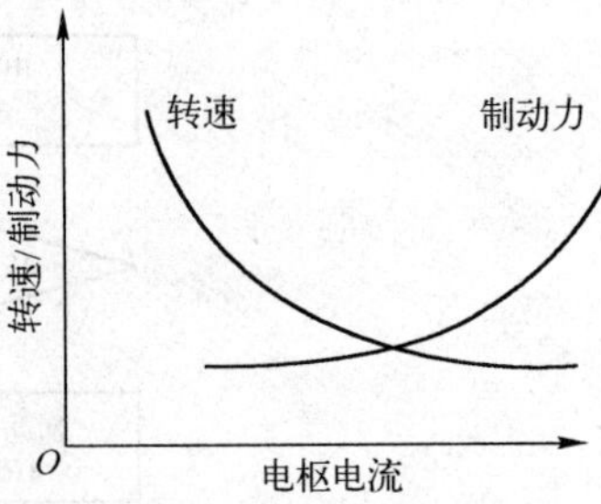

图2-5　直流电机电阻制动的制动特性

4. 制动力（转矩）的控制

如图2-4所示，直流电机的转矩与励磁磁通和电枢电流成正比，其关系为

$$T = k\Phi I \tag{2-1}$$

式中：T——转矩；

k——电机常数；

Φ——励磁磁通；

I——电枢电流。

直流电机的感应电动势是由励磁磁场强度和电枢转数（即感应电动势计算公式 $E =$

$k\Phi n$ 中的 n）决定的，通过将串联在主回路中的主电阻器阻值逐渐减少，使主回路中的平均电流保持恒定，就可以得到恒定的制动力。因此，从高速到低速电阻制动的控制方式是：制动力产生→速度下降→感应电压降低→制动电流减少→短接部分主电阻；反复进行以上动作过程，可使制动力保持恒定。

2.1.2 再生制动

交流电机有感应电机和同步电机两种，由于同步电机必须向转子提供电流，以及结构复杂等原因，未在动车组上获得广泛应用。使用感应电机的动车组，在 C/I（交直流相互转换）的同时，通过 VVVF 控制，可以很容易地进行能源再利用的再生制动。与直流电机相比，功率相当的感应电机具有构造简单、体积小、无换向火花及维修工作量少等优点。下面以日本新干线 700 系动车组为例，对再生制动系统的组成和工作原理进行介绍。

1. 系统组成和工作过程

图 2-6 为日本新干线 700 系动车组感应电机主回路（3 辆车为一个单元）。图中的主变换器包含整流器和逆变器，前者的功能是将交流电变为直流电，后者正好相反。

列车牵引运行时，先用主变压器将电网 25 kV 的单相交流电降压，然后用整流器将交流电变为直流电，再由逆变器将直流电变成三相交流电供给感应电机（交流电的电压和频率与列车速度及牵引力相对应，并可方便地进行调节）。再生制动时，过程与牵引运行正好相反，原来的整流器和逆变器也发挥其逆作用，分别执行逆变器和整流器的功能：整流器将电机产生的三相交流电变换为直流电，再由逆变器将直流电变换为与电网频率相同的单相交流电，最后由主变压器将交流电升压后反馈回电网，供处于牵引运行状态的其他动车组利用。

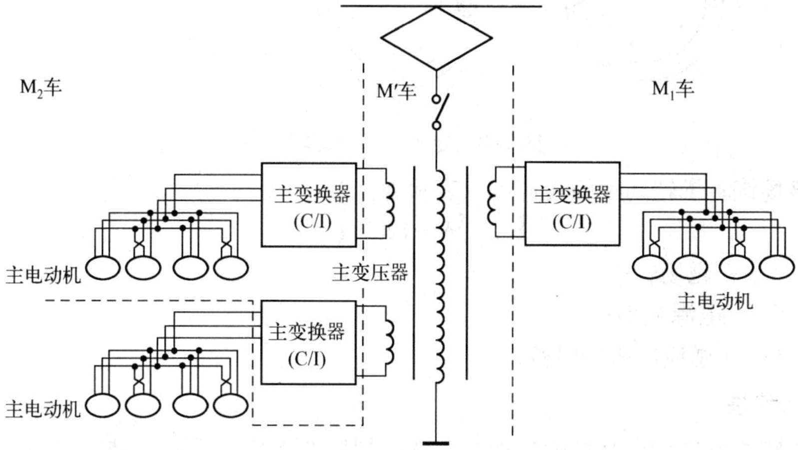

图 2-6 日本 700 系动车组感应电机主回路

2. 制动力的产生原理

与直流电机一样，感应电机制动时将主电动机变为发电机运行。电机磁场从 N 极到 S

极构成磁通回路，与在转子中通过的电流相互作用产生制动力，其基本原理与直流电机相同；不同之处在于感应电机定子线圈中通过的是三相交流电，它在定子中产生旋转磁场，当定子磁场转速比转子慢时，磁场切割转子导线，根据弗莱明右手法则可知：转子导体中有电流产生，产生的电流又切割定子磁力线，由弗莱明左手法则可知会产生制动力。

三相交流电的波形见图 2–7。当三相交流电加于电机的定子后，其结果如同在定子周围有磁场在旋转，定子磁场的旋转状态见图 2–8。图中的“⊙”表示从纸面向外的电流，“⊗”表示从纸面向里的电流，“○”表示没有电流流过。

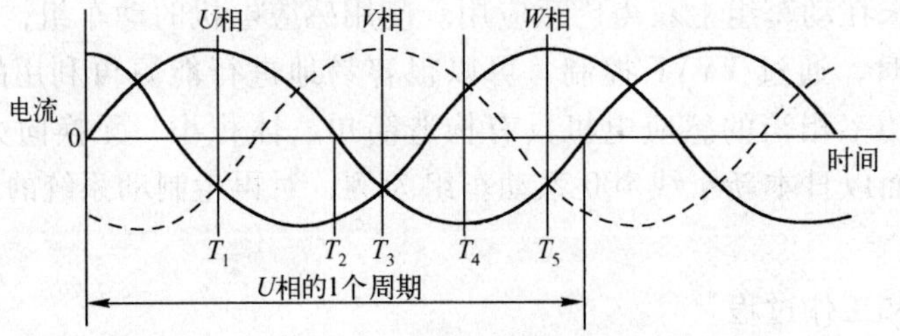

图 2–7 三相交流电的波形

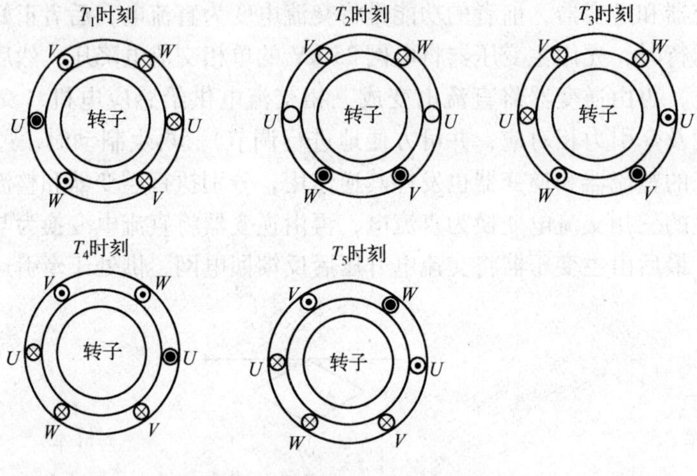

图 2–8 定子磁场的旋转状态

定子磁场绕转子转动时的转速可以表示为：

$$N = 120f/P \tag{2-2}$$

式中：N——磁场转速；

f——电源频率；

P——感应电机的级数。

3. 制动特性

在分析感应电机再生制动的特性时，常用到转差率这一参量，其定义为：

$$s = (N - n)/N \tag{2-3}$$

式中：s——转差率；

N——定子磁场转速；

n——转子转速。

感应电机的转差率与制动转矩（力矩）的关系见图2-9。从图中可以看出，在转差率较小的范围内，转矩随转差率的增大基本上线性增加；当转差率增加到一定程度后，转矩不但急剧减少，而且其值也不稳定。因此，实际应用的转差率控制范围是从0到产生最大转矩的范围内（转差率小于10 Hz）。

4. 制动力（转矩）的控制

感应电机的制动特性见图2-10。由恒转矩区（VVVF控制）、恒功区和自然特性区3个区组成。

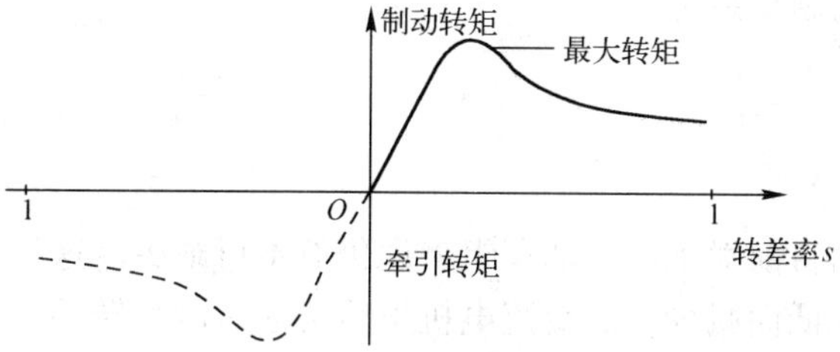

图2-9 感应电机的转差率与制动转矩的关系

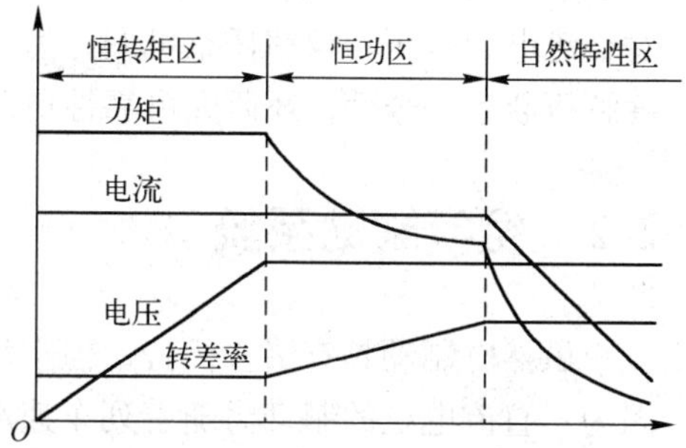

图2-10 感应电机的制动特性

感应电机是通过定子磁场转速 N 与转子转速 n 的差得到制动力（即控制定子磁场的转速 N，使其低于转子的转速 n），根据式（2-2）、（2-3）和图2-9，要对制动力（转矩）进行控制，就需准确控制交流电的频率 f。以前对该量进行控制是很困难的，但随着技术的进步，利用整流器和逆变器的组合（前述的主变换器），可以产生电压和频率任意可调的交流电。这时，所产生的电制动力（制动转矩）由逆变器的输出电压、逆变器的输出频率和转差频率所决定，即：

$$T = k\ (U/f_{\mathrm{inv}})^2 f_{\mathrm{s}} \tag{2-4}$$

式中：T——制动转矩；

k——电机常数；

U——逆变器输出电压；

f_{inv}——逆变器输出频率；

f_{s}——转差频率。

感应电机的速度控制是通过改变逆变器的调制周期，其平均电压是用半导体器件以PWM（Pulse Width Modulation）方式进行控制的，这样就可以任意地调整输出电压和频率（见图2-11）。

半导体开关器件采用的是GTOT（Gate Turn Off Thyristor，门极可关断可控硅开关）或IGBT（Insulated Gate Bipolar Transistor，绝缘栅双极型晶体管），开关接通时间采用PWM方式进行电压控制。

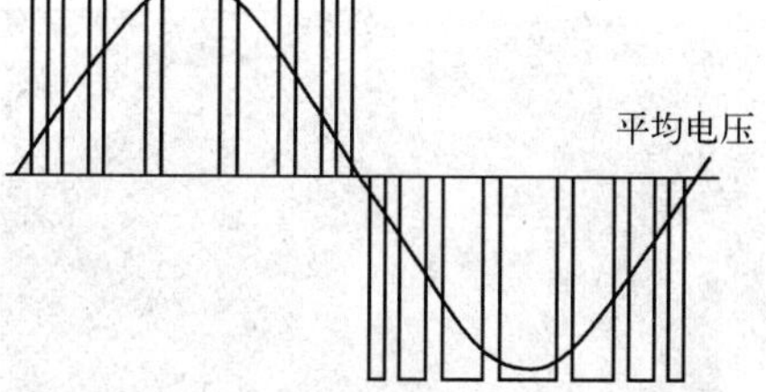

图2-11 PWM控制

2.1.3 电制动的有效利用

对于直流电机，在低速区制动力随列车的速度降低而减少，如果不采取其他制动方式，列车就不可能停下来。而感应电机的应用使得在全速度区域提供有效的电制动成为可能。因感应电机是通过定子磁场转速 N 与转子转速 n 的差获得制动力，只要二者存在转差，即使列车停止（$n=0$）也可以得到制动力。

在低速时若想有效地利用电制动，需要正确控制交流电的频率，以及对转子转速（或列车运行速度）进行准确的检测。一方面，利用整流器和逆变器的组合，目前已实现对交流电的电压和频率任意可调；另一方面，近年来已开发出在低速时也有很高精度的速度解析装置。今后，还研究可靠性更高的电制动系统。

2.2 空气制动系统

虽然电制动具有诸多优势，但空气制动目前对于高速动车组来说仍然不可缺少。这是因为：直流电机的制动力随着列车速度的降低而减少；而交流电机虽然可通过改变转差率来控制制动力的大小，理论上可使制动力不受列车速度的限制，但从高速到停止均能有效作用的、可靠的电制动装置尚处于研究阶段。

国产 CRH 系列动车组的空气制动系统采用电气指令的直通式电空制动装置，本书将该装置分为压缩空气供给系统、空气制动控制部分和基础制动装置三部分加以讲述。

2.2.1 压缩空气供给系统

压缩空气供给系统用于产生并储存用气设备所需的压缩空气，该系统一般包括空气压缩机、干燥装置、风缸、管路、塞门、安全阀等部分。

1. 空气压缩机

空气压缩机按其压缩方法可分为往复式和旋转式两种。

1）往复式

往复式空气压缩机由电动机通过联轴装置直接驱动，电动机轴直接带动曲轴使活塞动作，反复交替地进行吸气行程和压缩行程。在吸气行程，吸气阀打开吸入空气；在压缩行程，压缩空气克服排气阀弹簧的反力后排出。一般经二级压缩即可得到所需压强的压缩空气。

图 2-12 旋转式空气压缩机的涡旋部

2）旋转式

旋转式空气压缩机也采用电动机与压缩机直联的方式。旋转式空气压缩机又分为涡旋式和螺杆式两种。涡旋式空气压缩机由固定涡旋盘和运动涡旋盘组成，如图 2-12 所示，固定涡旋盘和运动涡旋盘之间被分成月牙形的空间，越向中心空间越小。当运动涡旋盘转动时，从外部吸入的空气随着转动被压缩，然后克服安装在中心的排气阀弹簧的反力排出。因旋转式压缩机能连续排出压缩空气，所以压缩机的振动、噪声和输出压缩空气的脉动都较小。此外，由于固定涡旋盘和运动涡旋盘是非接触的，维修量也较少。

动车中一般设有多个空气压缩机，由同步指令线来控制各压缩机的同步工作，以使负荷均匀。

2. 干燥装置

干燥装置是为了防止管路、风缸及用气设备等的腐蚀及因冬季排水阀冻结而发生的设备故障，设置在空气压缩机输出管路上的装置。以前除湿使用的是吸附材料（铝硅酸盐），现在采用体积小、质量轻，不需要电源的高效高分子中空丝膜式除湿装置，见图2-13。

有的干燥装置在吸收压缩空气中的水分的同时，还可以吸附灰尘和油等，因而无需再专门设置滤油装置。

3. 风缸

为存储压缩空气，动车组上设置了不同用途的风缸。由空气压缩机输出的压缩空气储存在该车的总风缸中，然后经管路送到本车的制动风缸、控制风缸，以及动车组其他车的总风缸。制动风缸是存储制动专用的压缩空气的风缸，控制风缸是为空气弹簧、踏面清扫装置等制动系统以外的用气装置供应压缩空气的风缸。

在动车组中，有时将一个圆柱形风缸分割成若干个室，如总风缸、制动风缸和控制风缸等，见图2-14。与将这些风缸单独设置相比，可明显减小质量和空间的占用。

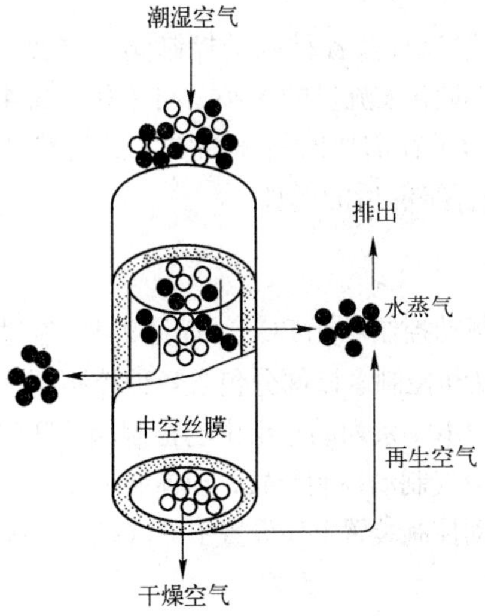

图2-13　中空丝膜式除湿装置

图2-14　圆柱形风缸

4. 安全阀

安全阀装在有空气压缩机的车辆的总风缸上，用于在总风缸空气压强超过规定值时排出多余的压缩空气，以防损坏用气设备以及与其相连的其他装置。

安全阀的结构原理见图 2-15：压紧弹簧压住阀杆，关闭阀体的阀座。压紧弹簧的压力在调节螺母处设定。铅封用来防止打开阀体。

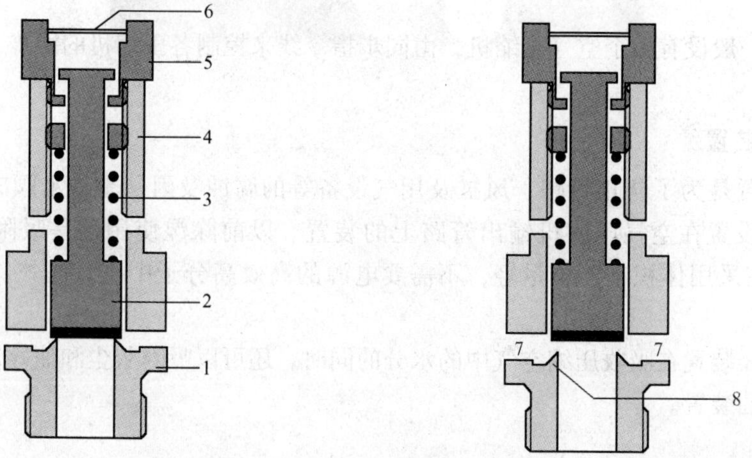

图 2-15　安全阀的结构原理

1—阀体；2—阀杆；3—压紧弹簧；4—调节螺母；5—封口螺母；6—铅封；7—排气口；8—阀座

当工作压力处于正常水平时，阀座关闭。当超过安全压强（安全阀设定值）时，阀杆顶起压紧弹簧，额外的压缩空气通过打开的排气口释放。当压强降低到设定值后，阀座再次关闭。旋转调节螺母可改变安全阀的开放压强。打开安全阀的封口螺母，可检查零件的工作状态，并排出存留在阀体内的灰尘。

5. 管路和塞门

管路的作用是将空气压缩机输出的压缩空气送给风缸及各种制动控制阀（详见 2. 2. 2 “空气制动控制部分”）等各种用气设备，各设备根据空气流量的大小，可采用（3/4）英寸或（3/8）英寸的管路来输送压缩空气。塞门是为了在需要时将压缩空气的气路截断或打开，而串在连接风缸和空气制动控制装置等设备管路前后的部件。

2. 2. 2　空气制动控制部分

空气制动控制部分（见图 2-16）的作用是根据制动控制单元 BCU（详见 2. 4 “制动控制系统”）的指令，产生空气制动原动力并对其进行操纵和控制。该部分包含各种控制阀（如电空转换阀、中继阀和电磁阀）和制动缸等部件。国产 CRH 系列动车组中的控制阀、塞门等采用单元化方式，集中安装在金属面板的前面，总称为空气制动控制装置，以减轻质量，减少维护、检修工作量。另外，为了检查的方便，在空气制动控制装置上还设置了测试口。

1. 电空转换阀（EP 阀）

电空转换阀简称电空阀，它安装在空气制动控制装置内，工作原理见图 2-17。电空转换阀由电磁线圈、供气阀和供排气阀杆等零件构成。当制动控制单元 BCU 输出的空气制动指令（电空转换阀电流）通过电磁线圈时，会产生与电流成比例的吸力，控制供气阀的开闭。通过电空转换阀的控制，可将输入的空气压强（SR 压强）变成与电空转换阀电流成比例的输出空气压强（AC 压强）。

图 2-16 空气制动控制部分

为防止在缓解时 AC 压强随电空转换阀温度的变化而变化，需要加偏流进行缓解补偿。另外，为补偿 AC 压强上升和下降时所产生的压强差，即使是对于相同的制动级别，也要供给不同的电空转换阀电流以保证输出正确的 AC 压强。

图示电空阀的输入量（线圈电流）和输出量（空气压强）的数值都是连续变化的，属于模拟型控制部件。还有的电空转换阀由后面介绍的电磁阀组成，属于开关型控制部件。两种类型的电空转换阀在 CRH 系列中的动车组中都有使用。

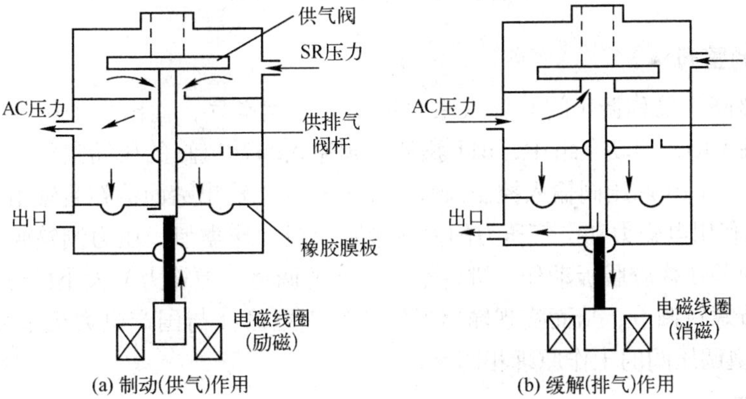

图 2-17 电空转换阀的工作原理

2. 中继阀

中继阀也安装在空气制动控制装置内，它由供排气阀杆、供气阀、复位弹簧等构成，其工作原理见图 2-18。中继阀将电空转换阀输出的 AC 压强或紧急用压力调整阀输出的紧急制动压强作为输入压强，向增压缸输出与此控制压强相应的空气压强（增压缸为 CRH_2 型动车组特有的结构，对于 CRH_1、CRH_3 和 CRH_5 型动车组，此处的输出为制动缸压强，下同）。

常用制动或非常制动时，来自电空转换阀的压缩空气进入 AC 室；紧急制动时，从紧急用压力调整阀送来的紧急制动压缩空气进入 UB 室。这些压缩空气输入后，使排气阀杆上移，顶开供气阀；然后，SR 压缩空气通过打开的供气阀口输入至增压缸。

另外，增压缸压缩空气还流入 FB 室产生反馈作用。当增压缸空气压强上升到与 AC 压强或紧急制动压强相同时，供气阀下移关闭阀口，SR 压缩空气停止向增压缸的流动（保压状态）；不论 AC 压强或紧急制动压强多大，这时的增压缸空气压强均与之相同。反之，制动缓解时，AC 压强或紧急制动压强降低，导致排气阀杆下移离开供气阀，增压缸压缩空气从排气阀杆内部的通路排向大气，呈缓解状态。

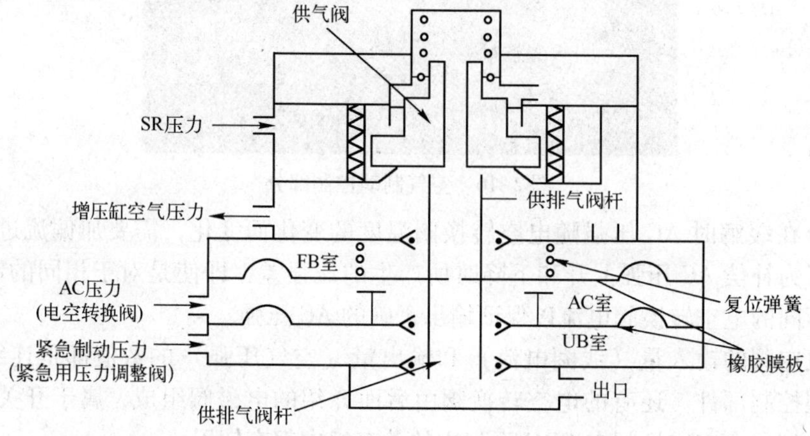

图 2-18　中继阀的工作原理

3. 压力调整阀

压力调整阀（简称调压阀）输入来自风源的压缩空气，输出用于用气设备的压缩空气。例如：在 CRH_2 型动车组中，B11 型调压阀输入制动风缸的压缩空气，输出紧急制动用的压缩空气；B10 调压阀输入控制风缸的压缩空气，输出踏面清扫装置用的压缩空气。

与 EP 阀利用电磁力和空气压力的差使橡胶膜板动作类似，压力调整阀是利用弹簧力和空气压力的差使橡胶膜板动作，进行空气压强的调整。弹簧力的大小可通过安装在调压阀下部的调节螺钉调节，从而实现输出不同的空气压强（与国产电力机车 DK－1 型制动机中的 QTY 型调压阀的工作原理相同）。

4. 电磁阀

电磁阀由排气阀部和电磁阀部组成。它通过电磁阀部线圈的励磁和消磁（得电和失电）使可动铁芯动作，开闭供排气阀。因此，动车组中的电磁阀为开关型控制件。

电磁阀有 ON 型和 OFF 型两种，其结构示意图分别见图 2-19、图 2-20。ON 型电磁阀在电磁阀励磁时，输入口和输出口之间连通，同时排气口关闭，电磁阀处于供气状态；消磁时输入口关闭，同时输出口与排气口相通，电磁阀处于排气状态。OFF 型电磁阀的励磁/消磁状态和供/排气状态的对应关系与 ON 型电磁阀正好相反。

在 CRH_2 型动车组上，踏面清扫装置用的是 ON 型电磁阀，它励磁后向踏面清扫装置输送压缩空气，使增黏研磨块产生作用；而紧急制动用的电磁阀是 OFF 型电磁阀，它励磁时关闭输入口，消磁时打开输入口使中继阀得到紧急制动压强。

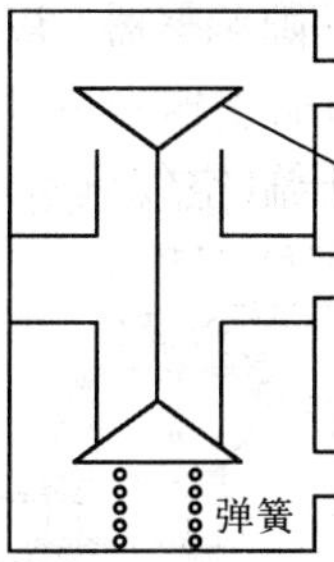

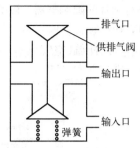

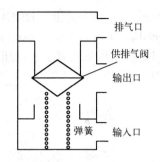

图 2-19 ON 型电磁阀的结构示意图

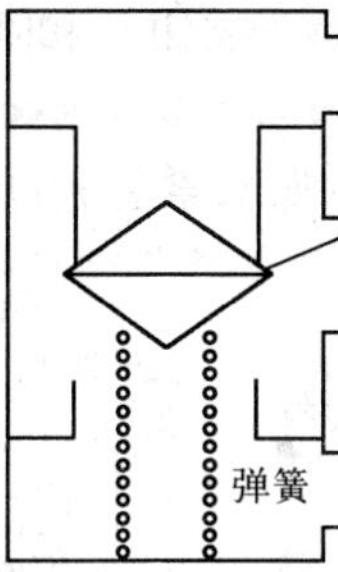

图 2-20 OFF 型电磁阀的结构示意图

5. 增压缸

增压缸（见图 2-21）是 CRH_2 型动车组特有的部件，它由气缸、油缸和活塞等构成。增压缸的活塞具有一大一小两个活塞面，分别位于活塞缸的两端；大活塞面上作用的是气压，小活塞面上作用的是油压。增压缸可将来自中继阀的空气压强转换为一定倍率的油压输出到夹钳装置中。由于油的压强比气压高得多，因而油压面的尺寸要比气压面小得多，从而使得与其相连的夹钳机构的尺寸也大大减小，以实现制动装置的小型轻量化。

图 2-21 增压缸

6. 制动缸

制动缸是产生制动原动力的部件，其结构和工作原理可参看第 1 章图 1-6 或图 1-8。动车组上的制动缸有液压制动缸（CRH_2 型动车组）和气压制动缸（CRH_1、CRH_3 和 CRH_5 型动车组）两种，分别以油压和气压作为制动原动力来驱动夹钳机构动作。

动车组的制动缸也采取了一定的措施来实现小型轻量化，如采用铝合金结构等。

2.2.3 基础制动装置

1. 组成

动车组的基础制动装置可分为传动部分和摩擦部分两个组成部分。

1）传动部分

为减少空间的占用，动车组基础制动装置的传动部分采用紧凑式的夹钳结构。国产 CRH 系列动车组的制动夹钳有杠杆式（CRH_1、CRH_3 和 CRH_5 型动车组）和一体式（CRH_2 型动车组）两种。

杠杆式制动夹钳（见图 2-22）是用一根横杆将两个制动杠杆用销轴连接起来，形成“H”形的结构，制动缸和闸片分别安装在“H”形夹钳的两端。制动时，通过制动缸及制动杠杆的作用，使安装在另一端的闸片夹紧制动盘；缓解时，由于制动缸内的压强降低，在制动缸内缓解弹簧的作用下，闸片离开制动盘。

一体式制动夹钳见图 2-23。它由支架和“H”形的本体组成，由于整个本体为一个零件，故称“一体式”夹钳。“H”形本体的一端以销轴与支架连接，本体可沿销轴的轴向滑动；另一端安装液压制动缸（内藏于夹钳）和闸片。本体上还有闸片间隙调整器，以适应闸片的不同磨耗程度。这种一体式夹钳结构只在本体的一侧设有液压制动缸，夹钳本身可以移动，称为浮动式夹钳；还有一种一体式夹钳，在本体两侧均设有制动缸，称为对置式夹钳。

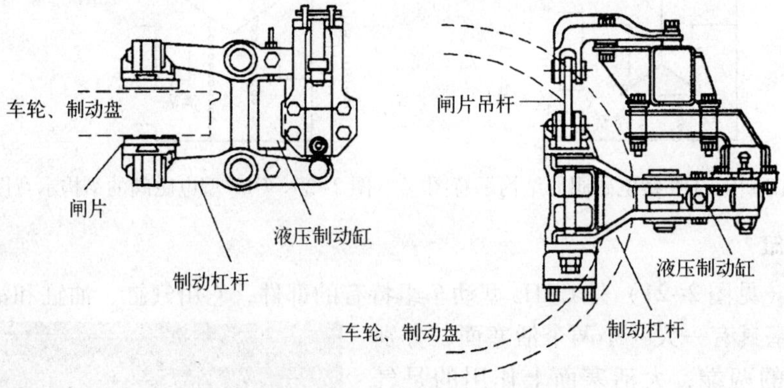

图 2-22　杠杆式制动夹钳

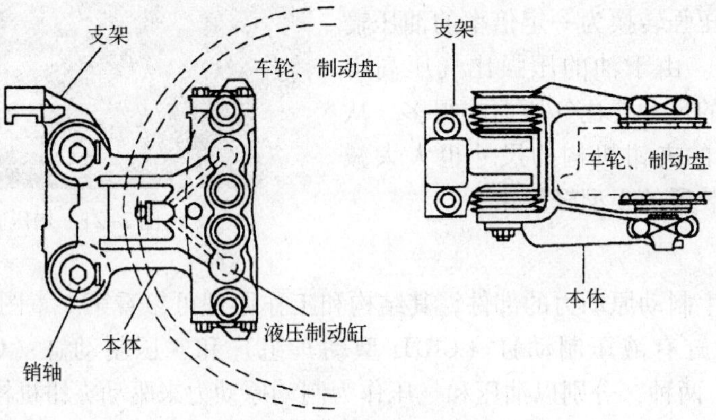

图 2-23　一体式制动夹钳

2）摩擦部分

（1）制动盘

按摩擦面的配置，制动盘可分为单摩擦面和双摩擦面两种。按盘本身的结构，制动盘可分为整体式和由两个半圆盘用螺栓组装而成的对半式；对半式便于制动盘磨耗到限时更换，不需退轮。按盘安装的位置，制动盘可分为轴盘式和轮盘式，前者装在车轴上，后者装在车轮辐板的两侧。制动盘结构形式如图 2-24 ～图 2-27 所示。

动车组中动车的非动力轴和拖车一般采用轴盘式盘形制动装置，而动车的动力轴则多采用轮盘式盘形制动装置，因动力轴上要安装驱动装置，使安装制动盘的空间受到限制。

由于制动盘是一个既受力又受热的零部件，不宜用过盈配合直接装在轴上，所以轴盘式制动装置通常要采用锻钢盘毂作为车轴与制动盘之间的过渡零件，而且在制动盘的螺栓连接处要加装弹性套。制动盘和盘毂之间采用多个径向弹性圆销实现浮动连接，受热时制动盘可沿着径向弹性圆销自由伸缩，以消除内应力。考虑到制动盘要有良好的散热性，在制动盘的中间部分设计有散热筋片，当车辆运行时，空气对流即达到散热作用。

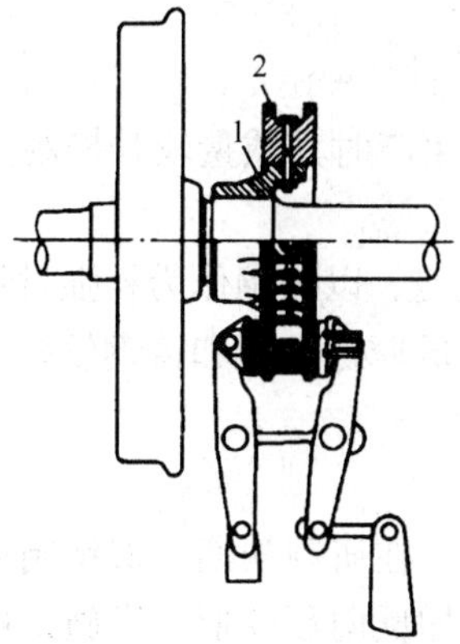

图 2-24 双摩擦面、整体、轴盘式盘形制动装置

1—盘毂；2—制动盘

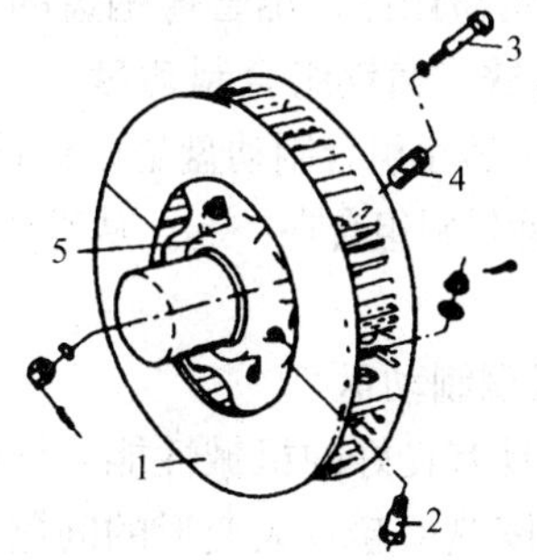

图 2-25 双摩擦面、对半、轴盘式制动盘

1—半圆盘；2、3—螺栓；4—弹性套；5—盘毂

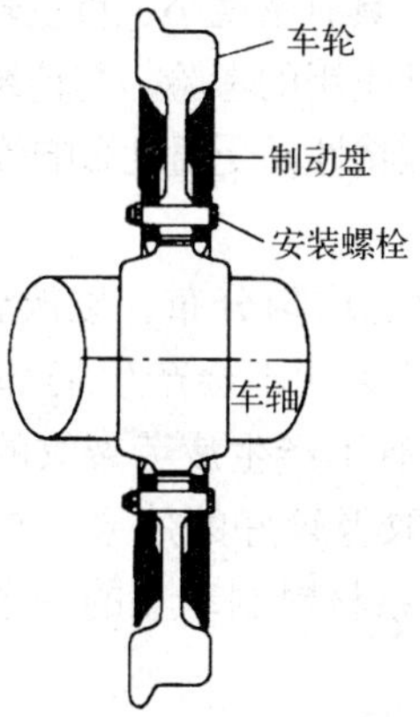

图 2-26 轮盘的安装关系示意图

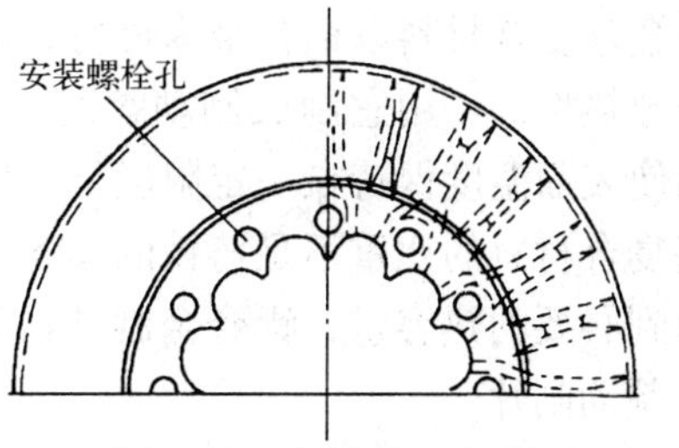

图 2-27 轮盘的外形图

（半圆部分：背面有散热筋）

轮盘式的制动装置是在车轮辐板的两侧各设一个盘片，用螺栓紧固。它也有两种形式：一种是在轮对组装状态下就可以更换的对半式盘；另一种是只有卸下车轮才可以更换的整体式盘。安装时用螺栓把制动盘固定在车轮上，对半式盘在每个盘的接合面各设 2 个定位销。轮盘式制动装置在制动盘片的背面设有散热筋。

长期以来，世界各国开发了多种适合于不同运行工况的制动材料。制动盘材料曾使用过普通铸铁、普通铸钢、低合金铸铁；此后，由于列车轻量化的需要，又相继研究开发了特殊合金铸钢、低合金锻钢、铸铁 - 铸钢组合材料、C/C 纤维复合材料和铝合金基复合材料。总体来说，制动盘材料可分为两大类，即铁系金属材料和复合材料。

① 铸铁制动盘

铸铁制动盘具有摩擦性能好、耐磨、耐热、抗热裂、抗变形及可铸性好等优点。

② 铸钢制动盘

合金铸钢制动盘能够大量吸收制动产生的热量，并具有以下特点：

- 温度稳定性较高，热裂纹倾向小；
- 对潮湿环境的敏感性较低；

● 制动力大时，闸片磨耗较少；

● 高温时摩擦系数较均匀。

与锻钢盘相比，尽管铸钢盘的制造成本较低，但批量生产时其质量较难控制。

③ 铸铁－铸钢组合制动盘

铸铁－铸钢组合制动盘是以铸铁作为摩擦材料制成制动盘，以铸钢作为补强材料制成盘毂。这两种材料组合在一起，从整体上兼顾了铸铁高而稳定的摩擦性能和铸钢较好的耐龟裂特性。

④ 锻钢制动盘

锻钢具有良好的机械性能，同时具有较高的抗热裂性。在研制初期，锻钢制动盘存在因制动摩擦热引起较大变形的问题，但通过改变形状或施加反向预变形等措施，可以达到实用化的程度。

⑤ C/C 纤维复合材料制动盘

C/C 纤维复合材料是用碳纤维强化碳母材得到的复合材料，具有密度小、重量轻、耐热裂及高速制动性能好等特点，此种材料已在飞机和赛车上经过实际应用的考验。与传统的铁系材料制动盘相比，C/C 纤维复合材料有常用制动时磨损量大、摩擦特性易受温度影响等缺点。

⑥ 铝合金基复合材料制动盘

铝合金基复合材料以铝合金为母材，加入陶瓷粒子并使之均匀分布，以改善耐磨性。铝合金的导热性好，用它制成制动盘时，只要有足够的热容量就不会产生局部的热量蓄积，从而使表面温度保持在一定限度下。同时，铝合金盘具有不产生疲劳裂纹的优点。另外，铝基复合材料的比重不足铸铁的2/5，可望在轻量化上取得较好的效果。在实际使用中，考虑到必要的热容量，铝合金制动盘的实际质量应在铁系材料制动盘的一半左右。

(2) 制动闸片

闸片的形状均呈月牙形或扇形（见图2-28）；也有对称分成两半的，其好处是容易拆卸，

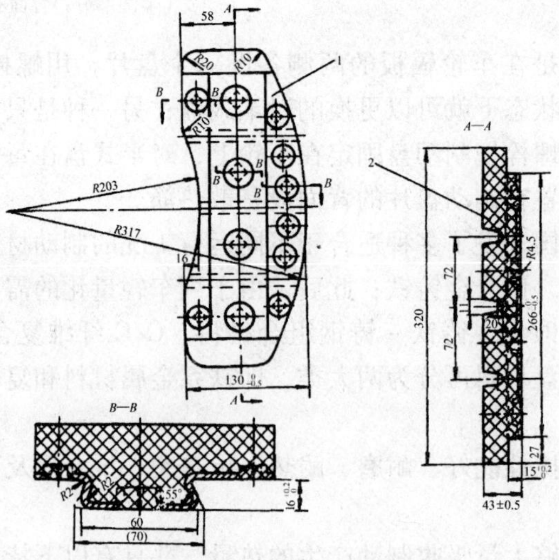

图 2-28　闸片外形图

1—钢背；2—合成材料闸片

特别适用于闸片与轨面空间很小的情况。闸片上的散热槽有各种不同的形式，有横向槽、竖向槽和斜槽等，其作用都是增加摩擦面的贴合性，便于排除磨屑和散热。

制动闸片材料的发展与制动盘材料的发展密切相关，闸片材料要求具有以下性能：

①具有足够而稳定的摩擦系数，外界条件（如制动初速度、压强、温度、环境介质等）改变时对其影响较小；

② 具有较高的耐磨性；

③ 具有良好的物理机械性能。导热性好，热容量大，有一定的高温机械强度；

④ 对制动盘的表面损伤小，不易划伤表面和产生黏着磨损，摩擦过程中不易产生噪声，无臭味，无污染；

⑤ 经济性好，原料来源充裕，价格便宜，生产工艺简单。

闸片材料大致可分为四种：合成材料、烧结金属材料、C/C 纤维组合材料和陶瓷基复合材料。

① 合成材料闸片

在高速列车发展的初期，与铸铁制动盘配对的均为合成材料闸片。合成材料闸片是通过把树脂、金属粉末、增强材料、摩擦材料等混合在一起，加热后压缩而成。合成材料闸片近几年来的发展方针主要是研制不含石棉的闸片，石棉的代用品有玻璃纤维、碳纤维、有机纤维、Kevlar 纤维、铜纤维和矿纤维等。

② 烧结金属材料闸片

烧结金属材料是以一种金属或合金为主要成分，加入摩擦、减磨或起某些特殊作用的其他金属、非金属成分。用粉末冶金技术制成的烧结材料具有明显的金属性、优越的物理—力学性能和摩擦磨损性能。和其他材料相比，烧结金属材料具有以下优异的使用特性。

- 高的机械强度。在工作温度下，能适应拉、挤、弯、剪等不同性质的载荷；尤其在重载和冲击载荷下，更能显示其优越性。
- 高的使用温度。基体金属熔点高，材料在较高的温度下使用仍能保持稳定的强度和摩擦磨损性能。
- 大的热容量。材料的比热容和密度大，单位体积内可吸收较多的摩擦热量，表面温度可迅速降低，不会导致摩擦面的性能变坏；
- 优良的导热性能。铜铁等金属具有良好的导热能力，摩擦面的热量一方面很快地传向对偶面，被其吸收和发散；另一方面向内传导进入摩擦层和钢质芯板，并被其吸收和散发。
- 高的抗腐蚀能力。有较高的抗大气腐蚀能力，在油和水中也不易破坏。
- 优良的抗磨损能力。基体耐磨，镶嵌物中又有抗磨、减磨成分，整体材料耐磨，寿命长。
- 稳定的摩擦特性。由于材料的稳定性好，当摩擦面的温度升高时，摩擦系数和耐磨性不会明显下降，冷却后的恢复能力也强。

③ C/C 纤维复合材料闸片

C/C 纤维复合材料闸片通常与 C/C 纤维复合材料制动盘配合使用，构成 C/C 制动系统，其中的制动盘与制动闸片均为同一种 C/C 复合材料。C/C 复合材料密度小、比热大、热强度高、化学稳定性良好等优点；但同时也存在制动时初始力矩峰值过高、湿态下摩擦系数过低等问题，严重影响制动的平稳性和可靠性。

④ 陶瓷基复合材料

陶瓷基复合材料是以陶瓷为母体，加入其他元素以调节材料的脆性、强度等特性而制成。陶瓷基复合材料具有高的耐磨性及耐腐蚀能力、良好的高温稳定性和高温抗氧化性能、低比重、稳定的摩擦系数和极低的热膨胀系数，而且在相当大的温度范围内都具有较高的硬度。

2. 制动倍率

制动缸活塞杆作用力经过基础制动装置传到闸片时所扩大的理想倍数，称为制动倍率，以 γ_z 表示；即

$$\gamma_z = \frac{\Sigma K_{理}}{P} \tag{2-5}$$

式中：$\Sigma K_{理}$——按杠杆比算得的闸片理想压力总和，kN；

P——活塞杆作用力，kN。

制动倍率是基础制动装置的重要特性。制动倍率太大时，闸片磨耗对制动缸活塞行程和制动缸内压强的影响太大；制动倍率太小又会使制动力不足。所以，制动倍率必须适中。

3. 传动效率

制动时由于受到制动缸活塞与缸壁的摩擦、制动缸缓解弹簧的反拨力和传动机构连接处的机械摩擦等因素的影响，闸片实际总压力小于单纯按制动倍率算得的理想值。两者的比值称为基础制动装置的传动效率，以 η_z 表示；即

$$\eta_z = \frac{\Sigma K_{实}}{\Sigma K_{理}} \tag{2-6}$$

式中：$\Sigma K_{实}$——闸片实际压力总和，kN；

$\Sigma K_{理}$——闸片理想压力总和，kN。

传动效率 η_z 的值与基础制动装置的型式、结构和保养状态有关。静止时的 η_z 值（静效率）和运行中的 η_z 值（动效率）也不相等，基础制动装置的静效率要大一些。

动车组空气制动系统的协同工作原理如图 2-29 所示（以 CRH_2 型动车组为例，CRH_1、CRH_3 和 CRH_5 型动车组无增压缸结构，无需进行气压－油压的转换，其制动缸相应地为气压制动缸）。

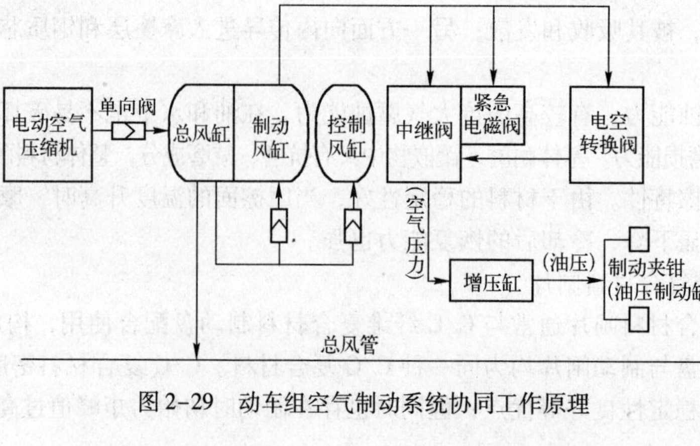

图 2-29 动车组空气制动系统协同工作原理

压缩空气由电动空气压缩机产生，然后经单向阀（也称止回阀，当其气路上游空气压强不足时，可保证气路下游有足够的空气压强）进入本车的总风缸。总风缸内的压缩空气经总风管、单向阀送至本车的制动风缸和控制风缸，还经贯通全列车的总风管送到其他车的总风缸。制动风缸存储制动用压缩空气，供给中继阀、紧急电磁阀和电空转换阀使用。

在常用制动、非常制动和备用制动时，电空转换阀将接收到的电信号转换成空气压强信号输出到中继阀。中继阀将来自电空转换阀的输入作为控制压强，输出压强不变流量放大的压缩空气到增压缸的输入侧，并在增压缸的输出侧产生一定倍率的油压传至夹钳装置，使其产生制动动作。

紧急制动时，从紧急用压力调整阀输出的控制压强经紧急电磁阀传至中继阀，中继阀对来自电空转换阀和压力调整阀的空气压强进行比较，将二者中较大的一方作为输入，根据其产生相应的增压缸空气压强输出。空气制动系统后面的动作与常用制动的情况相同。

2.3 防滑装置

2.3.1 滑行和踏面擦伤

制动过程中的滑行是由于制动力超过了轮轨之间的黏着力，车轮被“抱死”而导致转动速度急剧减小的现象。轮轨之间的滑动会延长制动距离并使踏面擦伤，踏面擦伤后，不仅降低乘车的舒适性，也会给转向架零部件带来附加的冲击力，使其寿命缩短。所以，应尽可能防止滑行现象的发生。

2.3.2 防滑装置的种类

防滑装置的功能就是通过各车轴或牵引电机上安装的速度传感器，对速度进行检测，在滑行即将发生的短暂临界阶段将其检测出，并及时动作，使作用在车轮上的制动力迅速降低至黏着力以下，以防止车轮滑行，恢复轮轨的黏着状态。在黏着恢复以后，还要根据不同的情况保持或继续增加制动力。防滑装置不仅可以有效控制轮对的滑行擦伤，还可以充分利用轮轨间的黏着。

防滑装置共经历了机械式防滑器、电子式防滑器和微机控制式防滑器三个技术发展阶段。各种防滑器的区别主要在于对滑行进行判断的部分（滑行检测器，详见本节微机控制式防滑器的相关内容）。

1. 机械式防滑器

最早出现的防滑装置是机械式的，它判断是否要发生滑行的根据只有一种，即车轮的角减速度。机械式防滑器利用车轮的转动带动回转体（惯性体），当某轮对的角减速度骤然降低时，利用回转体与车轮的转速差动作，打开阀门或接通电路，使该轮对缓解。机械式滑行检测器的工作原理如图 2-30 所示。机械式防滑器的灵敏度和响应速度都较差。

2. 电子式防滑器

防滑装置发展的第二阶段是电子式防滑器。它可以采用多种检测滑行的判据，具有较高的灵敏度和动作速度。缺点是电子元件的零点漂移不易清除，需进行大量调整工作，而

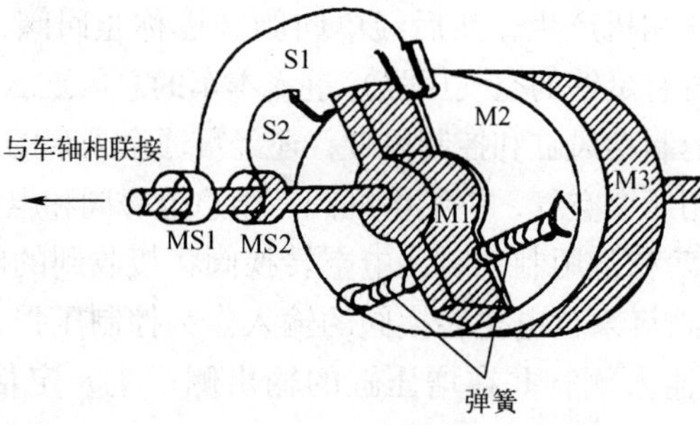

图 2-30　机械式防滑器的工作原理

M1，M2，M3—回转体；S1—右回转侧开关；S2—左回转侧开关；MS1，MS2—集电环

且易受环境影响，性能不稳定，维修量较大。图 2-31 所示为日本新干线动车组早期采用的磁放大器控制的模拟式电子防滑器的控制框图。

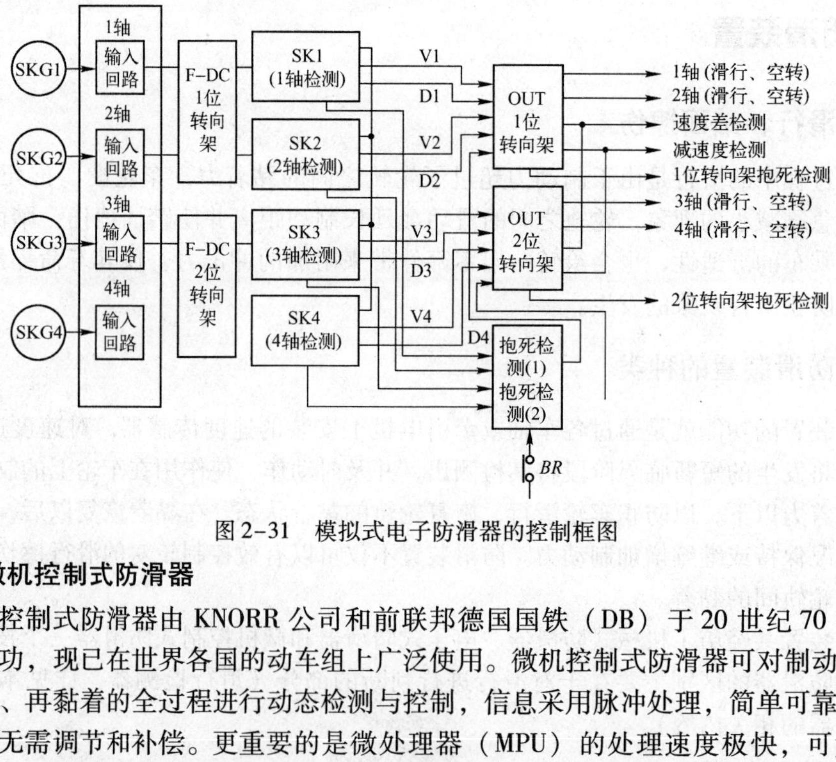

图 2-31　模拟式电子防滑器的控制框图

3. 微机控制式防滑器

微机控制式防滑器由 KNORR 公司和前联邦德国国铁（DB）于 20 世纪 70 年代初首先研制成功，现已在世界各国的动车组上广泛使用。微机控制式防滑器可对制动、即将滑行、缓解、再黏着的全过程进行动态检测与控制，信息采用脉冲处理，简单可靠，无零点漂移，故无需调节和补偿。更重要的是微处理器（MPU）的处理速度极快，可大大提高检测精度，即使微小而缓慢的滑行也能及早检测出来并采取措施加以防止。微机控制式防滑器还有一个突出的优点，即它可以利用软件随时提供有关信息，进行自我检查、诊断和监督，必要时可对有关信息随时进行存储、调用和显示；它还能根据新的情况和要求很方便地改变控制判据而不必改动软件。

2.3.3　微机控制式防滑器的结构及工作原理

1. 结构

微机控制式防滑装置由速度传感器、滑行检测器及防滑电磁阀构成，其工作原理如图 2-32 所示。

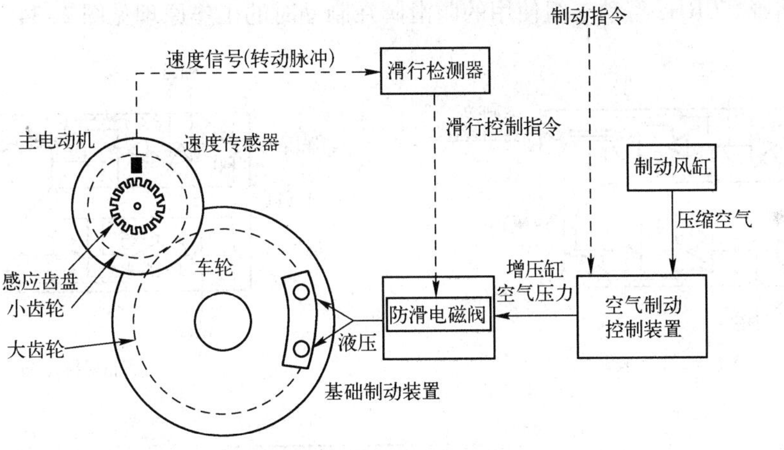

图 2-32　微机控制式防滑器的基本原理

1）速度传感器

速度传感器（如图 2-33 所示）的输出是防滑控制中速度计算的基础，其精度非常重要。动车组中动车的速度传感器常安装在主电机的轴端，拖车则安装在车轴端部。在主电机轴端安装感应齿盘时，靠主电机轴的转动产生感应电压。因为主电机轴通过小齿轮和大齿轮与车轮相连，所以感应出的脉冲频率与感应齿盘的齿数、大/小齿轮的齿数比、车轮转速（列车速度）成比例；因此，根据感应齿盘的齿数、齿轮的齿数和车轮直径，就可计算出车轮的转速。在车轴端部安装速度传感器时，工作原理与前者相同。

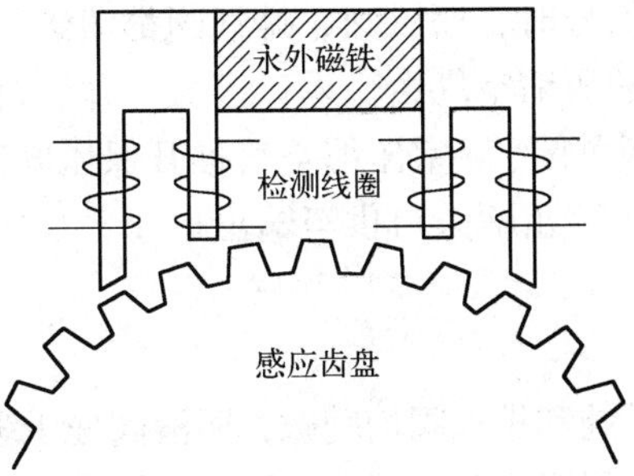

图 2-33　速度传感器

2）滑行检测器

微机控制的数字式滑行检测器按一定的方法，对速度传感器传来的车轮转动脉冲信号进行计算分析和逻辑判断，当判断发生滑行时，就使防滑电磁阀动作，降低制动力使车轮恢复转动，并按照“缓解—保压—……—再制动”的模式精确地进行控制。现在的滑行检测器已开始采用 32 位微机，大大提高了运算速度。动车组防滑装置的滑行检测器常集成于本车的制动控制单元 BCU 中。

3）防滑电磁阀

当滑行发生时，防滑电磁阀（简称防滑阀）在滑行检测器的控制下产生排风、保压和充风等动作，使制动缸压强产生相应的变化，以有效控制滑行擦伤，并最大限度地利用轮轨间的黏着。CRH_2 型动车组使用的防滑阀在制动时的工作原理见图 2-34。

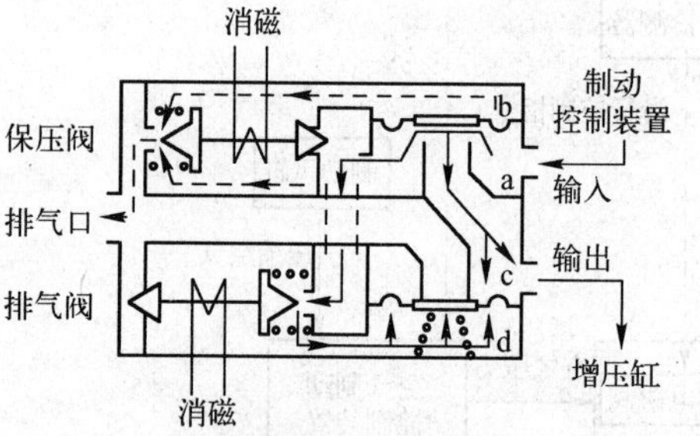

（a）制动(供气)装置

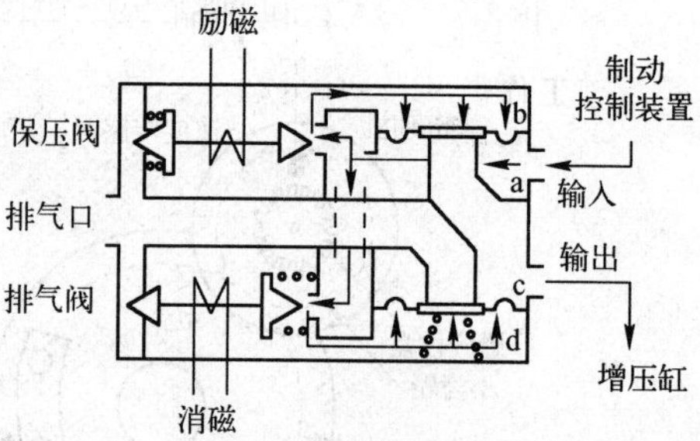

（b）保压(保持)装置

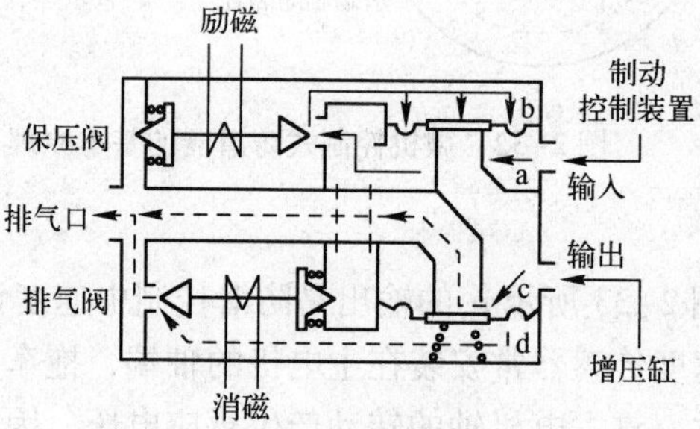

（c）缓解(排气)装置

图 2-34　防滑阀在制动时的工作原理

（1）无滑行时

未接收到滑行检测器的信号时，保压阀、排气阀都消磁，防滑阀处于制动状态。来自空气制动控制装置内中继阀的压缩空气由输入口进入，并经排气阀侧的入口部的橡胶膜板背压室 d，使排气阀部的隔板关闭；a 室压缩空气推开保压阀部的隔板进入输出口，此时，来自制动控制装置的压缩空气可由输入口供至输出口。

（2）有滑行时

① 缓解作用

接收到缓解指令时，保压阀和排气阀均励磁，防滑阀处于缓解状态。保压阀励磁，可使来自输入口的压缩空气由保压阀侧的电磁阀进入膜板背压室 b，关闭保压阀部的隔板，截断输入口和输出口之间的通路，从而使来自空气制动控制装置的压缩空气不能由输入口供到输出口；同时，排气阀励磁，使膜板背压室 d 的压缩空气经排气阀侧的电磁阀排大气，排气阀部的隔板在 c 室压力的作用下打开，输出口和排气口连通，增压缸侧的压缩空气排大气。

② 保压作用

接收到保压指令后，保压阀保持励磁，排气阀消磁，装置处于保压状态。排气阀消磁后，截断输出口和排气口之间的通路，增压缸侧的压缩空气停止排大气；同时，保压阀保持励磁状态，来自空气制动控制装置的压缩空气被截断而不会由输入口进入。因此，增压缸内压缩空气的量不变，制动缸内的压强不致过低，当再次施行制动时可迅速动作。

③ 制动作用

接收到制动指令后，保压阀也消磁，装置处于制动状态。此时，排气阀已消磁，制动缸的排气通路关闭；当保压阀也消磁时，输入口和输出口连通，来自空气制动控制装置的压缩空气再次由输入口供到输出口，增压缸内的空气压强恢复至滑行前的水平。

2. 工作原理

动车组的防滑装置进行滑行检测时，由滑行检测器对速度传感器传来的脉冲频率信号进行计算，得出用于进行滑行检测的指标的值，并根据事先规定的控制逻辑比较判断，确定是否发生了滑行。滑行的检测指标主要有减速度、速度差和滑行率三种。

1）*减速度检测*

如图2-35所示，该方法是根据某车轮本身转动速度减少的比例β来判断是否滑行。由于轮对与车辆的质量相差较大，其速度变化相对也快一些，因而可及时检测到滑行。一般说来，减速度指标可单独用来对滑行轴进行评价，在防滑控制中应优先使用。日本新干线动车组的减速度检测标准设定值为10 km/(h·s)[2.78 m/s^2, 1 m/s^2 = 3.6 km/(h·s)]，也有其他国家的动车组将此标准定为14.4 km/(h·s)[4.4 m/s^2]。

2）*速度差检测*

如图2-36所示，速度差检测是以同一辆车内4个轴的速度，以及制动指令发出后以一定减速度减速的假想轴速度（也称第5轴速度）中速度最高的轴为基准，当某车轮的轮周速度比基准轴的速度低于某一设定值Δv时，就判断车轮发生了滑行。

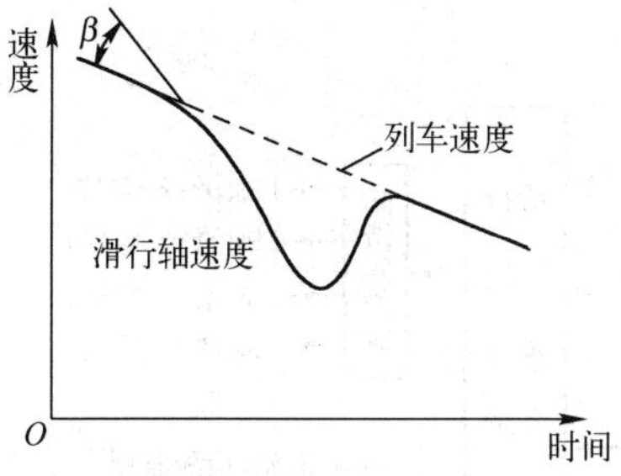

图2-35 减速度检测

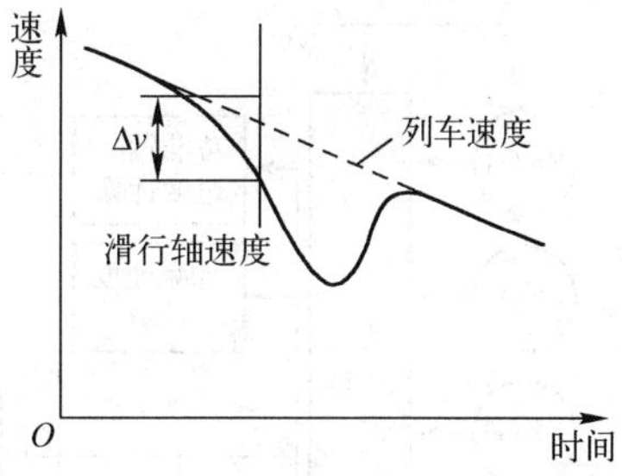

图2-36 速度差检测

速度差指标的检测灵敏度比减速度指标要低，因此滑行检测要以减速度检测为主，速度差检测作为后备。另外，考虑到速度差指标在低速区检测灵敏度下降的问题，可在高速区采用速度差率指标（非滑行轴和滑行轴的速度差与非滑行轴速度的比值），低速区采用速度差指标来判断。例如新干线500系动车组，在速度67 km/h以上时采用速度差率为15%的判断标准，67 km/h以下时采用速度差为10 km/h的判断标准，见图2-37。

3）*滑行率检测*

滑行率检测方法是根据轮轨接触点的滑行率λ来判断轮对是否发生了滑行，滑行率λ的定义为：

$$\lambda = \frac{\text{轮心速度} - \text{轮轨接触点相对于轮心的速度}}{\text{轮心速度}} \times 100\% \tag{2-7}$$

由上式可以看出：轮对作理论上的纯滚动和完全滑行时的λ值分别为0和100%，由于轮轨间实际上是处于一种“黏着”状态，轮对运行时的λ值应介于二者之间。

动车组的防滑装置在滑行检测时，以减速度检测方法为主，并和作为后备的速度差检

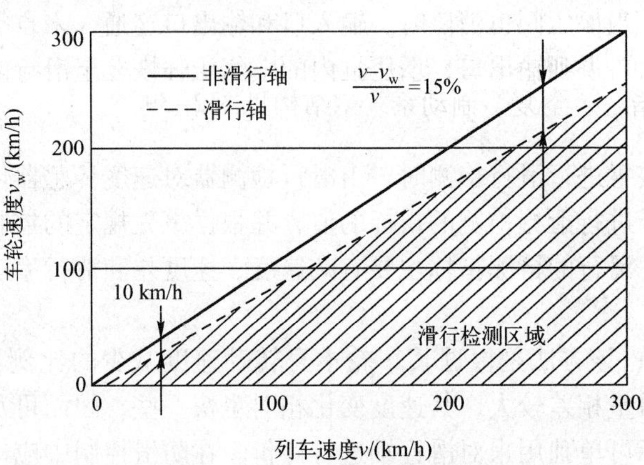

图 2-37　速度差标准检测范围

测、滑行率检测方法一起使用。当根据任一检测标准判断发生滑行时，防滑电磁阀动作，使制动缸压强降低。在轮轨间黏着力的作用下，车轮转速上升，当三个指标都不满足滑行发生的条件时，滑行检测器就会据此判断已经恢复了黏着，防滑电磁阀动作，使制动缸压强保持不变或再次上升。数字式防滑装置的控制原理见图 2-38。

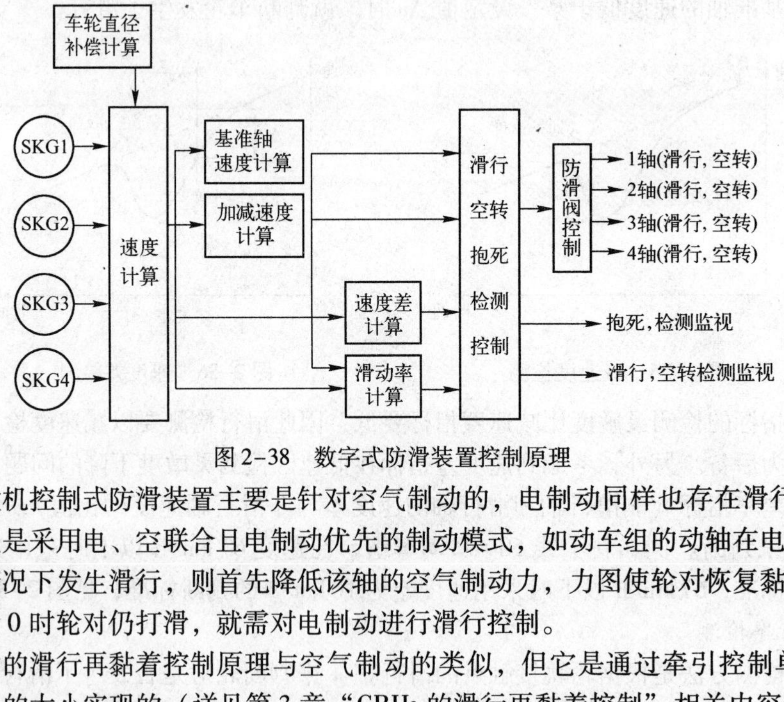

图 2-38　数字式防滑装置控制原理

前述微机控制式防滑装置主要是针对空气制动的，电制动同样也存在滑行控制问题。由于动车组是采用电、空联合且电制动优先的制动模式，如动车组的动轴在电、空制动同时作用的情况下发生滑行，则首先降低该轴的空气制动力，力图使轮对恢复黏着；如空气制动力降为 0 时轮对仍打滑，就需对电制动进行滑行控制。

电制动的滑行再黏着控制原理与空气制动的类似，但它是通过牵引控制单元 TCU 调节电制动力的大小实现的（详见第 3 章“CRH_2 的滑行再黏着控制”相关内容）。

2.4　制动控制系统

2.4.1　制动控制系统的组成

制动控制系统是制动系统中由司机或列车自动控制系统 ATC 控制，产生、传递制动信号，并对制动力进行计算和分配的部分。由此可以看出，制动控制系统主要包括制动信号发生装置、制动信号传输装置和（电子）制动控制装置三大组成部分。以日系动车组为例，数字式电气指令电空复合制动系统的结构见图2-39。

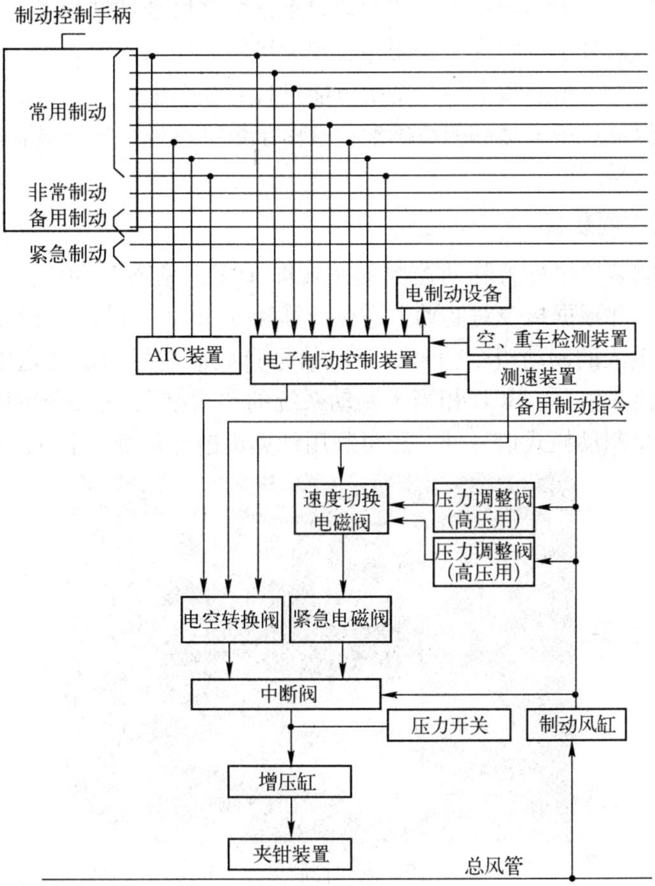

图2-39 制动控制系统的结构

1. 制动信号发生装置

制动信号发生装置有自动（ATC装置）和手动（司机制动控制器）两种。在日系动车组中，司机制动控制器设在司机座椅的左前方，与我国机车驾驶室内的情形类似。控制器手柄转动时带动安装在下部的凸轮，控制各指令线电气触点的通和断，向各车发送相应的指令。

2. 制动信号传输装置

1）功能

制动信号传输装置即负责制动信号传输的列车线，它不但负责将制动信号发生装置发出的制动指令传送给列车中所有车辆，还负责将各车的信息传送给司机室。

2）传输介质

列车线有带屏蔽层的金属电缆和光缆两大类。为提高信号传输的质量和速度，减轻信号传输系统的重量，动车组中的列车线往往采用光缆。

3）信号的类型

制动控制系统中传输的信号有模拟信号和数字信号两种。模拟信号是以电压、电流、频率、脉宽等模拟量的大小表示不同的制动要求；数字信号是以若干指令线不同的通、断组合来表示。模拟信号系统的优点是便于实现无级精确操纵，而数字信号系统的优点在于反应迅速、可靠性高。虽然数字信号系统只能进行有级操纵，但实践证明：当常用制动设置7级时，已能保证运用中足够的精确度；且由于数字信号系统的显著优点，信号传输系统中多采用数字信号。

3. 电子制动控制装置

电子制动控制装置也称为制动控制单元（即BCU，见图2-40），它是制动控制系统中接收制动指令，并根据指令对制动力进行计算和分配的计算机。动车组中的每辆车均装有BCU，它根据输入的制动指令信号、速度信号和载荷信号输出决定电制动力和空气制动力大小的制动模式信号。BCU相当于制动系统的“大脑”；有的车型的BCU（如CRH_2型动车组）除产生制动模式信号外，还可利用计算机进行防滑、空气压缩机等的控制。

图2-40　制动控制单元（BCU）

制动控制单元（BCU）往往和各种空气控制阀集成在一起，总称“制动控制装置”，但其核心为BCU。

除了以上三个主要组成部分，制动控制电路中还采用了很多继电器来进行逻辑判断和控制，如CRH_2型动车组中表示列车头车的MCR继电器、表示列车设备有无异常的JTR继电器，以及表示是否有制动指令的状态继电器（BR继电器）等。

2.4.2　制动控制系统的操纵方式

动车组的制动指令一般是由头车内的司机制动控制器或ATC装置下达；但在车辆发生事故等异常情况下，则由手动开关或异常监测系统通过列车线将制动指令传送给列车中的所有车辆。上述所有制动指令主要靠DC 100 V电源来传递。制动控制系统向制动装置发出制动指令的方式主要有以下几种。

1. ATC操纵

ATC制动是通过比较来自轨道电路信号（ATC信号）的允许速度和列车实际速度来

决定制动指令的级别。当列车速度超过允许值时，ATC装置向制动控制系统发出制动指令，列车自动产生制动作用。制动指令持续起作用，直至列车速度降低到最高允许速度以下时自动进行缓解。

ATC制动可使用常用制动和非常制动来实现。一般情况下使用常用制动；当使用常用制动不能使列车速度在规定距离内降至规定值时，就使用非常制动。

2. 司机制动控制器操纵

列车的时间调整及从速度为30 km/h到停车地点的制动操纵都是司机通过制动控制器来进行的。在向列车发出制动指令时，人工操纵具有优先权，即当司机把制动控制器手柄转到司机控制位时，自动转到手动预定指令值。

3. 紧急制动的操纵

当出现意外情况时，安全环路断开使紧急电磁阀失电打开，从而实现列车的紧急制动（详见2.4.3“制动控制系统的工作原理”中的“紧急制动控制”部分）。

2.4.3 制动控制系统的工作原理

1. 制动指令控制

进行制动控制时，由司机制动控制器或ATC装置发出指令，制动指令被各车的BCU接收，进行制动力的计算和电、空制动力的分配。

司机制动控制器设在头车的司机室内，其制动指令控制电路见图2-41（日系动车组）。当制动控制器的手柄转动时，安装在同一回转轴上的凸轮组跟着转动，使各触点闭合或断开，构成制动指令回路。在图2-41中，从上到下依次是紧急制动指令153号线、备用制动指令411和461号线、非常制动指令152号线、电制动指令10号线、牵引指令9号线、常用制动指令线61～67号线等指令线，以及与其平行的凸轮组。

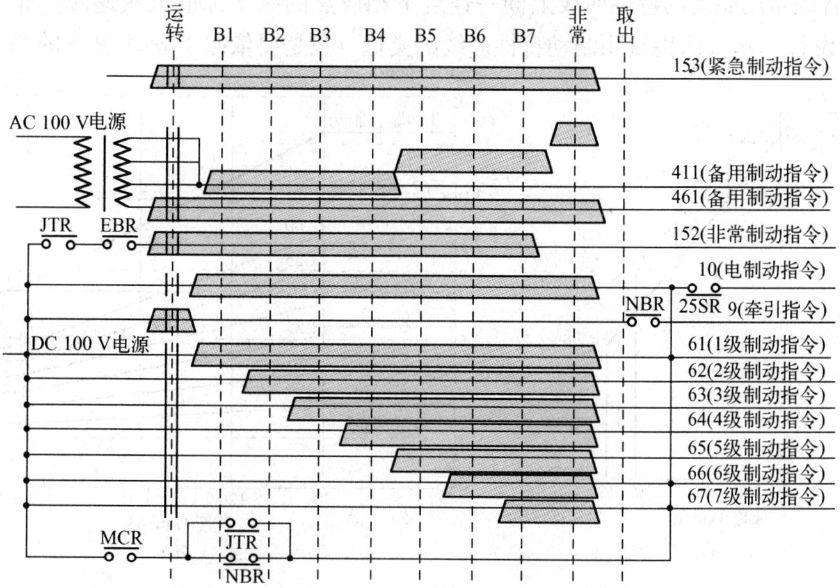

图2-41 司机制动控制器的制动指令控制电路

电流从图的左侧经继电器触点或凸轮控制触点到右侧，将指令通过各列车线从头至尾传到每辆车。

图中的指令 411 和 461 号线为备用制动指令线，它以 AC 100 V 作为电源，通过改变变压器的抽头将 B1 ～ B4、B5 ～ B7、非常三个级别的模拟交流电压传给各车。除了备用制动指令线，其他指令线都是由制动控制器手柄的位置来决定是否向其供给 DC 100 V 电源，以此来向各车传达制动指令。这些数据指令的内容如下。

紧急制动指令 153 号线在制动控制器手柄从运转位到非常制动位时得电，到取出位时失电。

非常制动指令 152 号线在制动控制器手柄从运转位到 B7（7 级常用制动）位时得电；电制动指令线 10 号线从 B1（1 级常用制动）位到非常位得电；牵引指令 9 号线只在运转位得电；当施行某级别的常用制动时，该级别及其以下各级别的常用制动指令线均得电。

在 ATC 装置发送常用制动指令时，图 2-41 最下方的指令线的 MCR、JTR、NBR 条件成立，10 号线、61 号线、66 号线和 67 号线得电，相当于 7 级常用制动作用。此时，66 号线得电是为了使其具有常用最大制动的冗余性。当 ATC 发送非常制动指令时，152 号线触点前的非常制动继电器 EBR 的触点断开，152 号线失电，产生非常制动作用。

2. 各种制动作用的控制

1）*常用制动控制*

动车组的常用制动控制特性曲线是以第 1 章所述的黏着特性曲线为基础来确定的，见图 2-42（a）。将以黏着系数—速度表示的黏着特性曲线（湿轨情况）转化为图示的以减速度 - 速度表示的特性曲线（后一曲线上各点的纵坐标值为前一曲线上相应点的纵坐标值乘以重力加速度 g），最高级别的常用制动的特性曲线以“减速度—速度”曲线和动车组制动系统的性能为基准进行设计，使制动特性曲线上各点的纵坐标值（减速度值）不得超过并尽量接近“减速度—速度”曲线上同一速度下相应点的纵坐标值，以充分利用轮轨间的黏着。其他各级常用制动的特性曲线上同一速度下相应点的纵坐标值依次递减。非常制动特性曲线的设计与最高级别常用制动特性曲线的类似，只是要依照干轨情况下的黏着特性曲

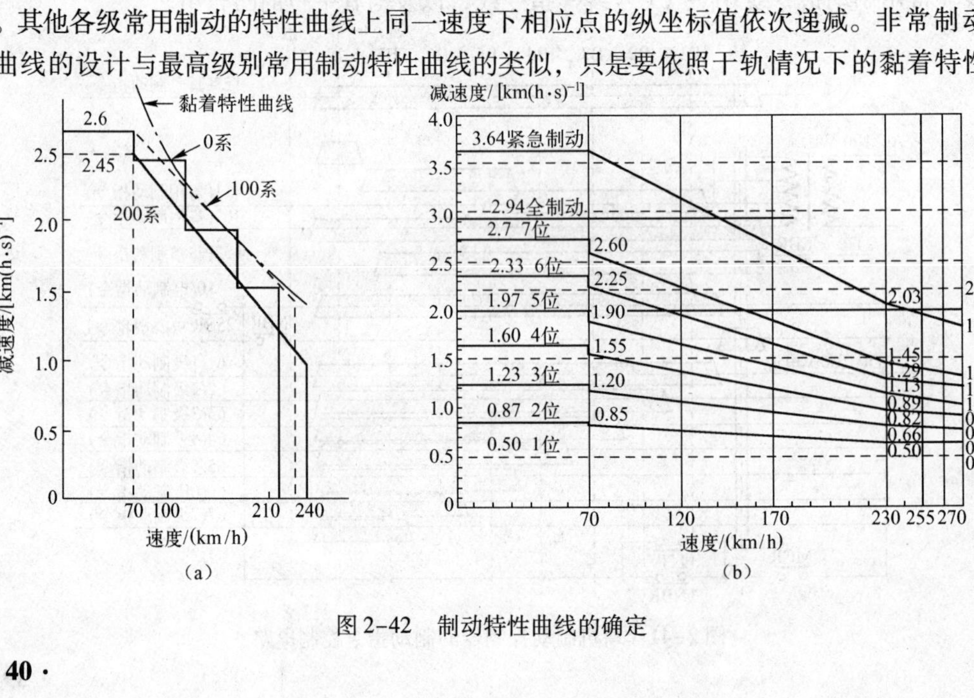

（a）（b）

图 2-42　制动特性曲线的确定

线，并留有一定的裕量（见图 2-42（b），日本新干线 300 系动车组）。在动车组发展的初期，为便于控制，经常将制动特性曲线设计成阶梯形（如新干线 0 系动车组）。

参看图 2-41 和图 2-43，各级常用制动时，制动控制器或 ATC 装置使电制动指令线 10 得电，使制动级位指令线 61 ～ 67 形成不同的得失电组合，发出的制动级位指令通过这些列车指令线传送至所有车辆的制动控制单元 BCU。各车的 BCU 接收到制动指令后，根据制动级别确定采用图 2-42（b）中的哪条特性曲线进行控制。然后根据列车的速度确定曲线上的唯一点（即得到设定减速度的值），再根据来自空气弹簧的载重信号计算出应施加的制动力（载重和减速度的乘积）。然后，遵照优先使用电制动的原则首先让电制动装置承担制动力，即通过 150A 和 150B 线将电制动指令传送给电制动的控制装置（牵引控制单元 TCU）。电制动施加后，再将电制动力的数值反馈回 BCU，如电制动不足，则以空气制动进行补偿。BCU 计算出应补充的空气制动力，并以相应的电信号（电空转换阀电流）输出到 EP 阀，由其将电流信号按一定比例转换成空气压强信号输出到中继阀，中继阀将输入的压缩空气流量放大后输出至增压缸，由增压缸将空气压强转换为液压后输出到执行机构，最终产生制动作用。

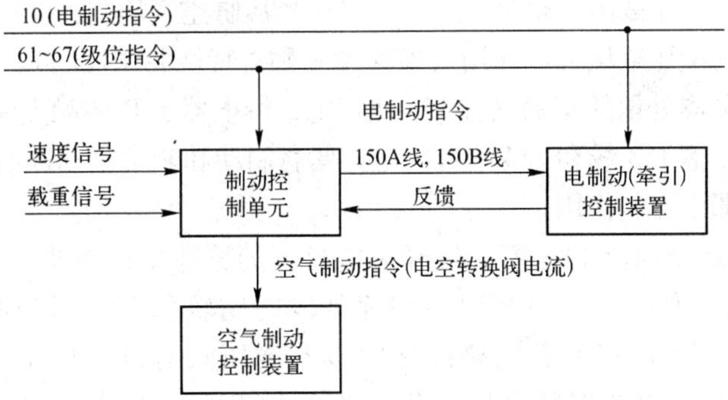

图 2-43　常用制动控制电路

2）紧急制动控制

列车的紧急制动控制独立于常用制动和非常制动之外，紧急制动控制电路（如图 2-44 所示）是从头车的司机制动控制器开始到尾车，再返回头车的一根往复的紧急制动指令线（153 号线去，154 号线回，也称为安全环路）。系统的设计为 153、154 线常时得电，紧急制动系统不动作；当由于任何一种原因使紧急制动指令线失电时，就会产生紧急制动作用。

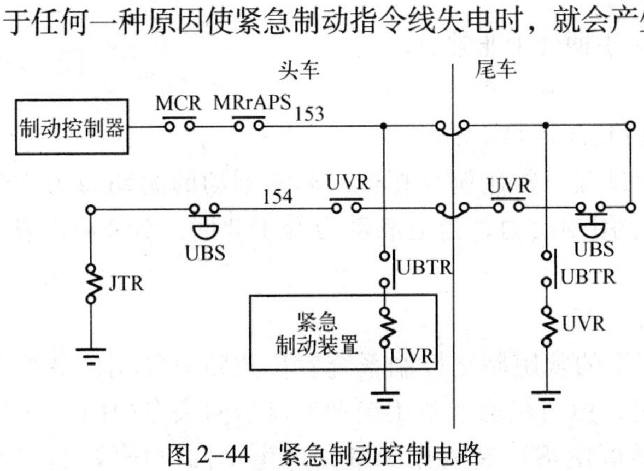

图 2-44　紧急制动控制电路

153 号线从制动控制器开始，经由头车继电器 MCR 及总风压力开关 MRrAPS（总风压强为 600 kPa 以上时闭合）到达列车尾部。154 号线是紧急制动返回线，它经由紧急开关 UBS 及各车的紧急电磁阀 UVR，使头车的 JTR 继电器励磁。

当发生如下情况时，紧急制动指令线失电，从而使紧急电磁阀失电打开（制动风缸通中继阀的气路开通），产生紧急制动作用。

① 列车分离；

② 总风压强低于 600 kPa；

③ 制动力不足；

④ 某车辆的设备发生故障；

⑤ 司机制动控制手柄处于取出位。

当列车中某处发生设备故障时，故障车辆的 153 线和 154 线都失电。153 线失电导致该车的紧急电磁阀失电；154 线失电导致继电器 JTR 的线圈失电，使串联在非常制动指令线 152 线前的继电器 JTR 的触点断开，于是，该车同时产生紧急制动和非常制动作用。非故障车辆只有 154 线失电，只产生非常制动作用。紧急制动和非常制动的增压缸空气压强对比随车速的不同而变化，对于故障车辆来说，是两者中增压缸空气压强大的一方起作用；非故障车辆则是非常制动的增压缸压强起作用（按速度—黏着特性曲线控制）。

列车分离时，分离处前的车辆只有 154 线失电，继电器 JTR 的触点断开，非常制动发挥作用。分离处后的车辆 153 线和 154 线都失电，紧急制动和非常制动同时动作，此时仍然是增压缸压强较大的那一方起作用。

紧急制动时，制动风缸的压缩空气经失电打开的紧急电磁阀进入中继阀，余下的控制过程同常用制动。为了较好地利用不同速度段的轮轨黏着，紧急制动设置了二级增压缸压强，即在制动风缸和紧急电磁阀之间设有调压阀对进入中继阀的空气压强进行调节，高速时用低压，低速时用高压（详见 3. 3 “CRH_2 空气制动系统” 中 B11 型调压阀相关内容）。紧急制动没有空重车调整，而且紧急制动发生以后，动车组将一直减速直至停车，中途不能缓解。

3）非常制动控制

非常制动指令线 152 号线为常带电，当出现以下情况时 152 号指令线失电，产生非常制动作用：

① 司机制动控制手柄处于非常位；

② ATC 装置发出非常制动指令；

③ 紧急控制电路继电器 JTR 消磁。

非常制动的控制过程与常用制动相似。非常制动的制动力为 100% 的电制动力加上 40% 或 50% 的空气常用制动力；当电制动力等于 0 时，为 140% 或 150% 的空气常用制动力。

4）备用制动控制

备用制动在动车组的常用制动控制系统发生故障时使用，其控制电路如图 2-45 所示。对于日系动车组，由司机通过备用制动控制器向头车内的备用制动控制单元发出指令，备用制动控制器可使备用制动控制单元产生不同电压等级的交流电，此交流电通过列车的411、461号备用制动指令线传送给各车的备用制动指令接收器，在各接收器经全波整流变为直流电，由直流电对EP阀直接进行控制。后面的控制过程与常用制动相同。

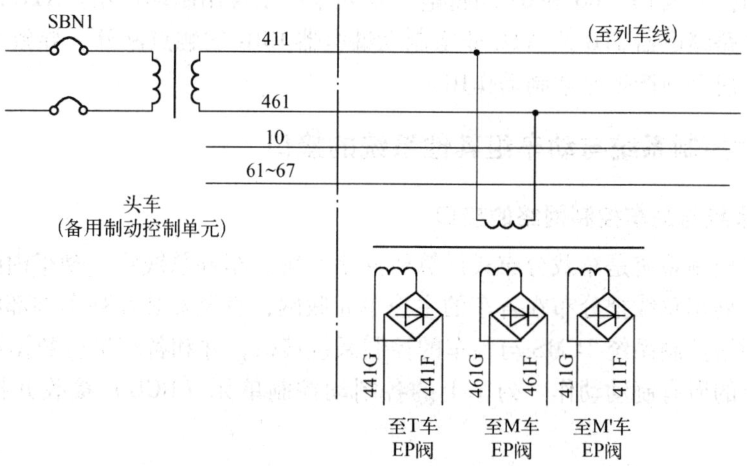

图2-45 备用制动控制电路

CRH1型动车组备用制动的控制方式与日系动车组相同，而CRH3和CRH5型动车组的备用制动则与之不同，它们是启用无电控的自动空气制动装置。对于CRH系列所有型号的动车组，备用制动只有空气制动。

5）*救援/回送制动控制*

对于日系动车组，在进行救援或回送时，首先需启用其电气指令式的制动系统。被救援动车组与救援机车连挂时，将电气指令方式动车组的救援制动装置与空气指令方式的普通机车的制动管连接起来，用动车组头车的空—电转换装置使制动管的空气压强信号转换为电气指令信号，使动车组的空气制动动作。电源优先考虑使用动车组的车载蓄电池，必要时可通过头车上的DC 110 V转换为DC 100 V的直—直变换器，使用外部向动车组供的DC 110 V电源。

CRH1型动车组的救援/回送制动控制方式与日系动车组相同，而CRH3和CRH5型动车组则是将救援机车和动车组的制动管相连，由救援机车直接控制动车组制动管内的压强，以此来控制动车组的制动和缓解。

2.4.4 速度控制

动车组运行过程中的速度控制是靠ATC装置来完成的：根据行车指令、线路状况和列车自身状况，ATC装置可计算出列车运行时必须限定的速度值（限速值）；沿列车运行线路里程坐标将运行在各处的限速值连接，可以形成连续曲线。通常，把ATC装置计算所得的限速值称为监控装置控制模式限速值（简称为模式限速值、计算限速值），把沿线路里程坐标连成的限速值曲线称为监控装置控制模式限速曲线（简称模式曲线或限速曲线）。

ATC装置根据列车实际速度和限速曲线上的相应值（即允许速度）的关系来决定制动指令的级别。前已述及，ATC制动可使用常用制动和非常制动来实现：ATC的常用制动是通过头车继电器MCR和ATC常用制动继电器NBR，使贯通全列车的电制动指令线10、常用制动指令线61、66和67均得电，全列车产生常用制动作用。ATC的非常制动是让紧急控制电路继电器JTR或ATC非常制动继电器EBR的触点断开，导致非常制动指令线152失电，使全列产生非常制动作用。

2.4.5 制动控制系统与动车组其他系统的接口

1. 制动系统与列车控制网络的接口

动车组的控制系统是车载分布式计算机网络系统。车辆总线将一辆车内的各计算机控制装置联网，列车总线把分布在各车的主控单元联网，直至安装在列车端部的列车控制中心。动车组网络控制系统TCMS与各车的控制系统接口，并和各车进行数据通信。列车电脑控制列车上的所有制动动作，列车上的各制动控制单元（BCU）接收并执行列车电脑给予的命令。

2. 制动系统与列车运行速度控制系统的接口

动车组制动系统具有与车载“列车运行速度控制系统”的接口，以便实施安全制动。制动能力是决定信号方式和信号闭塞区间长度、数目的主要因素，ATP/ATC等各种列车运行控制信号系统的设计均须以列车的制动模式曲线为基础（列车超速防护系统（ATP）是列车自动控制系统（ATC）的子系统）。列车按照运行图的规定速度运行，运行速度受车载“列车运行速度控制系统”的控制。该系统根据线路允许速度信号控制列车的运行速度，确保列车安全运行；当列车运行速度超过规定值时，该系统会使制动系统产生常用制动或非常用制动作用，列车自动减速运行。

动车组的紧急制动按安全回路失电制动的模式建立。列车发生分离、总风压强不足、制动力不足、制动设备故障、司机制动控制器手柄取出等条件均可使列车控制系统发出紧急制动指令。此外，列车的停放制动、防滑和制动系统的供气也由列车控制系统对相应的系统进行统一控制。

3. 制动系统与牵引传动系统的接口

制动系统和牵引传动系统同属列车控制系统的子系统，两个子系统独立构成闭环控制系统，又通过列车信息控制系统传递控制命令，协调工作。

动车组电制动系统的组成与牵引传动系统一致，在列车控制系统的作用下实现牵引工况与制动工况之间的切换；当列车转入制动状态后，制动控制单元（BCU）根据制动级位指令、列车运行速度和车重等参数进行制动力的计算和电、空制动力的分配。

复习思考题

1. 动车组为什么要采取“电、空结合，以电为主”的制动方式？保留空气制动的意义何在？

2. 直流电机和感应电机制动力的产生原理有什么不同？分别对其制动特性进行分析。
3. 如何在低速情况下有效地利用电制动？
4. 动车组的空气制动系统由哪几大部分组成？有什么特点？
5. 简要说明动车组空气制动系统的总体工作原理。
6. 微机控制的防滑装置由哪些部分组成？简述其工作原理。
7. 动车组的制动控制系统包括哪几个组成部分？各起什么作用？
8. 动车组的常用制动是如何进行控制的？

第3章　CRH2型动车组制动系统

3.1　CRH2 型动车组制动系统概述

3.1.1　制动系统的组成

如图3-1所示，每列 CRH2 型动车组包括4辆动车和4辆拖车（CRH2 型动车组目前有A、B、C、E共4种型号，除了编组及最高运行速度等不同外，4种型号的 CRH2 型动车组制动系统的总体构成和工作原理类似；因此，本书以 CRH2-A 动车组为准进行介绍），动车和拖车分别以 M 和 T 表示。动车的每根轴上有电制动和空气制动装置，空气制动装置包括2套轮盘式盘形制动装置；拖车的每根轴上只有空气制动装置，包括2套轮盘式盘形制动装置和2套轴盘式盘形制动装置。

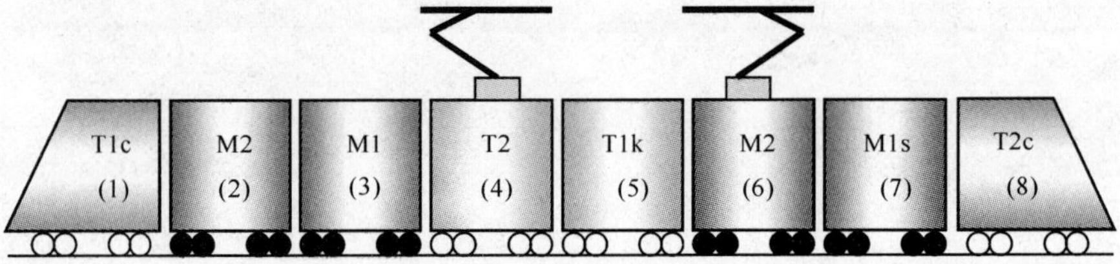

图3-1　CRH2 型动车组的编组

●—动力轴；○—非动力轴

CRH2 型动车组的制动系统分为4个控制单元，1M1T（1动1拖）构成一个单元，采用再生制动和空气制动联合作用的复合制动模式。在单元内再生制动优先，空气制动实行延迟控制，以减少机械制动零部件的磨损；当列车速度较高时实施电制动，低速区电制动不足或发生故障时由空气制动补充，制动方式的转换由微机系统控制完成。M车和T车的空气制动均采用增压缸和液压夹钳装置。

CRH2 型动车组的制动系统在列车上的布置见图3-2。司机制动控制器安装在驾驶室内便于操纵的位置，空气压缩机、干燥装置、制动控制装置和增压缸等布置在车下。

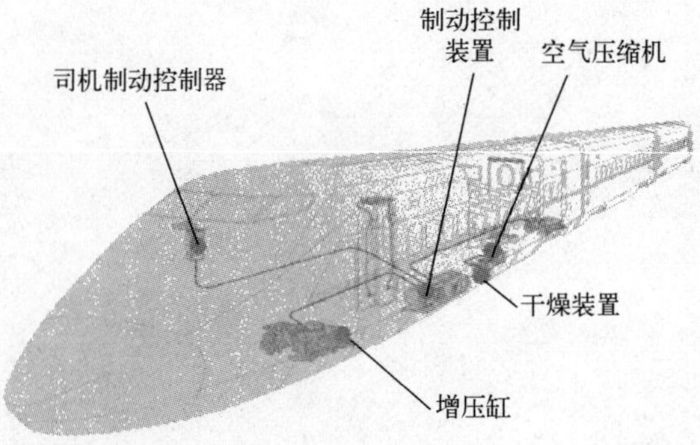

图3-2　CRH2 型动车组制动系统在列车上的布置

3.1.2 制动作用的种类

1. 常用制动

CRH_2 型动车组的常用制动设 1 ～ 7 级，制动指令信号为数字式，采用光缆传输。当列车制动初速在 75 km/h 以上时，以 1M1T 为单元对电制动力和空气制动力进行控制，动车的电制动优先，拖车的空气制动延迟作用，动车的再生制动负担拖车的部分空气制动。初速在 65 km/h 以下时，切换成各车制动力独立控制的模式。

常用制动按黏着特性曲线（以雨天时的黏着试验为依据绘制）控制，并具有空、重车调整功能，可按车辆载重来调节制动力。CRH_2 型动车组的救援/回送制动执行的也是 1 ～ 7 级的常用制动功能（电空制动）。

2. 非常制动

非常制动与常用制动的控制模式相同，但具有最大常用制动（7 级）1.5 倍的制动力。操作司机制动控制器，或当列车未能减速到闭塞区间设定的速度时（ATP 或 LKJ2000 响应），均可发出非常制动指令。

3. 紧急制动

紧急制动按安全回路失电启动的模式设置，因任何情况导致的安全回路失电都会引起紧急制动。

紧急制动为纯空气制动，其制动力（或减速度）根据列车运行速度进行两级调整。当列车速度在 160 km/h 以上时，减速度约为 0.6 m/s^2；当列车速度在 160 km/h 以下时，减速度约为 0.778 m/s^2。紧急制动不具有空、重车调整功能。

4. 备用制动

备用制动在制动控制单元（BCU）异常及常用制动指令线断路等情况下启用。CRH_2 型动车组的备用制动是通过电压控制的电气指令式空气制动，能产生相当于 3 级、5 级、7 级常用制动及非常制动的制动力；但每个级位的制动力为定值，与列车速度和车辆载重无关。

5. 耐雪制动

耐雪制动与空气制动作用的常用制动作用方式相同。降雪时，为防止冰雪进入制动盘和闸片之间的空隙，可使闸片推出，无间隙地轻轻接触制动盘。

耐雪制动于时速 110 km 以下，在耐雪制动开关置于作用位并操纵司机制动控制器时动作，耐雪制动对应的增压缸（BC）压强设定值为（60 ± 20）kPa，这是使制动缸产生有效制动力的最小工作压强。

6. 停放制动

CRH_2 型动车组无专门的停放制动装置。在坡道上（坡度不大于 30‰）停放时，是通过在最上方 3 个轮对的车轮下放置 6 个铁鞋，来防止列车因重力或风力作用而溜逸。

3.1.3 制动系统的技术特点和主要技术指标

1. 技术特点

① 常用制动采用电、空结合的复合制动方式，电制动优先，所承担的制动能量约占

全部制动能量的97%。

② 常用制动按黏着特性曲线进行控制，并可根据载荷变化自动调整制动力的大小。

③ 基础制动装置采用液压夹钳，体积小，响应迅速。

④ 具有与列车运行控制系统 ATP/LKJ2000 的接口，可施行安全制动。

⑤ 具有故障诊断和相关信息保存的功能。

2. 主要技术指标

① 动车组在空旷平直道和额定载荷下的紧急制动距离：当车速为200 km/h 时不大于1 720 m，速度为160 km/h 时不大于1 070 m。

② 基础制动装置的传动效率在95%以上，闸片平均摩擦系数为0.25。

③ 正常使用时，总风管压强为780 ～ 880 kPa。充风时，由0 升至880 kPa 的时间为250.3 s，由780 kPa 升至880 kPa 的时间为28.5 s。

④ 非常制动空走时间不大于2.3s，ATP 空走时间不大于3.5s。

3.2 CRH2 型动车组电制动系统

3.2.1 系统组成和工作原理

CRH2 型动车组电制动系统即牵引系统，由受电弓、牵引变压器、牵引变流器（即第2 章所述的主变换器，包含整流器和逆变器）及三相异步感应式的牵引电动机组成。

牵引时，受电弓从电网接入25 kV 的单相交流电，经牵引变压器降压成1 500 V 的交流电，降压后的交流电再由牵引变流器进行一系列的处理，变成电压和频率均可控制的三相交流电输送给牵引电机。制动时，牵引电机转变为发电机运行，电能的变换过程与牵引工况正好相反。

3.2.2 性能

CRH2 型动车组每辆动车的再生制动性能曲线见图3-3。当列车运行速度低于15 km/h，

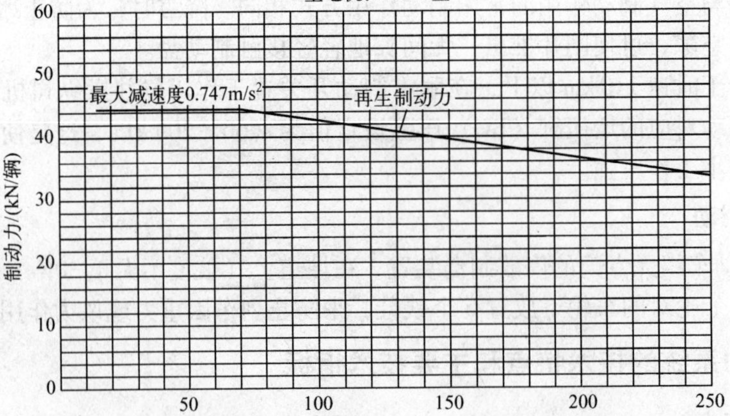

图3-3 CRH2 型动车组的再生制动性能曲线

电制动急剧衰减时，不使用电制动。15～70 km/h 的速度范围为 VVVF 控制的恒力（或恒转矩）区。当速度在 70～250 km/h 之间时，制动力受电机功率的限制，随着速度的升高而减小。再生制动在最高级位（7 级）常用制动时的减速特性为：列车运行速度在 70 km/h 以下时为 0.747 m/s^2，118 km/h 时为 0.619 m/s^2，200 km/h 时为 0.505 m/s^2。

3.3 CRH_2 型动车组空气制动系统

3.3.1 压缩空气供给系统

压缩空气供给系统由空气压缩机、空气干燥装置及总风缸、制动风缸、控制风缸贯穿全列的总风管等组成。

CRH_2 型动车组的风源有两套：一套是由 3 台主空气压缩机组成的主风源，3 台压缩机分别位于 3、5、7 号车的地板下，主要为空气制动系统供风，同时也为气动辅助设备（包括风笛、空气弹簧、门控和集便器等）提供风源；另一套为 3 台辅助空气压缩机组成的辅助风源，3 台压缩机分别位于 2、4、6 号车的地板下，主要为受电弓、真空断路器 VCB 提供风源。

1. 主空气压缩机

CRH_2 型动车组的主空气压缩机为 MH1114A—TC2000B 型往复式空气压缩机，它主要由空气压缩机和三相交流电动机组成。

主空气压缩机采用直接驱动方式以减少振动。压缩机的气缸为对置式排列，也有助于减轻机组运行时的振动。此外，还在吊架处用防振橡胶来减小传向车体的振动。

压缩机上装有吸/排气消音器降低噪声，机体采用铝合金材料以实现轻量化。

为使负荷均匀，各台空气压缩机采用同步启动的控制方式。压缩机输出 800～900 kPa 的压缩空气，大部分被空气制动装置和空气弹簧所消耗，其余的用于受电弓、风笛和刮雨器等设备。

空气压缩机的名义供气量为每辆车 1 745 L/min。

2. 辅助空气压缩机

CRH_2 型动车组使用的辅助空气压缩机为 ACMF2 及 ACMF2A 型，用于在动车组作运行准备时（此时总风压强不足）时向受电弓、真空断路器 VCB 供应压缩空气。

辅助空气压缩机与其相关部件（如受电弓等）组成单元式结构。

3. 安全阀

E1L—乙型安全阀如图 3-4 所示，安装在空气压缩机输出气路下游的总风缸上，当空气压强超过 900 kPa 时，过高的压力会克服弹簧弹力顶开排气阀，使多余的压缩空气排出，直至总风缸内的空气压强降至设定值。

4. 空气干燥装置

CRH_2 型动车组的 D20NHA 型空气干燥装置采用模块化设计，各零部件都装在安装座上。该空气干燥装置具有干燥和再生功能，其工作原理分别如图 3－5、图 3－6 所示。

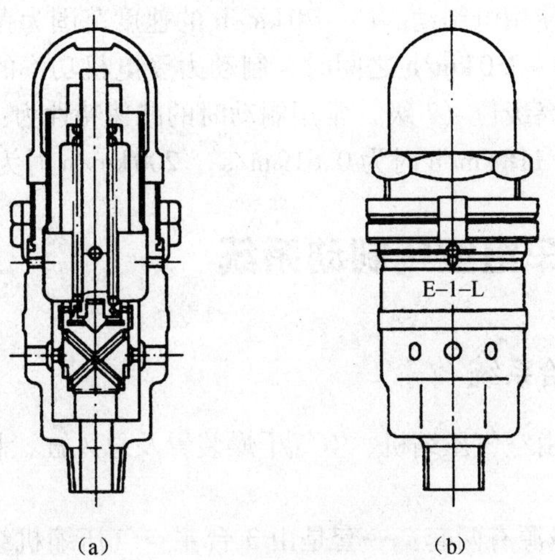

图 3-4　E1L—乙型安全阀

1）干燥功能

干燥作用原理见图 3-5。当总风缸空气压强低于调压值的下限时，调压器立即动作，使空气压缩机开始运转。同时，电磁阀励磁，其上方的排气口关闭，再生风缸和除湿滤芯下面的排气阀活塞之间的气路沟通。此时，从空气压缩机排出的压缩空气经二次冷却器冷却后送到除湿滤芯，其中的水分、灰尘和油等被吸附剂分离掉。压缩空气被干燥后，一部分经再生风缸上的止回阀进入再生风缸，再经电磁阀进入排气阀活塞的左侧，克服弹簧的弹力将活塞关闭，以免压缩空气从排气阀漏出；另一部分则经压缩空气输出口前的止回阀输送到总风缸。

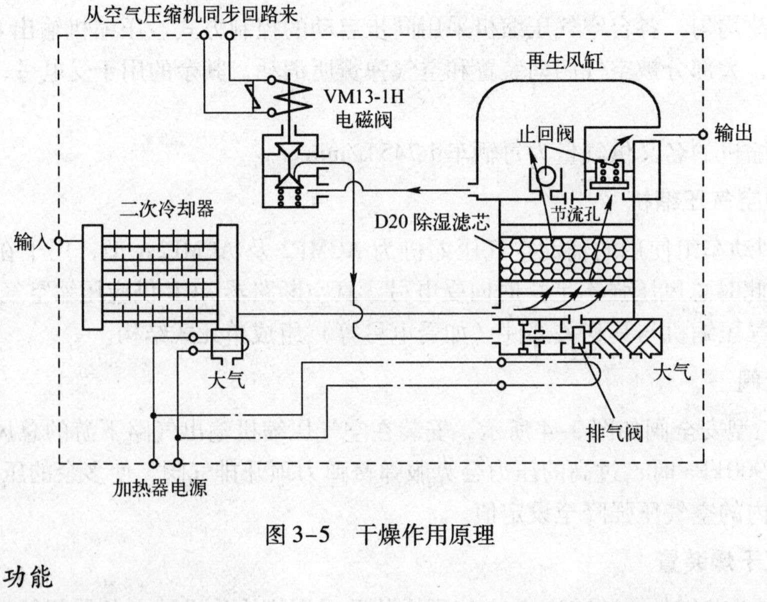

图 3-5　干燥作用原理

2）再生功能

再生功能使用原理如图 3-6 所示。当总风缸空气压强高于调压值的上限时，调压器立即动作使空气压缩机停止供气。同时，电磁阀消磁，切断再生风缸通除湿滤芯下面的排气阀活塞的气路，电磁阀上的排气口打开，排气阀活塞左侧的压缩空气经电磁阀排向大气，排气阀在弹簧弹力的作用下打开。然后，再生风缸里的压缩空气经节流孔流出并发生膨胀，在流经吸附剂时吸收干燥过程中分离出来的水分、灰尘和油等，最后从排气阀排向大气。

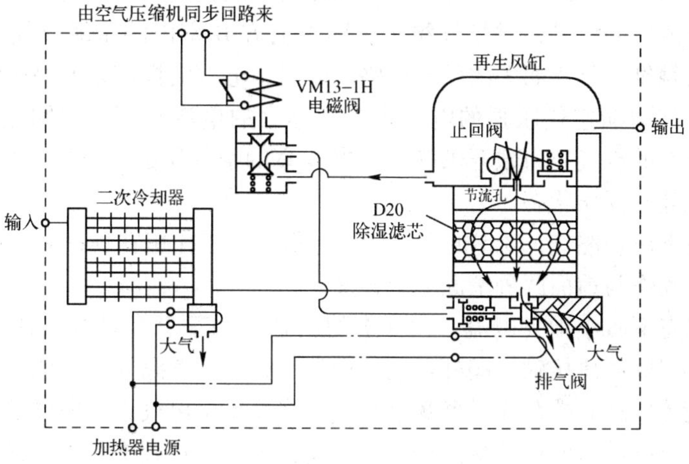

图 3-6　再生功能作用原理

3.3.2　空气制动控制部分

1. 电空转换阀

CRH2 型动车组采用的 EPLA 型电空转换阀如图 3-7 所示。电空转换阀安装在空气制动控制装置内，主要由电磁线圈、供气阀和供排气阀杆等构成。通过改变线圈中的电流，可控制电磁力的大小，使输出的空气压强实现无级调节。

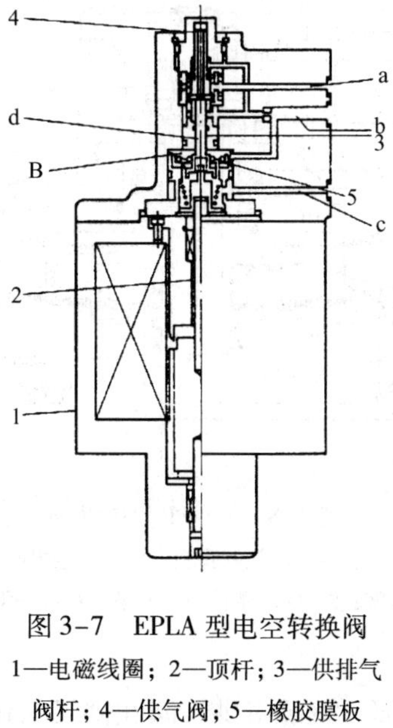

图 3-7　EPLA 型电空转换阀

1—电磁线圈；2—顶杆；3—供排气阀杆；4—供气阀；5—橡胶膜板

电空转换阀接收电气指令后，电磁线圈上产生的电磁力使顶杆顶着供排气阀杆上升，当阀杆接触到供气阀后，阀杆顶端的排气孔关闭。然后，阀杆继续上升并将供气阀从阀座上顶开，这时，来自气路 a（通制动风缸）的压缩空气经打开的供气阀进入气路 b（通中继阀），同时还进入橡胶膜板上面的室 B。随着供气的进行，B 室的空气压强不断增加，当达到电气指令所需的值时，供排气阀杆被膜板上方 B 室内的压缩空气压下，供气阀也随之下降，并接触供气阀座而关闭供气通路。此时，电空转换阀处于保压状态。

当再次接收到增加空气压强的电气指令（增大的电流）后，线圈上的电磁力增加，顶杆克服膜板上面的空气压力顶开供气阀。当 B 室的空气压强达到电气指令所需的值时，电空转换阀再次处于保压状态。

如保压状态下出现漏气，B 室的空气压力降低，小于作用在顶杆上的电磁力，顶杆就会上升，后面的动作与前面两种情况完全相同。

若在保压状态下减小指令电流，顶杆上的电磁力小于 B 室的空气压力，供排气阀杆就会下降而与供气阀脱离接触，阀杆顶端的排气口露出，气路 b 的压缩空气经供排气阀杆内的气路 d 和阀体气路 c 排大气。当 B 室空气压强降低至电气指令所要求的值时，供排气阀杆上升与供气阀接触，阀杆顶端的排气口关闭，电空转换阀重新处于保压状态。如指令电流为零，顶杆上的力也为零，气路 b 的压缩空气经气路 d、c 完全排大气。

2. 中继阀

CRH_2 型动车组空气制动系统采用的中继阀为 FD－1 型，如图 3-8 所示，其输入为电空转换阀或紧急用压力调整阀的输出压强（分别称为工作压强 AC1 和 AC2），输出的为增压缸空气压强 BC。中继阀也安装在空气制动控制装置内。

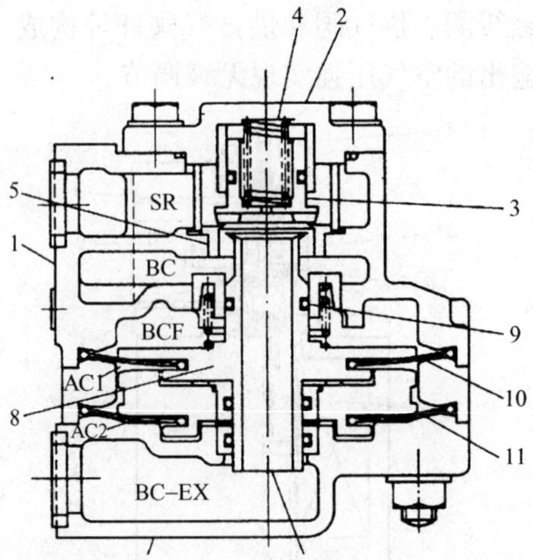

图 3-8　FD－1 型中继阀

1—阀体；2—上盖；3—供气阀；4—供气阀弹簧；5—供气阀座；6—供排气阀杆；7—底盖；8—活塞；9—O 形圈；10—上膜板；11—下膜板

1）结构

阀体的上盖上装有供气阀部，该部由供气阀和供气阀弹簧构成。供气阀由供气阀弹簧压在阀体的供气阀座上。供排气阀杆由与阀体的底盖和活塞相接触的3个O形圈支承。

上膜板的上、下两侧分别为中继阀的输出压强BC和工作压强AC1，下膜板的两侧分别为工作压强AC1和AC2。两个橡胶膜板的有效面积相同，因此中继阀具有输入气压中的高压优先起作用的性能。工作压强（即优先起作用的压强）和输出压强的压差使供排气阀杆上下移动，使供排气阀杆的排气孔或供气阀开闭，以实现输出压强BC的改变。

2）工作原理

工作压强AC1、AC2一旦进入到橡胶膜板处，供排气阀杆就会上移打开供气阀，来自制动风缸的压缩空气SR经供气阀和阀座之间的开口输出至增压缸（BC压强），这种状态称为供气位。

当AC1或AC2室的空气压强等于反馈室BCF的压强时，供排气阀杆被压下，供气阀也回到阀座，关闭压缩空气SR的通路。此时，供排气阀杆与供气阀接触，压缩空气BC也不能排出，这种状态称为保压位。

当工作压强AC1、AC2降低时，BCF室的压缩空气使供排气阀杆下移，压缩空气BC经供排气阀杆内的通路排大气，这种状态称为排气位。若工作压强AC1、AC2停止下降，当橡胶膜板上方BCF室的空气压强下降至与下方的AC1室或AC2室的压强平衡时，中继阀恢复保压状态。

3. B10型调压阀

B10型调压阀（见图3-9）输入控制风缸的压缩空气，输出踏面清扫装置用的压缩空气。该阀采用橡胶膜板结构，便于维修保养；阀体使用铝合金结构，以实现轻量化。

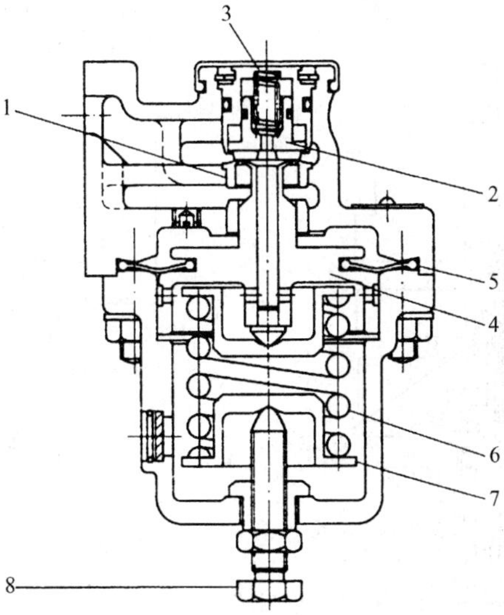

图3-9　B10型调压阀

1—供气阀座；2—供气阀；3—供气阀弹簧；4—供排气阀杆；5—橡胶模板；6—调压弹簧；7—弹簧托；8—调节螺丝

1）结构

B10型调压阀大体上可分为供气阀部、排气阀部和调压阀部三部分。供气阀部由供气阀座、供气阀和供气阀弹簧组成，为增加气密性，供气阀座设计有一定的锥度。排气阀部由供排气阀杆和橡胶膜板组成，供排气阀杆的端部也有锥度，以便与供气阀座贴合。调压阀部由调压弹簧、弹簧托和调节螺丝组成。

2）工作原理

B10 型调压阀是通过旋转调节螺丝向调压弹簧施加不同数值的作用力，来对输出的空气压强进行设定的。未供气时，调压弹簧向上顶供排气阀杆，使供气阀打开。在向供气阀周围供气时，压缩空气经供排气阀杆和供气阀座之间的间隙，供给到输出压强侧和橡胶膜板上方，供排气阀杆随着橡胶膜板上方压强的增加而被逐渐压下，直至供气阀关闭。此时，橡胶膜板上方的空气压力与调压弹簧的弹力平衡，调压阀处于保压状态，输出压强为设定的压强。

如输出压强低于设定值，橡胶膜板上方的空气压强降低，供排气阀杆就会顶开供气阀向输出侧补充压缩空气，直至调压阀重新达到保压状态。当输出压强过高时，橡胶膜板上方的空气压力升高，压缩调压弹簧使供排气阀杆下降，输出侧的压缩空气经供排气阀杆中心的通路排大气而使压强降低。当空气压力下降至与弹簧力平衡时，调压阀恢复保压状态。

4. B11 型调压阀

B11 型调压阀是一种带电磁阀的调压阀，它从制动风缸输入压缩空气，向中继阀输出紧急制动用的压缩空气。B11 型调压阀由电气指令控制，可输出两种不同的定压。B11 型调压阀也采用橡胶膜板、铝合金件等结构，其工作原理见图 3-10。

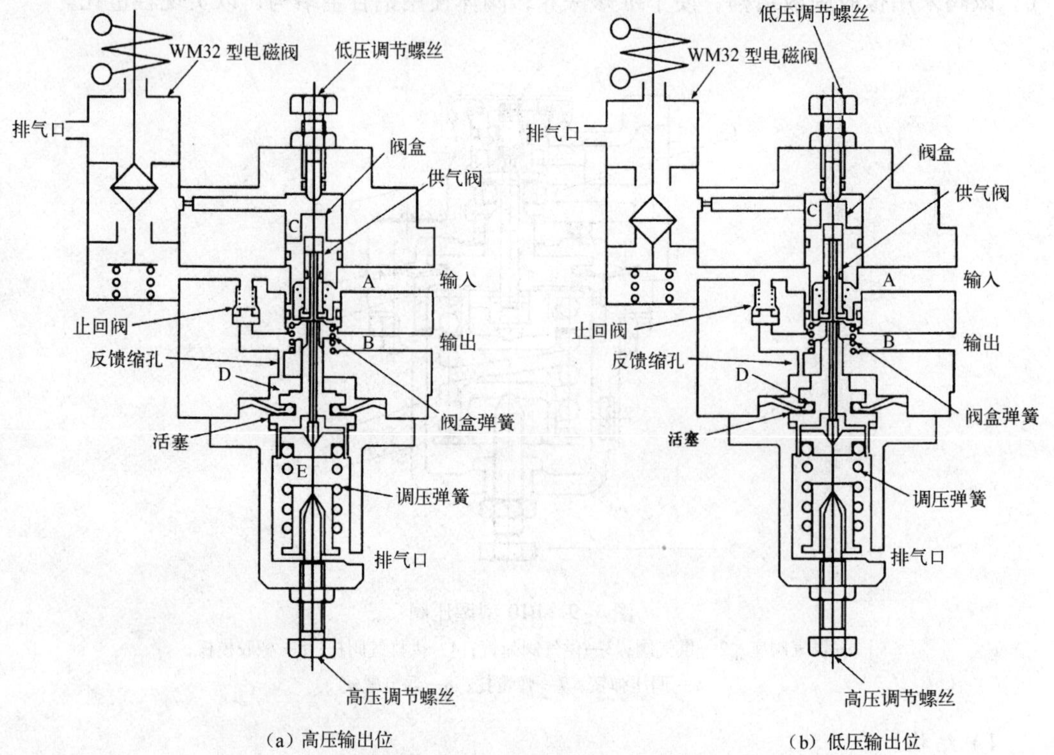

图 3-10 B11 型调压阀的工作原理

B11 型调压阀的电磁阀可由 BCU 控制，根据列车运行速度产生得、失电状态的切换，使调压阀相应地处于高压或低压输出状态（见图 3-10）。进行高压输出时，WM32 型电磁阀处于消磁状态，供气时，来自制动风缸的输入压缩空气经输入孔 A 被封闭于 C 室，阀盒被压缩空气压在最低位置。同时，输入的压缩空气经被活塞顶开的供气阀，由输入孔 A 进入输出孔 B，还经反馈缩孔进入 D 室。随后的动作和 B10 型调压阀相似。

低压输出时，电磁阀励磁，C 室压缩空气经电磁阀的排气口排大气，阀盒被阀盒弹簧顶起，直至接触低压调节螺丝。因阀盒上移，和阀盒一体的供气阀座带着供气阀一起上升，使活塞顶端的排气口打开，输出侧压缩空气由 B 孔排向 E 室，最终排向大气。D 室的压缩空气经反馈缩孔也排到 E 室，D 室内气压随输出压强的下降而下降。此时，作用在活塞上方的空气压力低于调压弹簧的弹力，活塞上移，直至活塞顶部的排气口与供气阀接触而被关闭，输出侧压缩空气停止排放，调压阀达到新的保压状态。

在保压状态下，如输入侧的压缩空气排出，由于止回阀上方输入侧的空气压力减小，输出侧的压缩空气就会将其顶开向输入侧逆排。由于止回阀处的逆排使活塞上方的空气压力减小，活塞上移，供气阀被从阀座顶开，输出侧的压缩空气也从供气阀部逆排。

B11 型调压阀的压强设定与 B10 型调压阀类似，也是通过调节螺丝进行；注意要先调节高压，后调节低压，其调压范围为：高压 300 ～ 700 kPa，低压（与高压的压差）0 ～ 500 kPa。

5. 增压缸

CRH2 型动车组采用 180—42 × 55 型增压缸，其结构见图 3-11，它由增压缸部和防滑阀部（PC1S 压力控制阀）组成。增压缸部分的工作原理如下。

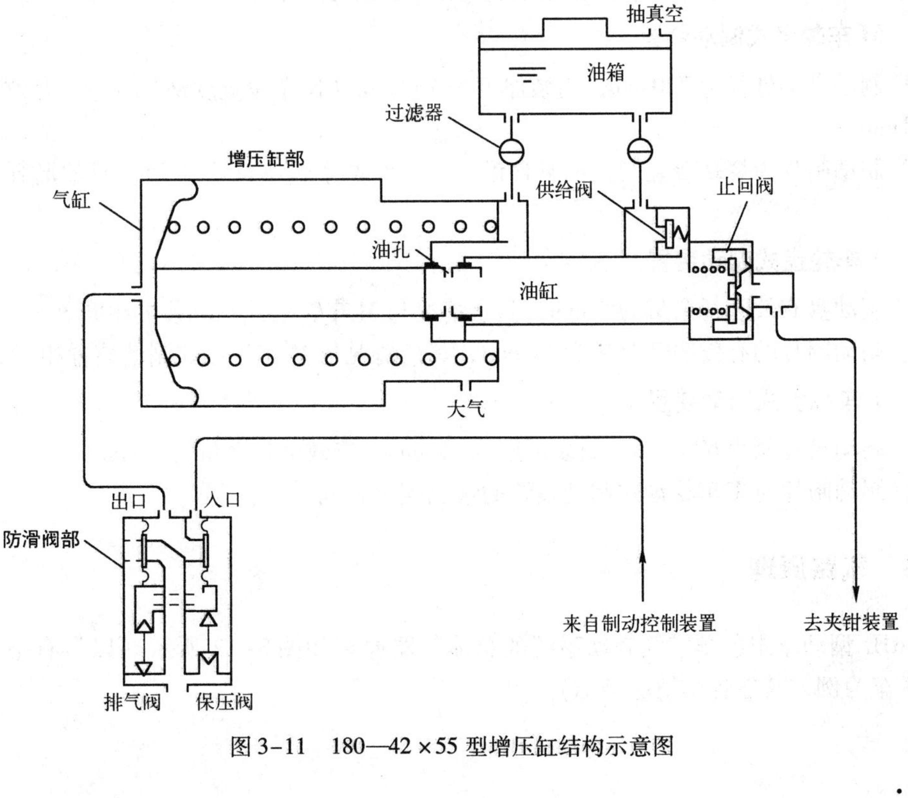

图 3-11　180—42 × 55 型增压缸结构示意图

由中继阀输出的压缩空气经 PC1S 压力控制阀进入气缸，并向右推动活塞，使活塞杆进入油缸；此时，油缸内的油液可随着活塞杆的右移，经活塞杆上的油孔被向上压入油箱。当油孔越过密封圈后，油缸内的油液不能再进入油箱，油液压强迅速升高，直至达到气缸内空气压强的 18 倍左右。油缸内的压力使止回阀打开，油液流向夹钳装置。然后，止回阀在弹簧力的作用下关闭，增压缸处于保压状态。

缓解时，气缸内的压强减小，活塞杆后退，油缸内的压强也随之急剧下降。此时，由于夹钳装置处的油液压力大于止回阀弹簧的弹力，止回阀离开阀座，油液由打开的止回阀流回油缸。当夹钳装置处的油液压力与弹簧力平衡时，止回阀重新关闭，油液停止回流。夹钳装置处可保持约 49 ～ 98 kPa 的残余油压，以防空气由间隙进入形成气泡。

若因夹钳装置回油延迟、漏油等情况使油缸油压低于油箱处时，供给阀打开向油缸补油。完全缓解时，油液经活塞杆端部的径向油孔，在靠近气缸的两个密封圈之间从油箱流回油缸，活塞退回到缓解位。

6. 制动缸

CRH_2 型动车组 M 车转向架的轮盘式制动夹钳、T 车转向架的轮盘式和轴盘式制动夹钳内都装有油压制动缸，其缸径分别为：M 车 45mm，T 车 32mm。

3.3.3 基础制动装置

前已述及，CRH_2 型动车组的基础制动装置采用液压夹钳式盘形制动装置，可分为 M 车轮盘式、T 车轮盘式与 T 车轴盘式三种，但尽量实现部件的通用化。

1. M 车轮盘式制动装置

① 制动盘的外径为 720 mm，组装厚度为 133 mm（比车轮宽度薄 2 mm），有效磨耗余量为 2 mm。

② 制动闸片为烧结合金制，但不含铅，平均摩擦系数不低于 0.25，有效磨耗余量为 6 mm。

2. T 车轮盘式制动装置

① 制动盘有效磨耗余量为 5 mm，其余情况与 M 车轮盘式制动装置相同。

② 制动闸片的有效磨耗余量为 14 mm，其余情况与 M 车轮盘式制动装置相同。

3. T 车轴盘式制动装置

① 制动盘外径为 670 mm，组装厚度为 97 mm，有效磨耗余量为 5 mm。

② 制动闸片与 T 车轮盘式制动装置的情况完全相同。

3.3.4 气路原理

CRH_2 型动车组各车空气制动系统的总体气路原理如图 3-12 所示（以带有空气压缩机的 T 车为例，其他各车情况类似）。

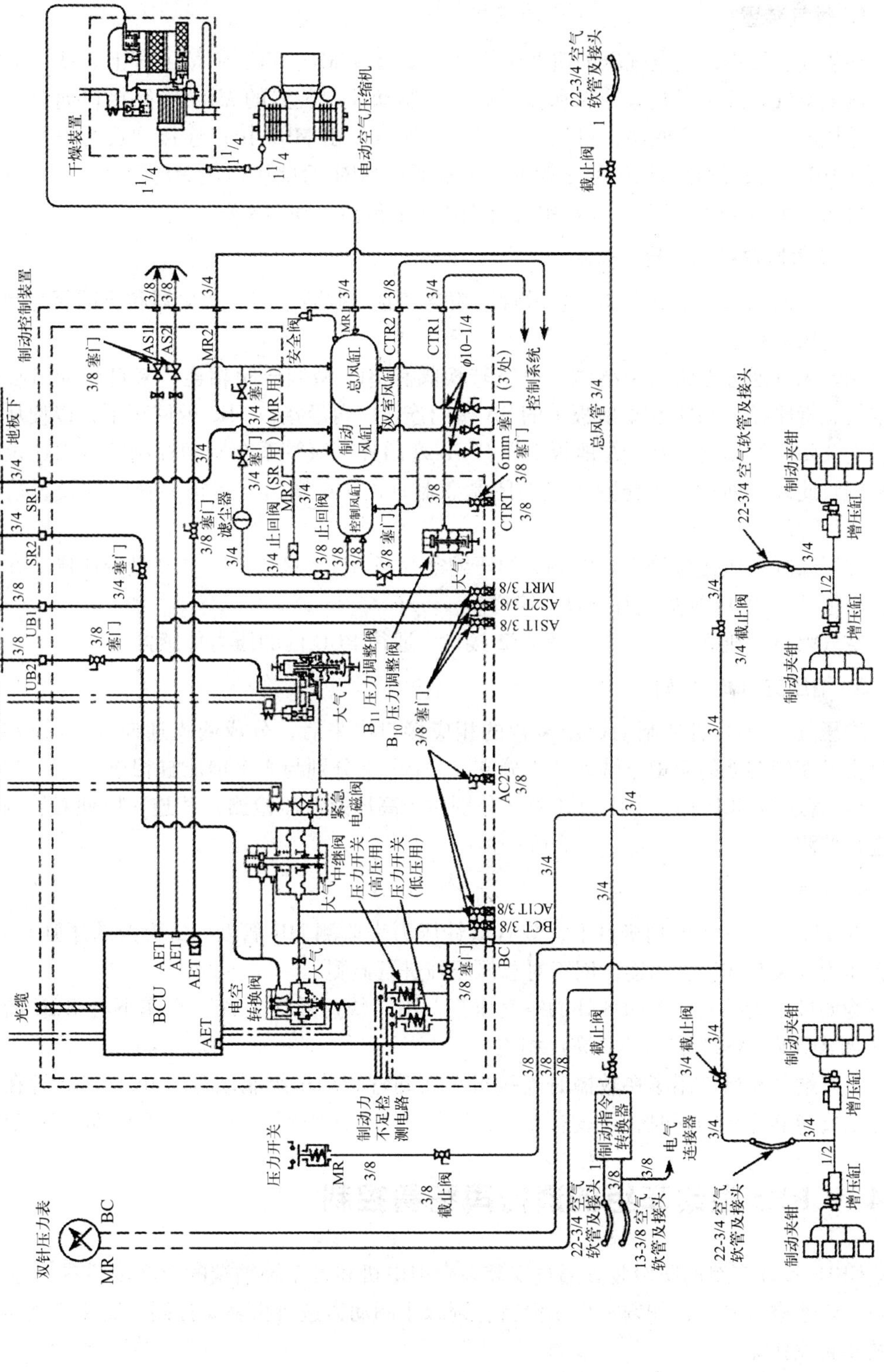

图 3-12　带有空气压缩机的 T 车气路原理

1. 供气装置

在供气装置中，主空气压缩机及干燥装置安装在 M1、T1k 和 M1s 车上。从压缩机出来的压缩空气，经干燥装置冷却和除湿后，从制动控制装置的 MR1 管路接口向总风缸供气，总风缸上装有安全阀防止过压。总风缸压缩空气由 MR2 接口连接到贯通整个列车的总风（MR）管，没有压缩机的车辆的总风缸通过 MR1 管路接口从 MR 管接受压缩空气。

总风压强由 BCU 调整，BCU 中装有 MR 压力传感器和 MR 管连接。

2. 空气制动控制装置

在空气制动控制装置内部，总风管压缩空气通过截断塞门、滤尘器和止回阀与制动风缸及控制风缸相连。

制动风缸通过管路与中继阀、电空转换阀和 B11 型调压阀相连。来自制动风缸的压缩空气经管路接口 SR1 与车地板上的 SR 塞门连接，再经接口 SR2 返回车下，以便从车辆地板上关闭空气制动；除了在地板上设有 SR 塞门外，该管系在制动控制装置内还设有其他塞门。此外，列车上还配置了只关闭紧急制动的 UB 塞门，其相关管路的设置情况与 SR 塞门类似。

控制风缸内压强为 780—880 kPa 的压缩空气经 CTR2 接口通往 B10 型调压阀，在调压阀内压强减至 490 kPa 后通往 CTR1 接口。

空气弹簧的压缩空气经 AS1 及 AS2 接口，通往 BCU 内的压力传感器。

3. 增压缸（BC）管

增压缸（BC）管从制动控制装置的相应接口出来后，分成两支通向前、后转向架，各分支又在转向架的每根车轴处产生分支，4 个分支分别与 4 个增压缸相连。

BC 管还与 BCU 和 2 个压力开关（分别用于高压及低压检测）相连，以便对管内的压强进行监测。

4. 其他

在 T1 车及 T4 车的司机台上，装有双针压力表监测 MR 管及 BC 管内的压强。此外，还有压力开关与 MR 管相连，用于对总风压强进行监测。

为测试制动控制装置内各处的空气压强，用“快速连接装置”在车下与 BCU 的各接口（如 AC1T、AS2T 和 CTRT 等）相连。

头车端部有软管用于在救援时连接机车制动管和动车组制动管（BP）。BP 管在与制动指令转换器连接的同时，还设有支管，以便在 MR 压强不足时由 BP 管向 MR 管供风。

3.4 CRH$_2$ 型动车组的滑行再黏着控制

CRH$_2$ 型动车组的防滑装置通过安装在牵引电机和各车轴轴端的速度传感器，每 20 ms 对轮对转速进行检测；如判定列车滑行，则减小制动力进行再黏着控制，防止制动距离过长及车轮擦伤。

再生制动是其控制单元（即牵引控制单元 TCU）通过控制再生制动的模式曲线（减小制动力）来进行滑行再黏着控制的，而空气制动则是 BCU 通过控制增压缸的压强来进行的。

3.4.1 再生制动的滑行再黏着控制

当列车从制动到惰行，或者从制动到惰行再变为牵引状态后的1.5 s之内，若表3-1中的任何一种“滑行”条件成立，就判断为滑行，然后压缩电制动的模式曲线，减小再生制动力的大小；当“滑行”的任一条件都不成立时（即“复位”的三个条件全部满足），则恢复制动力。产生滑行时，每0.6 s对车辆的运行状态进行一次计算；恢复到正常状态后，每2 s进行一次计算。由此对再生制动的模式曲线进行控制。

表3-1 电制动的滑行检测指标

	滑　行	复　位
低速域（$v<86.7$ km/h）的速度差检测	$\Delta v \geq 13$ km/h	$\Delta v < 13$ km/h
高速域（$v \geq 86.7$ km/h）的滑行率检测	$\lambda \geq 15\%$	$\lambda < 15\%$
第1轴的减速度	$\beta \geq 3.9$ km/（h·s）	$\beta < 3.9$ km/（h·s）

3.4.2 空气制动的滑行再黏着控制

空气制动的滑行再黏着控制是根据表3-2的滑行检测指标进行的，滑行再黏着的控制过程如图3-13所示。当某一轮对的运动状态符合A点所对应的β方式或Δv方式下的条件时，则判断为滑行，防滑阀立即动作，使增压缸（BC）压强按阶梯模式降低，缓解因制动力过大而产生的滑行。然后，当轮对转速降低到满足B点条件时，BC压强停止下降，呈保压状态；此时，列车的速度仍在降低。当符合C点条件时，就使BC压强重新升高，恢复到发生滑行前的状态。

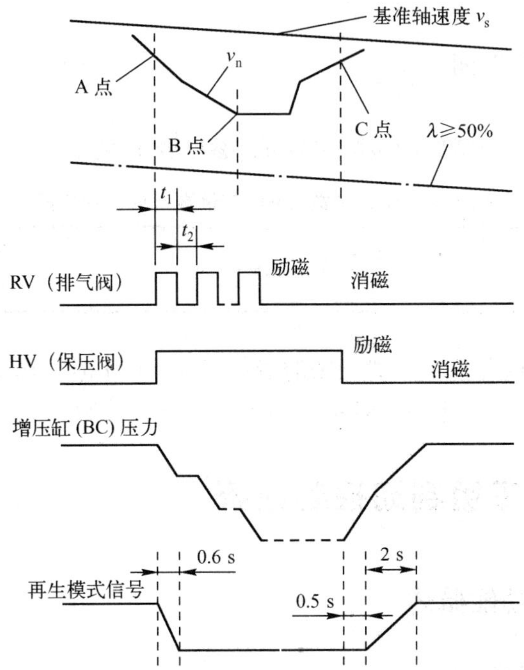

图3-13 滑行再黏着的控制过程

表 3–2　空气制动的滑行检测指标

检测方式	A 点	B 点	C 点
β 方式	$\beta>10\,km/(h\cdot s)$ 且 $\Delta v>3\,km/h$	$\beta<2\,km/(h\cdot s)$	$\Delta v<4\,km/(h\cdot s)$
Δv 方式	$\Delta v>3\,km/h$ 且 $\beta>3\,km/(h\cdot s)$	—	—

对 BC 压强的整个控制过程都是为了使相应的轮对保持接近黏着状态，即在使闸片尽可能压紧制动盘的同时，尽量减少轮对的滑行。

表 3–3 和表 3–4 表示在增压缸（BC）压强阶梯式降低的过程中，防滑阀每次缓解和保压持续的时间。

当防滑装置检测到滑行时，防滑阀的排气阀 RV 第 1 次排气（防滑阀缓解）。此时，由表 3–4 可知 $n=1$，$m=1$；又由表 3–3 可知 $t_1=0.060\,s$，即排气阀排气 0.060 s 后关闭（防滑阀保压）。若此时检测到滑行仍在继续，则排气阀在关闭 $t_2=0.15\,s$ 后进行第 2 次排气，排气时间 $t_1=0.060\,s$（$n=2$，$m=1$）。如第 2 次排气后依然滑行，则在排气阀在关闭 $t_2=0.15\,s$ 后进行第 3 次排气，排气时间 $t_1=0.180s$（$n=3$，$m=3$）。如果第 4 次排气 $t_1=0.300\,s$（$n=4$，$m=5$）后仍在滑行，则第 5 次排气 $t_1=6\,s$（$n=5$，$m=100$）变为全排气，直至检测到滑行轴的指标处于 B 点状态后开始保压。

表 3–3　防滑阀的缓解与保压时间控制

t_1/s	t_2/s
$0.060\times m$	0.15

其中：

t_1——防滑阀的缓解时间，s；

t_2——防滑阀的保压时间，s；

m——倍数，取决于防滑阀的缓解次数 n，参见表 3–4。

表 3–4　缓解次数（n）与倍数（m）的关系

n	1	2	3	4	≥5
m	1	1	3	5	100

当列车速度在 10 km/h 以上且滑行轴的滑行率 $\lambda\geqslant50\%$ 时，增压缸连续排气（排气阀 RV 和保压阀 HV 均励磁），当 $\Delta v<4\,km/h$ 时恢复通常的控制。

3.5　CRH_2 型动车组制动控制系统

3.5.1　系统组成及功能概述

1. 制动信号发生装置

CRH_2 型动车组制动控制系统的制动指令有两种。一种由司机制动控制器发出，另一种来自 ATP 或 LKJ2000 设备，由 ATP 或 LKJ2000 与制动系统的接口发出。司机制动控制器位于 1、8 号车（T1c、T2c）的司机室操纵控制台，其外形如图 3-14 所示。司机制动控制器的电气指令原理可参看图 2-41。常用制动时，61～67 线、10 线得电；非常制动时，152 线失电，10 线得电；紧急制动时，153、154 线失电；备用制动时，411、461 线得电。

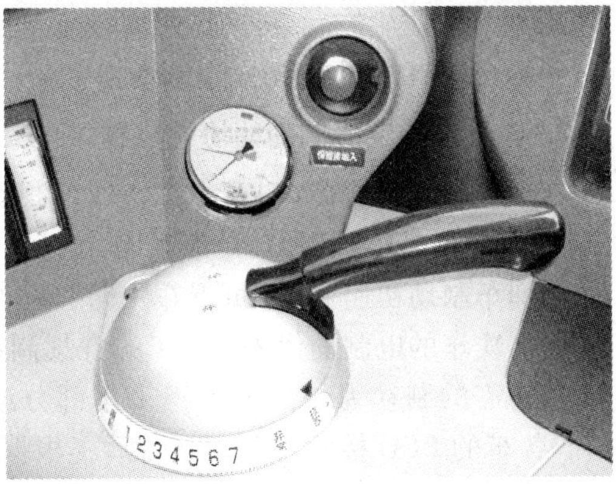

图 3-14　司机制动控制器外形

2. 制动信号传输装置

制动信号传输装置借助列车信息控制系统（包括中央装置、车辆信息终端装置），不但负责将制动信号发生装置发出的制动指令传送给列车中的所有车辆，还负责将各车辆的信息传送至司机室。

3. 电子制动控制装置

CRH_2 型动车组的电子制动控制装置（制动控制单元 BCU）和各种空气控制阀类集成在一起，吊装在每辆车的地板下，总称“制动控制装置”，其核心为 BCU。BCU 接收来自司机制动控制器或 ATP/LKJ2000 设备的制动指令，对电空复合制动进行控制。它通过微机处理器采用数字运算处理方式，并与传送终端之间进行信息传输，实时地输出各种控制数据。

制动控制系统能够实现制动指令的发生及传输、常用制动、非常制动、紧急制动、备用制动和耐雪制动的控制、ATP/LKJ2000 参与的速度控制、防滑控制、主空气压缩机起停控制、系统状态记录和故障诊断等一系列功能。

3.5.2　常用制动控制

1. 常用制动电路原理

常用制动的制动指令是由常用制动指令线（61～67 线）经由中央装置、车辆信息终端装置传送到各车的 BCU，并通过 10 线发出再生制动是否可用的指令。

61～66 线只用于传输。67 线以硬线贯穿方式连接到 BCU，在执行传输功能的同时兼作接入引线。这是为了在 7 级常用制动下准确地实行 ATP 制动，提高制动指令的安全程度。

常用制动指令的的发生装置为司机制动控制器、ATP 装置和救援/回送时的制动指令转换器。根据司机制动控制器手柄的位置，可使 61～67 线分别得电或失电，产生不同级别的常用制动指令。也可在列车超过限制速度后，通过 ATP 实施常用制动，使 61、66 和 67 线得电，发出最大常用制动指令；若通过 ATP 判断制动力为 1 级或 4 级已经足够时，则使 61 或 64 线得电，发出 1 级或 4 级常用制动指令。动车组救援/回送时，制动指令转换器与机车上的制动管（BP）连接，将 BP 压强信号传送至制动指令转换器，制动指令转换器根据 BP 压强信号使 X61～X67 线（分别与 61～67 线相连）得电或失电，产生相应级别的常用制动作用。

10 线传送再生制动条件有效的指令。但在列车速度低于 5 km/h、使用备用制动等情况时，不会向 10 线加电发送电制动指令。

2. 电制动与空气制动的协调控制

当列车制动初速在 65 km/h 以下时，制动力的分配为均衡制动方式，即各车制动力独立控制，各车承担各自所需的制动力。

当列车制动初速在 75 km/h 以上时，以 1M1T 为一个单元对电制动力和空气制动力进行控制，M 车的电制动优先，T 车的空气制动延迟作用；M 车的再生制动力除了承担 M 车自身所需的制动力外，还承担 T 车部分或全部的空气制动力，即“T 车延迟充气控制”。各车的 BCU 接收到制动指令后，根据列车速度和车重计算出所需的制动力。若再生制动指令线得电，牵引控制单元 TCU 则进行再生制动力的控制，以 M 车的再生制动力承担 M 车自身所需的制动力和 T 车所需的部分或全部制动力。然后将所得到的再生制动力结果反馈到 BCU，当 M 车的再生制动力不能完全承担 T 车所需的制动力时，T 车启动空气制动，补足自身所需的制动力；若 T 车提供空气制动力后仍不能满足需要，不足部分再由 M 车的空气制动力补充；当再生制动完全失效时，M 车和 T 车施加空气制动来承担各自所需的制动力。

用 M 车的再生制动力承担 T 车所需的制动力，可增大 M 车的再生制动力，减小 T 车的空气制动力，从而提高了 M 车的电力再生率，同时也减少了 T 车制动盘和闸片的磨耗。

图 3-15 表示高制动级位（即所需制动力超过再生制动力的上限）下采用 T 车延迟充气控制时，M 车和 T 车制动力的分配情况。

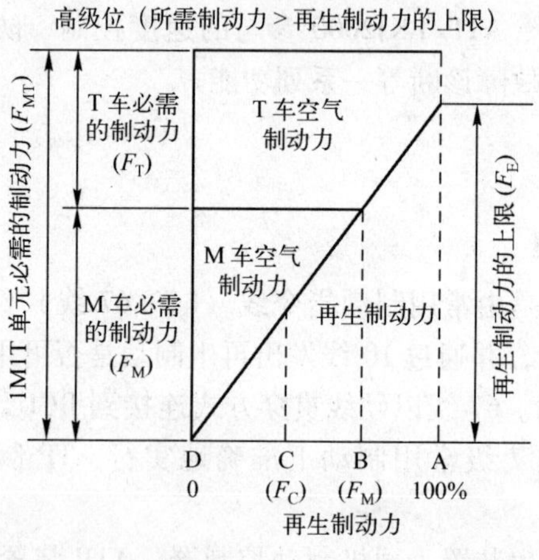

图 3-15　高制动级位时 M、T 车的制动力分配

如图 3-15 所示，由于 1M1T 单元所需的制动力 F_{MT} 高于再生制动力的最大值 F_E，即 M 车所能提供的再生制动力在满足了 M 车自身所需的制动力后，剩下的部分不足以承担 T 车需要的全部制动力，因此需 T 车空气制动力进行补充。在 A 点，M 车再生制动力达到最大值 F_E，此时的再生制动力大于 M 车所需的制动力，T 车启动空气制动以补足自身所需的制动力，这时 $F_{MT}-F_E<F_T$（F_T 为 T 车空气制动所能提供的最大制动力），M 车的空气制动不需投入使用。在 B 点，M 车再生制动力刚好只能提供自身所需的制动力，T

车启动空气制动来提供自身所需的制动力 F_T，此时，M 车空气制动仍然不启用。C 点处，M 车再生制动力太小，尚不足以提供其自身所需的制动力，因此，T 车需要启动空气制动，而 M 车空气制动也投入使用，以补充再生制动力的不足。D 点表示的是 M 车再生制动完全失效的情况，在这种状态下，各车的制动力由自身的空气制动承担。各种情况下制动力的控制状态见表 3-5。

表 3-5 高级位时制动力的控制状态

再生点	M 车制动力		T 车制动力	备 注
	再生制动力	空气制动力		
A	F_E	0	$F_{MT}-F_E$	再生制动力接近黏着限制
B	F_M	0	F_T	
C	F_C	F_M-F_C	F_T	
D	0	F_M	F_T	再生制动完全失效

图 3-16 和表 3-6 列出了低制动级位（所需制动力小于再生制动力的上限）下采用 T 车延迟充气控制时，M 车和 T 车制动力的分配情况，各种情况下制动力分配的分析过程和高制动级位时类似。

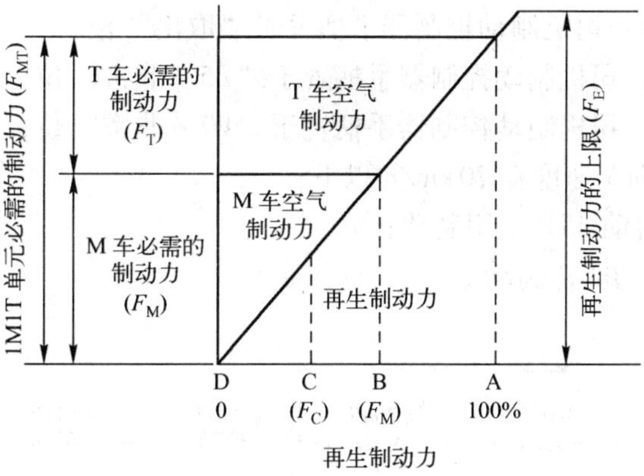

图 3-16 低制动级位时 M、T 车的制动力分配

表 3-6 低级位时制动力的控制状态

再生点	M 车制动状态		T 车制动力
	再生力	空气制动力	
A	F_E	0	0
B	F_M	0	F_T
C	F_C	F_M-F_C	F_T
D	0	F_M	F_T

3.5.3 非常制动控制

非常制动指令线（152 线）为常带电，此时非常制动不起作用；152 线失电时向 BCU 传送非常制动信号，列车产生非常制动动作。如第 2 章所述，非常制动在司机制动控制器

手柄置于非常位、ATP 给出非常制动指令（EBR 继电器失电）和 JTR 继电器失电等情况下产生作用。

非常制动按与常用制动相同的模式对制动作用进行控制。

3.5.4 紧急制动控制

紧急制动指令线（153、154 线）也为常带电，此时紧急制动不起作用，失电时则产生紧急制动作用。如第 2 章所述，列车分离、总风压强过低、制动力不足、车辆设备故障和司机制动控制手柄置于取出位等情况都可使紧急制动指令线失电，从而引发紧急制动。下面以制动力不足的情况为例，说明紧急制动的启动和缓解原理。

1. 制动力不足检测和紧急制动的启动

图 3-17 所示为制动力不足检测电路的启动电路。图 3-18 所示为制动力不足检测电路，该电路在继电器 UBR 处于消磁状态（触点断开）且紧急制动复位开关继电器 UBRSR 也处于消磁状态（触点断开）时启动。UBRSR 平时消磁，而 UBR 在图 3-17 所示的“制动力不足检测电路的启动电路”满足以下条件时消磁：

①∨［②∧（③∨④）］∨⑤∨⑥

其中，∧表示“与”，∨表示“或”；

① B 运非 R 消磁：司机制动控制器手柄置于“取出”位；

② B5 非 R 励磁：司机制动控制器手柄置于“B5～非常”位；

③ B7 非 R 励磁：司机制动控制器手柄置于“B7～非常”位；

④ 70SR 励磁：列车速度在 70 km/h 以下；

⑤ NBR 消磁：启动 ATP 常用制动；

⑥ JTR 消磁：启动非常制动。

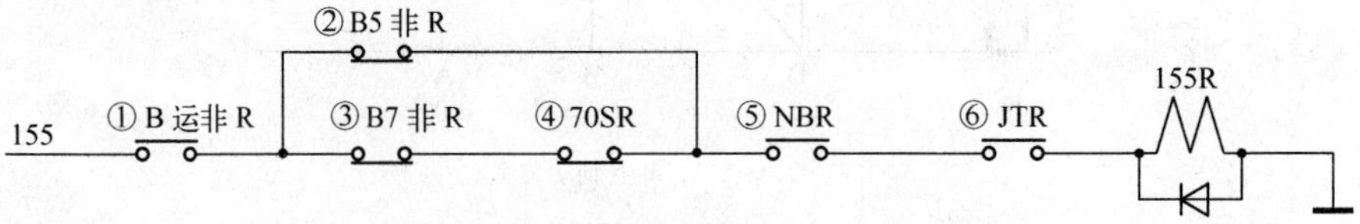

图 3-17　制动力不足检测电路的启动电路

在制动力不足检测电路启动前，UBR 励磁闭合（UBRSR 消磁断开），无论用于检测空气制动力的继电器 BCS1、BCS2 和用于检测电制动力的继电器 UBCDR 处于何种状态，继电器线圈 UBTR1 和 UBTR2 都励磁，因而与之相应的继电器触点 UBTR1 和 UBTR（参看图 3-19）都闭合，UBTR 闭合会使紧急电磁阀得电，紧急制动不起作用。

制动力不足检测电路启动后（继电器 UBR 和 UBRSR 断开），BCS1 和 BCS2 及 UB-CDR 分别对电、空制动力进行检测。其中，BCS1 和 BCS2 检测不同车速下的空气制动力是否足够（因不同车速下紧急制动对空气压强的要求不同，低速时用高压，高速时用低压；参看图 2-45）：当车速在 160 km/h 以下时，继电器 160ASR1 闭合，160ASR2 断开，BCS1 起检测作用；车速在 160 km/h 以上时，160ASR2 闭合，160ASR1 断开，BCS2 起作用。总之，若制动力足够（即电制动力和空气制动力中至少有一方足够），则继电器

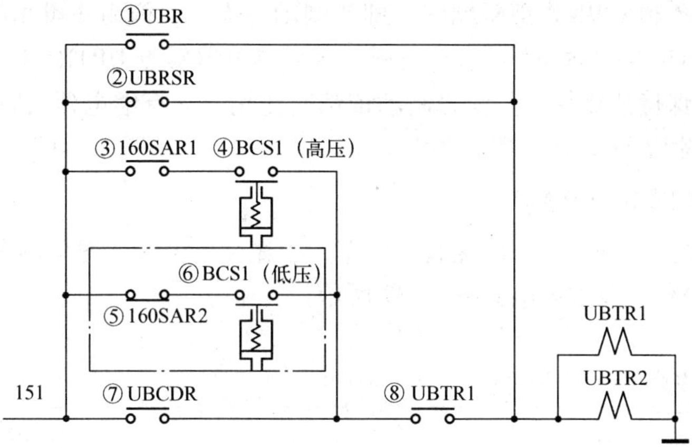

图3-18 制动力不足检测电路

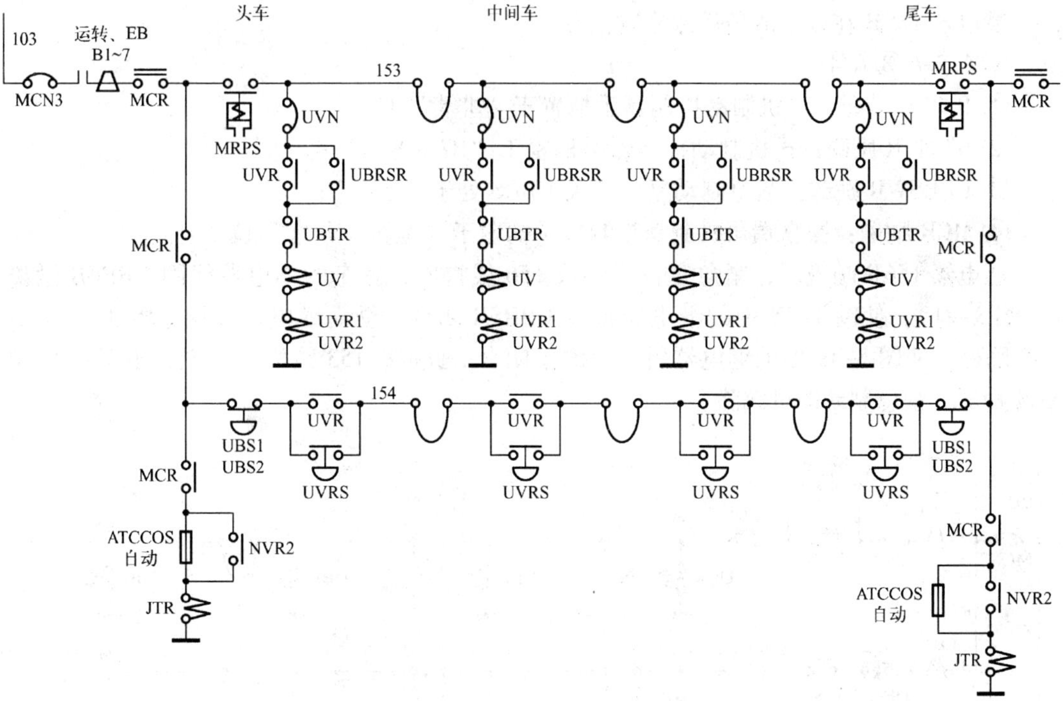

图3-19 紧急制动控制电路

BCS1、BCS2、UBCDR中至少有一个闭合，其所在的支路就会接通，而由于继电器触点UBTR1也处于闭合状态，继电器线圈UBTR1和UBTR2就都保持励磁，相应的继电器触点UBTR1和UBTR也都保持闭合，紧急电磁阀得电，紧急制动不起作用。

若检测到制动力不足，即列车运行速度在160 km/h以下时高压检测开关BCS1消磁断开，或速度在160 km/h以上时低压检测开关BCS2消磁断开，与此同时，若继电器UBCDR也消磁断开（牵引变流器检测到再生制动力不足），则继电器线圈UBTR1和UBTR2消磁，继电器触点UBTR1和UBTR都断开。UBTR断开后后，紧急电磁阀UVR消磁，紧急制动起作用。

在继电器UBR和UBRSR消磁期间，即使制动力恢复，但由于继电器触点UBTR1是断开的，线圈UBTR1和UBTR2也不会励磁，因而继电器触点UBTR1和UBTR始终断开，紧急电磁阀UVR保持消磁状态，紧急制动依然起作用。只有继电器UBR或UBRSR励磁闭合，才会使线圈UBTR1和UBTR2励磁。

2. 紧急制动的复位（缓解）

紧急制动启动后，动车组将减速直至停车，中途无法缓解。列车再次启动时必须进行紧急制动的复位操作，复位电路如图3-20所示。

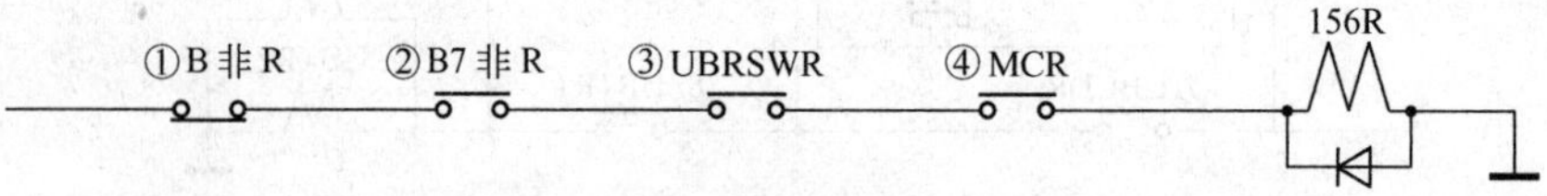

图3-20　紧急制动的复位电路

继电器156R在以下的条件成立时励磁：

①∧②∧③∧④

① B非R消磁：司机制动控制器手柄置于“非常”位；

② B7非R励磁：司机制动控制器手柄置于“B7～非常”位；

③ UBRSWR励磁：紧急制动复位开关UBRS处于“复位”；

④ MCR励磁：操纵端司机制动控制器手柄置于“运转～非常”位

继电器156R励磁后，紧急复位贯穿线156线得电，各车的继电器线圈UBRSR励磁（见图3-21），使图3-18中的继电器触点UBRSR闭合，继而继电器线圈UBTR1和UBTR2励磁，使图3-19中的继电器触点UBTR闭合。此时，153线恢复得电，电磁阀UVR重新励磁，紧急制动即可解除。

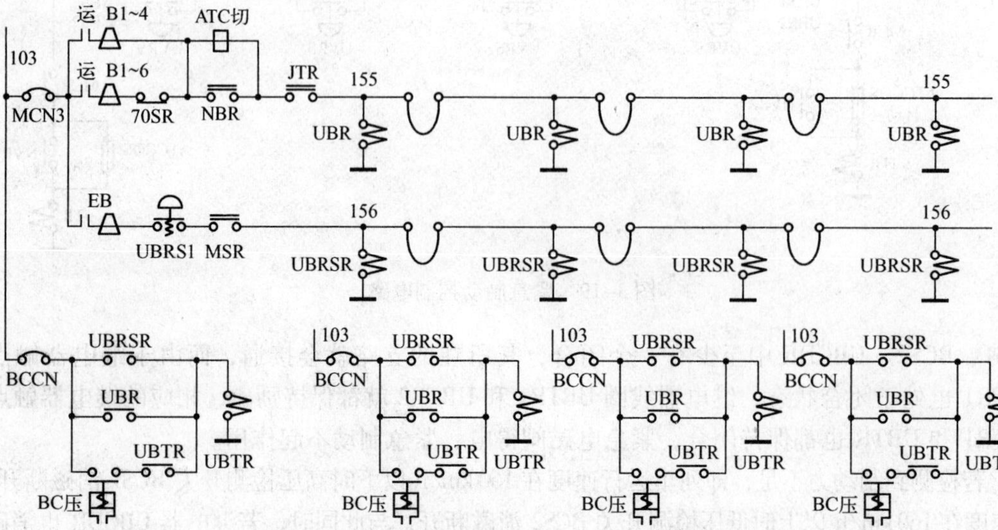

图3-21　复位开关继电器UBRSR的控制电路

3.5.5 备用制动控制

使用备用制动时，备用制动继电器励磁。根据操纵端司机制动控制器手柄的位置，从备用制动模式发生器（司机台用）向 411 线、461 线输出 4 个级别的交流电压。备用制动模式发生器（各车用）将 411 线、461 线的电压变压、整流后，使之直接控制本车的电空转换阀（EP 阀），构成不经由 BCU 的制动控制回路。此时，电制动指令线（10 线）处于失电状态，再生制动不起作用。

3.5.6 耐雪制动控制

降雪时，制动盘和闸片之间有雪堆积。为防止制动力下降，在列车时速 110 km 以下的制动中，设定 BC 压强不低于 58. 8 kPa。

该功能通过操纵司机控制台的耐雪制动开关使耐雪制动指令线得电，然后经由列车信息控制装置，将指令传送到各车的 BCU，BCU 通过识别速度，决定是否实施耐雪制动。EP 阀指令电流值可通过 BCU 的 CPU 卡上的开关设定。

3.5.7 其他功能的控制

1. 空、重车调节控制

为使动车组保持一定的制动性能，需进行空、重车调节控制。用压力传感器将空气弹簧内的空气压强进行空电转换，作为空、重车调节信号对制动力进行控制；另外，考虑到故障情况，还进行空车限制和满车限制的控制：若空车时信号显示载重低于满载时的 70%，或满载时信号显示载重超过满载时的 120%，都判断为传感器系统故障，将载重定为满载空气弹簧压强对应载荷值的 120%。

2. 制动冲击控制

为提高列车开始制动时的乘车舒适性，要将制动力的变化设为一个常数，而不是呈阶梯式变化。

3. 电空转换阀控制

1）缓解保证控制

制动缓解时，为了使电空转换阀（EP 阀）确实保持缓解状态，要进行电空转换阀电流的偏流控制，此时的电空转换阀电流为 147 mA。

2）滞后修正

为消除电空转换阀及中继阀动作的滞后，电空转换阀的电流值控制在下方比上方低 20 mA，如图 3-22 所示。

4. 空气压缩机控制

为使总风（MR）压强保持在一定的范围内，BCU 对空气压缩机电动机的电源进行控制。当 MR 压强低于 780 kPa 时，空气压缩机开始工作；当压强高于 880 kPa 时，压缩机停止运转。

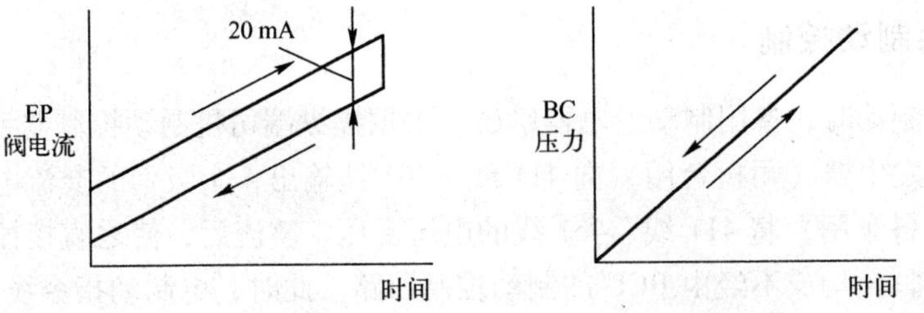

（a）EP阀指令　　（b）中继阀输出

图 3-22　EP 阀的偏流控制原理

5. 空档控制

在更换、检查等情况下，为了能简便地对制动性能进行确认，在输入制动指令的同时，通过对监视器传送数据中的速度条件进行设定，不向 BCU 输入等价速度信号，就可以对各速度区域的制动特性进行确认。

6. 制动不缓解检测

在制动指令缓解时，如因 BCU、EP 阀或中继阀等的故障，残余的 BC 压强超过 39.2 kPa，且持续时间超过 5 s，就作为不缓解处理，并将此信息传送到监视器。

7. 与 ATP 和 LKJ2000 设备的接口

ATP 车载设备与动车组的制动接口均采用继电器，ATP 制动接口包括非常制动、三种级别（1 级、4 级和 7 级）的常用制动和缓解接口。ATP 发出的制动指令通过列车信息控制系统的网线及硬线传输至 BCU，从 BCU 输出 1、4、7 级常用制动和非常制动等指令。LKJ2000 车载设备与动车组的制动接口和 ATP 的情况基本一样。

复习思考题

1. CRH_2 型动车组的制动系统由哪些部分组成？
2. CRH_2 型动车组制动装置的总体配置情况是怎样的？
3. CRH_2 型动车组的制动系统有什么技术特点？
4. 对 CRH_2 型动车组的再生制动特性进行分析。
5. 说明 B_{11} 型调压阀的工作原理。
6. CRH_2 型动车组在常用制动时，是如何对电制动和空气制动进行协调控制的？
7. CRH_2 型动车组在哪些情况下产生紧急制动作用？简述制动力不足检测电路的工作原理。

第 4 章　CRH5 型动车组制动系统

4.1　CRH5 型动车组制动系统概述

4.1.1　制动系统的组成

CRH5 型动车组的制动系统由电制动系统、空气制动系统、防滑系统和制动控制装置组成。在 8 辆编组的 CRH5 型动车组中，共有 10 根动轴和 22 根非动力轴。动轴上有电制动装置与盘形制动装置，每根轴上有两个轴制动盘；非动力轴上只有盘形制动装置，每根轴上有 3 个轴制动盘。制动系统的配置如图 4-1 所示。

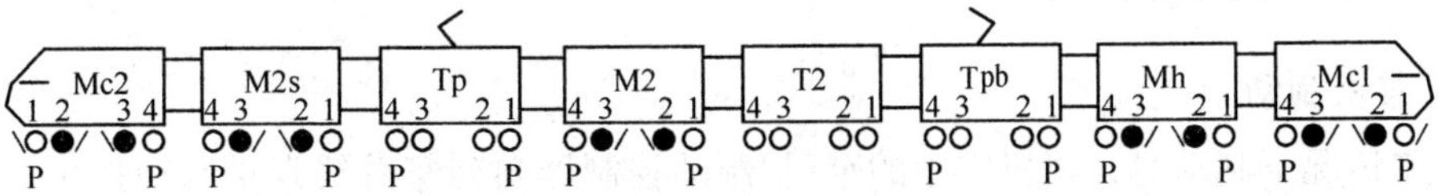

图 4-1　CRH5 型动车组制动系统的配置

○—非动力轴，3 个制动盘；\ ○，\ ●—有撒砂装置的轴，左侧；●—动轴，2 个制动盘；

○/，●/ —有撒砂装置的轴，右侧；P—弹簧停放制动

CRH5 型动车组制动系统具有与车载列车运行速度控制系统的接口，采用电空联合制动模式，电制动优先。正常情况下，每个司机台上有 2 个手柄对制动系统进行控制。

1. 电制动系统

CRH5 型动车组使用的电制动以再生制动为主；当再生制动不能起作用时，可切换成电制动。电制动系统由受电弓、牵引变压器、牵引变流器、牵引电机及制动电阻等组成。电制动在常用制动和列车定速运行时使用。

2. 空气制动系统

CRH5 型动车组使用的空气制动系统包括直通式空气制动系统和自动式空气制动系统。

1）直通式空气制动系统

CRH5 型动车组使用的直通式空气制动系统采用电子控制，该系统可由制动控制单元（BCU）按制动模式曲线（根据牵引/制动控制手柄的位置或信号系统设定）控制列车减速或停车。每节车上微机控制的电子制动控制单元负责执行本节车的制动控制功能，包括接收和解读制动指令，以及其他用于列车制动控制的重要信息。

如果直通式空气制动系统出现故障，司机可直接操纵司机台的备用手柄，启动备用的自动式空气制动系统。必要时实施紧急制动停车。

2）自动式空气制动系统

CRH5 型动车组的自动式空气制动系统为备用制动系统，其制动指令（空气压强的改变）由列车管传送。自动空气制动系统可由动车组司机室内的备用制动控制阀操纵，也可由中国既有机车操纵控制（包括制动与缓解），以满足动车组在救援和回送时的要求。

3. 防滑系统

CRH5 型动车组防滑系统由电控装置（冗余配置的微处理器）、车轮速度传感器及防滑电磁阀组成。防滑系统性能优良，以确保达到最高的轮轨黏着力。

CRH5 型动车组每个动力轴的车轮上均装有撒砂器。撒砂器由司机手动操作，每个砂箱有两个空气入口，第一个用于维持持续的气流，使沙子保持干燥；第二个用于撒砂。

4. 制动控制系统

CRH5 型动车组制动系统在正常情况下由基于微处理器的制动控制单元（BCU）控制，每节车上的 BCU 负责执行本节车的制动控制功能，包括接收和解读制动指令及其他用于列车制动控制的重要信息。救援/回送时，由备用制动系统实施对制动力的控制。

4.1.2 制动作用的种类

1. 常用制动

正常情况下制动时，司机室中的牵引/制动控制器向列车总线发送制动指令，该制动指令被各节车的制动控制单元（BCU）读取和编译，并将制动指令发送给牵引单元（TCU），进行电制动，以及电、空联合制动的控制。

常用制动模式下电制动优先，首先在动车的动力轴上施加电制动，如电制动力不足，再在非动力轴上施加空气制动。当动力轴的电制动不能使用时，用空气制动代替。

当列车运行速度小于一定数值（如 $v = 10\ \mathrm{km/h}$）时，由于电制动作用衰减，此时可完全采用纯空气制动。

2. 紧急制动

紧急制动时，制动指令同时下达给直通空气制动系统和自动空气制动系统。此时，牵引和电制动都被切断，所有车辆施加最大的空气制动力。

3. 备用制动

如果电子制动控制单元（BCU）发生故障或列车处于救援/回送模式，可启动备用的自动空气制动系统继续运行。列车的制动和缓解由制动管中的空气压强控制，而制动管压强则由司机室中的备用制动控制阀或救援/回送机车控制。备用制动控制阀由手动开关激活。

备用制动系统具有常用制动和紧急制动功能（都为空气制动），其紧急制动可通过操纵备用制动控制阀或紧急按钮实施。

4. 停放制动

CRH5 型动车组配备弹簧作用的停放制动装置，该装置可满足列车在 30‰的坡道上安全停放的要求。

5. 停车制动

停车制动为常用制动的辅助功能。由于电制动在低速时会衰减直至为零，为此可在动车转向架上以空气制动进行补足，从而使列车总的制动力保持不变，列车实现均衡的减速制动效果。

CRH5 型动车组在 $v \leqslant 5$ km/h 时，在动车转向架上施加空气制动，从而保证整个列车均衡减速制动。

4.1.3 制动系统的性能

CRH5 型动车组的常用制动采用电制动和空气制动的联合制动模式，紧急制动则仅为空气制动。电制动可在 10 ~ 200 km/h 的速度范围内工作，CRH5 型动车组制动系统的性能如下：

① 轮周处的最大制动力为 205 kN（最大电制动力）；

② 轮周处的最大制动功率为 5 785 kW（最大电制动力）；

③ 最大常用制动和紧急制动性能相同，指标如下：

- 初速度为 200 km/h 时，平均减速度 = 0.79 m/s^2；制动距离 ≤2 000 m
- 初速度为 160 km/h 时，平均减速度 = 0.79 m/s^2；制动距离 ≤1 400 m

④ 空气制动时轮轨间的最大黏着系数为 0.085；

⑤ 弹簧驱动的停放制动装置能够使正常负载的列车停在 30‰的坡度上不发生溜逸。

4.2 CRH5 型动车组电制动系统

1. 系统组成

CRH5 型动车组的每根动轴都具有电制动作用。电制动系统由受电弓、牵引变压器、牵引变流器、牵引电机及电阻制动的制动电阻等组成。

2. 工作原理

再生制动时，控制系统将三相异步电动机转换为发电机工作，将列车运动的动能转变为电能，反馈回电网；当再生制动不能起作用时（如网压偏高或过分相区），可切换成电阻制动，将电能变成热能消耗掉。使用电制动时，电空制动仅供拖车轴使用，而对于动轴来说，空气制动仅在无法使用电制动力的速度范围内以及电制动失效使用。

电制动可单独使用或与空气制动一起使用。与空气制动一起使用时，将优先运用电制动，减轻拖车的空气制动负荷，从而减少其机械制动部件的磨耗。

3. 制动特性

CRH5 型动车组的再生制动在 29 kV 网压以下使用，并可在 $v > 10$ km/h 的速度范围工作；在电分相区段时进行电阻制动，可实现与再生制动相同的性能。

常用制动时，CRH5 型动车组全列车的再生制动力与列车速度的关系见图 4-2。从图中可见，在列车速度 $v = 15 \sim 100$ km/h 之间时，列车具有最大的电制动力；当列车速度 $v >$ 100 km/h 时，随着速度的提高，电制动力越来越小。

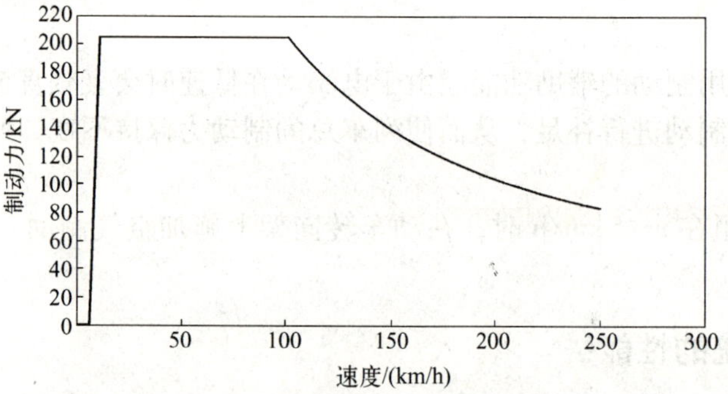

图 4-2 CRH5 型动车组再生制动力与列车速度的关系

4.3 CRH5 型动车组空气制动系统

CRH5 型动车组空气制动的相关部分包括压缩空气供给系统、直通式空气制动系统、备用的自动空气制动系统和基础制动装置四大部分。

4.3.1 压缩空气供给系统

CRH5 型动车组的主压缩空气供给系统配备 2 套压缩空气供给装置，分别装在 T_P 和 T_{Pb} 车上，每套压缩空气供给装置主要包括以下部分：电动空气压缩机单元 SL22、空气干燥装置 LTZ015 及微孔滤油器 OEF1— 4。同时，动车组还配备 2 台辅助空气压缩机，为受电弓的升弓供风；辅助空气压缩机也装在 T_P 和 T_{Pb} 车上。

有两根风管连通全车。一根是制动风管，用于空气制动的控制，压强保持在 600 kPa；另一根是总风管，用于向所有连接到空气系统的设备供气，压强保持在 800 ~ 1 000 kPa。

1. 主空气压缩机

CRH5 型动车组采用 SL22 型螺杆式电动空气压缩机单元对总风缸供气，驱动电机和压缩机单元分别由三个支撑元件固定到框架上。

1）结构

如图 4-3（a）所示，电动空气压缩机单元主要由空气压缩机、电机、电气系统、弹性装配结构、监控和安全设施、空气过滤器及其他部件构成。此外，压缩机也包括过滤、调节和监控油和空气循环系统的部件。压缩机单元是一个独立的模块化装置，通过弹性连接安装到车上。

压缩机转动体带有相互配合的螺旋槽，它在含有油分离系统（油槽和挡板）的压缩机箱体中运动。轴箱和涡壳连接在一起，构成一个支撑机组的牢固结构。涡壳内有一个安装到电动机和压缩机转动体之间联轴节上的离心风机，冷却器可对空气和油进行冷却。

需要压缩的空气经过滤器过滤后输送到压缩机，当空气过滤器需要处理时，可选真空显示器会有显示。压缩机箱体内部的油被抽出后，压缩机内的压缩空气通过空气冷却器进入空气管路。用于密封、润滑和分散压缩而升温的油通过一个油控制装置返回压缩机，随着温度和油控制装置内恒温器设置的不同，通过油冷却器的（热）油的油量有所不同。

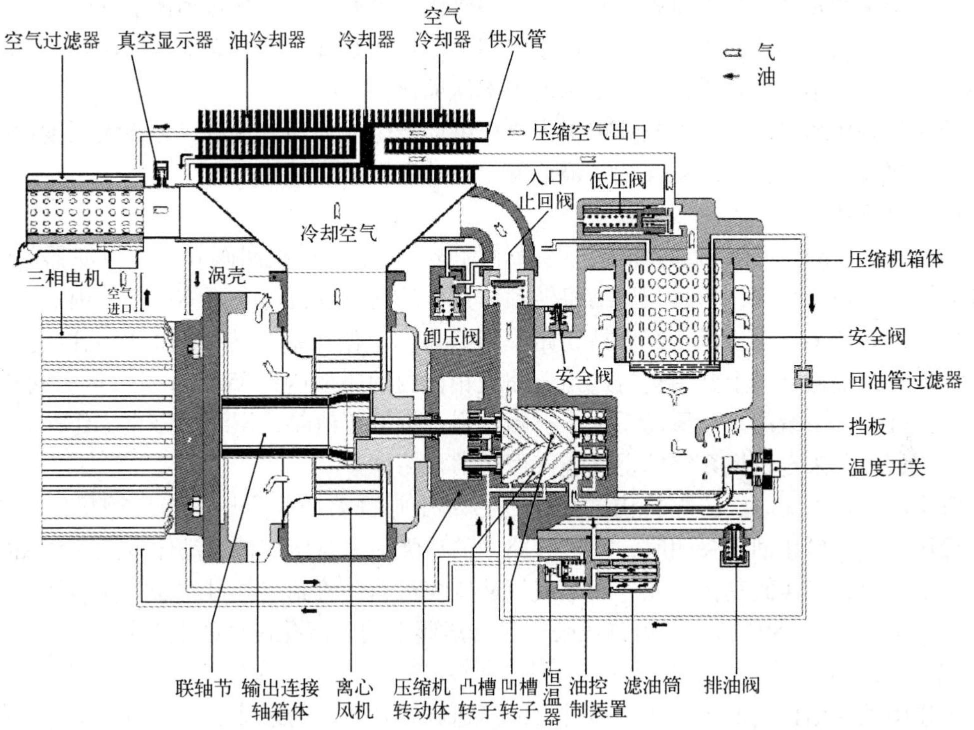

(a)

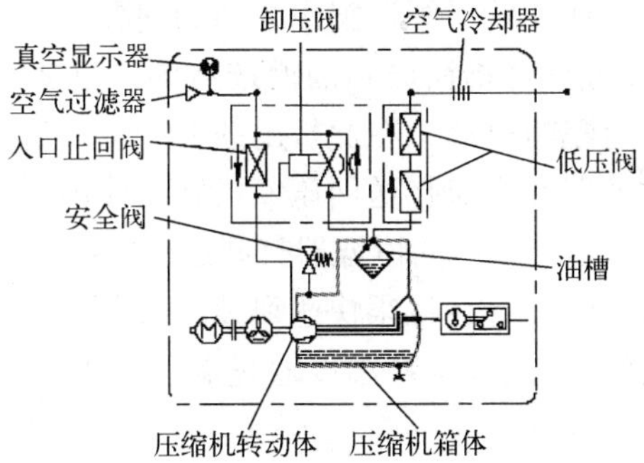

(b)

图 4–3 电动空气压缩机单元

集成的油/气冷却器可从离心风机获得冷却空气。电动压缩机组每次关闭时，压缩机内的压强通过卸压阀降低。

2）工作原理

该电动压缩机组为非连续性工作，由车载压强控制器控制 850 kPa 启动，1 000 kPa 关闭。

（1）转动体

螺杆式压缩机是一个根据强迫送风原理工作的双轴转动式设备，压缩机转动体由两个带有螺旋槽的相互配合的转子组成，转子在一个灰口铸铁箱体内转动。空气入口为径向，转动体箱体内特殊形状的开口将空气轴向输出。

随着转子的转动，当入口打开时，空气被吸入。当两个开口被转动体盖住时，空气被压缩，同时向出口移动；当转子最后掠过出口时，随着转子的继续转动，压缩空气排出。箱体内风口的大小和位置决定了此结构的内部压缩比。

油被泵到压缩机中，可吸收并带走由于压缩而产生的大部分热量。为最大限度地降低内部逆流损失，压缩机速度应保持在最低额定转速以上。

（2）气循环

如图4-3（b）所示，通过压缩机转动体的吸气端的入口止回阀和空气过滤器的空气被抽入，空气被压缩后，通过与压缩机转动体连接的送风管被送入压缩机箱体内。

压缩机开始运行时，低压阀保持初始关闭状态，以使压缩机箱体内的压强迅速增加。在此压强下，油循环马上开始进行。当压缩机箱体内的压强达到650 kPa时，低压阀开启，压缩空气被送到下游的车载风动系统中。当压强达到设定值时，压缩机停止工作；同时低压阀关闭，以免来自供风系统的空气逆流回压缩机箱体中。

每次压缩机关闭时，压缩机内的压强通过卸压阀自动卸载降压。当压缩机停止工作后，低压阀和入口止回阀关闭时，入口管路中的压强因来自压缩机转动体的逆流压缩空气而增大；此时，卸压阀动作，允许压缩空气从压缩机箱体流到空气过滤器，使箱体内的空气压强马上降到约180 kPa，然后，压强通过卸压阀上的节流孔慢慢降低为零。

（3）油循环

工作中的压缩机内的压差将油通过滤油筒送到转动体内的泵油点上，对转动体内的轴承和转子进行润滑。此外，油还可吸收压缩产生的热量，并锁闭两个相互啮合的螺旋槽转子两端的间隙，以及压缩机转动体和转子圆形突出之间的间隙。

来自压缩机转动体的油/空气混合物在送到油槽进行细致过滤处理前，通过送风管喷射到压缩机箱体内的挡板上进行粗略过滤，在此析出的油聚集在油槽下部，压缩机箱体内的压强将积聚的油经回油管过滤器和节流孔送回压缩机转动体内。

当油温达到约83℃时，油控制装置内的恒温器打开通向油冷却器的油路（低于此温度时该通道关闭），油被送入压缩机转动体内以很快达到最佳工作温度，避免了油的积聚沉淀。

来自压缩机箱体送风管内的油/气混合物温度通过温度开关进行监控，若达到温度极限，该温度开关使电动压缩机组停止工作。

3）技术特点

所采用的螺杆式空气压缩机的主要优点有：

① 联轴节和轴承所承受的动载荷较低，磨损低；

② 设计简单；

③ 紧凑的结构实现高性能；

④ 最大限度地减少了振动和气流的脉动，噪声低。

2. 空气干燥装置

1）组成

空气干燥装置LTZ015. 2 H用于从螺杆式空气压缩机输出的空气中吸取湿气和很大部分的油分，它主要由以下部分组成。

（1）两个带有整体式油分离器的干燥塔。

（2）一个带有再生节流孔和以下阀门的支架：

① 干燥塔的两个单向阀；

② 通向总风缸的中央旁通阀；

③ 用来控制空气的预控制阀；

④ 带有消音器的可排水的整体式双活塞阀；

⑤ 电磁阀和控制循环的电路板。

2）工作原理

双塔型无加热再生/吸水干燥装置可同时进行干燥和再生，当主气流在一个塔中被干燥时，另一塔中的干燥剂同时进行再生，如图4-4所示。

来自压缩机的潮湿压缩空气进入空气干燥机，在此先析出部分水分，并由油分离器吸取油分。然后，压缩空气通过装有吸附性干燥剂的干燥塔，由干燥剂吸取大部分水分，使干燥机出口排出的主气流相对湿度≤35%，即干燥装置出口排出的气流相对湿度不大于35%。

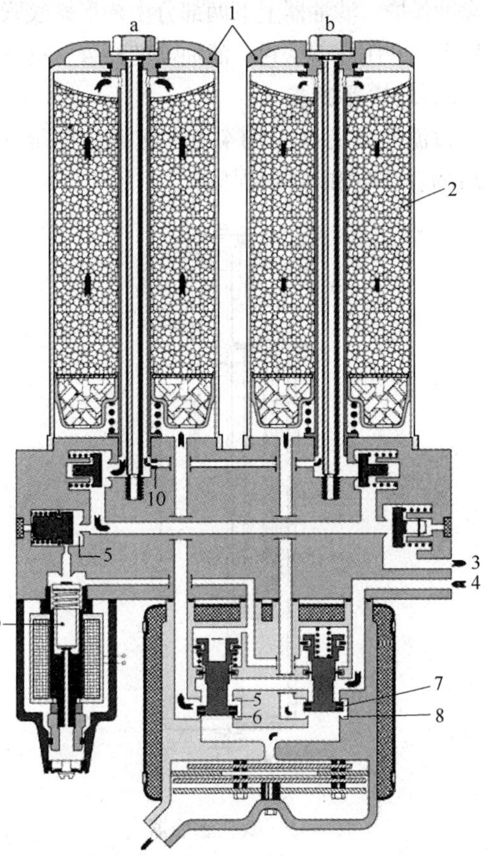

图4-4　空气干燥装置

1—干燥塔；2—干燥剂；3—出口；4—入口；5~8—阀座；9—电磁阀；10—节流孔

另一部分经干燥的空气从主气流中引出，经再生节流孔后发生膨胀，并在穿过第2个塔内的饱和干燥剂后被释放到大气中。由于已在膨胀过程中被最大限度地干燥，这部分空气会从干燥剂（需再生）中吸收其在干燥阶段所吸收的水分。两个干燥塔的“干燥”和“再生”工作状态以一定的周期进行交替。

图4-4为塔a处于干燥阶段、塔b处于再生阶段的情形。来自压缩机的湿压缩空气由入口进入空气干燥装置，经打开的阀座自下而上流过装有干燥剂的干燥塔a，然后经中央管道向下，从干燥装置的出口排出，经干燥的主气流相对湿度不大于35%。另一部分经干燥的压缩空气从主气流中分出，经再生节流孔后发生膨胀，并自上而下穿过塔b内的饱和干燥剂，这部分空气从需再生的干燥剂中吸收水分，并通过打开的阀座排到大气中。

两个干燥塔的干燥和再生工作状态在电磁阀的控制下，在半周期时进行交替。

3. 微孔滤油器

微孔滤油器OEF1—OEF4见图4-5，可大大减少压缩空气中的油分。微孔滤油器位于压缩空气通路上干燥装置的下游，排油由手动控制。

微孔滤油器由机体和过滤器滤芯组成，其结构及工作原理如下。

1）机体

铝制机体可长期用于1600kPa的最大工作压强之下，其表面的合成树脂涂料可提供足够的防腐蚀保护。滤油器上下两部分由梯形螺纹联接在一起，过滤器滤芯用螺纹固定在机体中央的螺杆上，并用端盖密封。滤油器的检查、排气和除油都以手工方式通过蝶形螺母完成。

2）过滤器滤芯

过滤器滤芯（见图 4-6）包含一个很深的玻璃纤维层，此外还有很大的空腔，以实现较高的吞吐量和较低的压差。

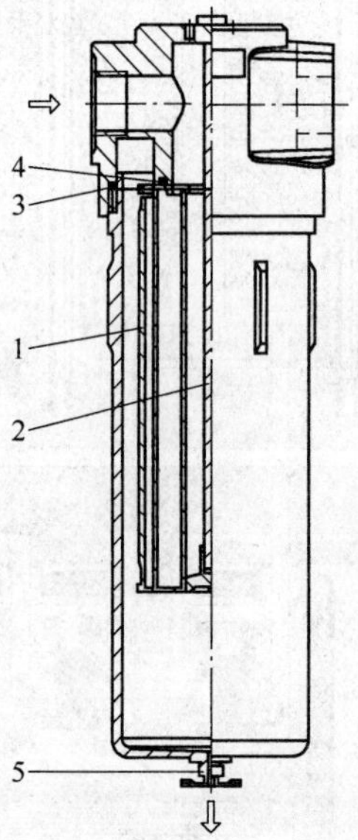

图 4-5　微孔滤油器

1—滤芯；2—螺杆；3，4—O 形圈；
5—手动排油口

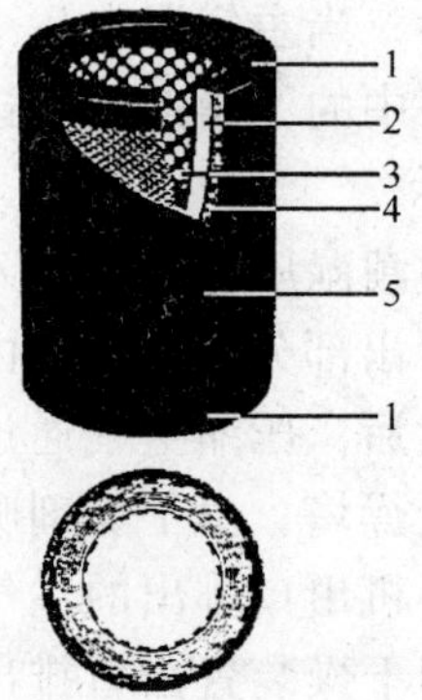

图 4-6　滤芯

1—塑料/铝制端盖；2—硼硅酸盐玻璃纤维层；
3—钢制内护套；4—钢制外护套；5—PVC 泡沫层

滤油器可清除 1 μm 以上的悬浮油颗粒和固体杂质，残油含量不高于 0.1 mg/m^3（20℃、700 kPa）。固体颗粒会被阻滞在玻璃纤维层中，而非常细微的液滴会在此形成较大的液滴而被强制进入外部的 PVC 泡沫层，并在重力作用下成为黏性液体薄膜，流入过滤器下部的碗形容器中。

钢制外护套位于玻璃纤维材料的外部，为过滤介质提供必要的支撑，使玻璃纤维即使在气压波动很大的情况下也不会从夹层结构中漏出；PVC 泡沫层可以阻滞矿物油、合成油和使用过久的油。

4. 安全阀

安全阀保护压缩空气系统的气动设备不受超出范围的高压带来的损坏，从而也消除对与其连接的装置的损坏；如气压超出了安全工作压强，安全阀将会自动排出足够多的空气，以使工作压强保持在安全水平的 10% 以内。CRH5 型动车组使用的安全阀为 SV10 型，如图 4-7所示。

1）结构

压紧弹簧压住阀杆，关闭阀体的阀座。压紧弹簧的压强在调节螺母处设定为出厂值。铅封用来阻止打开阀体。

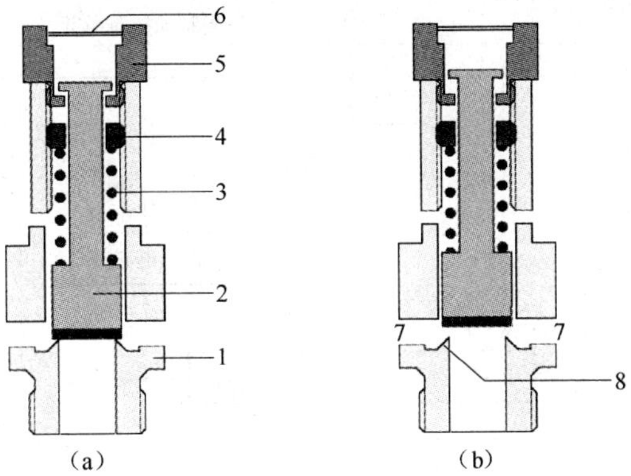

图 4-7 SV10 型安全阀

1—阀体；2—阀杆；3—压紧弹簧；4—调节螺母；5—封口螺母；6—铅封；7—排气口；8—阀座

2）工作原理

当工作压强处于正常水平时，阀座关闭。当超过安全压强时（安全阀设定值），阀杆顶起压紧弹簧，额外的压强通过打开的排放口释放。当压强降低到合适的值，阀座再次关闭。

旋转调节螺母设定安全阀的开放压强。铅封可对阀起保护作用，在没经授权的情况下不能改变设定值。若铅封被取下，阀的维修保证作废。

安全阀中的封口螺母打开时可用来检查零件的工作状态，并排出存留在阀体内的灰尘等。拧出封口螺母，压紧弹簧就会抬起阀杆，阀座打开，从而将灰尘等从阀体中排出。

4.3.2 直通式空气制动系统

CRH5 型动车组的直通式空气制动系统是由制动控制单元（BCU）来控制的。BCU 接收并解读来自牵引/制动控制器或信号系统的制动指令，然后发出电信号控制空气制动控制装置。

图 4-8 所示为 CRH5 型动车组一节动车的直通式空气制动系统的控制原理。压缩空气从总风管经止回阀流至制动风缸，当总风压强不足时，止回阀可确保制动风缸内有足够的空气压强。制动风缸为空气制动控制装置单元的风源，空气制动控制装置单元负责空气制动的控制。

在空气制动控制装置单元内，电空转换阀将来自制动控制单元（BCU）的电信号按一定比例转换成相应的空气压强信号。常用制动时，紧急电磁阀得电关闭，从电空转换阀来的压缩空气经空重阀进入中继阀 1 和中继阀 2，从两个中继阀输出的压缩空气分别充入动力轴和非动力轴的制动缸。空重阀可根据载重情况限制中继阀的设定压强，在制动缸压强控制电路出现故障时保护轮对不被擦伤。中继阀 1 和中继阀 2 可允许动车的动力轴和非动力轴上的制动缸有不同的空气压强。在中继阀 1 前还有一个联锁电磁阀，它可根据电气指令打开或关闭，以控制动力轴上的空气制动是否启用。常用制动时，制动力随载重的调整是由制动控制单元（BCU）发送至电空转换阀的制动指令控制。

紧急制动时，紧急制动控制回路断开，紧急电磁阀失电打开，从制动风缸来的压缩空气经紧急电磁阀进入空重阀和中继阀，施加与载荷相应的紧急制动压强；此时，如制动控制单元（BCU）处于正常工作状态，可同时控制电空转换阀产生紧急制动压强，该压强经空重阀

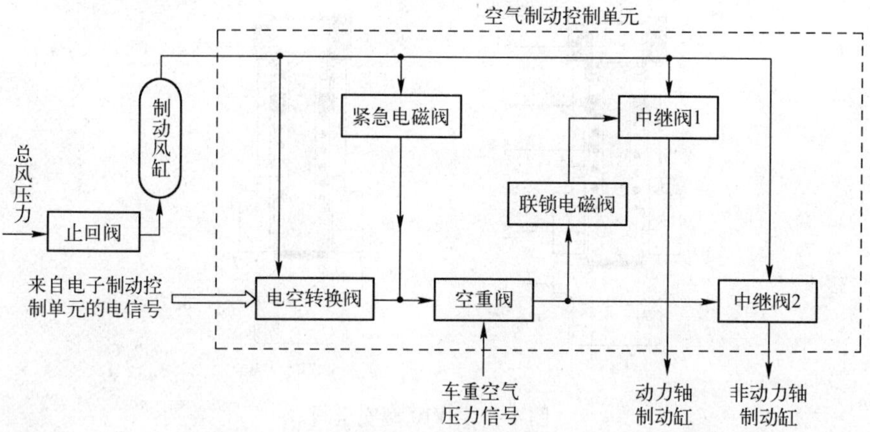

图 4-8 直通式空气制动系统的控制原理（动车）

传至中继阀。紧急制动指令同时也发送给备用的自动空气制动系统，制动管压缩空气通过一个紧急装置迅速排空，是分配阀动作产生紧急压强，该压强也被传送至中继阀。

双向止回阀的工作原理示意图如图 4-9 所示，来自直通式空气制动系统和自动式空气制动系统的压缩空气分别经双向止回阀的两侧通向中继阀。当一侧的空气压强较高时，止回阀被推向另一侧并关闭其通向中继阀的气路，使得只有压强较大的那一侧的气路与中继阀相通。

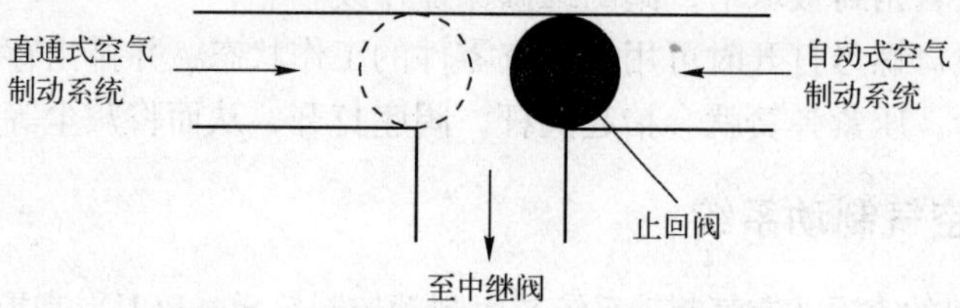

图 4-9 双向止回阀的工作原理示意图

4.3.3 自动空气制动系统

1. 结构

自动空气制动系统中的许多部件与直通空气制动系统共用，该系统的核心部件为分配阀。CRH5 型动车组的自动空气制动系统采用 Fe115 型空气分配阀，具有一次缓解性能，可与中国既有机车可靠联挂，便于动车组的回送与救援。

CRH5 型动车组的自动空气制动系统用于备用制动控制，在直通式空气制动无法使用时（故障或救援/回送状态）启用。系统启用后，可通过控制制动管的空气压强，来实现列车的制动和缓解，制动管的空气压强变化可由动车组自身的备用制动控制阀或救援/回送机车控制。备用制动系统启用后，牵引/制动控制手柄的控制被切断，电制动也无法使用。

2. 工作原理

备用制动控制阀的隔离/启用原理见图 4-10。正常运行时，截断塞门关闭，同时，通过操纵司机控制台上的“隔离”开关使隔离电磁阀得电打开。总风压强只能经减压阀（调整制动管的空气压强）、止回阀、打开的隔离电磁阀和节流阀进入制动管；减压阀→备用制动控制阀→截断塞门的通路被切断，即备用制动控制阀无法对制动管的压强进行控制，处于“隔离”状态。此时，制动管压强保持在规定的缓解压强（600 kPa）以上，不会影响直通空气制动系统的正常工作。

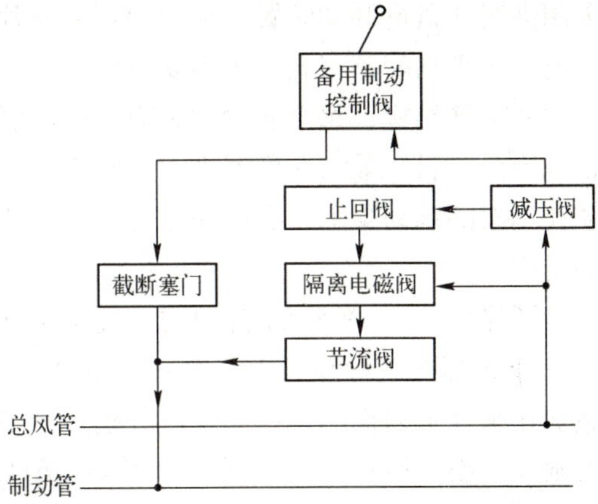

图4-10 备用制动控制阀的隔离/启用原理

须启用备用的自动空气制动系统时，打开截断塞门，隔离电磁阀即失电关闭；减压阀→止回阀→隔离电磁阀→节流阀的通路被关闭，总风压强经减压阀、备用制动控制阀和打开的截断塞门连接到制动管上。此时，备用制动控制阀可对制动管的空气压强进行控制以使各车的分配阀动作，分配阀向本车空气制动控制单元内的中继阀发出指令，控制制动缸的充排风。救援/回送时，自动空气制动系统的启用原理一样，只是动车组制动管的空气压强要由救援/回送机车来控制。

紧急制动时，安全环路断开，连接在制动管上的紧急排风阀失电打开，制动管的压缩空气迅速排空使分配阀动作，分配阀控制中继阀使各制动缸的空气压强达到最大。此时，关闭的隔离电磁阀可防止总风管向制动管自动补风。

4.3.4 基础制动装置

CRH5型动车组基础制动装置在转向架上的安装情况如图4-11。动车组的基础制动装

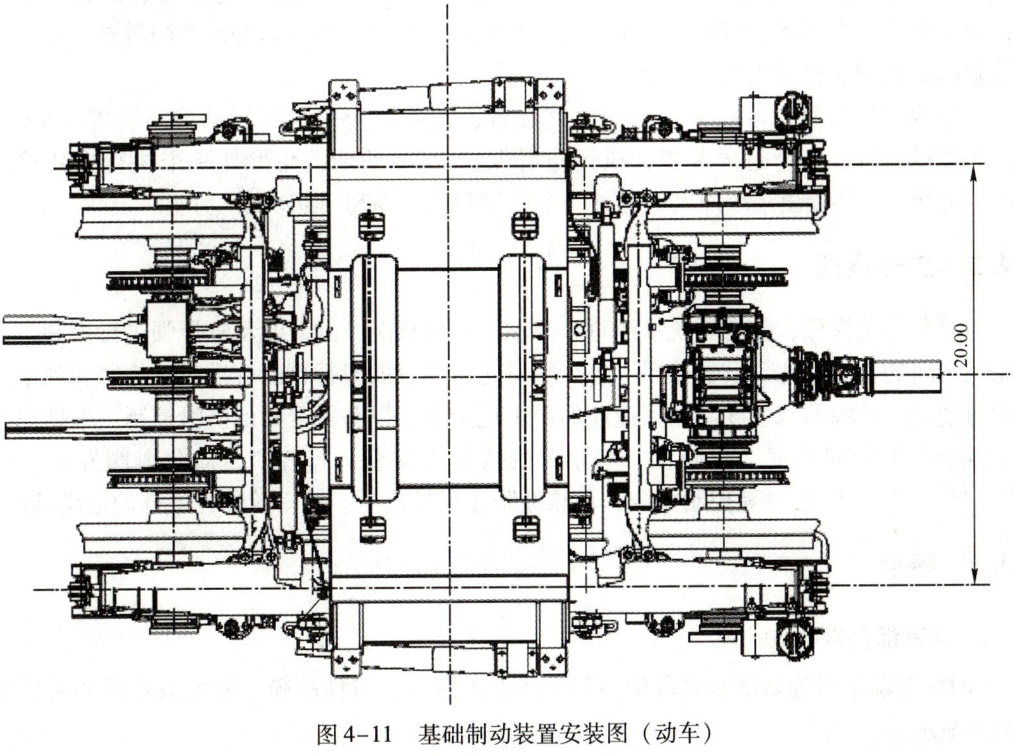

图4-11 基础制动装置安装图（动车）

置采用夹钳式盘形制动装置，夹钳内设置闸片间隙调制器。

所有车轴均配备有直径为640 mm、厚度为80 mm的钢制制动盘，制动盘上具有用于通风的散热筋结构；每个非动力轴有3个轴制动盘，每个动轴有2个轴制动盘。闸片为烧结粉末冶金材料，最大允许温度为600℃，最大磨耗量为30 mm。制动夹钳通过关节轴承安装在构架的制动梁上，有的夹钳还带有集成的弹簧停放制动装置，该装置安装在连杆系统的支座上。

为了保证夹钳单元的制动力，需要进行相应的安装和线路运行试验。可按IEC 61133—5.5标准进行静态传动效率、停放制动和保持制动试验，以确定制动系统的操作和施加在闸片上的作用力。动车组分别置于整备重量和最大额定载荷条件下，试验时采用测力闸片，换下原有的制动闸片。按IEC 61133—6.5标准进行线路制动性能试验，以通过不同制动系统的线路试验，检查动车组制动系统的动态性能。以新闸片作型式试验，在试验前确定闸片良好地贴靠在制动盘上，并经适当磨合。每次试验前，制动闸片和制动盘表面温度应不大于100℃。

4.4 CRH5型动车组防滑装置

4.4.1 结构

CRH5型动车组使用基于微处理器的防滑和防转系统MGS。防滑系统由一个电控装置、齿盘式速度传感器及防滑阀组成。电控装置安装在电气柜中，速度传感器装在轴箱中，防滑阀安装在车下。每根轴上采用冗余配置的两个速度传感器和两个防滑阀，电子控制装置的微处理器也采用冗余配置。

冗余装置包括两个可互相通信的电气装置，其中一个包含在制动控制装置（BCU）中。正常运行时，一个是主装置，执行防滑保护WSP功能，而另外一个执行抱死检测DNRA功能。主装置出现故障时，另外一个就同时具有WSP和DNRA功能。

4.4.2 工作原理

为避免车轮抱死，防滑系统检测每个车轴的运动情况，并对制动缸压强进行控制，以使轮轨之间的作用力达到最佳效果。每个轮对防滑装置的滑行判断标准包括轮周和列车之间的速度差、轮轴的减速度和轮周速度的历史记录等，以获得全面的防滑控制。根据速度传感器测得的轮周速度，微处理器对轮对的滑行再黏着进行控制，向防滑阀发出“降压”、“保压”、“增压”等控制命令，可靠地防止车轮抱死，使车轮保持最佳的运动状态。

4.4.3 特点

1. 具有综合自检测功能

CRH5型动车组的防滑装置可识别和存储永久性和暂时性故障，并由故障检测装置提供数字显示。

2. 可与中央诊断计算机通信

防滑装置通过集成的串行接口（IBIS 和 20 mA）连接到中央诊断计算机，向其提供车辆的运行状况及防滑系统的状况。

3. 提供防空转功能

通过附加电路板和软件，可在防滑系统中增加防空转功能；在防滑装置普通的诊断分析系统中，能进行特殊的防空转功能监控和显示。

4.5　CRH5 型动车组制动控制系统

CRH5 型动车组的制动系统由基于微处理器的制动控制单元（BCU）控制，制动控制单元 BCU 通过与 TCMS 通信，可进行操纵、控制和诊断的全面制动管理。为实现救援/回送时常用制动和紧急制动的控制，CRH5 型动车组还具有独立于主控回路的自动空气制动系统。

4.5.1　常用制动控制

常用制动采用电、空联合制动，当司机台上的牵引/制动控制手柄处于常用制动位时启动，或由信号系统（ATP 或 LKJ2000 装置）启动。

牵引/制动控制手柄为电气手柄，可用于牵引（前推）和制动（后拉）的控制。手柄的制动位分为两个区域：第一区域是向动力轴发出电制动指令，电制动力的大小与手柄后拉的量成正比；在第一区域的末端，电制动力达到最大。第二区域是向非动力轴发出空气制动指令，进一步增大制动力，使列车的常用制动力达到最大；第二区域的末端为紧急制动位。

常用制动控制电气原理见图 4-12。牵引/制动控制手柄或信号设备（LKJ2000 和 ATP 设备）将制动指令传输到操作端的主制动控制单元 MBCU 和非操作端的冗余 BCU 中，它能适应对两列动车组（16 辆车）联挂情况下的控制，同时也传输给 TCMS；MBCU 接收到制动指令后，也会把指令传输到 TCMS。这样，TCMS 便可从 MBCU 和手柄两个渠道来获取制动指令，控制动车组的牵引控制单元 TCU 产生电制动力。

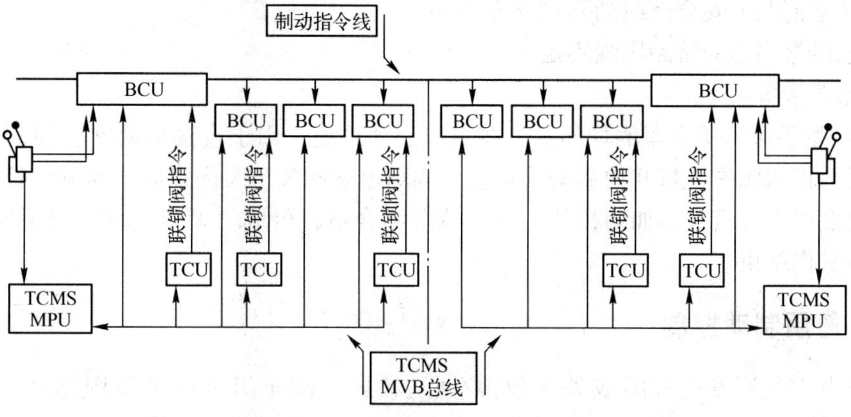

图 4-12　常用制动控制电气原理图

每个动车有一个牵引控制单元（TCU），它与 TCMS 的 MVB 总线接口连接。TCMS 通过列车控制网络（MVB 和 WTB）将电制动指令发送到 TCU。每个 TCU 在向动力轴下达电制动指令的同时，使动轴的连锁电磁阀（B60.09）得电关闭。一旦该连锁电磁阀得电，即被 TCU 激活，该 TCU 控制的两个动轴上的空气制动就被缓解。如果一个或更多 TCU 不能执行电制动时，TCU 通过列车控制网络（MVB 和 WTB）通知 TCMS，并使动轴连锁电磁阀失电。TCMS 通过列车控制网络发送电制动不可用的信息，因此 BCU 或 MBCU 可以执行称之为“降级模式”的相应动作，包括如下两种情况：①牵引/制动控制器手柄在第一区域时，车辆上无电制动，连锁电磁阀失电，BCU 使该车的所有 4 个轴施加空气制动力，尽可能产生与以前电制动相同的制动力；②牵引/制动控制器手柄在第二区域时，车辆没有施加电制动，连锁电磁阀失电，车辆动轴施加空气制动力，并且尽可能产生与以前电制动相同的制动力。此外，每个 BCU 还可通过直接读取位于制动管路中的动轴连锁阀的状态信息来了解本车电制动是否故障。

电空制动指令 MBCU 通过制动总线发送给动车组的所有 BCU。每个 BCU 控制本车的空气制动系统，TCMS 不涉及此功能。只有动轴上的电制动达到其最大值之后，才能在非动力轴上施加空气制动力。只有在电制动不足的情况下，空气制动才能在第一区域施加（降级模式）。每个轴上配备有随制动缸压强而变化颜色的指示器，以便在车辆两侧对制动缸状态进行简易外观检查。

4.5.2 紧急制动控制

紧急制动时安全环路断开，制动命令同时施加给直通式空气制动系统和自动空气制动系统。此时，牵引和电制动都被切断，所有车辆施加最大空气制动力。当出现以下情况时，就产生紧急制动作用。

① 制动控制器手柄扳到紧急制动位置。在该位置下，制动管（BP）快速放风，所有转向架的制动力达到最大。

② 按下司机室的紧急按钮，安全环线断开。司机台上装有紧急按钮，该按钮与制动管直接相连接，当按下时制动管排空，同时对直通制动电磁阀产生一个电气指令。

③ 安全设备（信号发射系统）动作。

④ 异常情况下安全环线断开（列车分离）。

⑤ 总风管或制动管路压强不足。

⑥ 旅客报警。

CRH_5 型动车组所有车辆均配备旅客报警制动系统，用于直接启动紧急制动。系统启动后，紧急排风阀失电打开使制动管排空，隔离电磁阀失电关闭以防止向制动管补风；同时向司机发出声音信号，如司机认为停车位置不合适，可取消紧急制动。当手柄复位时，乘客报警操作结束。

4.5.3 备用制动控制

如果电控装置发生故障或处于救援/回送模式，动车组可启动备用制动继续运行。司机通过手动开关激活安装在驾驶室中的制动控制器对制动管（定压 600 kPa）中的压强进行控制。

备用制动系统具有紧急制动功能，每辆车由分配阀向中继阀发出指令。启动备用制动操纵时不能使用电制动。制动管上的压强开关和备用制动控制器上的微动开关抑制牵引。

备用制动控制阀通过一个垂向杆进行操纵，手柄从前至后依次为一次缓解、阶段缓解、中立、常用制动和紧急制动 5 种作用位。其中，一次缓解、中立和紧急制动位是手柄可以停留的位置；一次缓解和中立位之间的区域称为阶段缓解，中立和紧急制动位之间的区域称为常用制动区域，手柄位置置于阶段缓解或常用制动区域时，松开后将自动返回中立位。当手柄置于一次缓解位时，制动管中的压强将充至定压，列车完全缓解。置于阶段缓解位时，制动管中的压强随手柄停留的时间递增；但由于 CRH5 型动车组使用的是简易分配阀，不具备阶段缓解性能，因此，即使手柄反复置于阶段缓解和中立位，列车也只能一次彻底缓解。在常用制动位，制动管中的压强随手柄停留的时间递增，将手柄反复置于常用制动和中立位，列车可实现阶段制动。手柄位置于紧急制动位时，制动管中的压强迅速降为零，列车产生紧急制动作用。当手柄置于中立位时，制动管中的压强保持不变，列车不制动时手柄经常停放于此位置。

动车组在救援/回送连挂时，打开头车前端的开闭机构，其供风及控制是通过滤尘器、截断塞门和电磁阀实现的。同时，通过操作隔离开关，来切断牵引制动控制器的控制。打开截断塞门，启动备用制动控制器，确保制动系统处于备用制动系统的工作状态，以实现救援/回送机车对动车组的供风和控制。

4.5.4　停放制动控制

1. 控制原理

动车组配备从总风缸供风的弹簧停放制动装置（见图 4-13），具有手动缓解装置，可满足在 30‰的坡道上安全停放。

弹簧驱动的停放制动缸安装在普通制动缸的上面，列车正常运行时，压缩空气充入停放制动缸内，压缩停放制动弹簧，阻止停放制动装置起作用。列车停放制动时，停放制动缸内的压缩空气排出，停放制动弹簧伸长并推动停放制动活塞，使其再推动空气制动缸内的活塞产生制动作用。

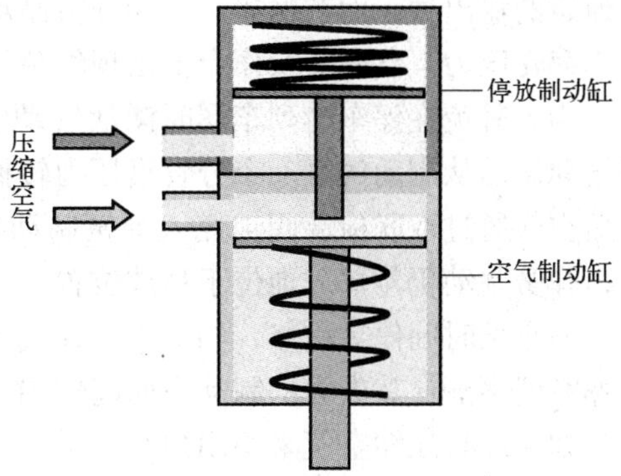

图 4-13　弹簧停放制动装置的结构示意图

停放制动的控制单元是一个电空控制装置，为便于维护集成到一个面板上。弹簧停放制动的施加/缓解是由司机或列车控制装置发出电信号，来操纵各脉冲电磁阀进行集中控制。脉冲电磁阀可在电源故障的情况下进行人工操纵。

停放制动控制单元可防止常用制动的空气制动力与停放制动的弹簧制动力叠加，以避免夹钳单元过载。在停放制动作用时，列车牵引被自动切断。在列车运行过程中，停放制动也不能起作用。

CRH5 型动车组的弹簧停放制动可由机械设备手动缓解。

2. 防制动力叠加措施

1）停放缸的介绍

每一从动轴的制动气缸都配有弹簧制动执行器——停放缸。弹簧制动部分有自己的空气连接机制，其活塞室与压缩空气缸相互密封连接。当释放制动时，弹簧制动执行器被充加压缩空气，其活塞和活塞杆逆着压缩弹簧的弹力被推至后位，直至空气压缩缸通过配置的高压楔的作用不再承力。在这一位置时，制动力便被储存起来。制动时，弹簧制动执行器活塞室里的压缩空气便被排出。压缩弹簧的弹力便可通过活塞和一个高压楔自由作用于压缩空气缸的活塞杆，由此通过制动卡钳使制动闸瓦贴上制动盘。

在司机室设有一个电开关，用来启动停车制动。此开关有两个位置，即：

① 制动释放；

② 制动应用。

要释放弹簧制动，则将开关拨到相应的位置。这样，就有电脉冲通向电磁脉冲阀释放电磁。电磁脉冲阀变换位置，以保持电磁脉冲阀（储存功能）连接件的长久联结，直到开关重新启动，移向制动方向。通过这种连接，来自主储气罐的空气通过电磁脉冲阀、双联校验阀、和关断活栓的两端口被施加到每个车厢的从动轴上的两个弹簧制动执行器，由此启动制动释放。

弹簧制动执行器的制动管有一个分管，各自连接到一个压力调节器。压力调节器是为了切断弹簧制动操作时的牵引力，并且指示弹簧制动是“释放”还是“应用”。当弹簧制动管里的高压积累到足够程度，弹簧制动指示板就会出现绿色信号。

实施弹簧制动，开关必须推向制动位，使制动电磁脉冲阀磁化。制动电磁脉冲阀换相，脉冲阀和弹簧制动执行器之间的空气被释放，而制动闸瓦由于弹簧制动执行器里的压缩弹簧的输出力，而被贴接。因为弹簧制动执行器制动管内的空气被排尽，压力调节器也就不存在压力。驾驶员操作台上出现红色指示。而且可确保牵引力为零。

为了避免在停车时列车同时激活气动制动和弹簧制动（这将会导致制动卡钳过载），当气动制动从制动气缸一个分管沿压力转换器下行实行制动的时候，最大值达 410 kPa 的压缩空气通过双联检验阀被充入弹簧制动执行器。因此，即使通过开关作出“制动”指令，弹簧制动仍然部分地位于释放位置。

列车长时间停运检修，如果由于漏气导致制动气缸压力下降，弹簧制动部分缸室的压缩弹簧就逐渐代替失去的制动力而起作用。

如果没有压缩空气来调用列车，活塞必须关闭，而且每个弹簧制动执行器必须通过机械紧急释放装置进行释放。列车牵引失灵后，弹簧制动必须通过打开活栓的方法使弹簧制动充压。

2）对控制系统的保护

① 防混合装置。即采用停放制动时，禁止牵引，动车组走行过程中，禁止启动停放制动。

② 永久式手动缓解装置，该装置可通过弹簧作用式制动的供风自动复位。

③ 集中式启动/关闭电空控制。可通过一个安装在驾驶室中的按钮进行操纵，并以稳

定方式进行启动。

3）手动缓解

停放制动的状态显示在司机台上，可通过司机按钮启动或缓解停放制动，并通过压力开关进行检测。机械释放装置的手柄安装在相关风缸上及其他所用风缸的同一侧。弹簧制动的制动、缓解状态可通过驾驶室指示灯的方式加以指示。

每个停放制动机外侧配有一个指示器。红色表示司机室采用停放制动，或转动塞门、气动隔离停放制动。绿色表示司机室气动缓解了停放制动。

4.5.5 制动系统与列车控制系统的接口

1. 与 ATP 控制的接口

制动系统与 ATP 控制的接口如表 4-1 和表 4-2 所示。

表 4-1 列车向 ATP 装置的输入

功 能	信 息	接口要求	电流要求	信息来源
紧急制动（对安全至关重要）	EB 反馈	当触发紧急制动，一个干式触点闭合（2 条线）	+24 V 时，能通过电流 60 mA	EMU 制动单元
常用制动	SB 级电制动反馈	当触发常用制动，一个干式触点闭合（2 条线）	+24 V 时，能通过电流 60 mA	EMU 制动单元
	SB 级空气制动反馈	当触发常用制动，一个干式触点闭合（2 条线）	+24 V 时，能通过电流 60 mA	EMU 制动单元
控制器手柄处于制动位	制动	当制动位，两个干式触点闭合（4 条线）	+24 V 时，能通过电流 24 mA	EMU 操作台
LKJ 紧急制动	LKJ 紧急制动	当紧急制动触发时，两个干式触点（4 条线）中：第一个闭合，第二个闭合	+24 V 时，每个触点能通过电流 60 mA	LKJ
LKJ 常用制动	LKJ 高级位的常用制动	当常用制动触发时，两个干式触点（4 条线）中：第一个闭合，第二个闭合	+24 V 时，每个触点能通过电流 60 mA	LKJ

表 4-2 ATP 装置向列车的输出

功 能	信 息	接 口	指令模式	备 注
紧急制动（对安全至关重要）	EB1 指令	1 路 110 V 直流	被动	也用于 LKJ 的紧急制动
	EB2 指令	1 路 110 V 直流	被动	
常用制动	ATP 低挡位常用制动	当触发低挡位常用制动时，1 个干式触点（2 条线）闭合	主动	LKJ 和 ATP 机柜使用相同的输出，所以两个干式触点使用的电源也相同
	LKJ 低挡位常用制动	当触发低挡位常用制动时，1 个干式触点（2 条线）闭合	主动	
	ATP 中挡位常用制动	当触发中挡位常用制动时，1 个干式触点（2 条线）闭合	主动	LKJ 和 ATP 机柜使用相同的输出，所以两个干式触点使用的电源也相同
	LKJ 中挡位常用制动	当触发中挡位常用制动时，1 个干式触点（2 条线）闭合	主动	
	高挡位常用制动	1 路 110 V 直流输出	被动	LKJ 高挡位常用制动也用

2. 与 LKJ2000 控制的接口

制动控制系统（BCU）通过 RS485 接口与 LKJ2000 相连，并且互换信息，其内容和制动控制系统与 ATP 之间交换的内容基本相同。

4.6 空气消耗量的计算

对 CRH5 型动车组空气消耗量进行计算，可以明确各部分消耗的空气量，加深对制动系统空气分配量的理解。

4.6.1 计算条件

压缩机：2 × 1 350 L/min

拖车：每轴 3 个轴盘；

动车：每轴 2 个轮盘。

4.6.2 空气计算中采用的基本参数

1. 参数定义

1）基本参数

A_{Bz}——制动缸活塞表面积；

A_{Fsp}——停放制动缸表面积；

ΔP_{Hl}——制动管压力损失；

ΔP_{L}——压力降；

ΔP_{Hb}——主风缸管压力损失；

Δt——时间基准；

ΔQ_{trock}——空气干燥器损失空气量；

h_{Bz}——制动缸活塞行程；

h_{Fsp}——停放制动缓解放行程；

h_{Fsphub}——停放制动缓解行程；

n_{Bz}——制动缸数量/车厢；

n_{DGNeig}——转向架数量；

n_{Du}——中继阀数量/车厢；

n_{f}——车辆节数；

n_{Fbv}——指定控制器数量/车厢；

n_{Fsp}——停放制动缸数量/车厢；

n_{LP}——压缩机数量/车厢；

n_{Mg}——磁轨制动数量/车厢；

n_{St}——分配阀数量/车厢；

n_{WC}——厕所数量/车厢；

P_{cVB}——紧急制动时的 BC 压力；

P_{cBe}——辅助制动时 BC 压力；
P_{Fsp}——停车制动时弹簧的缓解压力；
P_{HBmin}——主风缸最小压力；
P_{HBmax}——主风缸最大压力；
P_{HL}——制动管缓解压力；
P_{HLvb}——制动管紧急制动压力；
P_{HLBe}——制动管辅助制动压力；
Q_{LP}——压缩机供风量；
V_{cL}——BC 管容积；
V_{R}——制动缸容积；
V_{FbvHB}——控制风缸容积；
V_{FbvA}——均衡风缸容积；
V_{-St-A}——分配阀均衡容积；
V_{tBz}——每个气缸余隙容积；
V_{HubBz}——每个气缸行程容积；
V_{FspT}——停放制动缸余隙容积；
V_{FspHB}——停放制动供气量/车厢；
V_{FspL}——停放制动管容积/气缸；
V_{FspR}——每节车厢停放制动的供气量；
V_{FspTot}——停放制动每节车厢余隙容积；
V_{FspHub}——停放制动缸行程容积；
V_{HB}——主风缸供气量/车厢；
V_{HBS}——辅助空气量（包括制动管）；
V_{MgHub}——行程容积/主动气缸；
V_{MgVo}——磁轨制动供气量/车厢。

2）有关空气弹簧的参数

V_{FedR}——每节车厢空气弹簧的供气量；
n_{DGFed}——有空气弹簧的转向架数量；
$V_{FedBaig}$——每个转向架空气弹簧的储气量；
P_{FedMin}——空气弹簧最小压力；
P_{FedMax}——空气弹簧最大压力；
ΔP_{LW}——车体重量压差；
ΔQ_{Fed}——空气消耗量；
Q_{FedK}——动力学耗量。

3）有关门的空气消耗量参数

V_{NATur}——空气消耗量/外门；
V_{NITur}——空气消耗量/通道门；
V_{Tur}——每节车厢门需要的空气量；

P_{NebMax}——门的空气最大压力；

n_{ATur}——每节车厢边门的数量；

n_{ITur}——通道门的数量。

4）厕所空气消耗量参数

V_{WC}——每冲洗厕所一次空气消耗量；

V_{WCR}——每节车厢厕所需要的空气量。

5）制动管参数

V_{HR}——每节车厢制动管的容积。

6）辅助系统空气消耗量

Q_{Sand}——撒砂时的空气消耗量；

Q_{Dry}——干燥砂子的空气消耗量；

n_{Sand}——撒砂器的数量；

n_{Dry}——同时干燥时撒砂器的数量；

Q_{Tyfon}——汽笛空气消耗量；

Q_{Wisch}——刮水器空气消耗量；

n_{Wisch}——刮水器数量；

Q_{Spk}——踏面清扫时的空气消耗量；

$\Delta Q_{Stromab}$——受电弓空气消耗量；

$\Delta Q_{Stromab-aktiv}$——启动受电弓时的空气消耗量；

Q_{Sonst}——操纵装置的补给空气量。

2. 参数数值

上述各参数的计算值，见表4-3。

表4-3 参数计算值

	MC1/2	M车厢[P(B)]		T2	Train	单位
n_f	2	3	2	1	8	
P_{HBmin}	—	—	—		800，500	kPa
P_{HBmax}	—	—	—	—	1 000，0	kPa
P_{HL}	—	—	—	—	600	kPa
P_{HLvb}	—	—	—	—	0	kPa
P_{HLBe}	—	—	—	—	400，500	kPa
n_{LP}	0	0	1	0	2	
Q_{LP}	0	0	1 350	0	2 700	L/min
V_{HB}	200	200	200	200	1 600	L
V_{HBS}	14，2	14，2	14，2	14，2	114	L
ΔQ_{trock}	—	—	—	—	20	%
n_{Fbv}	1	—	—	—	2	

续表

	MC1/2	M 车厢[P(B)]		T2	Train	单位
V_{FbvHB}	0	0	0	0	—	L
V_{FbvZ}	3	0	0	0	6	L
n_{St}	1	1	1	1	8	
$V_{\_St\_A}$	0	0	0	0	0	L
$n_{Dü}$	2	2	2	2	16	
V_R	125	125	125	125	1 000	L
P_{cVBTA}	400，500	400，500	0	0	—	kPa
P_{cVBLA}	3，25	3，25	3，25	3，25	—	
P_{cBeTA}	4，5	4，5	0	0		
P_{cBeLA}	300，2 500	300，2 500	300，2 500	200，8 500	—	kPa
V_{cL}	4，9	4，9	4，9	4，9	39	L
n_{BzTA}	4	4	0	0	20	
n_{BzLA}	6	6	12	12	66	
V_{tBz}	0，3	0，3	0，3	0，3	25，80	L
V_{HubBz}	0，49	0，49	0，49	0，49	41，76	L
n_{Fsp}	2	2	2	0	14	
P_{Fsp}	400，800	400，800	400，800	0	—	kPa
V_{FspTot}	3，4	3，4	3，4	0	24	L
h_{Fsphub}	7	7	7	0	—	mm
A_{Fsp}	323，6	323，6	323，6	0	—	cm^2
V_{FspHub}	0，39	0，39	0，39	0，00	5	L
V_{FspR}	0	0	0	0	0	L
V_{FspL}	5	5	5	0	35	L
V_{FedR}	200	200	200	200	1 600	L
n_{DGFed}	2	2	2	2	16	—
$V_{FedBalg}$	140	140	140	140	2 240	L
$V_{FedLeit}$	3，1	3，1	3，1	3，1	25	L
P_{FedMin}	500，1 500	500，100	500，2 500	400，1 500	—	kPa
P_{FedMax}	500，800	500，900	500，900	500	—	kPa
ΔP_{LW}	0，6 500	0，800	0，6 500	0，8 500		kPa
ΔQ_{Fed}	3，2	3，2	3，2	3，2	25，6	L/min
Q_{FedK}	8	8	8	8	64	L/min/Wag

$V_{NATür}$	20	L
$V_{NITür}$	4	L

$V_{Tür}$	0	0	0	0	0	L

续表

	MC1/2	M 车厢[P(B)]		T2	Train	单位
P_{NebMax}	600	600	600	600	—	kPa
$n_{\mathrm{ATür}}$	2	2	2	2	16	
$n_{\mathrm{ITür}}$	2	2	2	2	16	
V_{WC}					35	L
n_{WC}	0	1	1	1	6	
V_{WCR}	0	0	0	0	L	
V_{HL}	12	12	12	12	96	L
ΔP_{L}					0，1 500	kPa
Δt					5	min
$\Delta P_{\mathrm{L}}/\Delta t$					0，300	kPa/min

3. 结果分析

各部分空气消耗量分配比例见图 4-14。

从图中可见，撒砂装置消耗的空气量最多，占一半，其次为门控装置、刮水器、空气弹簧（动力学）和泄漏，其他部分占的比例相对较少。

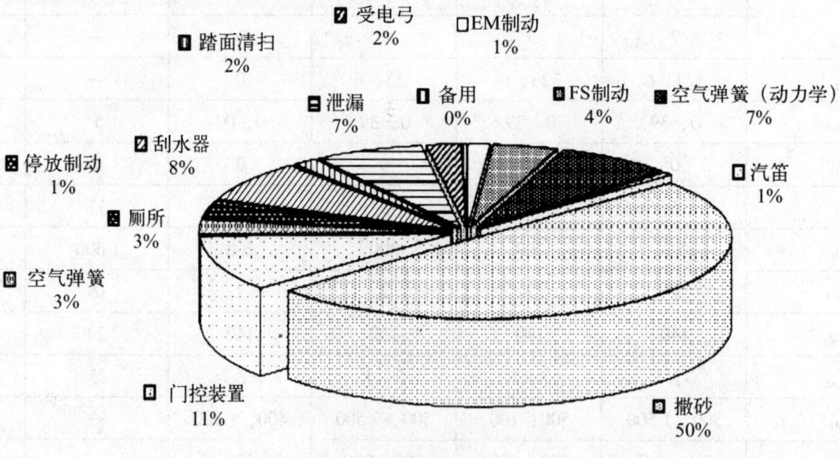

图 4-14　空气消耗量分配比例

4.7　撒砂系统

4.7.1　撒砂系统的布置

动车组每个动轴的车轮上均装有一个加热的撒砂装置，以改善轮轨之间的黏着。撒砂器由司机手动操作，每个砂箱有 2 个空气入口：第一个用于维持持续气流，使砂子保持干燥；第二个用于撒砂。

撒砂单元位于箱体内。撒砂单元包括电磁阀、测试口、压力限制阀、截断塞门等。

撒砂系统的布置见图 4-15。根据列车运行方向进行切换的电动—气动控制砂计量装置，可以在不利的轨道状况下改善车轨之间的附着力。在运行方向的每个动车车轴的前轮对处进行撒砂。

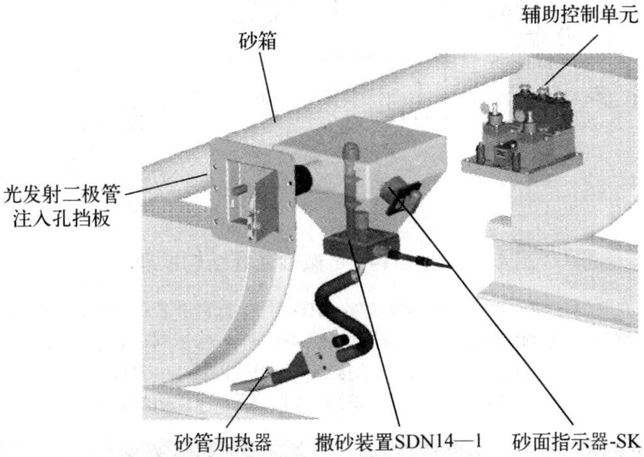

图 4-15 撒砂系统的布置

动车组上装备砂箱，每个砂箱装有一个 SDN14 型沙计量装置。“撒砂”模块装有控制撒砂器所需的设备。当前轮对的电磁阀激活时，系统将压缩空气充入连接的沙计量装置，这样，可以使成比例数量的砂通过砂管输送到铁轨。砂的数量可以通过砂计量装置中的阻气阀进行调节，并通过供气压力的大小进行调节。撒砂器根据压力原理进行工作，砂箱需要采用带有降压保护作用的专用罩关闭密封。加热砂计量装置和砂管，以避免冻结。此外，应通过电磁阀，采用热空气烘干砂箱中保存的沙。如果发生故障，可以在旋塞阀处气动切断撒砂器。该旋塞带有一个开关，使用该开关可以在撒砂器不起作用时，关断热流（如果有）。测试配件可以帮助调整减压阀。

4.7.2 撒砂系统的控制原理

撒砂单元的压力空气来自主风缸管，由主风缸管来控制其压力。撒砂设备可以通过带电触点的截断塞门来隔离。

通过压缩空气的连接管，主风缸管的压力空气到达减压阀，流经电磁阀至砂箱底部的撒砂器。电磁阀共有三个触头，分别为向前撒砂、干燥砂和向后撒砂。在撒砂器启动时，沙子被空气吹过砂管到达已加热了的砂子喷嘴。

根据行驶方向，电磁阀会得电。在整个车辆内部控制上可能将截断塞门和干燥砂子的功能联合起来。在启动撒砂单元时，干燥砂子的电磁阀触头就会自动得电。

图 4-16 为 SDN14—1 撒砂系统结构原理图，该系统具有两级速度独立撒砂、撒砂干燥和恒温控制砂管加热功能。

高速运行和低速运行时撒砂器实际喷射轨迹见图 4-17。

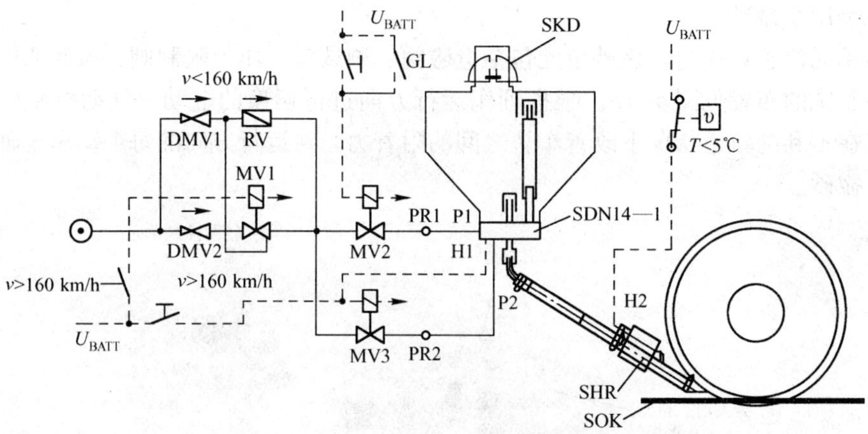

图 4-16 SDN14—1 撒砂系统结构原理图

DMV1—低压减压阀；PR1—撒砂测试件；H1—加热撒砂装置；DMV2—高压减压阀；
PR2—干燥测试件；H2—撒砂管加热器；RV—检测阀；U_{BATT}—电压；
MV1—高位砂电磁阀；P1— 撒砂气动接点；SKD—砂箱盖；MV2—低位砂电磁阀；
P2—干燥气动接点；MV3—干燥用电磁阀；GL—防滑保护信号；SHR—砂管加热器

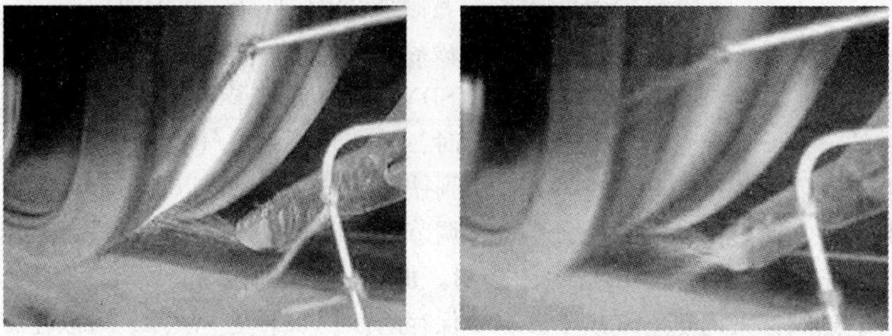

高速运行　　　低速运行至停止

图 4-17 撒砂器实际喷射轨迹

4.7.3 撒砂系统的基本参数

① 在 $T<5$℃ 的温度下，加热可连续接通。

② 烘干气流每 5 min 开/断一次。

③ 如果加热时间超过 10 min 而没有气流产生，加热将自动切断。

复习思考题

1. CRH5 型动车组的制动系统由哪些部分组成？
2. CRH5 型动车组制动装置的总体配置情况是怎样的？
3. 简述 CRH5 型动车组直通式空气制动系统的工作原理。
4. 说明 CRH5 型动车组常用制动的控制原理。

第 5 章　CRH_1 型动车组制动系统

5.1　概述

5.1.1　制动系统的组成

CRH_1 型动车组的制动系统主要由电（再生）制动系统、空气制动系统、防滑装置和制动控制系统等组成。

电制动系统主要由受电弓、牵引变压器、牵引变流器及牵引电机组成。空气制动系统主要由直通式电空制动和基础制动装置两大部分组成。直通式电空制动是通过司机直接操纵产生的电指令信号经微处理器控制，实施制动和缓解的操作，无须经过列车管路与分配阀。由于这种电空制动对电信指令的反应更快，更容易实现列车的平稳操纵，因此在现代高速列车上被广泛使用。基础制动装置为盘形制动装置，圆形制动盘安装在拖车转向架的车轴上及动车转向架的车轮辐板上，盘的两侧是装配有粉末冶金闸片的制动夹钳，通过压缩空气强制闸片“夹紧”制动盘产生摩擦来实现制动。防滑装置由速度传感器、测速装置和防滑系统组成。制动控制系统由各控制单元组合而成。

CRH_1 型动车组采用复合制动模式，包括电制动和空气制动。电制动是 CRH_1 型动车组常用制动优先使用的一种制动方式，当其制动力不足时，由空气制动来补充。当列车运行速度减慢到 7 ～ 10km/h 以下时，电制动能力减弱，在车速大约 2km/h 时减到零。动车组为了在该低速阶段仍能得到需要的制动力，随着速度的减小，逐步加入空气制动，直至最后全部用空气制动取代电制动。动车组的紧急制动（包括安全环制动）主要采用空气制动。

CRH_1 型动车组包括5辆动车和3辆拖车。图5-1为八节车编组为一列车的制动系统

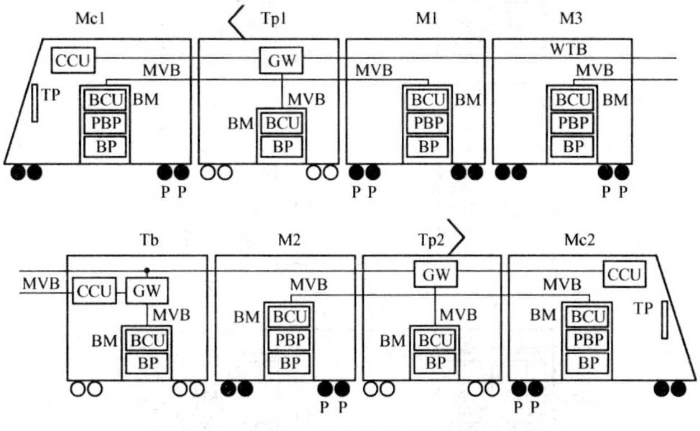

图 5-1　制动系统部件及其位置概况

M，Mc—动车；Tp，Tb—拖车；PBP—停放制动控制板；TP—回送控制板；
MVB —多功能车辆总线；BCU—制动控制单元；BM—制动模块；GW—网关；BP—制动控制板；
●—动轮；○— 拖轮；P—带有停放制动的轴

部件及其位置概况，动车组编组包括动车转向架和拖车转向架，动车转向架为 M1、Mc1、M2、Mc2 或 M3。拖车转向架为 Tb、Tp1 或 Tp2。动车的每根轴上有电制动和空气制动装置，空气制动装置包括 2 套轮盘式盘形制动装置；拖车的每根轴上只有空气制动装置，包括 3 套轴盘式盘形制动装置。每辆动车有三个制动单元，还装有弹簧驱动的停放制动装置，担负列车停放的功能。

图 5-2 为所有车型的转向架制动设备的位置。

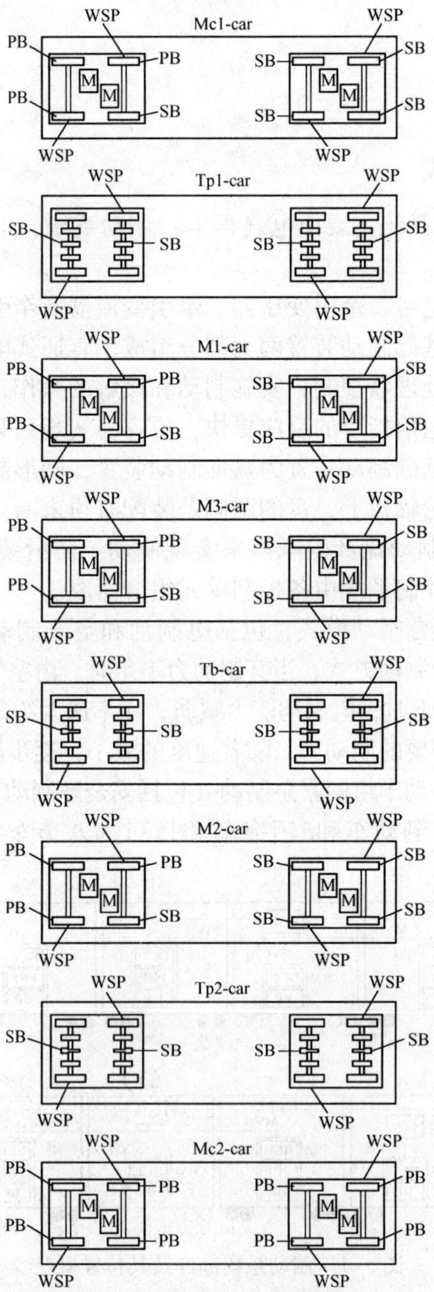

图 5-2 转向架制动设备的位置

PB—停放制动（包括一般常用制动）；SB—常用制动；WSP—防滑器

5.1.2 制动作用的种类

CRH1 型动车组制动系统的任务有四个方面的要求：①在司机的要求下轻松舒适地制动列车；②防止车轮锁闭；③在危险情况下施加最大极限的紧急制动；④停车时防止列车溜车。为满足制动系统的功能要求，将制动系统的作用分为下列 7 种。

1. 常用制动

CRH1 型动车组的常用制动用于正常的调速或停车，采用电制动和空气制动联合作用的复合制动方式（救援/回送时除外）。常用制动共分 7 级，最大常用制动减速度为 $0.8\ m/s^2$，常用制动可通过以下部件启动：

① 司机通过主控手柄；

② 自动速度控制系统；

③ ATP 系统；

④ 回送车辆。

车辆控制单元（VCU）根据制动级位信号和车重信号进行制动力的计算，然后对电制动和空气制动进行制动力的分配。在制动时尽可能使用再生制动，电制动力不足时由空气制动补充；制动过程中优先使用电制动使得闸片和制动盘的磨耗寿命、乘坐舒适性和黏着力的利用都得到优化。图 5-3 为常用制动功能示意图，表 5-1 为制动控制板主要部件功能。

表 5-1 制动控制板主要部件功能

名称	功 能
A1	调压阀 1：未激活时，将整个压力传输到紧急制动阀（E）上。激活时，中断到（E）的供风。和 A2 联合工作根据车上要求的制动力设定相应压力
A2	调压阀 2：未激活时，不缓解任何压力。激活时，缓解来自紧急阀（E）的任何压力。和 A1 联合工作根据车上要求的制动力设定相应压力
C	制动卡钳的压力输出（通过防滑线路）
D	KR6 中继阀：为继动器工作，采用来自调压阀（A）的供风压力并以更大容量将输入上的预控压力传送至输出（C）
E	紧急制动阀：在安全回路失电（牵引）时，将来自（R）的气压传输给限压阀（F）
F	限压阀：根据车重，限制到中继阀（D）的控制压力
G	压力传感器：将控制压力信号发送到制动计算机
H	压力传感器：将输入压力信号（主风缸管路）发送到制动计算机
K	压力传感器：将载重压力信号发送到制动计算机
M	试验装置：用于人工测量来自主风缸管路的输入压力
N	试验装置：用于人工测量预控压力
O	试验装置：用于人工测量 KR6（D）的控制压力
P	试验装置：用于人工测量载重压力
R	来自主风缸管路的输入压力
S	限制堵：过滤来自重量测量线路输入压力中的主要变化
T	来自重量测量线路的输入压力
U	试验装置：用于人工测量 KR6 阀（D）的输出压力
AA	主风缸管路供风口
BB	制动控制板 U8. Y1. 7
CC	制动计算机

续表

名称	功　能
DD	风缸
EE	测量来自气弹簧中压阀的信号输入
FF	防滑阀
GG	试验装置，制动盘
HH	压力变换器，制动盘
JJ	车轴“x”（任何制动车轴）

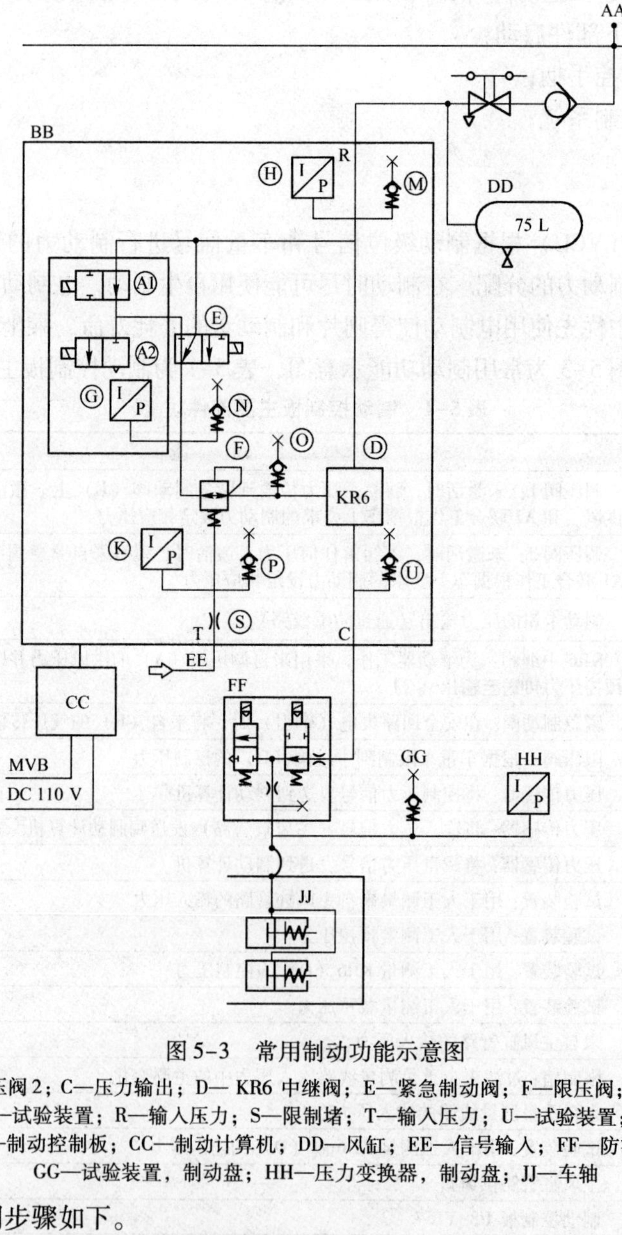

图5-3　常用制动功能示意图

A1—调压阀1；A2—调压阀2；C—压力输出；D— KR6 中继阀；E—紧急制动阀；F—限压阀；G，H，K—压力传感器；M，N，O，P—试验装置；R—输入压力；S—限制堵；T—输入压力；U—试验装置；AA—供风口；BB—制动控制板；CC—制动计算机；DD—风缸；EE—信号输入；FF—防滑阀；GG—试验装置，制动盘；HH—压力变换器，制动盘；JJ—车轴

常用功能作用步骤如下。

第一步，压缩空气从主风缸管路流向止回阀，然后继续流向遮断塞门。塞门配有电辅

助触点，在塞门打开时触点关闭。在遮断塞门的顺流下部还有一个 75 L 的压力容器。

第二步，主风缸管路压力在 R 处进入制动控制板。该压力由 H 测量并发送至制动计算机。

第三步，正常运行时，紧急制动阀得电，将调整好的压力从 A1/A2 连接到限压阀（F）。

A1 得电：整个压力传输来自主风缸。

A2 得电：阀缓解从限压阀（F）输入的压力。

制动计算机通过调压阀 A1 和 A2 调节制动施加的次数。

第四步，限压阀（F）在紧急制动时根据车内载重压力（T）限制到中继阀（D）的压力输入。

第五步，在压力传感器（K）处测量的载重压力由制动计算机发送至 TCMS。该单元根据从压力传感器（K）处的载重输入相应地调整制动要求。

第六步，在限压阀（F）根据重量调整之后，将输入压力和中继阀的输入相连。KR6 的输出压力和来自限压阀（F）的输入压力成正比。

第七步，将 C 处的输出压力通过防滑阀传输到制动卡钳上。

第八步，最后，压缩空气到达防滑阀，在无电流通过控制线圈时防滑阀让压缩空气通过。防滑阀的顺流下部是一个压力传感器，它用于测量制动缸压力。

2. 紧急制动

紧急制动系统使用电、空联合的混合制动方式，可充分利用轮轨间的黏着系数（最高达 0.15）。紧急制动时的制动力是在最大空气制动力的基础上增加了一定量的电制动力，因而此时的制动减速度最大，能满足动车组紧急制动的需求。紧急制动有两种启动方式。

1）司机操纵制动控制手柄或列车计算机启动

司机可通过将制动控制器的手柄移到紧急位施加紧急制动，继电器打开安全环路并施加全摩擦制动，同时，主车辆控制单元也以动力制动补充摩擦制动。司机室中单设的紧急制动阀打开，该阀与制动管相通，打开时将使制动管的压力迅速降低，同时隔离电磁阀失电关闭，切断总风缸经司机制动阀向制动管的充气通路。图 5-4 为满载情况下，从 $v=200$ km/h的速度时施加最大紧急制动的制动力。

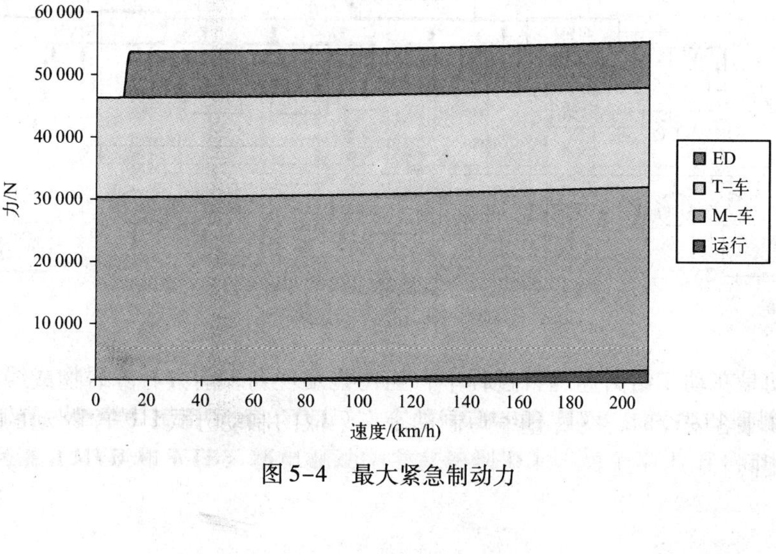

图 5-4　最大紧急制动力

2）乘客启动

列车各车厢都装有紧急制动手柄，当乘客或乘务人员扳动手柄时，可将制动管的压缩空气排空，系统将在10 s内实施最大常用制动。这时，司机操作台上的“取消”按钮闪烁，并发出警报声向司机指示有乘客或乘务人员启动了紧急制动。在10 s内，司机发现线路的某个位置不适合停车（隧道内或桥上），可通过按压“取消”按钮3 s取消紧急制动要求；如司机没在10 s内按下按钮或按压时间不够长，就会实施紧急制动。

在乘客紧急制动系统启动10s后，安全制动系统启动，此时电制动被抑制（以避免车轮损坏），实施纯摩擦制动，直至动车组完全停止。

如果同一列车上有多个乘客同时拉动紧急制动手柄，不会影响紧急制动的实施。因为所有手柄都在相同的环路上，拉动列车多个乘客激活的紧急制动手柄，只是重复启动乘客激活的紧急制动，但司机必须多次按下按钮撤销紧急制动。

紧急制动作用步骤如下：

① 主风缸管路压力在R处进入制动控制板。该压力由H测量并发送至制动计算机；

② 紧急制动时，紧急制动阀（E）失电，将整个主风缸压力连接至限压阀（F）；

③ 限压阀（F）由来自T的车重测量信号气动控制；

④ 在F根据重量控制之后，将输出压力和中继阀（D）的输入相连；

⑤ KR6的输出压力和来自F的输入压力成正比；

⑥ C处的输出压力通过防滑阀传送至制动卡钳。

3. 安全制动

CRH_1型动车组中从头车到尾车把所有可能激活紧急制动或牵引的系统串连起来，形成一个回路，这个电气回路称为安全回路（见图5-5），以确保这些系统中的任何一个部件未处于安全状态时，立即引发列车紧急制动或禁止牵引。安全回路分为牵引安全回路和制动安全回路，安全回路符合“故障安全”原则。

电空制动安全回路由司机安全装置（DSD）、ATP、司机钥匙（DK）、司机按钮（DP）、主控制动器（MC）、列车电脑、制动电脑和制动控制板组成，见图5-5。

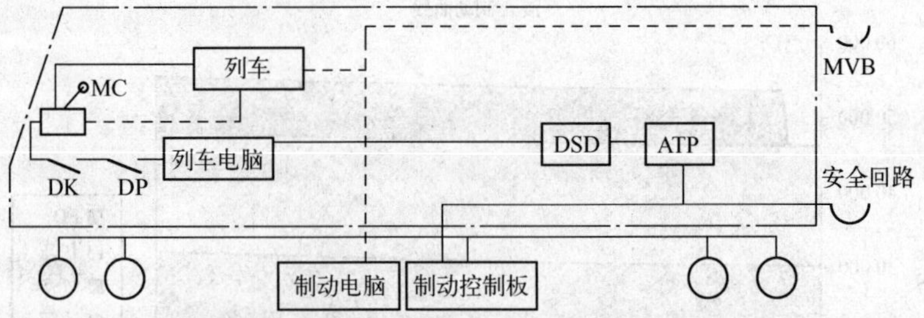

图5-5　电空制动安全回路

MVB—多功能车辆总线

安全制动是在动车组高速运行过程中，当司机发现列车前方有障碍物或线路塌方等情况危及列车和乘客安全时，为尽量缩短制动距离采取的制动方式。安全制动的制动距离与紧急制动的相同。

安全制动可在其他制动方式都失效时起作用，是列车最可靠的制动方式。安全制动以故障导向安全的方式，在安全回路断开时启动。安全回路断开使每辆车制动控制单元中的安全制动阀失电，系统施加最大的空气制动力，此时防滑装置 WSP 处于激活状态。下列情况都可使安全回路断开并启动紧急制动阀：

① 司机钥匙未插入，司机室已激活；

② 司机按下紧急停车按钮；

③ 司机通过主控手柄要求进行紧急制动；

④ 在主风缸系统气压低的情况下；

⑤ 司机的安全装置（DSD）启动其安全继电器；

⑥ 自动列车控制（ATC）启动其安全继电器；

⑦ 主车辆控制单元（主 VCU）启动其安全继电器；

⑧ 蓄电池无电压；

⑨ 列车部分分离；

⑩ 回送时制动管路气压低。

与紧急制动相比，安全制动施加最大空气制动力，来满足动车组制动需求。

4. 停放制动

CRH_1 型动车组使用弹簧作用的停放制动装置，可使具有最大载荷的列车停在坡度为 30‰ 的坡道上不溜车。每辆动车有三个制动单元具有停放制动装置。停放制动通过司机操作台上的按钮来控制。

当系统压力降至 350 kPa 以下时，停放制动在停放制动控制面板的控制下自动启动。停放制动力可通过停放制动控制面板的控制，向停放制动缸内充入压缩空气缓解，或使用专用工具在转向架上手动缓解。当停放制动装置出现故障时，通过停放制动控制面板上的截断塞门可将其关闭。

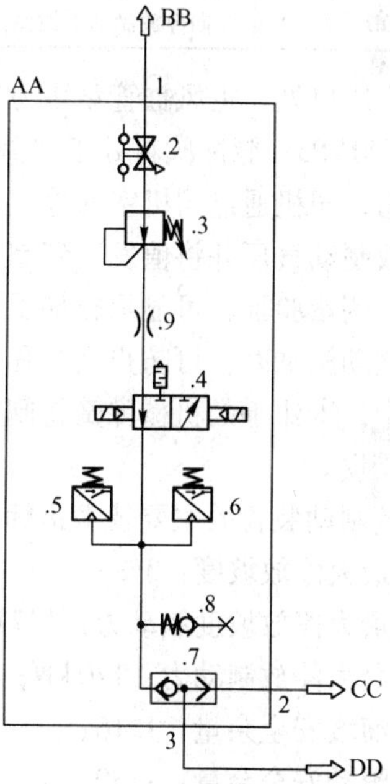

图 5-6　停放制动控制板功能原理示意图

1—供风口；2—截断塞门；3—减压阀；4—脉冲阀；5，6—压力开关；7—双止回阀；8—测试接口；9—限制堵

停放制动控制板的功能原理示意图见图 5-6。图中元件功能见表 5-2。

表 5-2　停放制动控制板主要部件功能

序　号	功　能
1	供风口
2	截断塞门：可用于例如断开停放制动控制板连接
3	减压阀：将输出压力减少至先前设定值，即 600 kPa
4	脉冲阀：车辆计算机发出指令时，该阀处于两个位置：施加或缓解停放制动

续表

序　号	功　能
5, 6	压力开关：将停放制动压力信号发送到制动计算机，开关5探测到80 kPa表示“施加了停放制动”；开关6探测到480 kPa表示“缓解了停放制动”
7	双止回阀：禁止停放制动施加弹簧力或常用/紧急制动施加气动力，以保护制动缸，以免达到过高制动力
8	测试接口：用于人工测量停放制动控制板的输出压力
9	限制堵
AA	停放制动控制板 U8. Y1. 2
BB	由主风缸管路供风
CC	向防滑阀供风
DD	向停放制动卡钳供风

在供风口处，主风缸管路压力进入停放制动控制板；通过截断塞门之后，减压阀气压稳定在600 kPa；脉冲阀将处于“施加”位还是“缓解”位取决于车辆计算机（VCU）设定的状态，司机通过司机室的停放制动按钮来发出该状态命令；两个压力开关（5和6）探测停放制动气压并将值发送到制动计算机，由此决定激活状态。该数值可在试验装置上通过人工测量验证；可显示施加了停放制动的压力开关连接到牵引安全回路上。这意味着当停放制动施加时，可防止列车移动；止回阀可防止制动闸片上施加过高压力；因为在停放过程中，卡钳上的机械弹簧将闸片压向制动盘，如果压缩空气气压下降，闸片/卡钳/汽缸可能受损。

停放制动装置的主要技术指标如下。

① 最大停放坡度：3%；

② 最大停放坡度制动力：147 kN；

③ 最大停放制动力：170 kN；

④ 溜坡安全余量：1. 16；

⑤ 滑动安全余量：1. 39。

⑥ 最大额外重量：529 178 kg。

当动车组出现故障时，通过停放制动面板上的截断塞门，可以关闭停放制动系统，并施加到每一车辆的基础制动装置上。在转向架上可以手动缓解停放制动弹簧力。一旦向停放制动缸施加压缩空气压力，停放制动弹簧将在手动缓解后重新复位。

停放制动控制系统具有坡道启动功能，即保证在坡道启动列车时处于制动状态，当列车启动完成后，重新处于缓解状态。

5. 保持制动

保持制动是常用制动的辅助功能，在列车运行速度低于5 km/h时自动实施，所施加的全部为空气制动。保持制动在停车过程中降低制动力，减小列车制动带来的纵向冲动，确保列车能够较为舒适地停车；并可在停车后将制动力恢复至一定的数值，避免列车在坡度不超过30‰的坡道上溜车。

静止状态时，若保持制动作用力不够，将启动安全制动。

6. 救援/回送制动

CRH1 型动车组救援/回送时，由救援回送面板上的压力传感器对救援机车内的制动管压力进行检测，并将压力值传输到动车组控制系统 TCMS，TCMS 将救援机车制动管中的压力转化为被救援/回送的动车组中相应的制动要求。救援/回送过程中，蓄电池通过救援/回送车辆的外部三相电源或由动车组自身供给辅助转换器的辅助发电系统（再生制动）供电。若制动管内的压力降至紧急制动压力以下，相应的压力开关断开，安全回路失电。回送控制板主要部件见图 5-7。各部件功能见表 5-3。

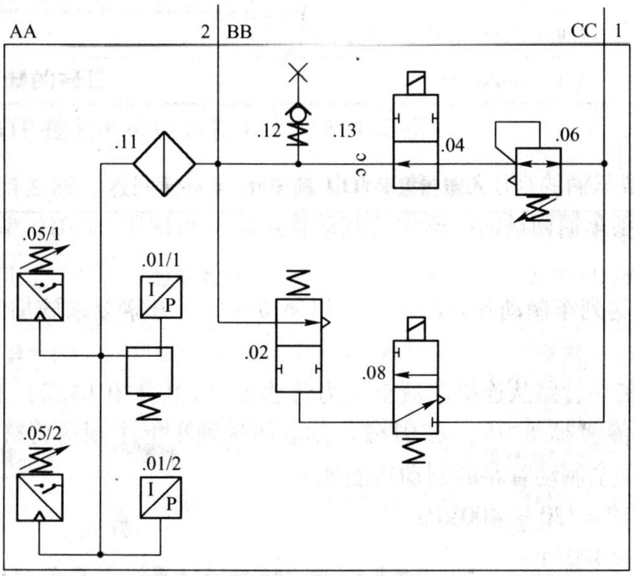

图 5-7　回送控制板主要部件

01/1，.01/2—压力传感器；.02，.04—电磁阀；.05/1，.05/2—压力开关；.06— 减压阀；.08—操纵阀；.11—过滤器；.12—试验装置；.13—限制堵；AA—回送控制板；BB—供风口；CC—供风口

表 5-3　回送控制板主要部件功能

名称	功　能
01/1	压力传感器：将输入压力信号发送至计算机
.01/2	压力传感器：将输入压力信号发送至计算机
.02	电磁阀：打开以降低制动管路压力，这样操纵阀 .08 将其激活时就可激活紧急制动
.04	电磁阀：TCMS 通过开关该阀来打开或关闭制动管路和主风缸管路之间的通道
.05/1	压力开关：将数字输入信号发送至 TCMS。开关 .05/1 探测到 400 kPa 表示“制动管路压力低”，即紧急制动
.05/2	压力开关：将数字输入信号发送到 TCMS。开关 .05/1 探测到 400 kPa 表示“制动管路压力低”，即紧急制动。
.06	减压阀：在回送另一辆 CRH1 车时，将到主制动管路的输出压力减少至 600 kPa

续表

名称	功　能
.08	操纵阀：由 TCMS 计算机在紧急停车回路打开时激活。激活后，它可操作阀 .02 来激活紧急停车
.11	过滤器：去除从回送 CRH_1 车或机车到压力传感器和开关的空气中的杂质
.12	试验装置：用于人工测量制动线路的输出/输入压力
.13	限制堵：如果电磁阀 .04 故障，禁止向主风缸管路回流
AA	回送控制板 C. K2
BB	向制动管路供风（自动连接器）
CC	由主风缸管路供风

1）回送目的

如果 CRH_1 型车辆的高压线完整并有电源，则可进行回送。回送控制板有两个目的：

① 由 CRH_1 型车辆回送的车辆中给制动管路加压和排压，CRH_1 型车辆能紧急制动被回送车辆；

② 能读出回送列车制动管路的压力，以便按照回送车辆要求施加制动。

2）回送功能

空气通过主制动管路从连接器流至压力传感器（.01/1 和 01/2）和压力开关（.05/1 和 .05/2）。压力传感器（.01/1 和 01/2）读取回送列车上主制动管路的压力，VCU 施加等量的常用制动。主制动管路的制动功能如下：

① 全常用制动 = 420 ～ 400 kPa。

② 紧急制动 < 400 kPa。

CRH_1 型车辆主制动管路在回送增压时，压缩空气从高压线通过输入流向减压阀（.06）。减压阀设置为 6.0 巴并配有综合止回阀。压缩空气继续流动至电磁阀（.04），此阀在无控制电流时保持关闭。如果电磁阀控制线圈收到电流，阀打开，压缩空气继续流动经过限制堵（.13），直至试验装置（.12）。压缩空气经过输出流向主制动管路直至被回送的车辆以缓解或施加制动。

在供风过程中，压缩空气也供给操纵阀。只要控制线圈从安全环路收到电流，该阀即可保持打开状态。从而将压力供给 .02，并且保持制动管路压力。

如果中断至操纵阀（.08）的控制电流（激活安全环路），阀打开。主制动管路通过 2/2 方向阀排压。

如果压力开关（.05/1 和 05/2）探测到的回送车辆主制动管路压力降至低于 400 kPa，打开安全环路，从而施加紧急制动。

7. 防冰制动

防冰制动可防止列车在低温环境下运行时制动盘结冰。在该制动模式下，列车可对输入到制动盘的能量进行监控，并在有必要保持闸片和制动盘温度的情况下实施空气制动。

CRH_1 型动车组各种制动作用的制动模式见表 5-4。

表 5-4 CRH1 型动车组制动模式一览表

制动模式	启动方式	空气制动	电制动	WSP 车轮防滑保护	载荷补偿
常用制动	1. 制动控制器 2. ATC/ATP 3. 救援回送控制面板 4. 速度控制	激活	1. 被激活 2. 激活 3. 无 4. 被激活	激活	激活
安全制动	1. 司机室按钮 2. ATC/ATP 3. 故障安全回路 4. 列车失效 5. 计算机停止 6. 救援回送控制面板 7. DSD 司机安全设备	激活	无	被激活	机械
紧急制动	制动控制器	激活	激活	激活	机械
乘客紧急制动	乘客紧急制动手柄	激活	激活	激活	机械
保持制动	计算机被激活，处于静止状态	激活	无	不适用	无
停放制动	总风缸压力较低时自动启动或由司机启动	停放制动缸	无	不适用	无
防冰制动	环境温度较低时的计算机功能	被激活	无	不适用	无

5.1.3 制动系统的技术特点、性能和技术规范

1. 技术特点

① 制动装置由 TCMS 控制，TCMS 同每辆车上的 BCU 通信。

② 除停放制动外，制动装置在任何情况下都要根据载荷进行制动。

③ 具有与 ATP 及 LKJ2000 的接口，实施安全制动。

④ 设有 DSD 安全制动装置。

2. 性能

最大重量、平直轨道的条件下，无论是纯空气制动，还是空气制动和再生制动的复合制动：

时速 200 km/h 时，紧急制动距离≤2 000 m；

时速 160 km/h 时，紧急制动距离≤1 400 m。

3. 技术规范

最大急跳限制：0.65 m/s^2；

常用制动：平均减速度 0.80 m/s^2（0 ～ 200 km/h）；

全常用制动（ATC）：平均减速度 0.80 m/s^2（0 ～ 200 km/h）；

紧急制动：平均减速度 0.93 m/s^2（0 ～ 200 km/h ）；

停放制动：在 30 ‰斜面上保持列车不动（全载列车）；

保持制动：在 30 ‰斜面上保持列车不动（全载列车）；

最大超重：约 529 000 kg；

制动应用次数：约 2 s（至 95% 制动缸压力）；

最大黏着系数：0.12；

最大计算黏着系数：0.10。

5.2 CRH1 型动车组电制动系统

5.2.1 系统组成和工作原理

CRH1 型动车组所有动车的每根车轴上都具有电制动，其电制动系统与其他型号的动车组类似，也由受电弓、牵引变压器、牵引变流器及牵引电机组成。

制动时，控制系统将三相异步电动机转换为发电机工作，将列车的动能转变为电能，反馈回电网或变成热能消耗掉。电制动优先使用，以减轻空气制动的负荷，从而减少其机械制动部件的磨耗。电制动不足或失效，可由空气制动系统补足。

5.2.2 制动特性

常用制动时，CRH1 型动车组再生制动力与列车速度的关系见图 5-8。

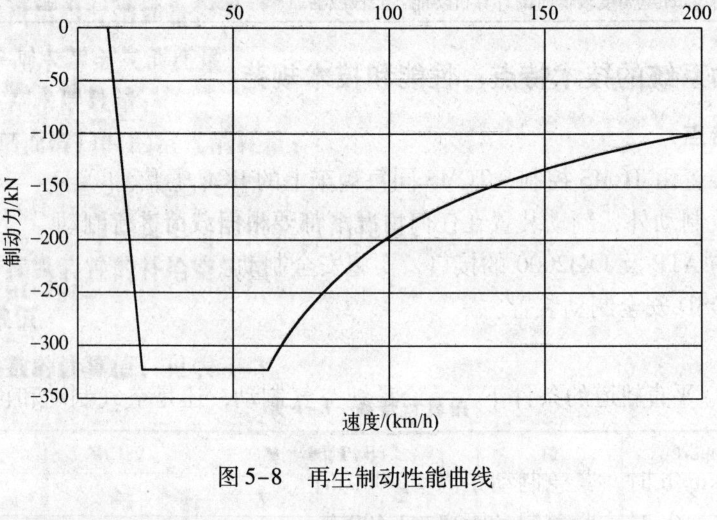

图 5-8　再生制动性能曲线

5.3 CRH1 型动车组空气制动系统

CRH1 型动车组的空气制动系统由压缩空气供给系统、直通式电空制动系统和基础制动装置三大部分组成。

5.3.1 压缩空气供给系统

CRH1 型动车组全列车的压缩空气供给系统主要由 3 台主空气压缩机（Tp 和 Tb 车）、2 台辅助空气压缩机（Tp 车）、总风缸、辅助风缸、空气弹簧风缸，以及一条贯穿全车的总风管和若干条支管、空气干燥装置、空气过滤器、相关辅助设备等组成。这些设备置于车体底架的设备仓内，见图 5-9。

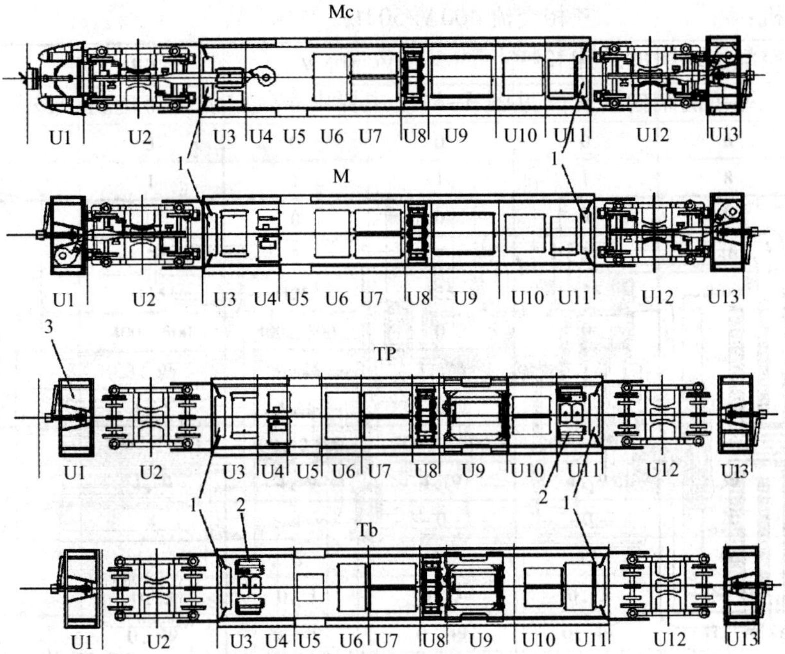

图 5-9　CRH1 型动车组压缩空气供给系统在底架上的布置

1—二系悬挂储风缸；2—主空气压缩机单元；3—辅助空气压缩机单元

1. 主空气压缩机单元

在 CRH1 型动车组中，主空气压缩机单元采用模块化设计，安装在一个框架上（见图 5-10），该单元包括空气压缩机、空气干燥装置、滤油器、管路、辅助设备（如压力传感器、测试装置和安全阀等）和总风缸等设备。

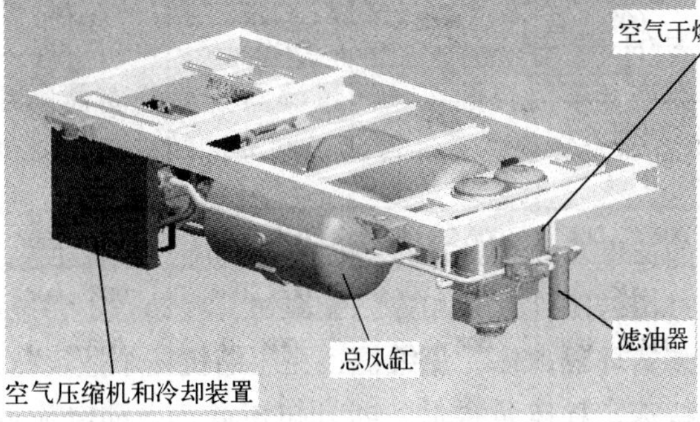

图 5-10　主空气压缩机单元

1）主空气压缩机

（1）主空气压缩机主要技术参数

型号：　　Knorr - Bremse VV120，W 型三缸机；

供风量：　　920 L/min；

工作压力：　　0 ～ 1000 kPa；

驱动电机：　　　　　三相交流 400 V/50 Hz。

（2）主空气压缩机的结构和特点

主空气压缩机的结构示意图见图 5-11。主要由空气过滤器、电机、冷却器、气缸等组成。

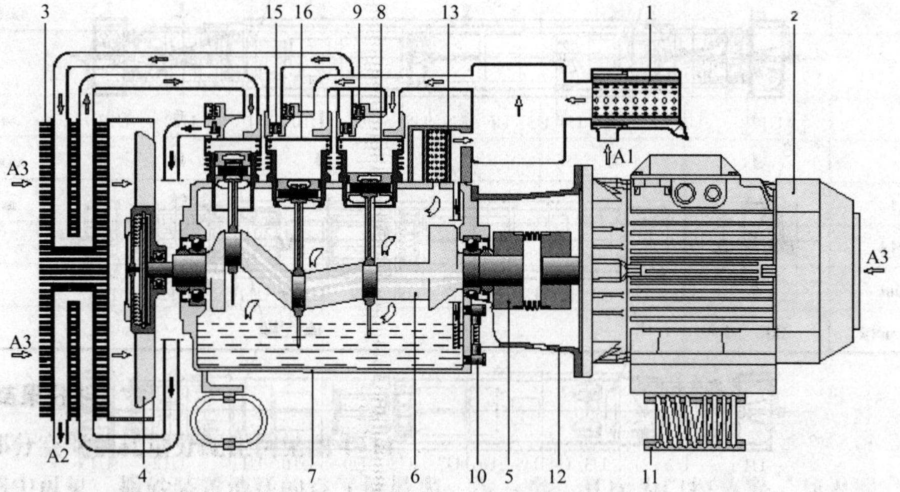

图 5-11　主空气压缩机机结构示意图

1—空气过滤器；2—电机；3—冷却器；4—风扇轮 + 黏液耦合；5—真空管接头；6—曲柄；7—曲轴箱；8—气缸；9—安全阀；10—油标尺管；11—弹簧件；12—中轮圆；13—集油器；15—输出阀；16—吸入阀；A1—进气；A2—出气；A3—冷却气

VV120 型空气压缩机具有如下特点：

① 2 级压缩 W 型 3 缸装置，轴向尺寸极短，使所有缸的冷却效果最佳；

② 自承重、法兰安装的电机—压缩机机组，无须附加框架；压缩机和电机组装时不用排成一线，重量轻，安装空间小；

③ 声压水平低，仅为 64 dB（A）/4.6 m，76 dB（A）/1.0 m；

④ 闭路飞溅—润滑类型，不需要油泵、油过滤器或油分离器；不需要油管道；无曲轴箱通风（闭路）；无油溢到大气层；无油污染；润滑油消耗极低；两次换油之间不需要重加油（每年仅一次）；

⑤ 温控冷却器风扇的速度，对各种运行条件适应性强，结冰或卡住都不会损坏风扇；

⑥ 电机和压缩机通过扭转刚性气囊相连，无旋转、振动，不需要维护；

⑦ 压缩机安装使用弹簧环隔离体，免维护，在压缩机整个速度范围内无共振；

⑧ 压缩机传动装置特殊，耗电量很低，断开扭矩低，启动电流低，即使在低温下也能正常启动。

（3）主空气压缩机工作原理

压缩机在低压阶段用两个气缸，在高压阶段用一个气缸，分两个阶段工作。被吸入低压气缸的空气先由一个干式空气过滤器进行过滤，当它被预压缩之后，再通过一个冷热气自动调节机将冷却的空气送至高压气缸进一步压缩到最终水平。高压阶段二次冷却下来的气流再次冷却压缩空气。

当总风缸压力低于 850 kPa，压缩机开始工作。当压力高于 1 000 kPa 时，压缩机停止工作。列车刚启动时，所有的压缩机同时运行，以在尽可能短的时间内满足车辆对压缩空气的需求。在动车组正常运行过程中，只有一个压缩机处于工作状态。但是如果压力低于 850 kPa，则第二台压缩机开始工作，如果压力进一步降到 700 kPa，第三台压缩机也将启动。通过这种方法，实现压缩机的最佳工作状态。

如果总风缸压力降低到 700 kPa 以下，司机就会收到一个低压警告信号。总风缸压力在 600 kPa 时，由于系统压力过低，将实施紧急制动。在回送状态下，激发紧急制动的设定压力为 400 kPa。

压缩空气在压缩机中经过压缩和冷却，通过软管到达空气干燥装置。压缩空气也可以通过外部空气连接装置提供，然后也通过空气干燥装置进行干燥处理。这样压缩空气的质量能够始终得到保证，不受气源的影响。

空气干燥装置将压缩空气中的水蒸气吸收，列车的空气系统中就不会产生冷凝水。空气干燥装置是带电加热装置，以保证低温下的双塔空气干燥装置能正常工作。干燥和再生在两个塔内同时进行。当主风气流在一个干燥塔内干燥时，另外一个干燥塔内干燥剂得到再生。干燥塔由一个空气干燥单元的集成循环计数器控制，在干燥与再生之间转换。循环计数器只有在电动压缩机工作或者外接风源开关被打开的情况下工作。空气干燥装置在两个干燥塔上也有压力开关，用以监控转换周期。

出口处微孔网状油过滤器能将干燥的压缩空气中的油悬浮微粒和固体杂质减少到较低水平。在微孔网状油过滤器之上的安全阀保护气路系统中出口处的部件。

2）空气干燥装置

空气干燥装置用于吸收压缩空气中的水分，改善空气质量，以满足用气装置的要求。空气干燥装置也采用预组装模块设计，在底架组装时可整体进行安装，空气干燥机单元组装示意图见图 5-12。设备安装时部件位于一侧易于接触处，这样既可保证压缩机和干燥装置之间有适当的距离，又可以确保空气干燥塔和过滤器方便拆卸。

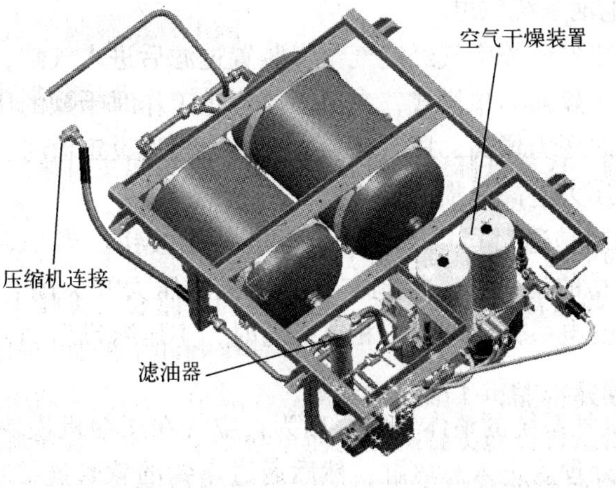

图 5-12　空气干燥机单元组装示意图

CRH1 型动车组中使用的双塔式空气干燥装置与 CRH5 型动车组的相同，其主要技术参数为：采用 110 V 电源；每个干燥—再生周期为 2 min；功率为 14 W；出口最大相对湿度为 35 %。

在空气干燥机单元内装配有与细网过滤器（微孔网状过滤器）相配套的油分离器，安装细网过滤器目的是保护制动系统不受来自铝硅酸盐的灰尘侵入，并且在空气干燥器失效的情况下也可作为滤水器使用。

2. 辅助空气压缩机单元

辅助空气压缩机单元（简称辅助压缩机）的功能是在总风压力太低时给受电弓的起升提供压缩空气，保证动车组接受电网供电。辅助空气压缩机采用模块化设计（见图5-13），包括压缩机、空气干燥装置、滤油器和管路等设备。

图5-13　辅助空气压缩机模块化设计

辅助空气压缩机采用Knorr公司的LP115型单活塞式压缩机，供气量为70 L/min，工作压力为0～700 kPa；由直流电机驱动，电机工作输入电压110 V；安装在Tp车转向架外的底架里，并设置一个25 L的风缸，以满足升起受电弓所需的供气要求。辅助压缩机由CRH_1型动车组的蓄电池系统供电。

从空气压缩机输出的压缩空气经空气干燥装置过滤后进入气缸，气路上设有安全阀对设备进行保护。空气干燥器为单塔式，在压缩机停止工作时干燥的压缩空气通过空气干燥器进行再生。当主系统压力增高，压力开关显示压力超过设定值时，辅助压缩机停机，以避免单元中的部件因压力过高受损。

辅助压缩机的控制是通过司机室控制台上的一个按钮。当TCMS（司机控制台可看到）接收到升高受电弓的请求时，控制空气压缩机的压力开关闭合，空气压缩机开始工作，受电弓升起。当受电弓升起并与三相电接通时，主压缩机启动，原来用于升弓的压缩空气排出。

CRH_1型动车组供气系统的整体气路原理为：空气在压缩机模块、空气干燥模块中经过压缩、干燥和净化处理后进入总风缸，然后通过车钩的软管连接贯通全列车的总风管，从总风缸被送到用气设备。救援/回送时，可由救援机车通过自动车钩向列车供气。车辆静止时，外部气源可通过列车上设置的外部供气口向动车组供气。主压缩机压力在850～1 000 kPa之间，总风管压力为750～900 kPa（救援/回送时为600 kPa）。

5.3.2 直通式电空制动系统

CRH1 型动车组的直通式电空制动系统工作原理与 CRH5 型动车组直通式电空制动工作原理类似，其设计参数如下。

① 常用制动最大减速度：≤0.8 m/s^2；

② 升压时间：3 ~ 5 s；

③ 缓解时间：6 ~ 10 s；

④ 供电电压：DC 110 V；

⑤ 外形尺寸（制动模块）：2 100 mm × 750 mm × 650 mm；

⑥ 重量（制动模块）：200 kg；

⑦ 最高运行速度：200 km/h。

5.3.3 基础制动装置

1. 基础制动装置的构成

基础制动装置的构成见图 5-14 和图 5-15。CRH1 型动车组的基础制动装置由安装在动车转向架上的轮盘、安装在拖车转向架上的轴盘和制动夹钳等装置组成。动车上的轮盘式制动单元每个车轮 2 套，拖车上的轴盘式制动单元每轴 3 套。动车和拖车上的制动夹钳装置分别为 RZS 和 WZK 型紧凑式制动夹钳。此外，每辆动车有三个制动单元还装有弹簧停放制动装置，拖车无停车制动装置。

图 5-14 动车转向架的盘形制动装置的构成

图 5-15 拖车转向架的盘形制动装置的构成

动车制动盘和制动卡钳装置见图 5-16。

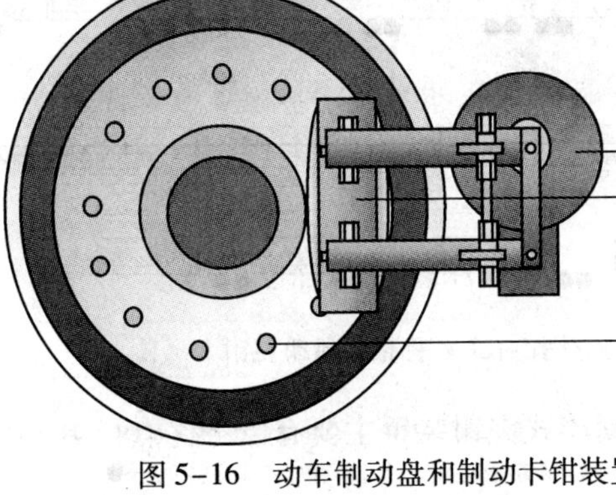

图 5-16 动车制动盘和制动卡钳装置

动车制动盘外径为750 mm，每个转向架的4副制动盘分别由12个固定螺钉和6个剪切销固定在车轮两边。轴装制动盘更换方便，无需特殊工具。CRH_1 型动车组动车和拖车的制动盘都由灰铸铁制成，制动盘上的热应力小。

2. 制动盘

制动盘应不呈波浪形，无圆锥形变形，要避免导致制动盘过早出现裂纹的“热点”，制动盘安装要防止螺栓松动，保持制动性能；要绝对保证制动盘的使用安全，避免过长的裂纹引起制动盘掉块。

轴装制动盘更换摩擦环方便，无需特殊工具，节省成本；制动盘上热应力小；高度安全，能避免摩擦环掉块。

3. 夹钳单元

CRH_1 型动车组基础制动装置使用的紧凑式制动夹钳（见图5-17）。

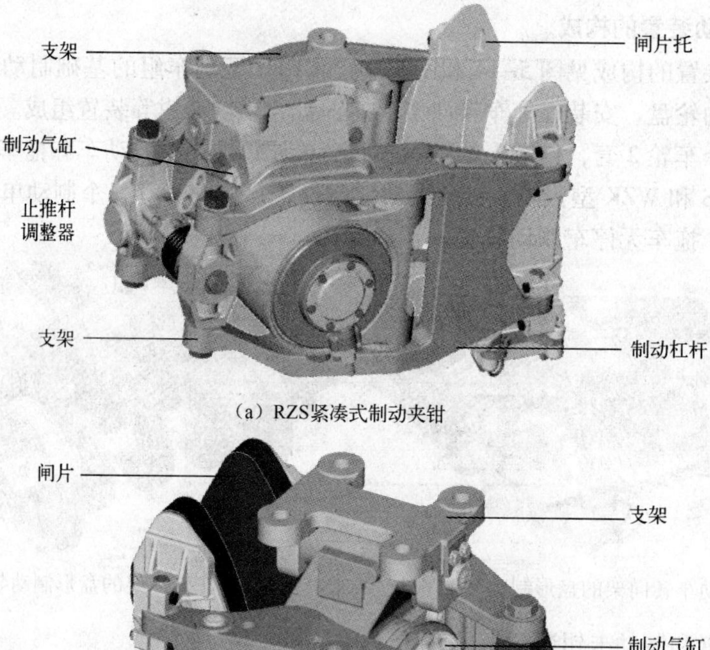

（a）RZS紧凑式制动夹钳

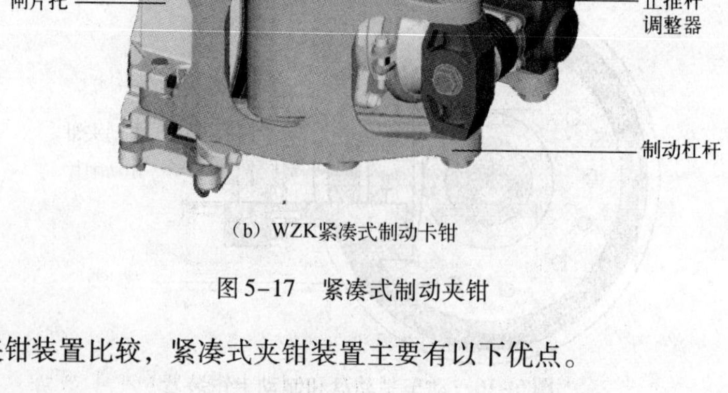

（b）WZK紧凑式制动卡钳

图5-17　紧凑式制动夹钳

与传统的夹钳装置比较，紧凑式夹钳装置主要有以下优点。

1）采用模块化设计

模块化的设计使得紧凑式夹钳装置的结构紧凑，空间占用少，且安装方便。

2）寿命周期成本（LCC）低

传统的夹钳装置的 LCC 为 100 %，而紧凑式夹钳装置仅为 90 %；较低的 LCC 提高了紧凑式夹钳装置的效率：传统的夹钳装置的效率为 95% ~ 90%，紧凑式夹钳装置为 97%（常数）。

3）重量轻

紧凑式夹钳装置的尺寸小，重量轻，减轻了列车自重；每个夹钳减轻自重约 30 kg，一台有 6 个夹钳的转向架可减轻 118 kg。

4）列车运行过程中横移小

减小列车运行过程中的横向位移量，增强了列车运行的稳定性。

此外，紧凑式制动夹钳的优点还有运用过程中运动轻便，噪声低，空气消耗量少，改善了冬季的运用条件等。

5.4 CRH1 型动车组防滑装置

5.4.1 系统组成

CRH1 型动车组的防滑装置包括再生制动防滑系统和空气制动防滑系统，二者都由速度传感器、测速装置和车轮防滑保护（WSP）控制模块组成。无论是电制动还是空气制动的防滑保护，都为轴控制。

5.4.2 工作原理

所有列车的最大制动力都在一个很小的速度范围内出现，蠕滑率达到 2% ~ 3% 时制动力达到最大值。若车速是 100 km/h，为达到最大制动力，轮缘速度为 98 km/h。车轮防滑保护装置通过解读分别来自每个车轴的速度信号和制动力，以制动力最大时的轮缘速度为控制防滑的临界速度，施加或缓解制动，使得对黏着的利用达到最佳，保持最大的制动力。

再生制动防滑系统通过解读惯性数据来实现每个车轮的防滑作用。

空气制动防滑系统则是通过解读每个制动缸内的压力。防滑控制模块记忆第一次出现滑行时制动缸内的空气压力值，并立刻向车辆制动控制单元（BCU）给出一个低于该值的新的压力值，当车轮重新回到旋转状态时，只要还能进行稳定的制动就继续向 BCU 发指令，增加制动缸压力；反之亦然。以此实现瞬间的压力优化，从而达到防滑保护的目的。这样，既能保持尽可能大的制动力，又可以达到控制列车滑行的目的。

再生制动防滑保护系统和空气制动防滑保护系统之间的连锁通过列车控制与管理系统（TCMS）实现。当再生制动系统使用率低时，就关闭再生制动防滑保护，防滑控制完全靠空气制动的防滑系统完成。

5.5　CRH1 型动车组制动控制系统

5.5.1　系统组成

CRH1 型动车组采用的是再生制动和直通式电空制动组成的复合制动系统，其控制系统主要由制动信号发生与传输部分、微机制动控制单元（MBCU）、空气制动控制单元（PBCU）、备用制动控制系统等部分组成。核心是设置在动车组所有转向架上的车辆制动控制单元（BCU）中的制动计算机。制动模块的主要部件见图 5-18。

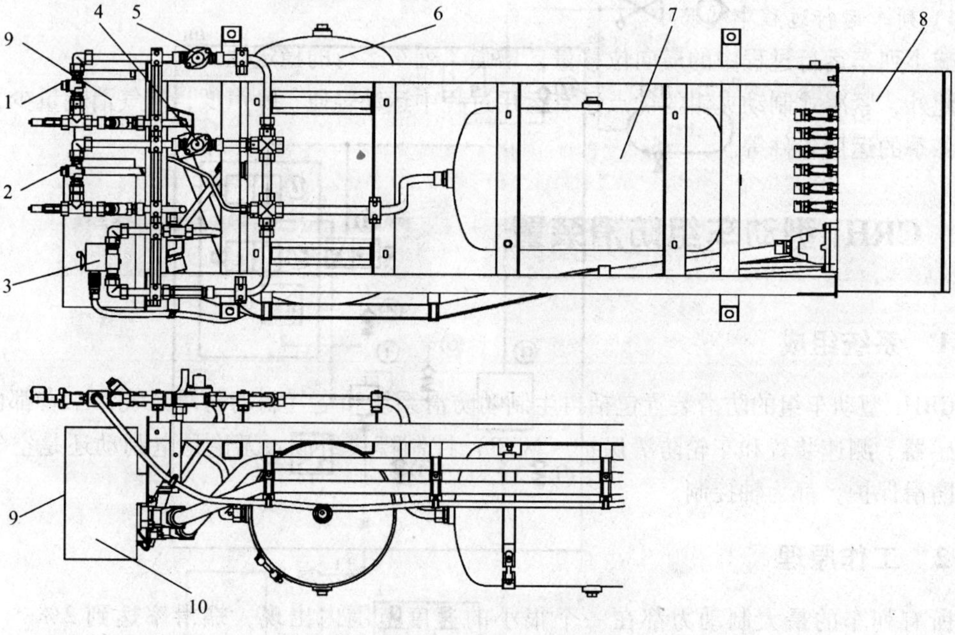

图 5-18　制动模块的主要部件

1，2—球形塞门；3—制动截断塞门；4，5—溢流阀；6—制动风缸；7—总风缸；8—制动控制箱（含制动计算机）；9—停车制动控制板；10—制动控制板

1. 制动信号发生与传输部分

制动信号发生与传输部分的主要任务是产生制动信号，并将该信号传递到各车辆的 MBCU 或 PBCU，主要由司机室内的制动控制器、制动信号调制器及其信号传输线、非常制动和强迫缓解控制线，以及停放制动控制线等组成。

2. 微机制动控制单元（MBCU）

MBCU 是各车辆制动控制系统的关键部件，它主要具有如下功能：

① 接受列车计算机网络和制动信号发生与传输部分发出的制动指令等信息；

② 根据列车运行速度及车辆载重，将制动指令转换成所需要的制动力值；

③ 按再生制动优先的原则进行电空复合制动的控制；

④ 自动检测车辆制动系统状态，记录并显示故障信息，并将有关信息向列车计算机网络报告；

⑤ 对防滑装置进行控制，并向列车计算机网络报告相关信息。

3. 空气制动控制单元（PBCU）

PBCU 主要由气动阀、压力传感器等组成，它与 MBCU 一起构成对直通式电空制动系统制动缸压力的控制。

5.5.2 气路原理

1. 整体气路原理

CRH_1 型动车组空气系统气路整体概况见图 5-19。空气在三个供风模块（压缩机模块、空气干燥模块和制动模块）中经过压缩、干燥和净化处理后被存入主风缸，压缩空气再通过车钩的软管连接，通过贯通整列车的主风缸管路从主风缸配送到用风装置。救援回送时，可以由救援车通过自动车钩向车辆供气。车辆静止时，外部气源可以通过列车上设置的外部供气入口向车辆供气。

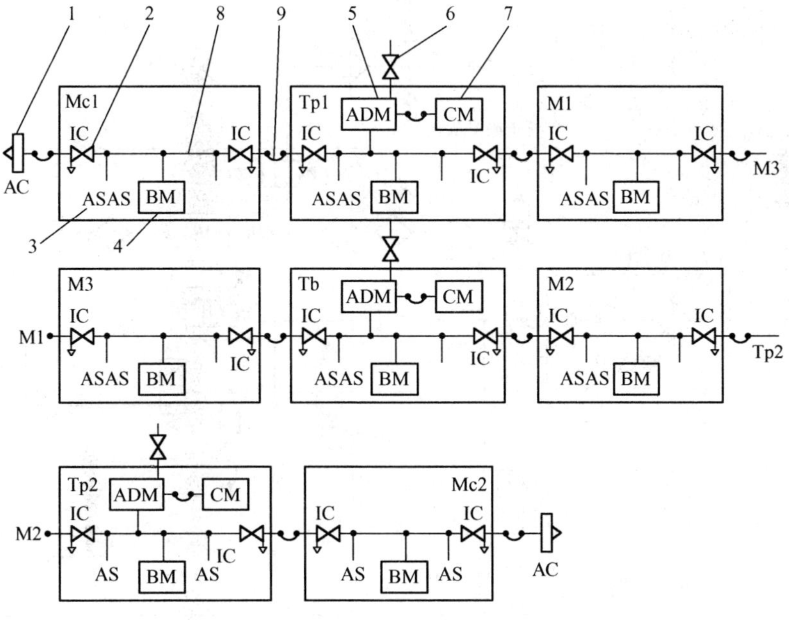

图 5-19 CRH_1 型动车组空气系统气路整体概况

1—自动车钩；2—排风截断塞门；3—空气悬挂系统；4—制动模块；5—空气干燥模块；6—外部供风口（截断塞门）；7—压缩机模块；8—主风缸管路；9—软管

2. 主供风模块气路原理

主供风模块气路原理见图 5-20。主供风模块气路由主空压机气路模块、空气干燥气路模块、储风缸模块和空气供给气路模块组成；新鲜空气过滤后被吸入压缩机中，经过压缩和冷却，再通过软管到达空气干燥器；压缩空气也可以通过外部空气连接装置提供，然后通过空气干燥器。这样压缩空气的质量能够始终得到保证，并不受气源的影响；空气干燥器吸收压缩空气中的水蒸气。这样，列车的气路系统中不会产生冷凝物；空气干燥器带加热装置，以满足低温时双塔吸收式干燥器的工作；压缩空气的干燥和再生是两个平行进行的阶段。主风气流在一个干燥塔内干燥，而在另外一个干燥塔内的干燥剂中得到再生。干燥塔有一个空气干燥单元的集成循环计数器，控制压缩空气在干燥与再生之间转换。循环计数器只有在电动压缩机或者外部开关被激活的情况下工作。空气干燥器在 2 个干燥塔上也有压力开关，以确保监控转换周期；出口处微孔网状油过滤器能将干燥的压缩空气中的油悬浮微粒和固体杂质减少到较低水平。在微孔网状油过滤器之上的安全阀保护气路系统中的出口处的部件；最后压缩空气储存在两个容量为 75 L 的储风缸内；气路系统中设置有空气压力传感器，控制电动压缩机的“开/停”。这样就可以始终保持储风缸内的压缩空气压力值，满足风动装置的用风要求。

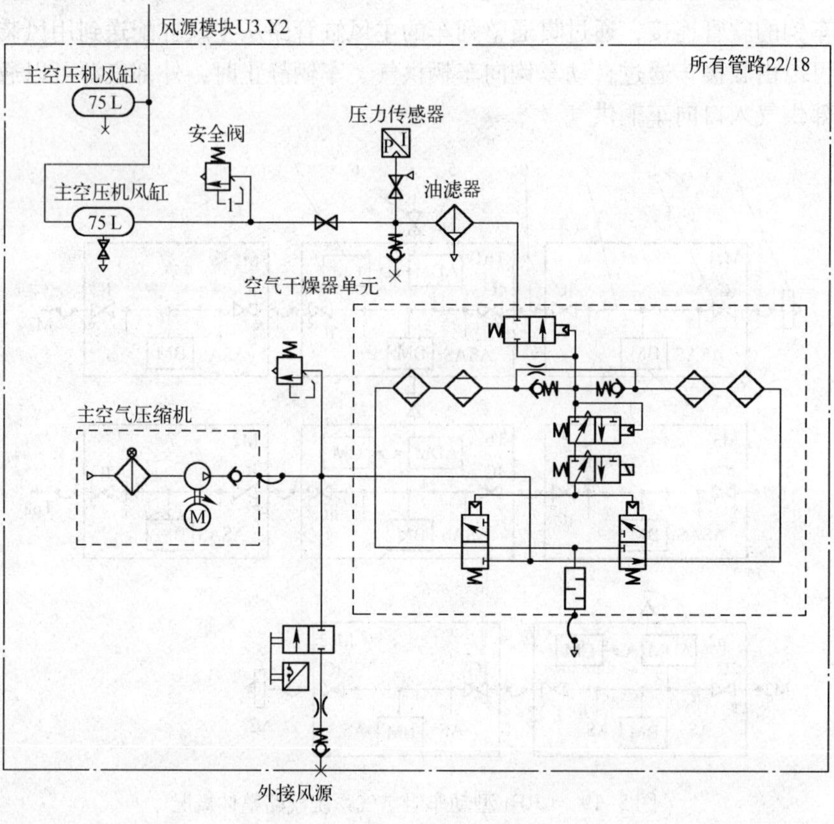

图 5-20　主供风模块气路原理图

3. 辅助压缩机气路原理

辅助压缩机为单活塞压缩机，气体经压缩机压缩后进入干燥型空气过滤器过滤，再通过管路连接到空气干燥器，经过空气干燥器干燥后储存到一个 25 L 的风缸里。气路中设置有安全阀，当压力开关显示压力超过设定值时，电动压缩机将自动停止工作，以保护单元部件不受高压的损害，辅助压缩机气路原理见图 5-21。

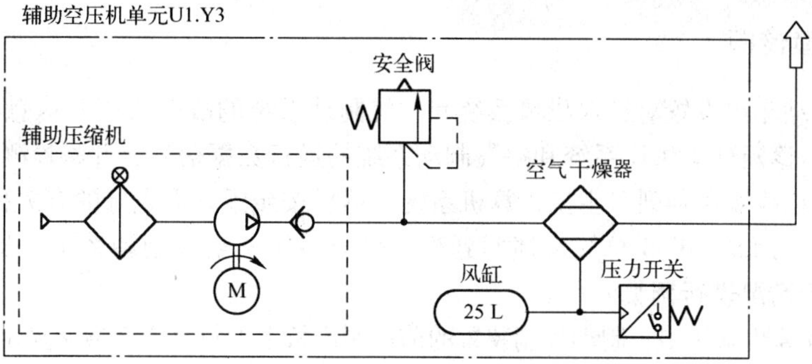

图 5-21 辅助压缩机气路原理图

4. 拖车制动模块气路原理

拖车制动模块气路原理见图 5-22。主风缸管路压缩空气进入拖车制动模块并向以下部件供风。

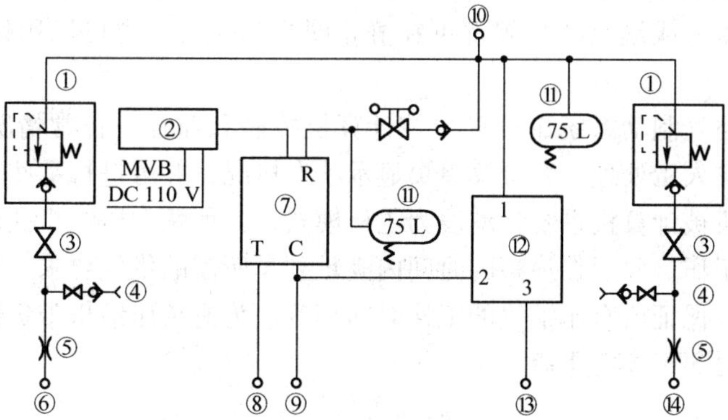

图 5-22 拖车制动模块气路原理图

①—溢流阀；②—制动计算机；③—截断塞门，空气悬挂；④—试验装置，空气悬挂；⑤—限制堵，2.5 mm；⑥—向转向架 A 的空气弹簧系统供风；⑦—制动控制板；⑧—由空气弹簧平均阀供风；⑨—向防滑阀供风；⑩—由主风缸管路供风；⑪—风缸，75 L；⑫—停车制动控制板（仅限动车转向架）；⑬—向停车制动卡钳供风；⑭—向转向架 B 的空气弹簧系统供风

1）向空气悬挂供风

① 溢流阀，每个转向架各一个，由主风缸管路供风。只有当压力超过 670 kPa 时，溢流阀才开启；小于该压力时溢流阀保持关闭。通过减少容量要求，使主供风压力得以快速提升。

② 截断塞门用于将空气悬挂系统的充风管路开通或切断，测试接口可用于人工测量气压。

③ 经过限制堵之后，供风分支向外连接到位于转向架（转向架 A 的 U3 和转向架 B 的 U11）上的高度控制阀上。高度控制阀通过感应每个转向架的行车高度控制向转向架空气悬挂的供风。如果空气弹簧太低，阀打开进行充气。

2）向制动控制模块供风

① 压缩空气由止回阀和截断塞门控制。该塞门用于切断常用制动的供风，止回阀用于在主风缸管路压力突然降低时防止制动风缸的压力空气倒流，以满足制动的用风需求。

② 制动风缸内的压力空气仅用于制动。

③ 制动控制板供风通过进风口 R。

5.5.3 故障诊断

CRH_1 型动车组设置有针对供风系统和空气制动系统的故障诊断及信息处理系统，可以自动检测、诊断列车供风系统和空气制动系统的运行数据信号，并将检测、诊断结果信息通过 MVB 总线输送到列车主控计算机系统，然后按照预先设置好的有关程序进行处理，处理结果指令再通过 MVB 总线反馈回到列车供风系统和空气制动系统，及时排除故障，或者对其运行情况进行调整处理。

在主控计算机系统中，制动控制装置的前控制面板上的符号文字数字显示器显示每个不允许发生的故障事件的代码。这些故障事件代码保存在一个永久性存储器内，也可以显示在服务终端上。这些详细信息被发送到 MVB 总线。制动控制装置在一个主板上，有 RS232 系列接口（9-芯 Sub-D 凹形连接器）和一个人机接口（MMI），该接口用于执行服务终端功能，用于调试、维修及排除故障，但是，不可用于操作车辆。重要的制动控制运行数据可记录在一个标准的笔记本电脑（Windows 2000/XP/NT 4.0）内，此电脑配备一个终端程序。任何指定的控制压力或继电器位置都可在静止时预先设定，也可以用代码列出故障诊断报告。

供风系统和空气制动系统由列车主控计算机控制和监控。正常情况下，系统自动工作，无须进行特殊人工处理。系统菜单页显示状态概况，并可进行某些功能控制。列车启动时，一个压缩机被计算机系统自动设为主机模式，其他两个压缩机被设为从属模式。所有的压缩机同时工作，以便在最短的时间内满足列车所需的供气要求。列车每次启动时轮流更换主压缩机，保证所有压缩机的工作时间相等。为避免压缩机带负载启动，压缩机停止工作后，须延时 30 s 才能重启。

1. 启动

当列车启动时，主断路器闭合，辅助三相电源正常，所有压缩机启动，管路和储风缸内的压力上升，在达到 1 000 kPa 时停止工作，系统会显示压力上升的情况。当主风缸压力低于 600 kPa 时，即实施紧急制动。当主风缸管路的压力高于 600 kPa 时，供风系统可用于正常操作、紧急制动缓解、进入正常制动。

2. 正常操作

正常操作时，压力在 850 kPa 和 1 000 kPa 之间。空气干燥器模块的压力传感器通过列车计算机控制压缩机的启停。如果压力下降到了 850 kPa，主压缩机启动；压力下降到了 800 kPa，第二个压缩机启动；压力继续下降到了 700 kPa，第三个压缩机启动。700 kPa 时，就会出现“主风缸压力低”的警告。当主风缸压力低于 600 kPa 时实施紧急制动，主风缸管路的压力恢复到高于 600 kPa 时，紧急制动缓解。

3. 外部供电情况下的操作

当列车由外部三相电源供电时，因可用电源有限，只能允许一个压缩机工作。若主风缸管路的压力低于 500 kPa，为了能升起受电弓，须启动辅助压缩机，当辅助风缸的压力达到 700 kPa 时，辅助压缩机停止工作。如果控制设备出现故障，可以采用手工按动按钮的方式强迫启动辅助压缩机。

4. 人工控制供风系统

供风系统由列车主控计算机控制和监控。正常情况下，系统自动工作，无须进行特殊人工处理。在必要时，系统菜单页可以帮助实现人工控制供风系统，也可以通过司机室内的电气柜对辅助压缩机进行手工控制。

5.5.4 空气制动与电制动的联锁

CRH_1 型动车组采用的是由再生制动和电制动两部分组成的复合制动系统。CRH_1 型动车组制动优先采用再生制动，电制动作为再生制动的后备与补充。

电制动与再生制动之间的联锁及转换关系由列车信息控制计算机通过控制车辆制动控制单元（BCU）来完成，见图 5-23。当司机通过司机台上的制动控制器发出制动指令时，制动电信号首先传送至列车信息控制计算机，计算机根据列车速度、减速度及轮轨黏着状态，确定再生制动与电制动之间的联锁及制动功率分配关系。

当列车速度降至 7 ～ 10 km/h 以下时，牵引电机的可用功率减小，再生制动的作用减小，在 2 km/h 左右时减到零。为了在低速下得到制动力，随着速度的降低，计算机系统控制车辆制动控制单元（BCU），逐步加入电制动，配合再生制动确保列车所需的制动力，最后全部用电制动取代再生制动。

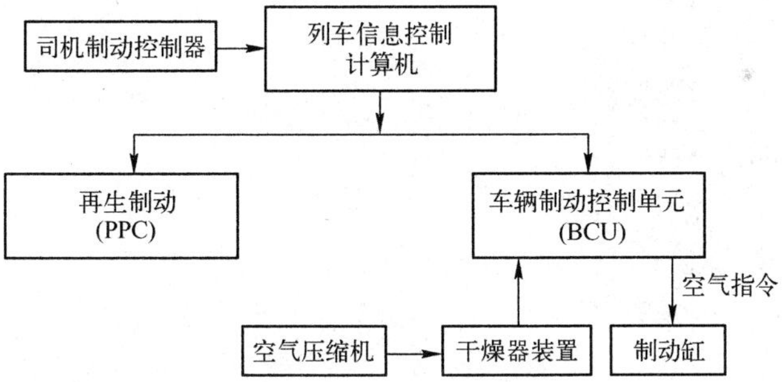

图 5-23　空气制动与电制动的联锁关系图

列车减速和低速时再生制动与空气制动的功率分配比例变化如图 5-24 所示。图中，*A* 点的速度为 2 km/h，*B* 点的速度为 7 ～ 10 km/h。

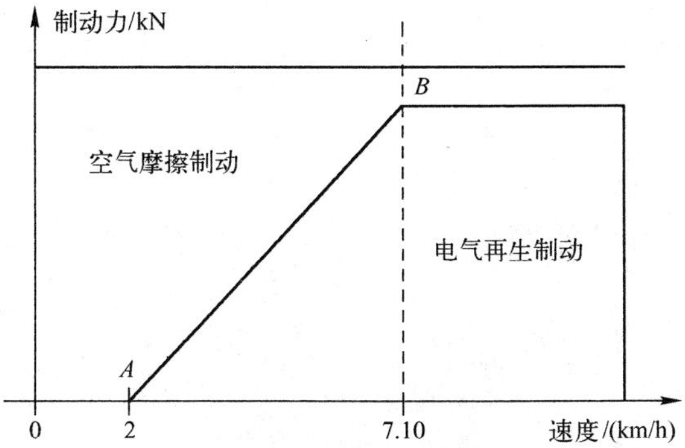

图 5-24　列车减速和低速时制动力的分配

复习思考题

1. CRH_1 型动车组制动系统由哪些部分组成？
2. 简述 CRH_1 型动车组制动系统的技术特点。
3. 简述 CRH_1 型动车组空气制动控制部分的气路原理。
4. 简述 CRH_1 型动车组制动控制系统的原理。

第 6 章　CRH3 型动车组制动系统

6.1　CRH3 型动车组制动系统概述

6.1.1　制动系统的组成

1. 系统配置

CRH3 型动车组主要有再生制动和空气制动两种制动形式。列车制动时，制动控制系统控制车辆的制动装置，车辆的动能转化为电能或热能，保证车辆的安全。

再生制动将车辆的动能转化为电能后反馈回电网，为其他车辆的运行提供能源，降低车辆运营成本；空气制动利用制动缸产生机械力，通过制动盘与闸片的摩擦，动能转化为热能散失到大气中，该制动方式存在机械损耗，运营成本相对较高。

CRH3 型动车组空气制动系统包括直通式电空制动系统、自动式备用空气制动系统、基础制动装置、电子防滑器和压缩空气供给系统等部分，空气制动系统的配置见图 6-1。

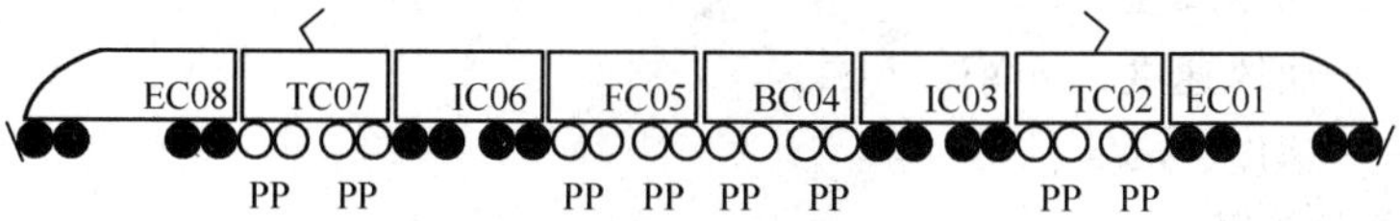

图 6-1　空气制动系统配置图

●—动车轴，2 套轮装制动盘；○—拖车轴，3 套轴装制动盘；
P—停车制动装置；●/—带撒砂装置的动轴

CRH3 型动车组制动系统的直通式电空制动通过列车网络实现制动信号的传递，由制动控制单元（BCU）实现制动力的管理。微机控制的直通式电空制动是车辆的主要制动模式，在利用机车进行救援或回送时，CRH3 型动车组使用备用的自动式空气制动，此种制动模式不依赖于车辆的网络及电气控制，而是通过制动管的压力变化控制车辆制动力的施加和缓解。制动系统的设计遵循“故障—导向安全”原则，为此，CRH3 型动车组列车设有贯通整列车的硬线安全环路，主要有停放制动监测回路、制动不缓解监测回路、转向架监测回路、旅客紧急制动回路、紧急制动回路等，它们与制动控制系统相连，可完成对车辆关键功能及部件状态的监测，以确保车辆的运行安全。

制动系统能实现的基本制动功能包括紧急制动、常用制动、备用的自动式空气制动和停放制动。这些功能通过与制动控制相关的车载控制设备实现，这些设备主要包括中央控制单元（CCU）、牵引控制单元（TCU）及制动控制单元（BCU）。在司机或车辆自动控制系统发出制动指令后，由制动控制单元（BCU）负责控制整车制动力的电空复合方式及制动力的合理分配。

2. 系统设计参数

制动系统的基本设计参数包括车辆重量分布情况、紧急制动距离要求、基础制动的布置情况、运行中的空气阻力及轮轨黏着关系、盘及闸片的热容量情况，具体指标如下。

1）车辆重量

计算制动系统相关参数时，车辆总重量按照如下计算：空车 460 t，重车 536 t（不包括旋转质量）。

2）紧急制动距离

主要计算条件如下：

车轮直径：920 mm；

制动盘直径：轮盘 750 mm，轴盘 640 mm；

平均摩擦半径：轮盘 305 mm，轴盘 251 mm；

$0 < v \leqslant 300$ 时，摩擦系数为 0.34；$v = 0$ 时，摩擦系数为 0.4；

制动初速度为 300 km/h 时，仅有空气制动时制动距离（包括制动响应时间）为 3 800 m。

3）基础制动布置情况

每个动车轴安装 2 个轮装铸钢制动盘 + 粉末冶金闸片 + 电子防滑器；每个拖车轴安装 3 个轴装铸钢制动盘 + 粉末冶金闸片 + 电子防滑器。另外，对应动车轴安装有撒砂装置。

4）空气阻力与轮轨黏着关系

（1）列车阻力公式如下：

$$R(N) = 0.000\,755\,mg + 120.344(v + v_d) + 7.838(v + v_d)^2$$

式中：m——列车质量，kg；

v_d——逆风速度，m/s；

v——速度，m/s。

（2）轮轨黏着关系

平直轨道轮轨黏着系数与速度的关系见图 6-2。

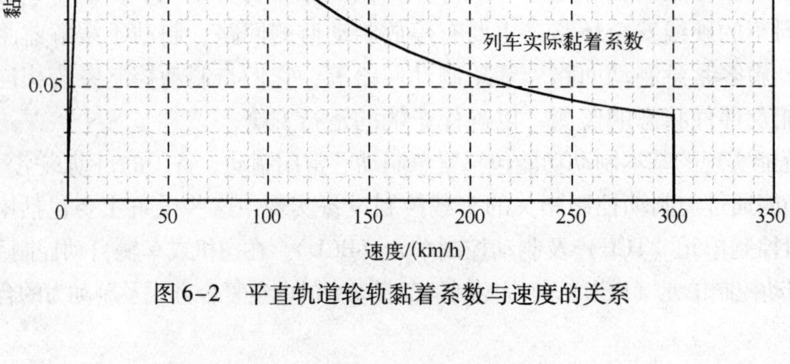

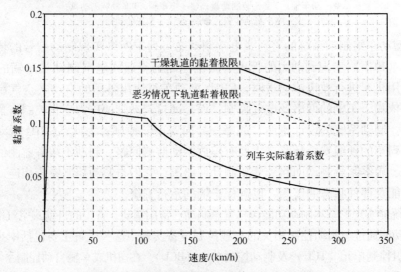

图 6-2 平直轨道轮轨黏着系数与速度的关系

5）盘及闸片的热容量

制动盘的散热能力与两个因素有关，一个是通风散热能力，一个是制动盘的热容量。热容量是系统在某一过程中，温度升高（或降低）1℃所吸收（或放出）的热量，热容量的单位是 J/K（焦耳/开）。如果制动盘温升很快，其物理性能会有很大变化，因此在通风散热能力一定的情况下，尽量保证大的热容量。制动盘的热容量见图 6-3。图中各点是不同制动条件下，对应不同制动功率时制动盘的热量值。

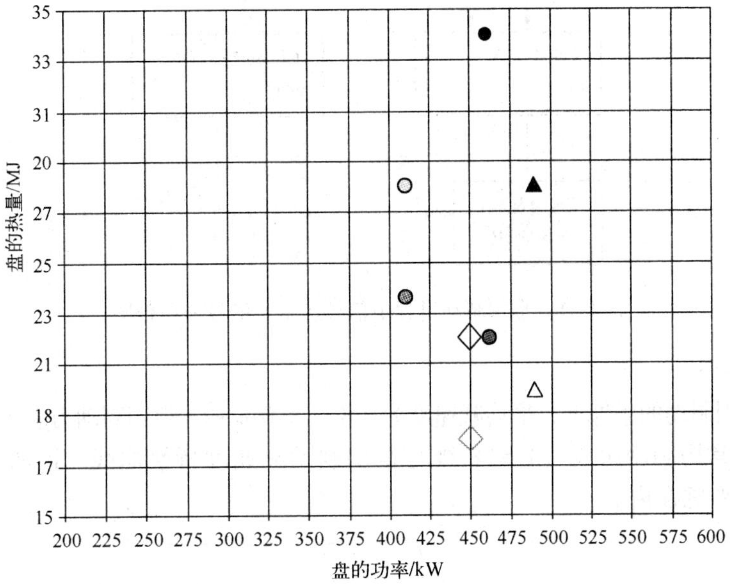

图 6-3　制动盘的热容量

6.1.2　制动作用的种类

1. 常用制动

常用制动时，优先使用无磨耗的电制动，电制动力不足部分由空气制动力补充。

1）常用制动功能

列车正常运行时，司机通过实施常用制动进行车辆调速和到站停车。对于常用制动而言，制动力的设定与制动司控器的扳动角度成比例。

当拉下乘客制动阀时，通过乘客紧急制动环触发最大的常用制动。为避免列车停在不适宜逃生的轨道或（隧道、桥），司机可将制动司控机控制器置于“OC”位，取消乘客最大常用制动请求。

2）常用制动的控制

主操纵端制动控制单元（BCU）收到制动司控器和列车保护系统（ATP）不同级别制动请求后，根据空气弹簧压力转化车辆载重信息，在整列车范围内进行再生制动和电空制动的合理分配。列车主制动控制单元和列车管理系统保证了在制动时制动力不会过大，也保证了列车摩擦制动与负载的合理匹配（即空气制动时磨耗最优化和过热时的保护措施）。

每辆车上制动控制单元（BCU）通过“MVB”读取制动设定值，并通过控制模拟转换器来控制每辆车的制动缸压力。每辆车上“制动应用/缓解”状态被记录，并通过数据总线“MVB”和“WTB”反馈给司机。

常用制动设定值的信号通过车辆数据总线（MVB）和列车总线（WTB）传输，见图6-4。

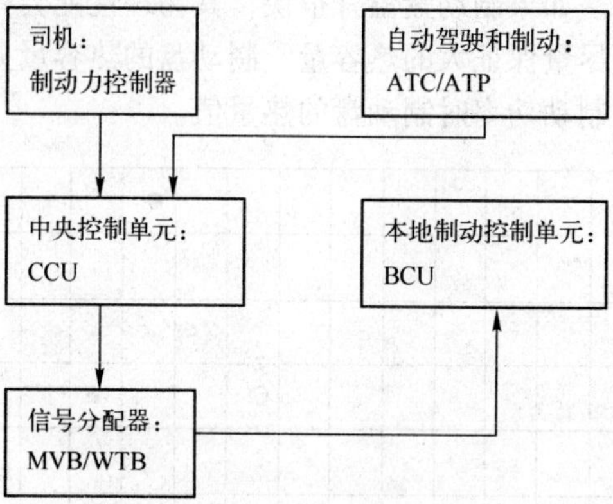

图6-4　常用制动过程中信号产生—信号分布框图

3）制动特性

在最大常用制动的条件下，平均减速度为0.8～1.0m/s^2。常用制动力小于紧急制动力。

图6-5为常用制动阶段（1到8级）常用制动减速度特性曲线。该曲线将运行阻力（标记为F_w）考虑在内。

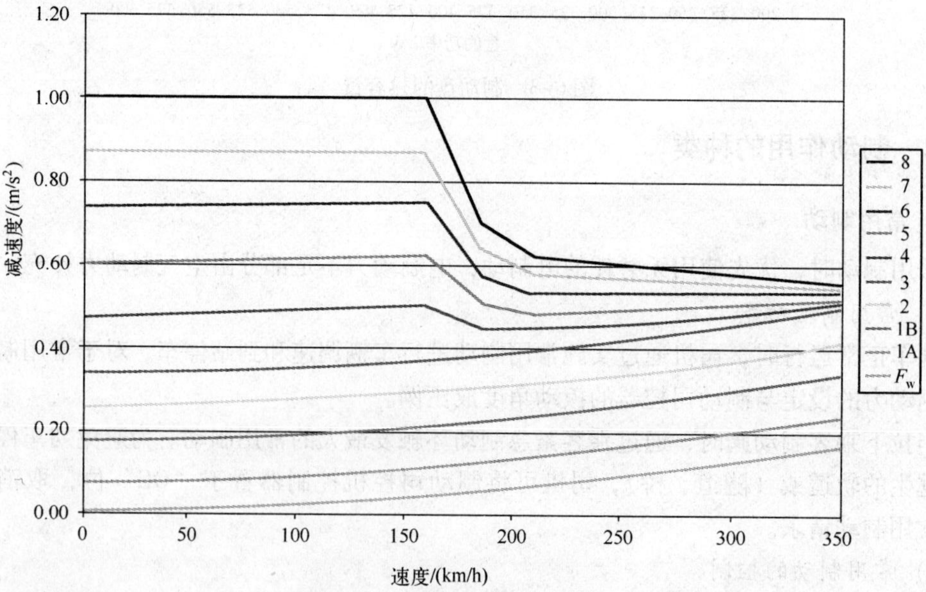

图6-5　常用制动减速特性曲线

2. 紧急制动

1）紧急制动的触发方式

紧急制动存在两种控制模式：空电复合紧急制动或纯空气紧急制动，由制动控制单元

(BCU) 根据实际情况来响应。

通过以下任意方法均可以触发紧急制动：

① 在司机室按下紧急制动排风阀按钮（红色蘑菇按钮）；

② 制动司控器拉到“紧急制动”（EB 位）位置；

③ 列车自动防护系统（ATP）或自动警惕设备（SIFA）触发并优先响应；

④ 列车运行时（$v>5$ km/h），发生了停放制动的意外施加，由停放制动监视回路触发；当转向架的稳定行驶或轴承温度指标超限监测，且施加最大的常用制动功能失效，由转向架监视回路触发。

当紧急制动触发后，切除牵引力，施加电制动和空气制动。另外，车轮防滑系统也予启动。

紧急制动触发后，同时发生以下冗余动作：

① 制动管排风，通过空气分配阀实施备用的空气紧急制动；

② 直通式电空制动的紧急制动电磁阀得电，通过“安全回路状态”列车线控制安装在每辆车上的紧急制动电磁阀得电，实施直通电空紧急制动；

③ 触发最大常用制动。每车 BCU 检测“安全回路状态”列车线，触发直通式电空最大常用制动。

紧急制动触发方式及信号分配框图见图 6-6。

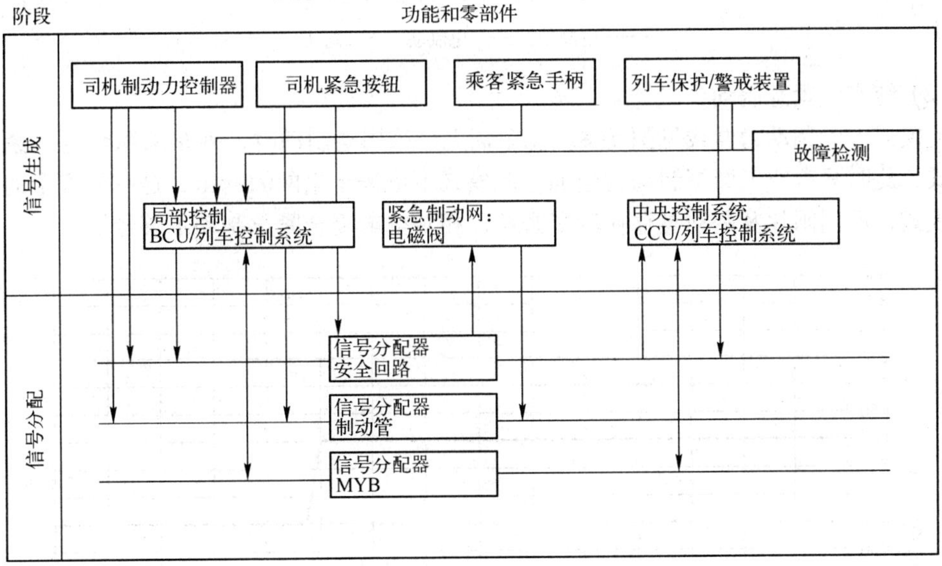

图 6-6　紧急制动触发方式及信号分配框图

2）紧急制动特性

在紧急制动时，可以选择以下模式，这些模式是按照优先级自动选择的，不同模式将产生不同的制动特性。

(1) 电空复合紧急制动

此模式的制动力曲线见图 6-7。这种模式的制动通过再生制动和空气制动的复合实现。因这种制动模式有电制动的施加，减少了摩擦制动的利用率，并能实现能量回收，相对更加经济，是首选制动模式。电空复合方式，在高速段电制动力和空气制动力同时施加，在车速低于 80 km/h 时，再生制动切除，制动力不足部分由空气制动补充。

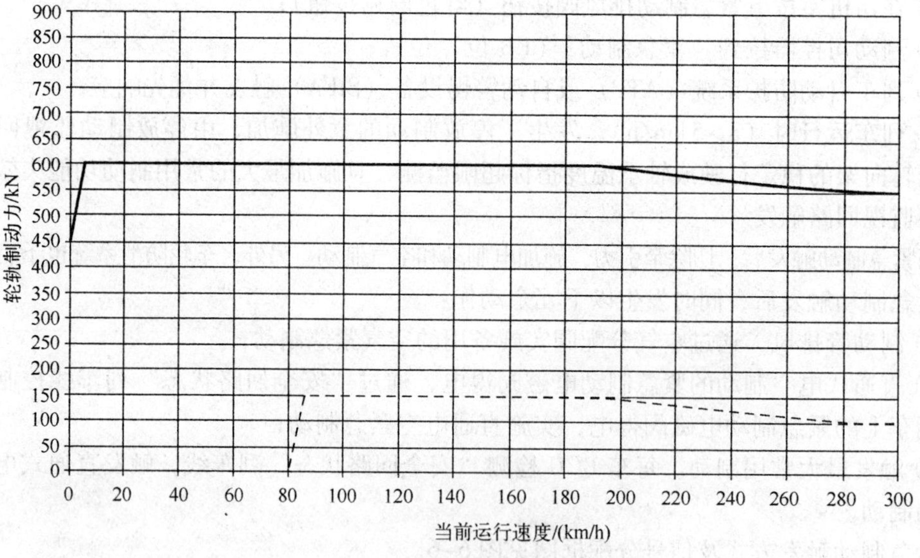

图 6-7　电空复合紧急制动的制动力曲线

——电制动；- - -电制动＋空气制动

（2）纯空气紧急制动

此模式下的制动力曲线见图 6-8。在车辆无法采用电制动时，列车采用纯空气紧急制动模式，此时只有空气摩擦制动力施加，此模式不依赖于电网的网压，是一种安全的紧急制动模式，但因闸片及制动盘存在较多磨耗，相对空电复合紧急制动不够经济。

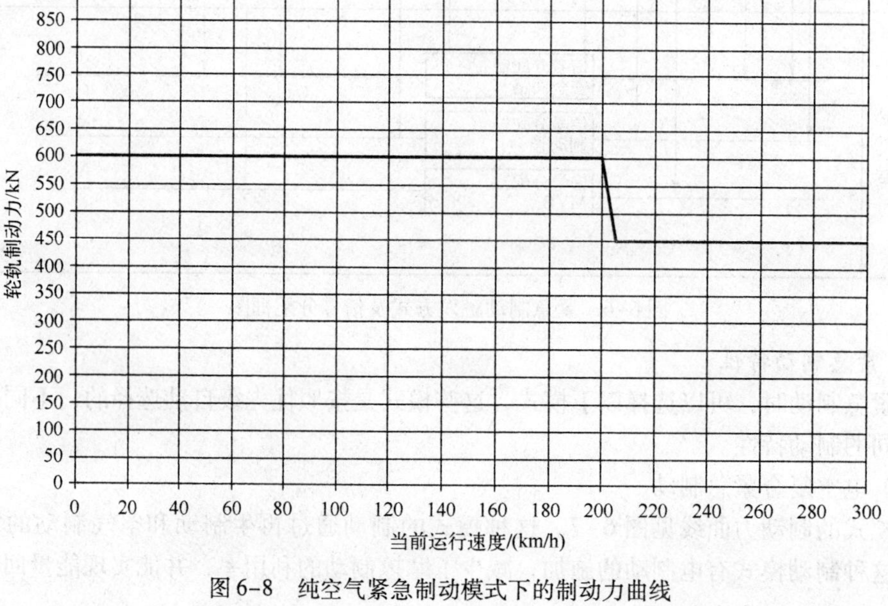

图 6-8　纯空气紧急制动模式下的制动力曲线

3）制动力分级控制

高速列车制动时，车辆的动能转化为制动盘与闸片的摩擦热能，制动盘与闸片的热负荷与速度的平方成正比，为合理分配基础制动装置的热负荷情况，并考虑到高速行驶时轮轨黏着系数的降低，制动力采用分级控制。制动模式下紧急制动减速度曲线见图 6-9。

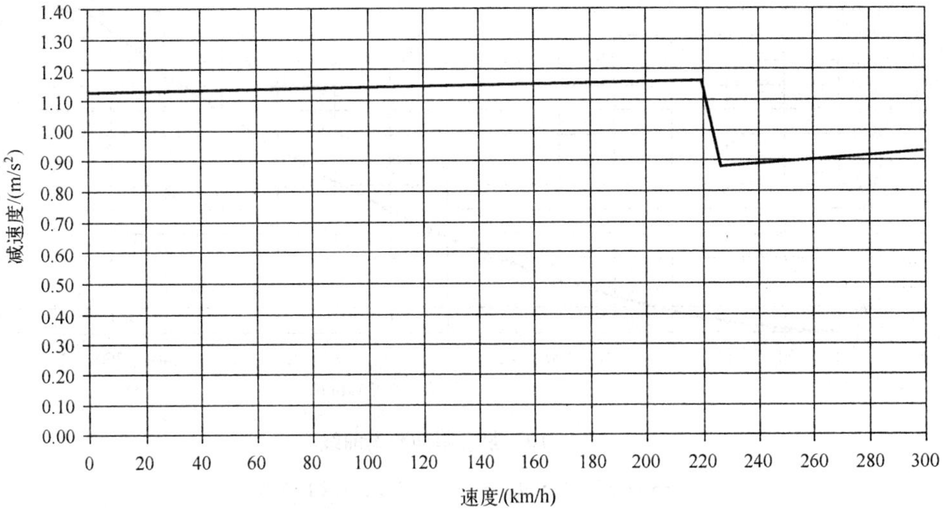

图 6-9　制动模式下紧急制动减速度曲线

由图中可见，制动力分级控制的速度切换点为 200 km/h；$v>200$ km/h 时，制动减速度为 0.9 m/s²，$v<200$ km/h 时，制动减速度为 1.10 m/s²。

4）紧急制动距离

施加紧急制动时，列车产生最大制动力，以达到最大减速度，保证列车在最短距离安全停车。制动距离包括制动空走距离和实制动距离，为缩短制动空走距离，CRH3 型动车组制动响应时间（从发出空气紧急制动命令到制动缸压力达到 90% 的时间）定为 1.5 s。车辆设计紧急制动距离曲线见图 6-10。

5）轮轨黏着系数

列车制动时，车辆的制动力通过轮轨之间的摩擦实现，为减小制动力过大破坏轮轨间的滚动摩擦风险，在车辆设计时，根据轮轨的黏着特性，对制动力进行设计，以优化利用轮轨黏着系数。紧急制动时的轮轨黏着系数曲线见图 6-11。

3. 停放制动

1）停放制动的原理

CRH3 型动车组停放制动设计能力为可满足动车组空车时在最大下坡斜度为 30‰的安全可靠停放。

在停放制动单元缸里，制动力由弹簧力施加，无需任何空气压力。缓解停放制动通过施加压缩空气抵消机械弹簧力实现。为了允许停放制动的紧急缓解，在非动力转向架的两侧提供了金属绳索。通过每车的紧急缓解装置和空气截断塞门能够切除有故障的停放制动。

图 6-12 为停放制动缸分布图，当使用粉末冶金闸片、钢制盘及空车情况下，停放制

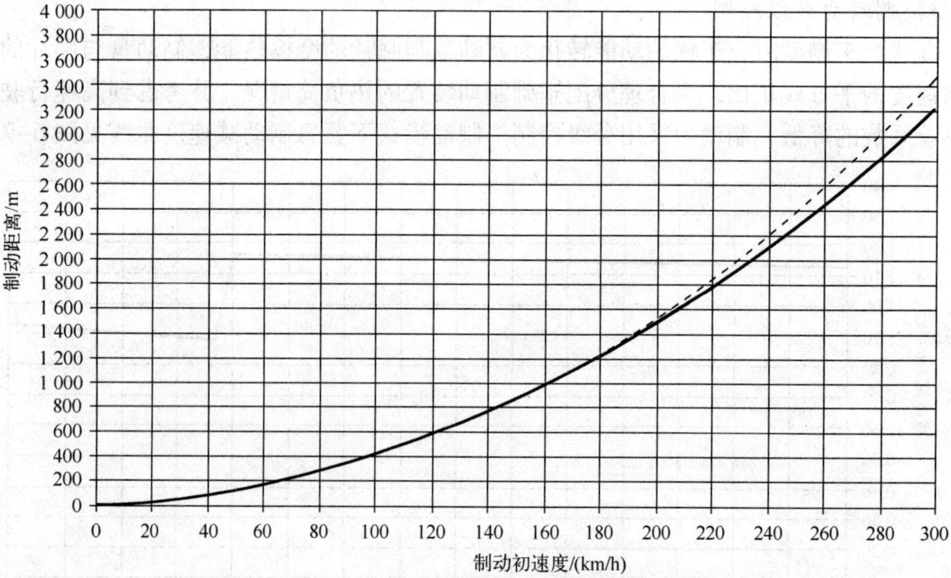

图 6-10　紧急制动距离曲线

——制动模式 R；----制动模式 R + E100%

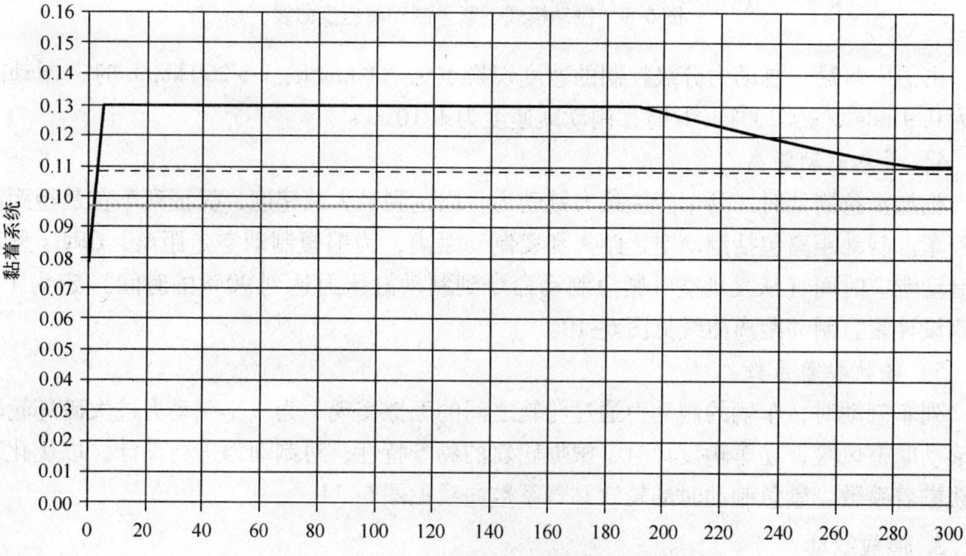

图 6-11　紧急制动时的轮轨黏着系数曲线

——动车电制动的空气制动；---拖车 4，5 的空气制动；——拖车 2，7 的空气制动

动抗溜车安全系数约为 1.2。停放制动的功能和零部件见图 6-13。

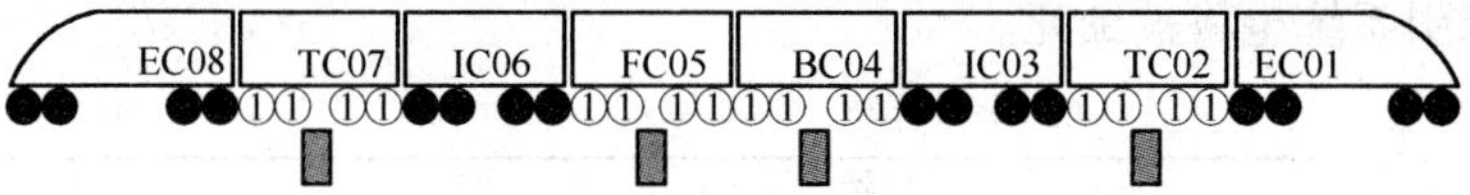

图 6-12　停放制动缸分布图

▇—停放制动的局部电控和气控单元；①——一个轮对的 3 个轴装制动盘中有一个停放制动单元缸；●—装有 2 个轮装制动盘，无停放制动单元缸

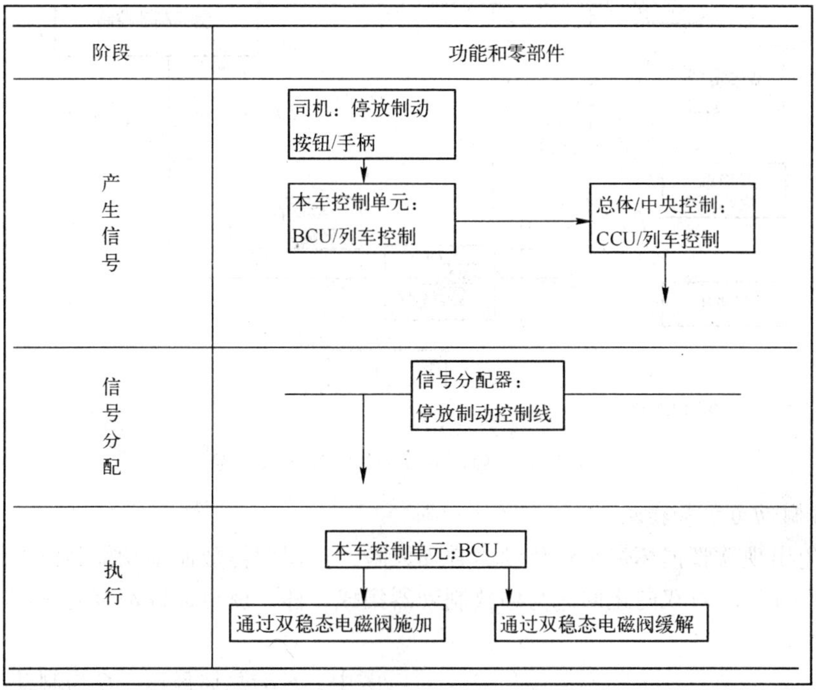

图 6-13　停放制动的功能和零部件图

在控制停放制动时，由司机按钮产生停放制动信号，并直接转换为停放制动控制线的信号。通过这些停放制动控制线将“停放施加”和“停放缓解”信号分配到整列车上的本地制动控制单元。

为缓解停放制动，需激活一个双稳态电磁阀，使弹簧制动缸充风。实施停放制动时，停放制动缸内压缩空气通过电磁阀来排向大气，见图 6-14。

当电源失灵时，双稳态电磁阀保持在最后的作用位置，这就保证了列车在电源故障时，停放制动不会意外发生停放制动的施加和缓解。

当空气制动和停放制动同时使用时，空气制动产生的制动缸压力通过双向止回阀向停放制动单元缸加压。这就使停放制动力将随空气实施的程度而减小，可以预防转向架基础制动装置过载。

停放制动的工作状态通过压力传感器检测，再由“MVB”和“WTB”报告传给司机。在列车运行期间，如果检测到施加了停放制动，为防止制动盘的损坏，BCU 会触发“停放制动监视回路”实施紧急制动。当司机在有停放制动施加的状态启动列车时，BCU 检测到“移动”（非静止）信号，“停放制动监视回路”会被触发实施紧急制动。当紧急制动施加时，牵引系统也将被锁死。

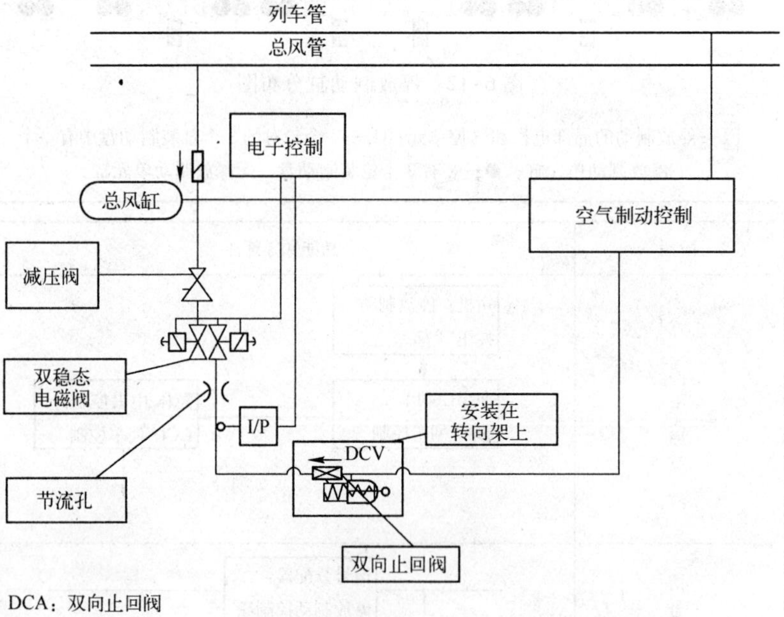

图 6-14 停放制动的控制原理示意图

2）防制动力叠加措施

为避免出现软管损坏带来的制动力叠加风险，可以对停放制动功能部分的结构进行改动（见图6-15），将双向止回阀与停放制动器集成一体，就可以取消双向止回阀与停放单元器间软管。

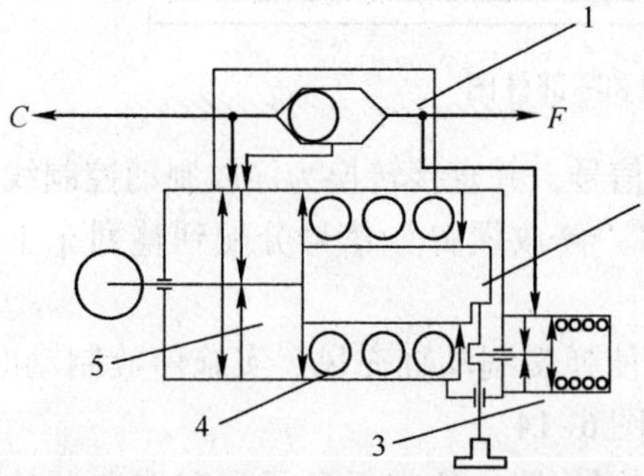

图 6-15 集成后的停放制动器原理图

1—双向止回阀；2—停放制动器活塞；
3—手动缓解索；4—停放制动充气缸；
5—常用制动充气缸

图中，*F* 为总风风压，*C* 为制动缸风压，双向止回阀集成在制动缸体上，停放制动器实现的功能和实现方式与一般停放制动器相同，即具有常用制动功能和停放制动功能。当来自 *F* 或 *C* 处的压缩空气经双向止回阀进入停放制动充气缸时，作用在主弹簧前方的膜板，产生一个与弹簧相抵抗的力，制动缸活塞缩回，停放制动缓解，无停放制动功能。当无总风压力 *F* 和制动管压力 *C* 时，主弹簧会推动制动缸活塞伸出，施加机械制动。只有制动管压力 *C* 时，制动管压力一路经双向止回阀进入单元充气缸与弹簧力相抵抗，另一路直接进入制动缸另一膜板处，使制动缸活塞伸出，直接施加制动力，这样可避免弹簧力与其相互叠加。总风压力 *F* 与制动管压力 *C* 同时存在时，两者在双向止回阀处进行比较，压力大者进入停放制动缸，抵消弹簧力，停放制动缓解。另外，该停放制动缸设有手动缓解索，通过该装置可实施紧急机械缓解停放制动力。

该集成结构中，制动缸压力 *C* 与车体连接至停放制动器采用一根软管，若该软管断裂，则停放制动器无法施加常用制动，因此可有效消除软管破损所带来的制动力叠加，使停放制动更加安全可靠。

4. 备用制动

备用的自动式空气制动是利用制动管压力变化对车辆制动进行控制，主要用于救援和回送。

CRH3 型动车组的备用制动系统为自动式空气制动系统，在电控直通空气制动无法使用时（故障或救援/回送状态）启用。备用制动系统启用后，可通过控制制动管的空气压力，来实现列车的制动和缓解。制动管的空气压力变化可由动车组自身的备用制动控制阀 ZB11—6（C02）或救援/回送机车控制。备用制动启用后，主制动控制手柄的制动控制被切断，电制动也无法使用。

1）备用制动的启用

ZB11—6 司机备用制动控制阀气路原理见图 6-16。电空直通制动正常工作时，截断塞门（C14）关闭，隔离电磁阀（C01.02）得电打开。总风压力只能经减压阀（C01.04）（使输送至制动管的压力降为 600 kPa）、止回阀（C01.03）、打开的隔离电磁阀（C01.02）和节流阀（C01.31）进入制动管；减压阀→备用制动控制阀→截断塞门的通路被切断，即备用制动控制阀 ZB11—6（C02）无法对制动管的压力进行控制，备用制动控制阀处于“隔离”状态。此时，制动管压力保持在规定的缓解压力（600 kPa）以上，不会影响直通式空气制动系统的正常工作。

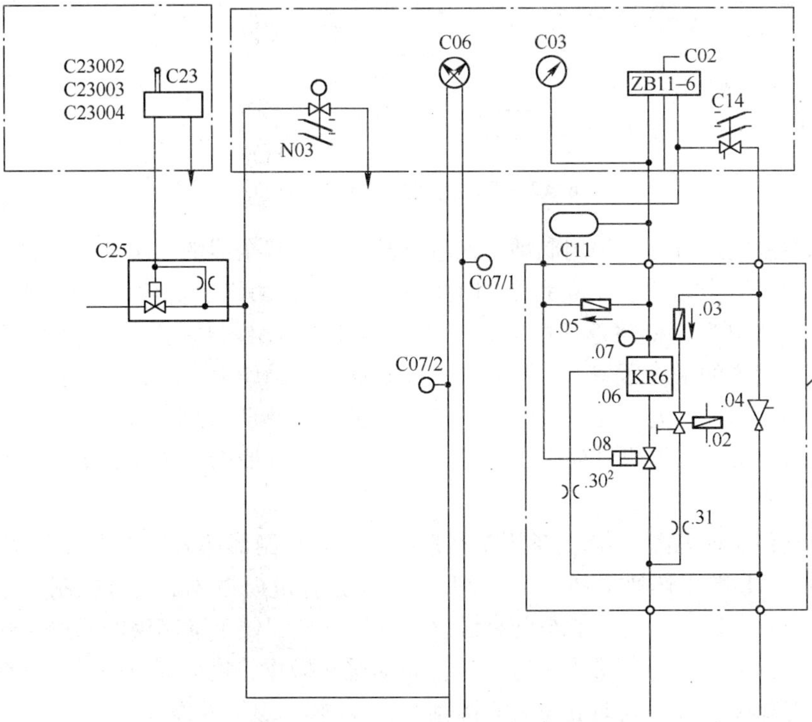

图 6-16 ZB11—6 司机备用制动控制阀气路原理

当电空直通式制动系统发生故障，启用备用的自动空气制动系统时，打开截断塞门，隔离电磁阀失电关闭；减压阀→止回阀→隔离电磁阀→节流阀的通路被关闭，总风压力经减压阀、备用制动控制阀 ZB11—6 和打开的截断塞门连接到制动管上。

救援/回送时，自动空气制动系统的启用原理一样，只是动车组制动管的空气压力要由救援/回送机车来控制。

2）备用制动的控制

备用制动系统启动后，制动管的空气压力可由备用制动控制阀或救援/回送机车进行控制（动车组在救援/回送连挂时，打开头车前端的开闭机构，以实现救援/回送机车对动车组的供风和控制），从而使各车的分配阀（B55）动作。备用制动控制阀的结构见图 6-17。

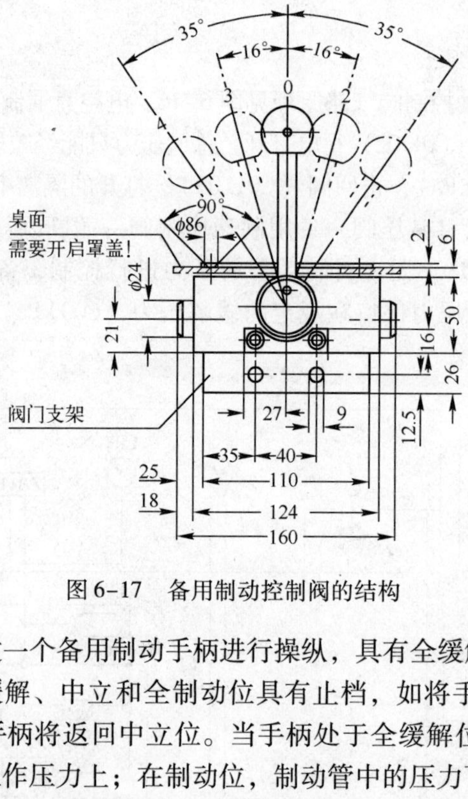

图 6-17　备用制动控制阀的结构

备用制动控制阀通过一个备用制动手柄进行操纵，具有全缓解、缓解、中立、制动和全制动 5 种作用位。全缓解、中立和全制动位具有止档，如将手柄放在未标刻度的区域（缓解或制动），放开后手柄将返回中立位。当手柄处于全缓解位时，制动管中的压力将保持在减压阀所设置的工作压力上；在制动位，制动管中的压力下降，下降的值随操纵杆停留时间的增加而增加；处于缓解位时，制动管中的压力上升随时间递增。在全制动位，制动管中的压力排空；当操纵杆处于中立位时，除了制动管泄露所造成的影响外，制动管中的压力保持不变。

备用制动气路原理见图 6-18。备用制动系统的核心控制部件为两个压力空气分配阀，需要一个容积为 7 L 的工作风缸和一个 1.3 L 的制动缸容量模拟风缸进行控制。分配阀只具有一次缓解和阶段制动功能，能与既有线机车可靠连挂，便于动车组的回送与救援。空气压力通过 B60 的双向止回阀进入中继阀进行制动缓解操作，进而通过中继阀 B 60.07 进行放大，从而使总风缸管为制动缸充风或排风，实现制动/缓解操作。

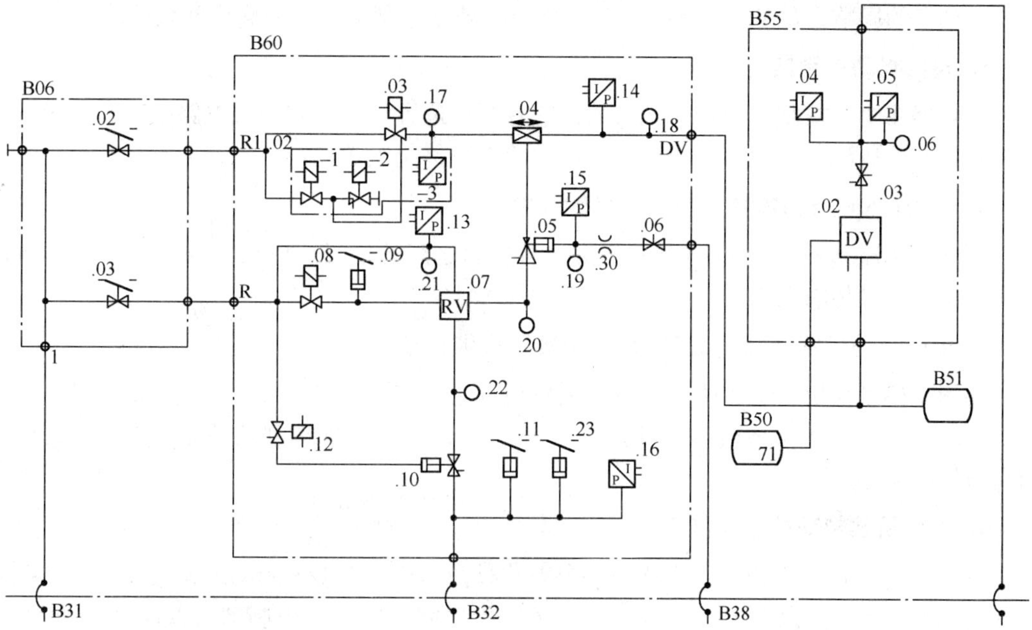

图6-18　备用制动气路原理图

当司机制动阀置于制动位时，司机制动阀2口和3口接通，制动管排风造成分配阀（B55）动作，工作风缸（B50）向中继阀（B60.07）充风，产生制动信号，经中继阀放大后，总风缸管的压力空气进入制动缸实现制动；当司机制动阀置于缓解位时，司机制动阀1口和2口接通，总风管向制动管供风，实现缓解。

紧急制动时，安全环路断开，连接在制动管上的紧急排风阀得电打开，制动管的压缩空气迅速排空分配阀动作，分配阀控制中继阀，使各制动缸的空气压力达到最大。

6.1.3　制动系统的特点

CRH3型动车组常用制动和紧急制动时采用电制动和空气制动联合作用的模式，在安全制动时仅有空气制动。电制动在80～300 km/h的速度范围内起作用，主要特点如下：

① 轮周处的最大电制动力为149 kN；

② 制动初速度为300 km/h时，总的制动距离如下：

纯空气制动时，为3 670 m；

纯空气制动+100%电制动时，为3 256 m。

③ 空气制动和牵引阻力产生的减速度如下：

纯空气制动，$v>200$ km/h时为0.88 m/s²，$v\leqslant 200$ km/h时，为1.16 m/s²；

100%电制动+空气制动，$v>200$ km/h时为1.07 m/s²，$v\leqslant 200$ km/h时为1.22 m/s²。

6.1.4　制动系统的冗余

CRH3型动车组制动系统在列车最佳实用性和安全性上具有高度冗余性。一旦列车由于制动故障而停止运行，相应设备会提供列车移动到下一停止点的能力。下面分析典型故障及对列车的影响，也从另一侧面了解 CRH_3 型动车组制动系统的高度冗余性。

1. 司机制动控制器电故障

司控器在电子控制方面是有冗余的，它有两个位置传感器和两块电路板，确保司机制动控制器发生故障时有备份，使动车组在此状态下仍能正常运行。

2. 制动控制器到 BCU 的电信号传输失败

制动控制器到 BCU 的电路也有备份，当它们之间的信号传输失败时，立即启用备份电路，确保信号传输无碍。

3. 中心制动控制功能（制动管理 TBM）失败

在制动控制模块里装有两套中央处理模块（包括软、硬件），即端车中的 BCU1. 1 和 BCU1. 2，当 BCU1. 1 失效时，启动备份 BCU1. 2。动车组除本车制动功能丧失外，其他车均有常用制动功能。

4. 列车局部制动控制功能失效

每辆车都装有一套 BCU，当其中一个失效时，即全列有 1/8 制动单元失效，即使在最坏的情况下，动车组制动能力只减少 12. 5%。常用制动时，动力制动可以通过制动管理，将因故障引起的制动损失平均分配到其他动车上；如果电制动功率已达到极限，还不能满足额定制动力的实际要求，那么制动管理会将剩余制动力由拖车和故障动车的空气摩擦制动共同来承担。

5. 防滑排风阀故障

动车组每轴装有一个防滑排风阀，当其中一个发生故障时，则该轴不具有防滑作用，关闭时，则该轴没有制动力。因此全列车仅丧失一小部分或者不丧失制动力。

6. 速度传感器故障

动车组每轴装有一个速度传感器，当该轴的速度传感器失效时，仅对应轴的防滑不起作用。一般情况下，不会对制动产生影响。

7. 车辆通信完全失效，导致制动管理失败

当 MVB 通信失败时，启用紧急制动回路，通过这种方法，紧急制动请求不经数据总线可以独立传送到所有的相关控制设备，使列车管路排风，产生紧急制动作用。

8. 常用制动功能完全失效

常用制动功能完全失效时，司机可手动启用紧急制动。紧急制动的控制与常用制动无关。动车组在此情况下通过扳动司控器到紧急位，使紧急电磁阀失电及列车管路排风，产生紧急制动作用。

9. 紧急控制电路失效

紧急制动情况下，如果紧急电路故障，将有以下冗余控制：

① 制动管路排风——通过间接制动实施；

② 直接制动的紧急制动阀（每辆车一个）起作用；

③ 通过局部制动控制单元（每辆车一个）启动最大常用制动。

10. 司机制动控制器实施紧急制动失败

此时司机可直接实施紧急制动，紧急制动可通过空气排风阀和电开关操作。此外，司机还可以启动紧急制动设备（蘑菇按钮）。

11. 司机紧急制动设备（蘑菇按钮）实施紧急制动失败

司机可直接实施紧急制动，紧急制动可通过空气排风阀和电开关操作。

此外，司机还可以通过司控器控制制动。

6.2 CRH3 型动车组电制动系统

6.2.1 系统组成和工作原理

CRH3 型动车组电制动系统（ED 制动）由 EC01/EC08 和 IC03/IC06 车的牵引系统提供，并由列车中央控制系统（CCU）进行连续控制，制动能量将反馈至接触网路上。当制动能量不能回收或者仅有部分能量可回收时，则其余制动能将由限压电阻器消耗掉。

CRH3 型动车组每根动轴都具有电制动功能，可实施再生制动。动车组实施电制动时，控制系统将三相异步电动机转换为发电机工作，将列车运行的动能转变为电能反馈回电网。动车轴使用电制动时，电空制动仅供拖车轴使用；对于动轴来说，电空制动仅可用于无法使用电制动的速度范围内。如电制动失效，可在有关动车轴上使用空气制动系统。电制动可单独使用，或与空气制动一起使用。与空气制动一起使用时，将优先使用电制动，可以减轻拖车的空气制动负荷，从而减少其机械制动部件磨耗。低速时，该混合制动模式仅由空气制动系统产生停车制动。

6.2.2 制动特性

CRH3 型动车组再生制动力与列车速度的关系见图 6-19。

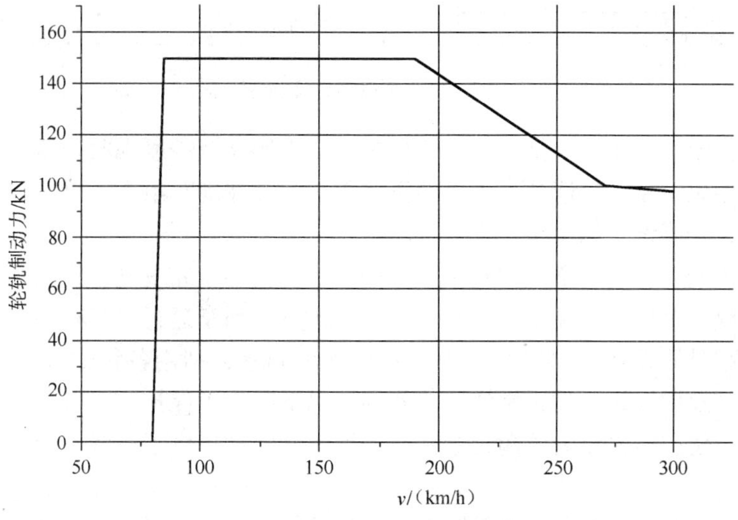

图 6-19 再生制动力与列车速度的关系图

6.3 CRH3 型动车组空气制动系统

CRH3 型动车组的空气制动系统包含 2 套供风设备，每套设备主要包括电动空气压缩机单元 SL22、双塔式空气干燥装置 LTZ015、具有防冻功能的冷凝水收集器、微孔滤油器 OEF1—4 及有关的辅助设备。主供风系统为制动系统及其他用风设备提供清洁、干燥的压缩空气，每套设备的供风量至少为 13 001 L/min。辅助供风系统也包含 2 套设备，每套设备包括辅助压缩机单元和压力值设定为 900 kPa 的安全阀。

供风设备置于车体底架设备仓内。有两根风管连通全列车：一根是列车管，用于空气制动的控制，压力保持在 600 kPa；另一根是总风管，用于给所有连接到空气系统的用风设备供风，压力保持在 800 ～ 1 000 kPa。另外，在受电弓附近有两个辅助空压机，以供总风缸欠压或无风时的升弓。

空压机集成在压缩空气供应单元中，此种集成方式可减少噪声。压缩空气同时储存在每辆车的压力风缸中。压缩空气由总风管供风，最大压力为 1 000 kPa。供风系统的供风布置见图 6-20。

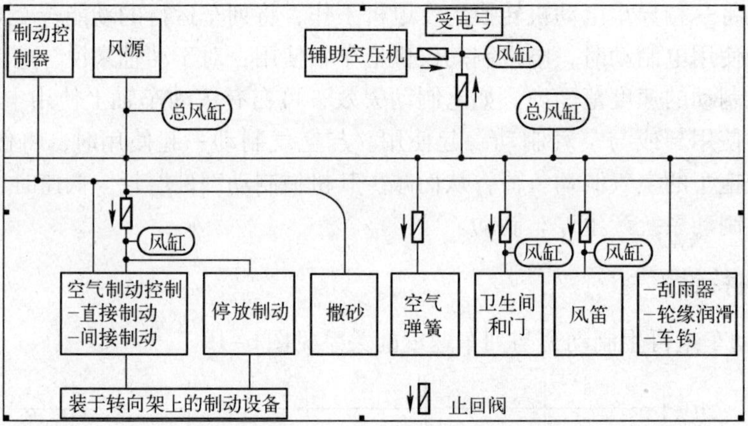

图 6-20 供风系统布置图

压缩空气供给系统主要包括空气压缩机单元、干燥器及冷凝水收集器等部件，能为制动系统及其他用风设备提供清洁、干燥的压缩空气，并在动车组 1/2 以下单元的空气压缩机出现故障时，仍能维持动车组正常运营。

供风系统为制动系统、空气弹簧及所有辅助系统提供压缩空气。供风系统包括两个空气压缩机，如果一个压缩机坏了，列车仍能正常运行。列车运行中只有一个空气压缩机工作时，耗风量超过压缩机的供应量。为了解决这种问题，利用各种储气缸给用风设备供风，可保证制动及用风设备的正常使用。此种情况下，为了保护空压机，也可间歇地关断个别用风设备，使空压机压力不超过标称值。因为储气缸提供了空气，所以供风系统的功能不受影响。

主空压机通过车载变流器由接触网设备提供电能。辅助空压机通过独立于接触网的电池进行操作。当通过接触网送电时，两个主空压机各自通过一个辅助转换单元供电。当一个车载转换器或一个空压机在正常情况下失效时，可能限制运行。

在受电弓附近有两个辅助空压机系统，以供总风缸欠压或无风时的升弓。

6.3.1 压缩空气供给系统

1. 主空气压缩机单元

CRH3型动车组采用SL22型螺杆式电动空气压缩机单元对总风缸供气。空气压缩机单元通过车载变流器由接触网提供电能，然后再通过两个辅助转换单元分别向两个压缩机供电。驱动电机和压缩机单元分别由三个支承元件固定到车底架上。

1）主空气压缩机结构

电动空气压缩机单元主要由空气压缩机、电机、电气系统、弹性装配装置、监控和安全装置、空气过滤器和其他部件构成，如图6-21所示。此外，压缩机也包括过滤、调节及监控油和空气循环系统的部件。压缩机单元是一个独立的模块化装置，通过弹性连接安装到车上。

压缩机转动体带有相互配合的螺旋槽，它在含有油分离系统（油槽1.1.4和挡板1.1.1a）的压缩机箱体（1.1.1）中运动。轴箱（1.9）和涡壳（1.5）连接在一起，构成一个支承机组的牢固结构。涡壳（1.5）内有一个安装到电机和压缩机转动体之间的联轴节上的离心风机，冷却器（1.8）可对空气和油进行冷却。

压缩的空气经过滤器过滤后输送到压缩机；当空气过滤器（F）需进行处理时，真空显示器（U）（为可选件）会有显示。压缩机箱体（由挡板（1.1.1a）、油槽（1.1.4）构成）内的油被抽出后，压缩机内的压缩空气经空气冷却器（1.8b）进入空气管路（1.8c）。用来进行密封、润滑和分散压缩而升温的油通过油控制装置（1.2）返回压缩机；随着温度和油控制装置内恒温器设置的不同，通过油冷却器（1.8a）的油（热）量有所不同。集成的油/气冷却器（1.8）可从离心风机（1.6）获得冷却空气（A4）。电动压缩机组每次关闭时，压缩机内的压力通过减压阀（1.4）降低。

2）工作原理

电动压缩机组为非连续工作，由车载压力控制器控制，当风压低于850 kPa启动，超过1 000 kPa关闭。

（1）转动体

螺杆式空气压缩机是根据强迫送风原理工作的双轴转动式设备。压缩机转动体由两个带有螺旋槽的相互配合的转子组成，转子在一个灰铸铁箱体内转动。空气入口为径向，转动体箱内特殊形状的开口将空气轴向输出。

由于转子的转动，当入口打开时，空气吸入。当两个开口被转动体盖住时，空气被压缩，同时向出口流动；最后当转子掠过出口时，压缩空气随着转子的转动排出。箱体内风口的大小和位置决定了压缩机的压缩比。

油被泵入到压缩机中，可吸收并带走由于压缩而产生的大部分热量。为最大限度地降低内部逆流损失，压缩机应保持在最低额定转速以上。

（2）空气循环

通过压缩机转动体（1.3）吸气端的入口止回阀（1.4.3）和空气过滤器（F）的空

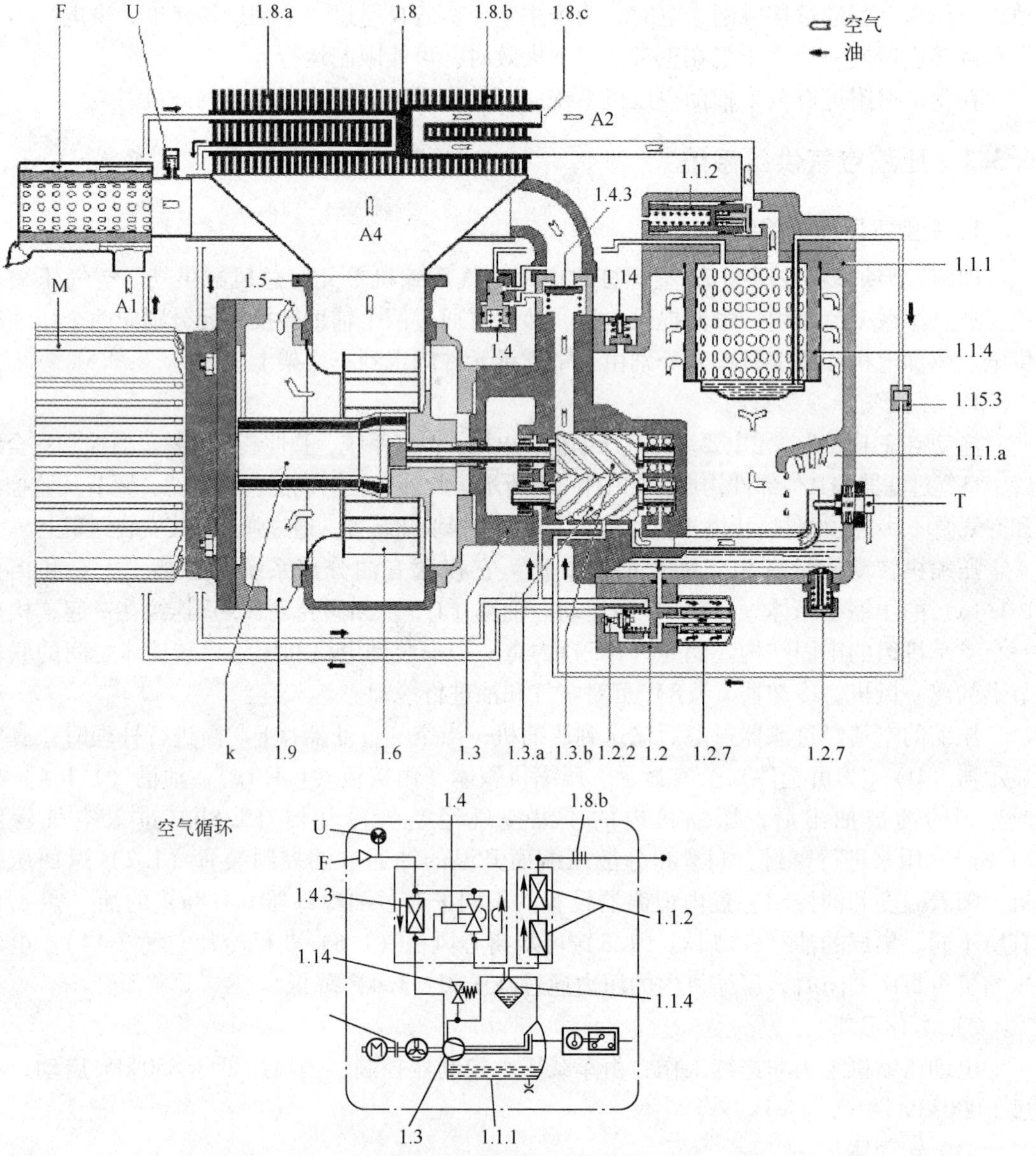

图6-21　电动空气压缩机单元

1.1.1—压缩机箱体；1.1.1a—挡板；1.1.2—低压阀；1.1.4—油槽；1.2—油控制装置；1.2.2— 恒温器；1.2.7—滤油桶；1.3—压缩机转动体；1.3a—凸槽转子；1.3b—凹槽转子；1.4—卸压阀；1.4.3—入口止回阀；1.5—涡壳；1.6—离心风机；1.8—冷却器；1.8a—油冷却器；1.8b—空气冷却器；1.8c—供风管；1.9—输出连接轴箱体；1.1.4—安全阀；1.15.3—回油管过滤器；1.2.7—排油阀；k—联轴节；F—空气过滤器；M—三相电机；T—温度开关；U—真空显示器；A1—压缩空气进口；A2—压缩空气出口；A4—冷却空气

气被吸入，空气压缩后，通过与压缩机转动体连接的送风管被送入压缩机箱体（1.1.1）内。

压缩机开始运行时，低压阀（1.1.2）保持初始的关闭状态，以使压缩机箱体内的压力迅速增加。在此压力下，油循环马上开始进行。当压缩机箱体内的压力达到650kPa时，低压阀开启，压缩空气被送到下游的车载风动系统中。当压力达到设定值时，压缩机停止工作；同时，低压阀关闭，以免来自供风系统的空气逆流回到压缩机箱体中。

当压缩机在每次工作关闭时，压力通过减压阀自动降低。压缩机停止工作后，当低压阀（1.1.2）和入口止回阀（1.4.3）关闭时，来自压缩机转动体的逆流压缩空气入口管路中的压力增大；此时，卸压阀（1.4）动作，允许压缩空气从压缩机箱体（1.1.1）流到空气过滤器，使箱体内的空气压力马上降到约180 kPa，然后，压力通过卸压阀上的节流孔慢慢降低为零。

（3）油循环

工作中的压缩机内的压差将油通过滤油桶（1.2.7）送到转动体内的泵油点上，对转动体内的轴承和转子进行润滑。此外，油还可吸收压缩产生的热量，并锁闭两个相互配合的螺旋槽转子两端的间隙，以及压缩机转动体和转子圆形突出之间的间隙。

来自压缩机转动体的油/气混合物在被送到油槽（1.1.4）进行细致过滤前，先通过送风管喷射到压缩机箱体内的挡板（1.1.1a）上进行粗略过滤，在此析出的油聚集在油槽下部，压缩机箱体内的压力会将积聚的油经回油管过滤器（1.15.3）和节流孔送回至压缩机转动体内。

当油温达到约83℃时，油控装置（1.2）内的恒温器（1.2.2）打开通向油冷却器（1.8a）的油路（低于此温度时该通路关闭），油送入压缩机转动体内并很快达到最佳工作温度，避免了油的积聚和沉淀。

来自压缩机箱体送风管内的油/气混合物温度由温度开关（T）进行监控；达到温度极限，温度开关使电动压缩机组停止工作。

3）技术特点

螺杆式空气压缩机的主要优点如下：

① 轴节和轴承所承受的动载荷较低，磨损低；

② 设计简单；

③ 紧凑的结构实现高性能；

④ 最大限度地减少了振动和气流的脉动，噪声低。

2. 空气干燥装置

1）组成

空气干燥装置LTZ015.2H用于从螺杆式空气压缩机输出的空气中吸取湿气和大部分的油（见图6-22），主要由以下部分组成：

① 两个带有整体式油分离器的干燥塔（19）；

② 一个带有再生节流孔（50）和以下控制阀的支架（25）：

- 干燥塔的两个单向阀（24）；
- 通向总风缸的中央旁通阀（71）；
- 用来控制气流的预控制阀（55）；
- 带有消音器的可排水的整体式双活塞阀（34）。

③ 电磁阀（43）和控制循环的电路板。

2）工作原理

双塔型无加热再生/吸水装置可同时进行干燥和再生，当主气流在一个塔中被干燥时，

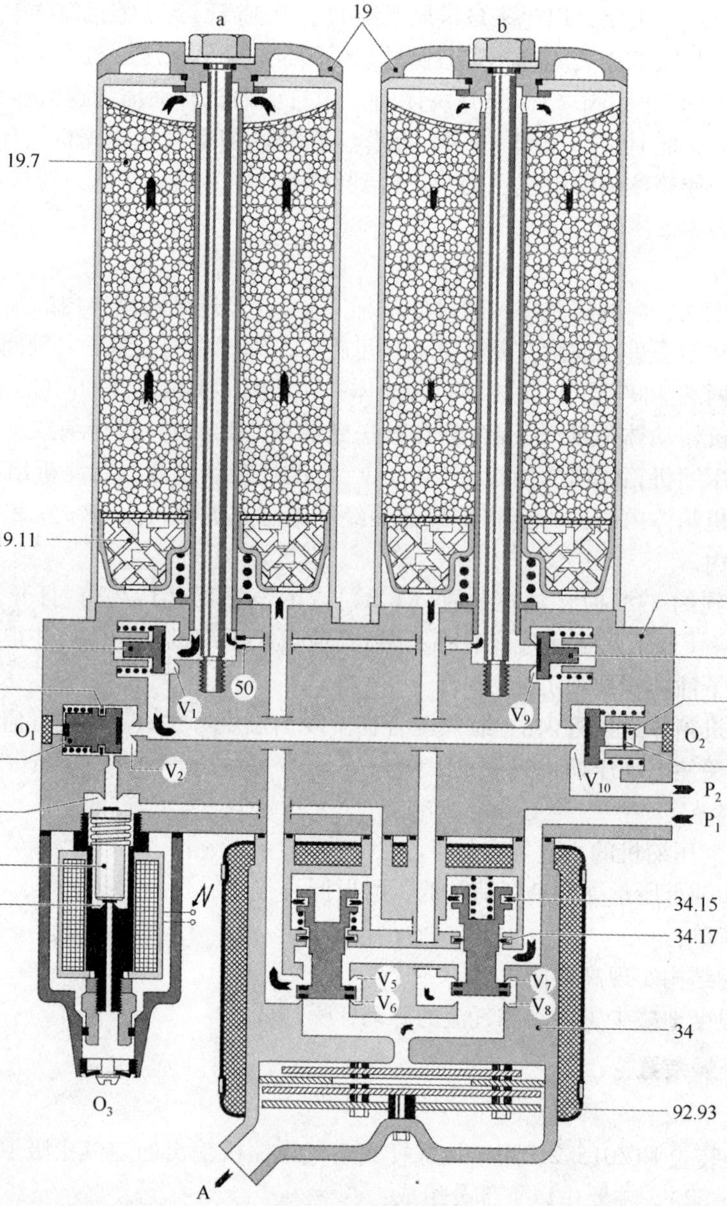

图 6-22　空气干燥装置

19—风缸；43—电磁阀；A—排水口；19. 7—干燥剂；50—再生节流孔；O—排气口；19. 11—储油杯；55—预控制阀活塞；P_1—压缩机空气入口；24—单向阀；56—K 形环；P_2—通往总风缸的空气出口；25—挂座；70—K 形环；V—阀座；34—双活塞阀；71—旁通阀；34. 15— K 形环；92，93—绝缘子（在 LTZ015. . H 上）；34. 17— K 形环

另一个塔中的干燥剂进行再生。

来自压缩机的潮湿压缩空气进入空气干燥机，在此先析出部分水分，并经油分离器吸收油分。然后，压缩空气通过装有吸附性干燥剂的干燥塔，由干燥剂吸取大部分水分，使干燥机出口排出的主气流相对湿度≤35%（干燥装置出口排出的气流相对湿度不大于 35%）。

另一部分经干燥的空气从主气流中引出，经再生节流孔后发生膨胀，并在穿过第 2 个塔内的饱和干燥剂后释放到大气中。由于已在膨胀过程中被最大限度地干燥，这部分空气会从干燥剂（再生）中吸收其在干燥阶段所吸收的水分。两个干燥塔的“干燥”和“再生”工作状态以一定的周期进行交替。

图 6-22 处于工作状态的空气干燥装置中，塔 a 处于干燥阶段，塔 b 处于再生阶段。电磁阀由来自循环定时器的电气输入信号励磁，阀座（V_3）打开。压缩空气除了从排气口（O_2）输出外，还分出一支从打开的阀座（V_2）和（V_3）流至双活塞阀（34），克服其弹簧弹力，分别推动左、右活塞到达下面和上面的位置，以此打开阀座（V_5）和（V_8）。

来自压缩机经冷却的压缩空气由入口（O_1）进入，经打开的阀座（V_5）自下而上流过塔（19a）；然后经中央管道向下，再经单向阀（24）和旁通阀（71）从出口（O_2）输出。压缩空气在进入干燥剂（19. 11）前，先通过油分离器（A）内填充的拉希格（Raschig）环，在多次偏转、涡旋和回弹作用后，悬浮在压缩空气中的油和水雾沉积到拉希格环的较大表面上，它们聚集在一起形成更大的液滴，最后在重力作用下流入集液室。

当压缩空气经过干燥剂时，所含的大部分水分被吸收，离开干燥塔 19a 时的相对湿度低于 35%。这些干燥空气中的一部分从支路引出，经再生节流孔（50）后发生膨胀，反向通过塔 19b 中的干燥剂。这路膨胀后的空气称再生空气，它会从需再生的干燥剂中吸取水分，再通过打开的阀座（V_8）和消音器排到大气中。

在干燥剂达到其饱和极限前很短的时间，干燥装置由电子循环定时器在半周期时进行工作状态切换。此时，电磁阀（43）失电，阀座（V_3）关闭，阀座（V_4）打开，活塞阀（34）内的压缩空气排出。这样，活塞阀（34）的左、右活塞由弹簧力推动，分别到达上面和下面的位置，以此关闭阀座（V_5）和（V_8），打开阀座（V_6）和（V_7）。这种情况下，主气流（$O_1 \rightarrow O_2$）在塔 19b 中进行干燥，在塔 19a 中干燥剂再生。

为确保正常工作，本干燥装置要求具有一定的往复压力，在此压力下，预控制阀（55）打开，活塞阀（34）可往复运动。旁通阀（71）确保系统中快速建立这一压力，它仅会在超过往复压力后才打开通向总风缸的气路，此功能可防止塔 19b 中的干燥剂在持续时间很长的填充过程中发生过饱和。两个单向阀（24）可防止在压缩机不工作时总风缸和车辆管路由干燥装置处排气。

3. 微孔滤油器

微孔滤油器 OEF1—OEF4 可大大减少压缩空气中的油分，微孔滤油器位于压缩空气通路上干燥装置的下游，排油由手动控制，其结构与 CRH5 型动车组相同。

4. 安全阀

安全阀保护压缩空气系统的气动设备不因气压超出许可范围而损坏，从而也避免损坏与气动设备相连的其他设备，如气压超出了安全工作压力，安全阀将会自动排出足够多的压缩空气，以使工作压力不超过安全压力的 10%。CRH3 型动车组使用的安全阀为 SV10 型，其结构与 CRH5 型相同。

5. 辅助压缩机单元

辅助压缩机单元的功能是在总风压力太低时，给受电弓的起升提供压缩空气，以保证动车组接受电网供电。辅助压缩机单元包括辅助压缩机和一个 25 L 的风缸，辅助压缩机和风缸集成安装在一个小模块吊架上，该模块整体吊装在 TC02 车和 TC07 车的底架上，由蓄电池系统为辅助压缩机供电。设置 25 L 的风缸是为了满足升弓所需的压缩空气。

辅助压缩机为单活塞压缩机，气路中有设定压力为 900 kPa 的安全阀；当气路的压力超过设定值时，安全阀将排气，以保护气路部件不受高压的损害。

CRH3 型动车组的压缩空气供给系统，能保证在动车组一个空气压缩机单元出现故障时不影响动车组正常运行。当列车只有一个空气压缩机工作时，为防止耗风量超过压缩机供风量情况的出现，设置了各设备的专用风缸，使空气压缩机的压力不低于设定值。

6.3.2 基础制动装置

CRH3 型动车组的基础制动采用盘形制动装置，动车每个轮对安装两套轮盘式盘形制动装置，拖车每个轮对安装三套轴盘式盘形制动装置。

CRH3 型动车组的轮制动盘和轴制动盘都为铸钢制造，其结构分别见图 6-23（a）和图 6-23（b）。

轮制动盘的直径为 750 mm，每副轮盘（两片）用 12 根螺栓分别连接在车轮辐板的两侧。CRH3 型动车组的轮制动盘采用模块化设计，重量轻，易于拆装。轴制动盘的直径为 640 mm，制动盘由摩擦环、盘毂和连接装置组成，摩擦环与盘毂之间也是通过 12 条连接螺栓连接；轴盘上具有用于通风的散热筋结构，不仅可在非制动状态节省 60 % 的能量，还减少制动盘上存在的过热点。

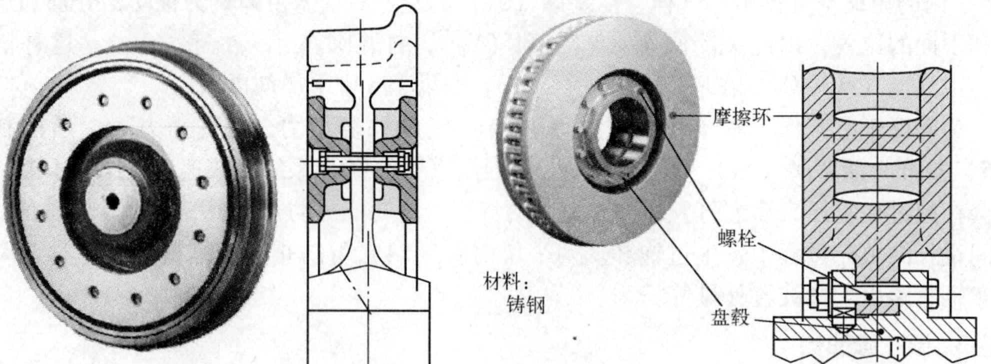

（a）轮盘　　（b）轴盘

图 6-23　制动盘的结构

CRH3 型动车组的夹钳单元采用模块化结构，见图 6-24。夹钳单元通过关节轴承与构架相连。所有制动夹钳单元都有内置的自动闸片间隙调整器。16 个拖车轴均有一个夹钳单元带有弹簧驱动的停放制动装置。

夹钳单元使用的 ISOBAR 闸片采用烧结粉末冶金材料，见图 6-25。在制动初速度为 350 km/h 时也能保证良好的接触状态，以保证均匀承受负载。夹钳单元装有紧固件来防止闸片脱落。

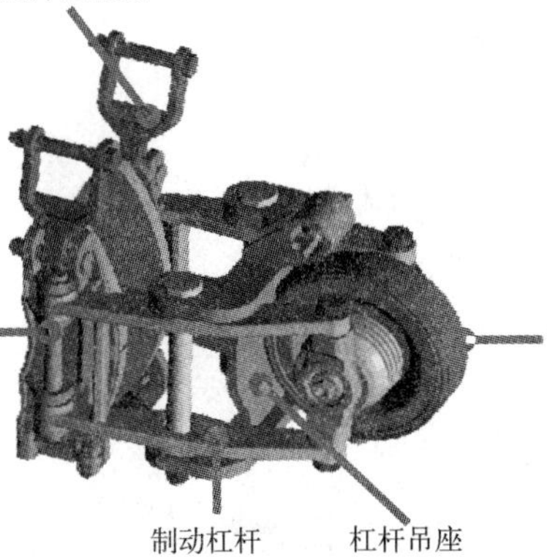

图 6-24　夹钳单元模块化结构图

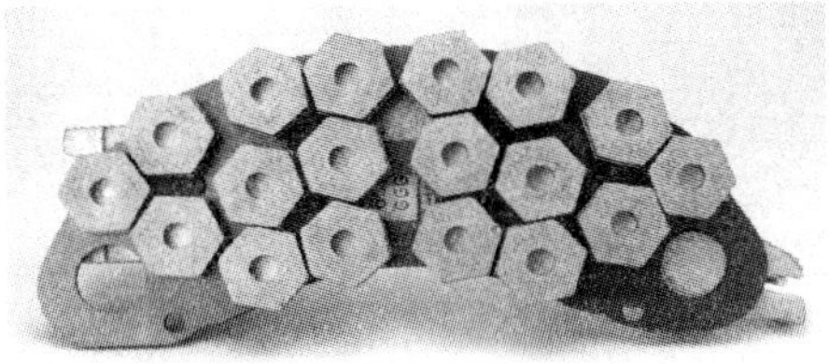

图 6-25　ISOBAR 制动闸片

在摩擦副和轮对处于任何磨损状态下，制动夹钳都必须动作灵活，容易使摩擦面贴合。在新的摩擦副中，必须确保制动缸活塞的整个行程。基础制动装置必须符合制动计算的杠杆尺寸。制动缸安装后必须可以转动，以使制动力平均作用到车轮上。

制动缸必须采用浮动式悬挂安装，并用铁路通用的软管连接。制动缸活塞须移动方便。所有制动夹钳单元必须装配自动闸片间隙调整器，用以调整制动闸片和制动盘之间的距离。闸调器需保证足够的调整量，以便不需拆卸其他部件就能替换磨损的闸片。基础制动装置必须保证运动所需的灵活性，并且通过常用工具就可快速、简便地更换部件。

制动力依靠直通作用制动缸或弹簧储能器施加到制动盘上，必须避免空气制动力和弹簧制动力叠加。但是，这种特殊的情况必须在对盘形制动进行计算时考虑到，而且弹簧储能器软管折断的情况也须在系统设计中加以考虑。

闸片可以磨耗到 5 mm 而不影响功能，闸片的底板必须无扭曲且更换方便。

制动闸片上不得有油漆，上面的摩擦材料必须均匀分布。制动闸片不得含有石棉、铅或锌，且不能有任何金属。持续工作时，闸片上不得出现凹陷或气泡。闸片材料超过正常磨损时不能腐蚀制动盘材料，并且不能因发热对制动盘产生损害。

6.4　CRH3 型动车组防滑装置

6.4.1　结构

列车的每个轮对由防滑系统监测，每个轮对的转速由速度传感器进行测量，由制动控制单元（BCU）进行监控。如果发生滑动，各车的制动控制单元（BCU）激活每个轮对的防滑器排风阀以缓解制动。

CRH3 型动车组防滑系统的组成见图 6-26，由滑行检测器、速度传感器和防滑电磁阀等部分组成。

6.4.2　功能

在动力轴上，空气制动和电制动产生防滑保护时，由于动车相应的牵引控制单元有其

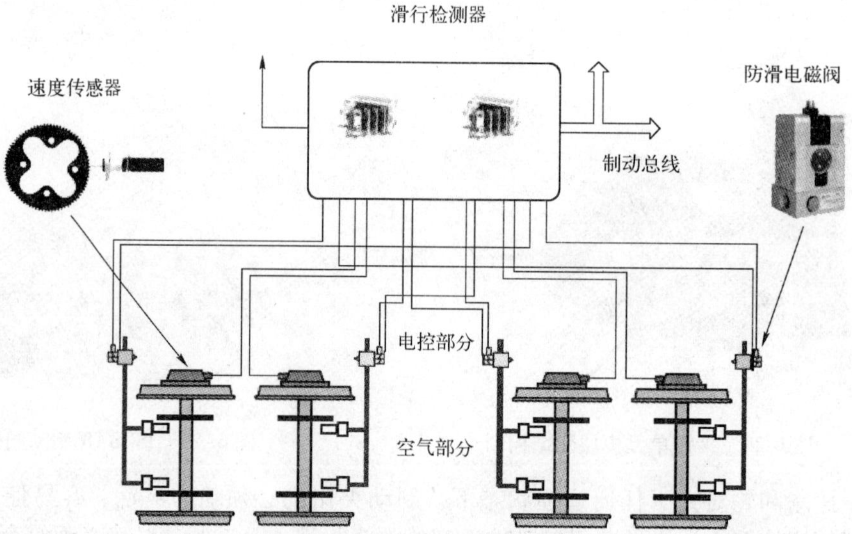

图 6-26　防滑系统的组成框图

自身的防滑保护，所以在下述情况下，防滑器有不同的控制方式。

① 常用制动时，牵引控制单元中的防滑调节器调整至低于空气制动的滑动值，从而可减少已有的电制动力，保持轮对较低减速度。在正常情况下，牵引控制单元调节器设置较敏感，控制电制动，如果动力轴仍发生严重的滑动，则空气制动调节器发送一个减小制动力信号给牵引控制单元（TCU），后者将减小电制动力。空气制动的防滑系统将其要求降低电制动力的信号作为总线信号，这个信号的范围为 0% ～ 100%。

② 紧急制动时，动力轴采用了比常用制动期间略高的滑动值。空气制动防滑系统的参数调整，按照最优化的利用轮轨黏着系数进行设置。紧急制动时，制动控制单元单独承担制动系统的调整功能并调节电制动力。在此情况下，牵引控制单元（TCU）监视电制动力的调整是否在预先设定的最大值上，如果紧急制动时 TCU 和 BCU 间的 MVB 通信失败，则制动控制单元（BCU）将自动调节制动系统。

6.4.3　防滑控制

列车的防滑性能直接影响到车辆的紧急制动距离，防滑性能优良，则车辆可充分利用轮轨间黏着，实现最短的紧急制动距离；否则，滑行会造成车轮的擦伤和紧急制动距离的不可控。防滑在高速动车组上的作用更加突出。

防滑系统按减速度率指标进行控制，具体数值参见图 6-27。

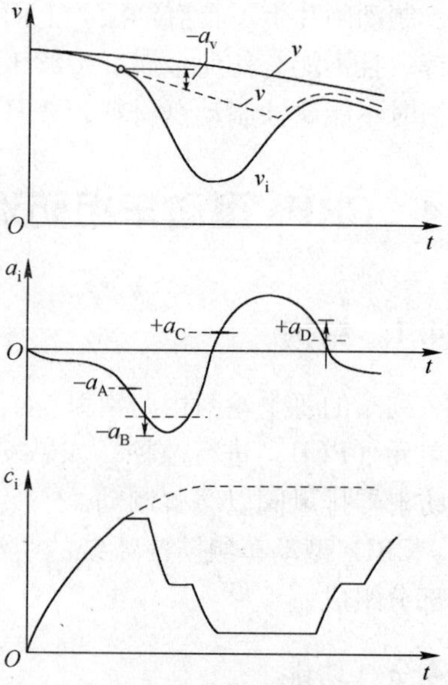

图 6-27　防滑控制原理图

制动控制单元读取速度传感器监测到的车轮转速，通过评估不同轮对的制动减速度情况，按图示曲线判断其减速度是否超出限制值，并依据减速度情况控制制动缸的压力，实现制动力的增大、保持和减小，最终消除车轮的滑行现象。另外，在依据加速度进行控制的同时，也采用速度差控制，通过将不同车轮转速与本车车轮中的最高转速相对比，判断是否有滑行，以控制制动力，消除滑行。

6.5 CRH3型动车组制动控制系统

6.5.1 制动管理

CRH3型动车组正常情况下制动系统的控制是通过每个司机台上制动控制器的手柄或ATC装置进行，系统能够基于预先设定（由制动控制器手柄的位置或者由信号系统进行定义）的制动模式曲线控制列车的减速或者停车。CRH3型动车组使用的直通式空气制动系统采用电子控制，可按制动模式曲线控制列车减速或停车。安装在每个车上的微机制动控制单元负责执行本车的制动控制功能，包括接收和处理制动控制手柄或信号系统发出的制动指令，以及其他用于列车制动控制的重要信息。制动控制系统遵守故障导向安全原则，当出现影响行车安全的故障时，会自动实施紧急制动停车。直通式制动系统不能正常工作时，通过手动转换，可启动备用的自动空气制动系统。

通过对制动系统的控制，能实现紧急制动、常用制动、停放制动和防滑控制等基本功能。常用制动优先使用无磨耗的电制动；紧急制动时，各轴均采用空气制动，动轴上另加电制动。电制动通过微机控制的车载控制设备（中央控制单元（CCU）、牵引控制单元（TCU）及制动控制单元（BCU））无级控制。再生制动是否可用取决于列车控制系统监测到的接触网电压状态。电制动不可用或故障时，制动力由动轴上的空气制动代替；在这种情况下，也必须满足紧急制动的要求。在时速为0～80 km的低速范围内，必须施加空气制动替换电制动，以保证从电制动转换到空气制动时较小的冲击。空气制动由电子制动控制单元BCU进行无级控制。

由于制动系统提供了与车载自动列车保护系统（ATP）和现有信号系统（LKJ2000）的接口，因此可进行超速防护制动控制。ASC（速度自动控制系统）为牵引和制动装置生成设定值，从而使车辆能够达到规定的设定速度并保持在该速度。使用ASC来执行制动操作可通过0.5 m/s^2的平均减速度实现。标准减速度在两种情况下会改变：①在达到设定速度之前ASC持续减少制动力，这意味着以平稳的方式达到设定速度；②使用特定的制动调节方式，来加强或减弱制动过程中的显著速度变化。为了达到制动效果，ASC控制电制动和空气制动系统，在二者之间进行制动力的合理分配，并优先使用电制动。

CRH3型动车组制动管理的整体功能须列车的电子系统的控制，重要部件需要冗余，例如：WTB/MVB、CCU、TBM、SBM。在列车控制系统故障的情况下，可以通过紧急制动（直通和自动制动）停车。

在CRH3型动车组中可提供下列功能的制动管理：

① 制动命令发布到不同的制动系统中；

② 直通式空气制动；

③ 电制动；

④ 来自制动手柄、ATP 等不同命令输入的处理，并产生实际制动请求；

⑤ 列车制动系统可用性的在线监督；

⑥ 通过重新分布制动 i 命令来补偿失效的或隔离的制动系统的制动力；

⑦ 三种常用制动子模式之间的转换；

⑧ 正常制动；

⑨ 比例制动；

⑩ 踏面清扫。

1. 制动管理的基本原理

前导头车的 BCU 起到“制动管理器”的作用。例如，它要确保列车上不同制动方式的所有可用制动（电制动和空气制动）的减速设置点的分配（紧急制动和弹簧制动除外）。

信号必须通过车辆总线（MVB 和 WTB）在 CCU、BCU 和 TCU 之间交换，来控制各种制动方式，并且在制动机发生故障时调整制动力。此外，还能通过列车管线传递一些与安全相关的功能的数字信号。

2. 制动管理的特点

CRH_3 型动车组的制动管理具有以下特点：

① 确保在最优化的磨损和能量功效条件下使用；

② 自动制动力的分配遵照制动力控制器的制动请求或者通过自动速度控制（ASC）的制动请求；

③ 在单机和双机重联时，设定值和实际值在制动元件和动车组中的列车节之间的综合通信；

④ 具有自动制动试验的综合诊断。

与安全相关的程序和信号通过常规的数据转输途径（电线、电缆）传送，使这些安全相关的程序和信号独立于经由总线的数据传输。

3. 电空制动与电制动之间的匹配关系

制动管理系统由电制动的控制系统和电空制动的控制系统组成，用来在最小磨损的状态下进行制动。这意味着优先使用再生制动，并在电制动不足时使用空气制动补足。

制动管理系统在控制系统和相应的软件下执行，制动管理本质上基于车辆控制系统 CCU、TCU、BCU 等控制单元的计算能力和数据通信。

4. 制动力的分配

根据制动子模式由 TBM 或由 ASC 计算不同制动系统之间的制动力分配。TBM 为两个制动系统计算制动要求的设定值。制动要求设定值应适用于列车范围内的所有牵引单元。ASC 和 TBM 需要不同制动系统可获得的实际最大制动力的信息。根据车辆实际载荷，局部 TCU 和 BCU 应计算可获得的最大制动力。

1）动车的制动力分配

制动力必须平均分配到头车和中间动车的车轴上，用于电制动和空气制动。所有的牵引电机都是完好无损的才可以实施电制动。设置点取决于质量、黏着特性曲线和司机或运行控制系统要求的制动力设置点。

2）拖车的制动力分配

拖车的制动力设置点必须仅取决于电空制动和规定的制动力曲线、质量、黏着系数曲线和司机或运行控制系统要求的制动力设置点。

5. 制动力分配规则

列车的制动力分配应用以下两条规则：

① 轮轨间黏着系数的最佳应用；

② 空气制动（电空制动）的磨损最低。

制动管理器根据运行控制系统或司机的要求，以及单个制动机（电制动和电空制动）可用性和规定的电/电空制动力曲线计算所需的制动力，将此制动力优先由电制动承担，不足部分由电空制动补充。

如果电制动装置发生故障，不足的电制动力由列车中其他的电制动来实施；如还达不到要求，可使用空气制动，一直达到黏着力极限值。空气制动力被平均分配到所有的车厢里，直到黏着极限，以使空气制动装置均匀磨耗。

6. 制动管理的分层

列车通信系统的分层结构导致列车制动控制的分层结构。此结构主要由制动控制元件级、分段制动管理（SBM）和列车制动管理（TBM）三个级别构成，见图6-28。

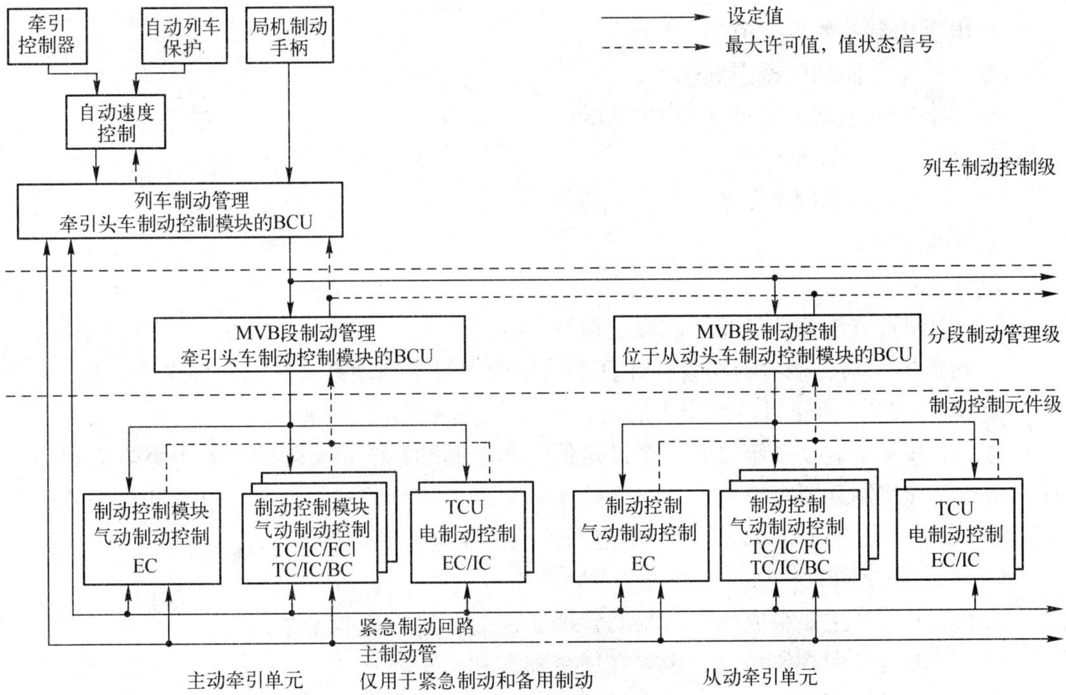

图6-28 制动系统的分层管理

1）制动控制元件

控制制动系统的每个控制单元命名为“制动控制元件”。这可以是制动控制单元（气动制动控制)、或牵引控制单元（电制动控制)。每个制动控制元件监控相关装置和子部件并相牵引单元诊断系统报告故障。

2）分段制动管理 SBM

由每个牵引单元内头车的 BCU 实现 SBM 的工作。BCU 设置在制动控制模块（BCM）处。SBM 的功能集成在头车的两个 BCU 内，作为冗余。两个头车的 BCU 中只有一个执行 SBM 的功能。如果 SBM 故障，另一 BCU 将自动执行 SBM 功能。SBM 向单个制动控制元件发送 TBM 的设定值。此外，SBM 将其牵引单元可利用的实际最大制动力叠加（也考虑负荷相关性）并将此数据传送至 TBM。SBM 监控牵引单元的 BCU 并向牵引单元诊断系统报告故障。

3）列车制动管理 TBM

TBM 的功能集成到头车的两个冗余的 BCU 内。在本务车头车内两个 BCU 中仅有一个执行 TBM 的功能。如果 TBM 故障，在本务车中的另一 BCU 将自动执行 TBM 的功能。BCU 位于制动控制模块 BCM 内。“列车制动管理”功能在电池接通并且司机室第一次激活后在列车内被激活。TBM 位于与“列车主 CCU”相同的牵引单元内。TBM 控制并协调列车的所有常用制动系统。TBM 考虑要求的列车制动力和实际制动模式并从可用的制动力计算单个制动系统的制动设定值并将它们传送至 SBM。此外，TBM 控制 ABT、MBT 和 SBT，并对列车内的单个压缩机进行压缩机管理。

（1）计算并传送的信号

① 电动力制动的设定值。

② 直接电空制动的设定制动力。

③ 二进制常用制动要求（至 ED 制动)。

④ 二进制紧急制动请求。

（2）两个基本的制动服务

① 手动服务。

② 自动服务。

（3）用两种方法命令制动要求设定值

① 司机的制动手柄：制动管理计算手动使用中每个制动系统的制动要求设定值。

② ASC：TBM 传送自动使用中的值。

每个电和电空制动系统接收一个设定值。两个制动系统将实际的制动力报告给制动管理。制动管理将制动要求设定值与报告的实际制动力相比较。如果在要求的和获得的最大 ED 制动力之间有差别，那么这两个值之间的差值从电空制动系统要求。

4）其他部分

除了以上三个主要组成部分，制动管理还包括下列的基本部件。

（1）TCU（牵引控制单元，设置在逆变器车和头车内)

① 动力制动的控制。

② 动车非转轴的独立检测。

③ 动力制动的车轮防滑保护。

（2）CCU（中央控制单元，每辆头车内设置有两个冗余的 CCU)

① ASC（自动速度控制）。

② 牵引控制。

③ 电源系统的控制。

④ 自动警惕装置。

7. 列车制动管理的激活

常用制动时，如在牵引单元中司机室被激活，那么 TBM 的功能被激活。此牵引单元头车内的 BCU 通过 CCU 和头车硬线信号获得“主牵引单元”信号。

在紧急运行和备用制动时，除非在施加紧急制动的情况下，在由 ASC 制动分布的自动运行和手动操作中，制动管理处于定压。

如果有下列情况，TBM 制动管理将失效：

① 备用制动控制手柄 ZB11—6 的隔离阀打开，启用备用制动模式；

② 紧急驱动模式激活。

必须提供可由司机激活的按比例操作的制动控制方式。在该方式下，制动力能平均地分配到所有的车轴上，以在不利的黏着条件中，达到尽可能最大且平均的黏着系数利用率。

6.5.2 制动系统的安全监控

CRH3 型动车组采用设置安全回路的方式监控影响行车安全的一些重要信息，并且保证当监控系统发生故障时，使列车能够导向安全。安全回路的构成简图见图 6-29。

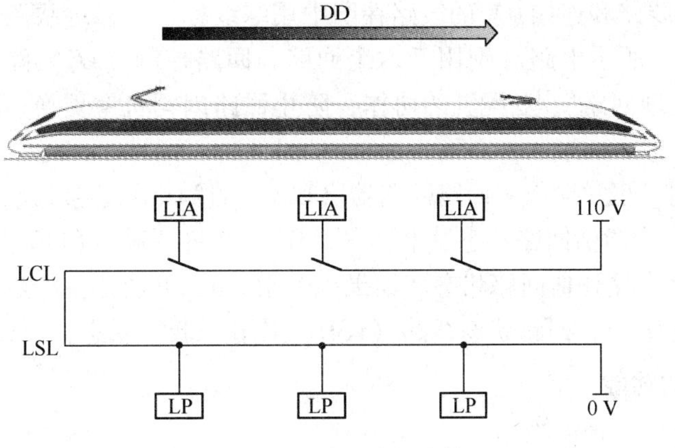

图 6-29 安全回路构成简图

DD—行驶方向（Driving direction）；LCL—回路控制线路（Loop control line）；LIA—回路断路器（施动者）（Loop interrupter（actor））；LP—回路参与者（Loop participant）；LSL—回路状态线路（Loop status line）

该回路系统接通蓄电池电源时，可向列车控制线路（回路控制线路——LCL）提供 110 V 的电源，直至最后一节车的全车线路都通过监测接触元件（回路断路器——LIA）进行通电，回路控制线路的电平反馈至列车尾二级列车控制线路（回路状态线路——LSL）中，二级线路也敷设在整个列车组中，经二级线路，状态评估元件（回路参与者——LP）可对回路具体状态进行查询（通过辅助接触器）。回路中断时，回路状态线路也断电，相应的消息被发送至连接的回路参与者处，随后将产生相应的结果。

出现故障时，通过激活司机室相应的故障开关操作控制回路。故障开关可操作控制全车的回路断路器（LIA）。此外，正常运行的列车控制系统将向回路参与者（LP）“报告”被控的安全回路。

列车控制系统将在软件中对安全回路状态进行跟踪，以便作出可靠的诊断。列车控制系统检测与安全回路中设定点状态的偏差，在诊断系统内报告这些偏差。

诊断系统确保服务人员报告错误事件消息的检测时间较短，并指导乘务员调整列车操作模式，使其适应制动性能降低的情况，从而排除连续和单个事件影响的累积后果。

在 CRH_3 型动车组中制动系统总共有 5 个安全回路：

① 紧急制动回路（Emergency brake loop，EBL）；

② 停车制动监控回路（Parking brake monitoring loop）；

③ 制动缓解回路（Brakes released loop）；

④ 乘客紧急制动回路（Passenger emergency brake loop，PEBL）；

⑤ 火灾报警回路（Fire alarm loop）；

⑥ 转向架监控回路（Bogie monitoring loop）。

1. 安全回路的结构

动车组安全回路是基于动车组的总体控制，CRH_3 型动车组安全回路的基本结构见图 6-30。

通过 110 V 的线路和连接 0 V 的线路在图中用绿线标出。靠近线路的箭头显示通过安全回路的“路径”。所示电路分别用于六个回路，回路控制（LC）除外。控制电路适用于所有回路，它处理回路供电/配置的协作，防止回路因司机室更换、联挂和解编等特殊情况长期断开。

根据闭路原则，正常操作中回路断路器（LIA）的触点处于接通状态，回路状态线路（LSL）通电，这样会激活回路状态继电器（LSR），并将“高”（110 V）状态报告给回路参与者（LP），LP 直接评估回路状态。如果一个激活的 LP 决定一个状态值得报告，它会断开回路断路器（LIA），回路状态线路（LSL）采用“低”状态，LSR 断开。

2. 安全回路的功能

回路控制包括以下功能模块

1）回路闭合（包括操纵端模拟）

回路电源供应的激活是在处于列车端部的有人操纵司机室，确保操纵端安全回路的供电。

安全回路一旦被供电就会工作。“回路闭合”功能模块的主要作用就是保证电源供应，其先决条件是蓄电池主接触器闭合或牵引模式开关被激活。

因为存在操纵室无人的工作模式（例如，司机室的变化），此时的回路要保证是激活状态，对此种工作模式回路的功能给予延伸，此时用一个辅助电路（FR 模拟）模拟特殊情况下的有人操纵司机室，并以此保持电源的供应和回路的功能。

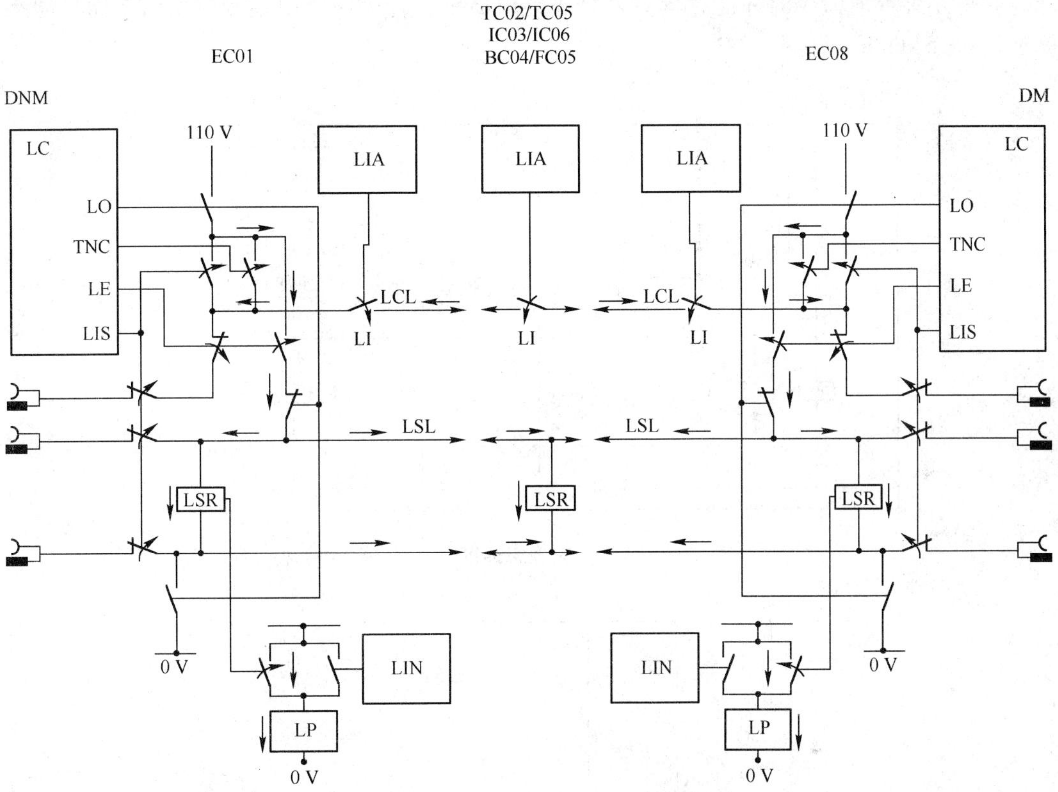

图6-30 CRH₃型动车组安全回路基本结构

DM—操纵端（Driver's cab manned）；DNM—非操纵端（Driver's cab not manned）；LC—回路控制（Loop control）；LCL—回路控制线路（Loop control line）；LE—回路端（Loop end）；LI—回路断路器（Loop interrupter）；LIA—回路断路器（施动者）（Loop interrupter (actor)）；LIN—回路禁用（仅限EBL）（Loop inhibiting (EBL only)）；LIS—回路隔离（Loop isolation）；LP—回路参与者（Loop participant）；LO—回路接通（Loops on）；LSL—回路状态线路（Loop status line）；LSR—回路状态继电器（Loop status relay）；TNC—列车未联挂（Trains not coupled）

2）回路隔离

回路隔离的作用在于保持处于失电头车钩的安全回路之间的联系，并维持单独的各安全回路，防止出现不明确状态。在解钩时该功能也将被激活，并保证在列车分离之前形成两个独立定义好的安全回路。

3）静止状态标准（$v<5$ km/h）

信号“$v<5$ km/h”由制动控制生成并且传递到一个辅助接触器。一旦处于EC或TC中的BCU报告静态，静态标准信号将产生在头车。“$v<5$ km/h”继电器的诊断发生在CCU中，见图6-31。

3. 联挂状态

联挂状态的确定是在每个头车通过电力连接的两个接触器实现的。在该过程中，每两个接触器分别闭合另一个头车的电路并激发一个辅助接触器（K1），该接触器报告工作状态“电气联挂”。实际的联挂状态存储在双稳态继电器K3中，状态“电气联挂”只有当同时获得几个释放命令时才能存储在双稳态继电器中，释放命令由控制层发出，而且静态标准为 $v<5\ \mathrm{km/h}$，见图 6-32。

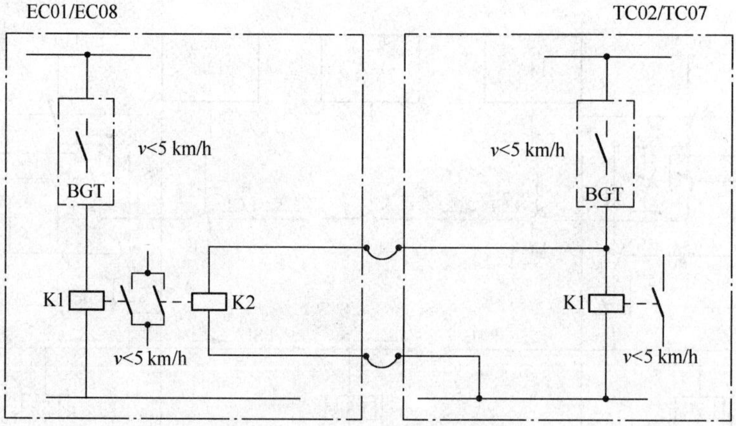

图 6-31　生成静态标准（冗余）

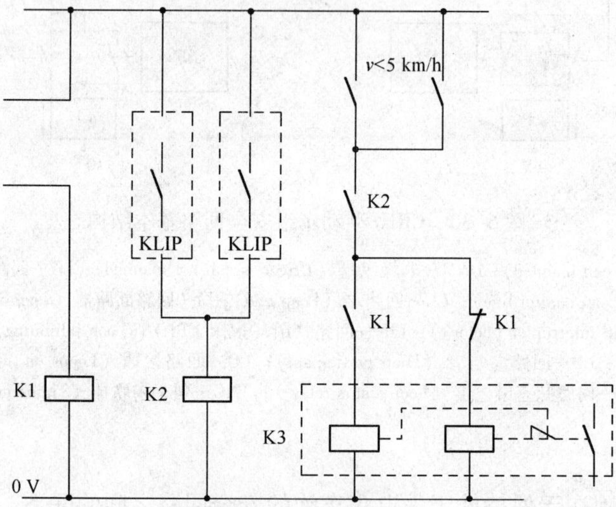

图 6-32　实施联挂状态

4. 回路的工作模式

1）正常模式

正常模式（也称“准备”模式）的特征是采用操纵端（非联挂的头车）的操作（由于运行方向控制开关移出 0 位）。从安全回路的角度分析，达到这种工作模式不需要其他(附加的）操作行为。

2）回路从“断开”状态转换为闭合状态

在蓄电池断路和关闭模式下，蓄电池主接触器是不工作的。安全回路、回路控制及制动部分的电源供应也都关断。在这种模式下回路继电器失效，因为紧急制动阀被高度激活，PB 将无法输出。

一旦接通蓄电池主接触器，处于电池供电状态的头车上的 FR 模块将被激活。随着 FR 模块被激活，即使司机室无人操纵，回路也将被供电，如果回路控制线没有中断，回路继电器将被激活或保持激活状态。

对于重联，可允许接通两个头车（没有联挂的头车）的蓄电池电源。接通联挂头车的其中一个司机室的蓄电池电源时并不能形成回路（回路保持断开）。

回路接通状态依靠中断各回路的每个单独系统。在电源上升过程中，系统的一个回路中继器导致回路断开。

3）正常工作模式有几个操纵司机室时的回路性能

操纵列车时，不允许在几个司机室操纵。如果同时在几个司机室操纵，则所有的安全回路将断开，并且紧急制动功能被激活（BP 释放）。

4）列车的联挂和解编

联挂时，当联挂成功，司机室有人操纵时，动车组的安全回路连在公共回路上。解编时，当解编阀门断开时，从每个车的公共安全回路中，两个各自的回路就形成了。

5. 改变工作模式时激活的回路故障开关

① 当司机室变更和联挂、解编的过程中，在离开司机室前（FR 模拟是激活的），所有回路故障开关都放在正常位置（ON 的位置），这样，故障回路的状态继电器断开。开始在一个新的司机室操纵时，当把运行方向开关从 0 位移出后，故障回路的故障开关必须重新按下。这样就取消了被激活的安全回路。

② 当更换司机室时，如果一个故障开关指在 OFF 位置，只有当另一司机室有人操纵时，回路才会断开，因为它们必须通过启动故障开关而被忽略。缺点是如果故障回路被储存，那么无人操纵司机室里那个故障开关必须重新放在 ON 的位置上。

③ 在一个无人操纵司机室中，假如一个故障开关指在 OFF 位置，将有一个信息发给司机。在一个错误的 KLIP 输出时，为了防止 EB 阀被错误地激活，如果有一个现存的故障，那么在更换司机室和联挂、解编操作时，“EB 阀”故障开关将被放到“断开”位。

6. 紧急制动回路（EBL）

紧急制动回路的作用是向列车内所有制动组件发送紧急制动请求，该过程不受列车控制系统的影响，独立于其他指令。各制动部件通过评估紧急制动回路（EBL）状况，并触发（分散的）紧急制动动作，从而全面提供最大制动力。

这些系统包括列车自动保护系统 ATP（部分通过辅助接触器）、停车制动监测回路、转向架监测回路、ASD、制动力控制器及司机室内的紧急停车按钮，它们通过紧急制动请求辅助接触器来中断紧急制动回路。引起紧急制动的因素见表 6-1。

表 6-1　引起紧急制动的因素

因　素	列车动作模式	备注
停车制动监视环	紧急制动直到停止	列车停止前停车制动监视环一直保持开的状态

续表

因　素	列车动作模式	备注
转向架监视回路	在转向架监视环断开期间进行紧急制动	通过司机可以进行重新复位
SIFA/ASD	最大常用制动，直到有一个 ASD 控制单元被激活	最大常用制动的紧急制动
ATP	紧急制动直到列车停止	
制动力控制器	紧急制动，直到制动力控制器从 EB 位移出	
紧急按钮	紧急制动，直到紧急制动按钮复位	
旅客紧急制动	紧急制动，直到列车停止	通过制动力控制器作用可以使紧急制动延时，以避免列车停止在隧道中或桥梁上

7. 停放制动监控回路

停车制动监控回路监测停车制动器（弹簧制动器）的实施状态，可确保在列车行驶时如果错误实施了停车制动，制动盘不会过度磨损或过热。如果在列车行驶时通过回路报告实施了停车制动，将使司机室中发出声音信号。此外，还将通过中断的紧急制动回路或列车控制系统实施紧急制动。

如果停车制动缸中的压力小于最低值或列车速度大于 2 km/h，在配有停车制动器的车辆（TC01、TC08、BC04 和 FC05 车）上，制动控制单元的触点将中断停车制动监控回路。

将操纵端的故障开关“停车制动监控回路”切换至“关”的位置，可禁用停车制动监控回路。由于列车行驶时未通过 EC01/EC08 车制动控制单元（中央制动管理）缓解停车制动，因此只能通过列车控制系统和制动实施来监控停车制动状态。

如果由于出现故障导致实施了紧急制动（在非操纵端中，如果紧急制动回路中断，将导致 EC01/EC08 头车中的回路中断），则无法忽略非操纵端内的停车制动监测回路。此时，需要激活操纵端的故障开关“紧急制动回路”。

拖曳无电列车（电池主接触器被断开）时，激活拖曳模式，可使停车制动监控回路通电，实现停车制动监控回路可干预紧急制动阀，还可启用回路控制系统及紧急制动阀（和列车尾灯）。尽管拖曳列车的电池主接触器已断开，但还需监测停车制动器的状态，以防在实施了停车制动时拖曳列车。

列车停车（电池主接触器断开）时，切换司机室故障开关面板上的故障开关“拖曳模式”，将导致拖曳模式被激活。拖曳模式处于激活状态时，LSS 面板上的线路安全开关“拖曳模式”可为停车制动监控回路供电，停车制动监控回路可干预紧急制动阀，还可为回路控制系统及紧急制动阀（和列车尾灯）供电。如果触发了该线路安全开关，则拖曳模式将被禁用。

停车制动监控回路由位于司机室 LSS 面板上的线路安全开关停车制动监控回路、火灾报警回路、转向架监测回路、制动缓解回路电源供电。触发该线路安全开关，将导致停车制动监控回路（以及同时火灾报警回路、转向架监控回路和制动缓解回路）被中断。

8. 制动缓解回路

制动缓解回路监测气动制动器的实施状态，可确保在列车行驶时如果错误实施了气动制动，制动盘不会过度磨损或过热。列车行驶时，如果通过回路报告实施气动制动，则列车控制系统将使列车停止行驶。

列车行驶期间，如果气动制动缸的压力超出限制，全车制动缸压力开关的触点将断开制动缓解回路。

将操纵端中的故障开关“制动缓解回路”切换至“关”的位置，制动缓解回路被禁用。此时，只能通过列车控制系统监测气动制动状态。

制动缓解回路由位于司机室 LSS 面板上的线路安全开关停车制动监控回路、火灾报警回路、转向架监测回路、制动缓解回路电源供电。触发该线路安全开关，将导致制动缓解回路（以及停车制动监控回路、火灾报警回路、转向架监控回路）被中断。

9. 乘客紧急制动回路（PEBL）

乘客紧急制动回路是一个与列车控制无关的信号线，乘客紧急制动回路向司机室发出视听方式的旅客紧急制动请求报告，并使 EC01/EC08 头车的制动控制单元（中央制动管理）触发全面行车制动。

如有必要，可在危险区域（隧道中或桥梁上）禁用制动，随后再重新启动。将司机操纵台上的“司机制动阀”向前调至终端位置，在危险区域可忽略乘客紧急制动（在隧道中或桥梁上）。将制动力控制器向后调后，制动将缓解，随后将自动再次实施。

将操纵端故障开关“乘客紧急制动回路”切换至“关”的位置，可以禁用乘客紧急制动回路。此时，紧急制动拉线匣的监测只能由制动控制单元逐车实施，由于拉线匣已激活，头车的制动控制单元（中央制动管理）将触发制动。

乘客紧急制动回路由位于司机室 LSS 面板上的线路安全开关乘客紧急制动回路电源供电。触发线路安全开关将导致乘客紧急制动回路中断。

10. 火灾报警回路

火灾报警回路是一条与列车控制无关的警报线，当列车组出现火灾时，火灾报警回路将发出火灾报警信号。如果通过回路报告了火灾报警信息，司机室中将出现视听信号，司机可通过回路状态接触器看到信号，声音信号将通过各车声音发送系统传输给乘务员，列车员工通过每节车厢的声音传播听到信号。

全车的火灾报警探测控制单元（FDCU）触点在火灾报警期间可将火灾报警回路中断。为确保火灾报警回路在 FDCU 破环的情况下不再自行闭合，火灾报警将通过接触器电路切换至自持模式。

一旦列车火灾报警发生，火灾报警回路的所有回路状态继电器（LSR）必须断开。另外，CCU 可读取 LSR 的情况，通过司机的 MMI 声音信号传给司机。

火灾报警回路忽略是由于操纵端的“火灾报警回路”故障开关放到“关”的位置上，结果将导致动车组的火灾报警回路不再监控。“火灾报警回路”故障开关的位置由列车控制来识别，会产生司机的 MMI 的记录信息和相关信息；如果故障开关在非操纵端起作用，回路断开并且通过 CCU 在司机的 MMI 产生相关信息。

火灾报警回路由位于司机室 LSS 面板上的线路安全开关停车制动监控回路、火灾报警回路、转向架监控回路、制动缓解回路电源供电。触发该线路安全开关，将导致火灾报警回路（以及停车制动监测回路、转向架监测回路、制动缓解回路）被中断。

各车的忽略电路由位于各车（仅操纵端有自动列车保护系统）上的线路安全开关紧急制动回路、自动列车保护、火灾报警中心供电。触发该线路安全开关将导致无法忽略相应车上的火灾报警中心（以及紧急制动回路和自动列车保护）。

11. 转向架监控回路

转向架监控回路可防止转向架、轴和车轮损坏，或确保受损情况被及时发现。转向架监控回路中断除了使司机室出现声音信号，还将通过断开的紧急制动回路实施紧急制动。然而，只有当转向架监控系统触发的全面行车制动未生效时，回路中断才会出现。

使用转向架监测系统的触点可中断 EC01/EC08 头车内的转向架监控回路。转向架监测系统监测车轴轴承的温度（热轴箱监测）及动车组所有转向架的运行平稳性（运行平稳性监测）。此外，当超过极限值且全面行车制动未生效时，断开转向架监控回路。

转向架监控回路在头车里用回路继电器断开紧急制动回路，引起紧急制动要求，主风管通过 EB 阀被排风。回路中断器在非操纵端总是被忽略的。

转向架监控回路的忽略是由于操纵端的转向架监控回路故障开关放到“关”的位置上，使转向架监控回路不再监控。转向架监控回路故障开关的位置由列车控制来识别，当操纵端的开关放置在“关”位置时会产生回路忽略，司机的 MMI 也会产生记录信息和相关信息；如果故障开关在非头车司机室起作用，回路断开并且通过 CCU 在司机的 MMI 产生相关信息。

如果由于出现故障导致实施了紧急制动（在非操纵端中，如果紧急制动回路断开，将使操纵端中的回路断开），则无法超控非操纵端内的转向架制动监控回路。此时，需要激活操纵端的故障开关“紧急制动回路”。

转向架制动监控回路由位于司机室 LSS 面板上的线路安全开关停车制动监控回路、火灾报警回路、转向架监控回路、制动缓解回路电源供电。触发该线路安全开关，将导致转向架监控回路（以及停车制动监测回路、火灾报警回路、制动缓解回路）被中断。

6.5.3 气路原理

CRH_3 型动车组的直通式电空制动系统是由电子制动控制单元来控制，电子制动控制单元接收并解读来自牵引/制动控制手柄或信号系统的制动指令，然后发出电信号控制空气制动控制单元。

直通式电空制动系统的气路原理见图 6-33。压缩空气从总风管经止回阀流至制动风缸，当总风压力不足时，止回阀可确保制动风缸内有足够的空气压力。制动风缸为空气制动控制单元提供风源，空气制动控制单元负责空气制动的控制。

在空气制动控制单元内，电空转换阀将来自电子制动控制单元的电信号转换成相应的

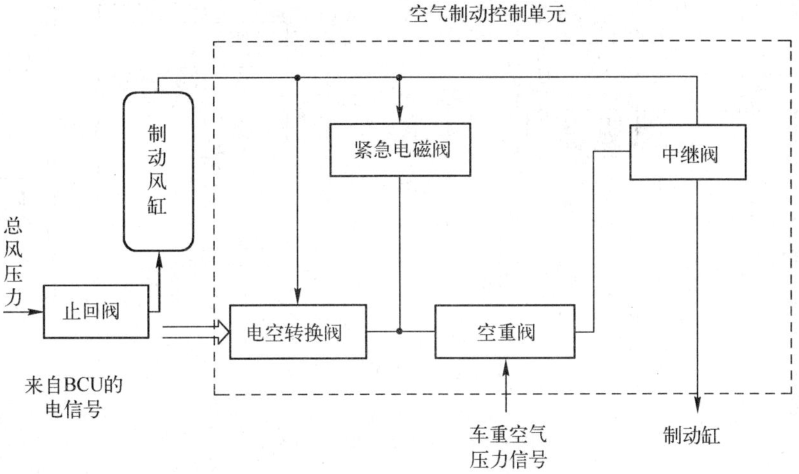

图 6-33　直通式空气制动系统原理图

预控制空气压力。常用制动时，紧急电磁阀失电关闭，从电空转换阀来的压缩空气经空重阀进入中继阀，经过中继阀流量放大后，输出的压缩空气充入制动缸。空重阀可根据载重情况，限制中继阀预控压力的设定值，在制动缸压力控制电路出现故障时保护转向架设备。常用制动时，制动力随载重的调整由从电子制动控制单元发送至电空转换阀的制动指令信号控制。

紧急制动时，紧急制动安全回路断开，紧急电磁阀得电打开，从制动风缸来的压缩空气经紧急电磁阀进入空重阀和中继阀，施加与载荷相应的紧急制动压力；此时，如电子制动控制单元处于正常工作状态，可同时控制电空转换阀产生紧急制动压力。紧急制动指令同时也发送给备用的自动空气制动系统，制动管的压缩空气也通过一个紧急排风阀迅速排空，继而触发分配阀产生紧急制动动作，制动控制原理见图 6-34。

图中，B01、B10 为制动控制单元（BCU）；B60 为空气制动控制单元；B55 为分配阀；F06 为撒砂装置；B06 为风源控制塞门。

司机或车辆控制系统发出制动指令后，制动控制单元（BCU）B01 或 B10 进行制动力计算，并负责完成整列车制动力的分配。每车制动控制单元是依据本车载重计算出所需的制动力。常用制动时，控制电磁阀 B60. 02 得电；紧急制动时，控制电磁阀 B60. 03 得电，从而完成常用制动或紧急制动预控压力的建立，该压力经双向阀 B60. 04 和空重阀 B60. 05 进入中继阀 B60. 07，经中断阀的流量放大作用后，压缩空气充入转向架的单元制动缸，产生制动作用。

因该制动采用分级制动力控制，为此，设有电磁阀 B60. 08，制动控制单元通过控制其在 200 km/h 时的得/失电状态，为中继阀提供分级制动力控制。

空气分配阀则与制动管直接相联，当制动管的压力变化时，空气分配阀 B55. 02 会产生相应的动作，实现制动预控压力的建立。该压力到达双向阀 B60. 04，与前述直通电空制动压力进行对比，较大者经双向阀及空重阀到达中继阀，最终完成对制动缸压力的控制。

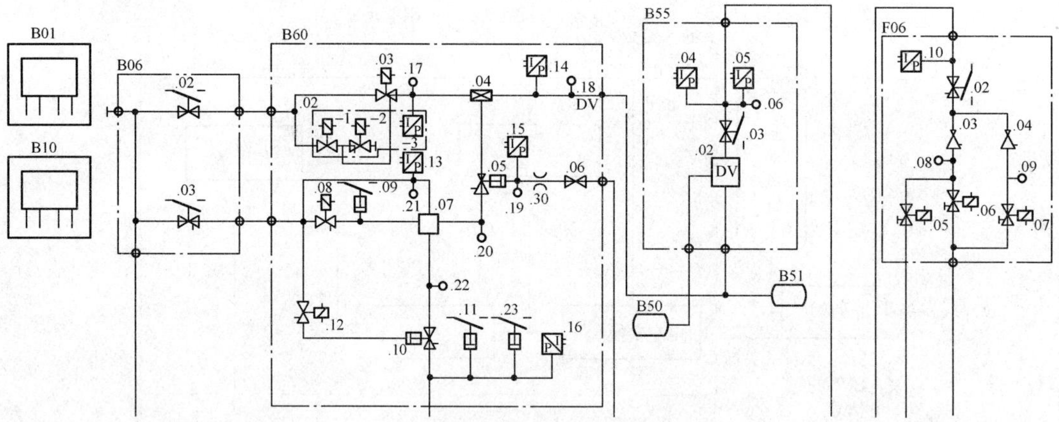

图 6-34　制动控制原理图

6.5.4　空气制动与电制动的联锁控制

空气制动与电制动的制动力分配是由制动控制单元 BCU 控制的，BCU 经 MVB 和 WTB 读取牵引系统是否可进行再生制动的信号，并依据车辆制动力设定值的请求，按设计的复合制动模式完成电制动力与空气制动力的分配。

常用制动时，优先使用电制动；电制动不足或不可用时，由空气制动力进行补充。CRH_3 型动车组可利用的电制动的特性曲线见图 6-35。

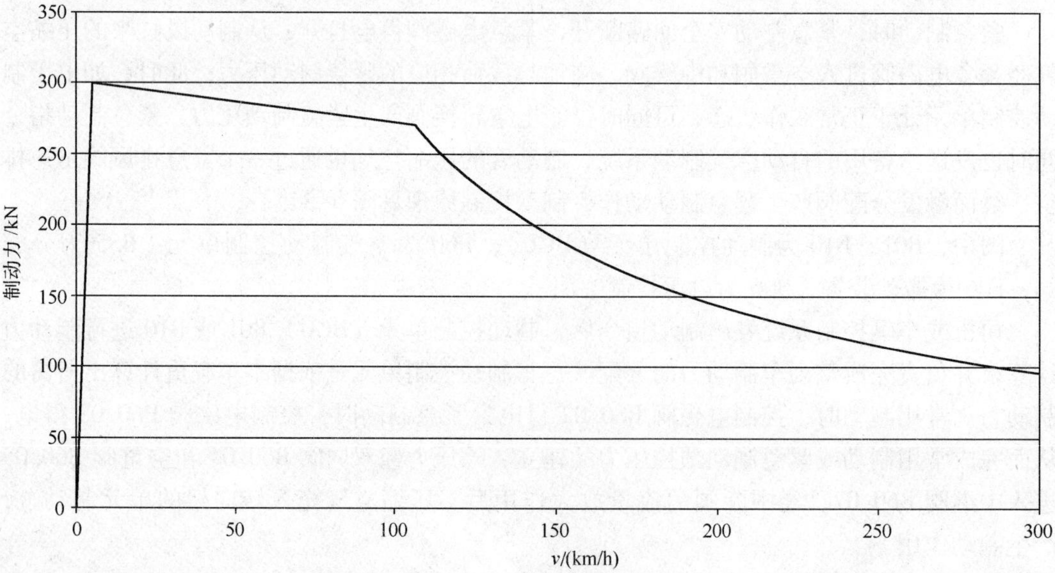

图 6-35　电制动特性曲线

由图可见，动车组在高速阶段电制动力较小；随着速度的降低，电制动力逐渐增加。常用制动时，电制动力不足，由 BCU 控制直通电空制动控制单元补充空气制动力。紧急制动时，因需要产生最大的制动力，电制动与空气制动同时施加，紧急制动电空复合模式见图 6-36。

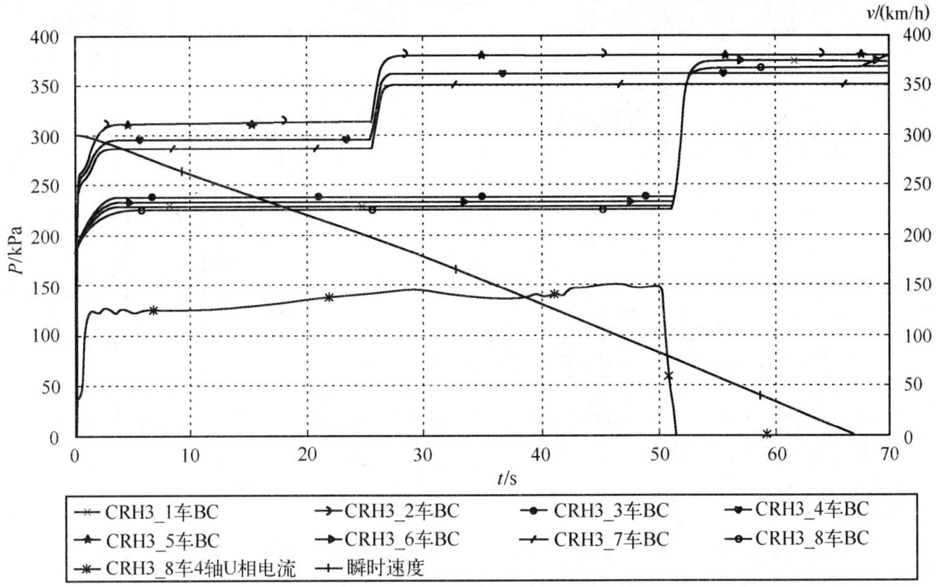

图 6-36 紧急制动电空复合模式

由图可见，当列车速度降至约 80 km/h 时，再生制动不起作用，全列车实施空气制动。速度大于 80 km/h 时，动车组施加相对较小的空气制动力；速度小于 80 km/h 时，其空气制动力明显增加。该控制模式是通过图 B60.08 电磁阀的得失电实现的。而对于拖车，因其不具有电制动，其制动力以速度 200 km/h 为分阶点，进行两阶制动控制。

6.5.5 电气原理

CRH3 型动车组空气制动系统的电气原理见图 6-37。电制动和空气制动的协调由制动控制单元（BCU）、牵引控制单元（TCU）和列车中央控制系统（CCU）进行控制。在一个牵引单元（4 辆车）内，数据交换由多功能车辆总线（MVB）来完成，牵引单元之间的通信由列车总线（WTB）支持。

常用制动时，制动力的设定值与“司机制动控制器”手柄扳动的角度成比例，设定值也可由列车保护系统规定。司机制动控制器有八级常用制动位和一个紧急制动位。每级制动都符合列车管理程序给定的设定值，其中 8 级常用制动是最大常用制动位。

为了最大限度地减少磨损，常用制动优先使用电制动，电制动力不足时才由空气制动进行补充。制动控制单元通过多功能车辆总线 MVB 读入制动指令值，控制本车电制动和空气制动的复合方式。制动施加/缓解状态记录在每节车的制动控制单元（BCU）中，同时还通过数据总线（MVB）和 WTB 报告给司机。

制动操作主要通过“司机制动控制器”进行。制动级位取决于制动控制器手柄的位置，手柄的位置由电子装置检测。当手柄置于紧急制动位时，制动管直接排风，并执行电空紧急制动。

司机制动控制器的制动力设定值和列车保护系统规定的设定值通过列车控制系统读入，并在列车管理范围内对电制动和空气制动进行分配。列车管理系统确保在制动过程中

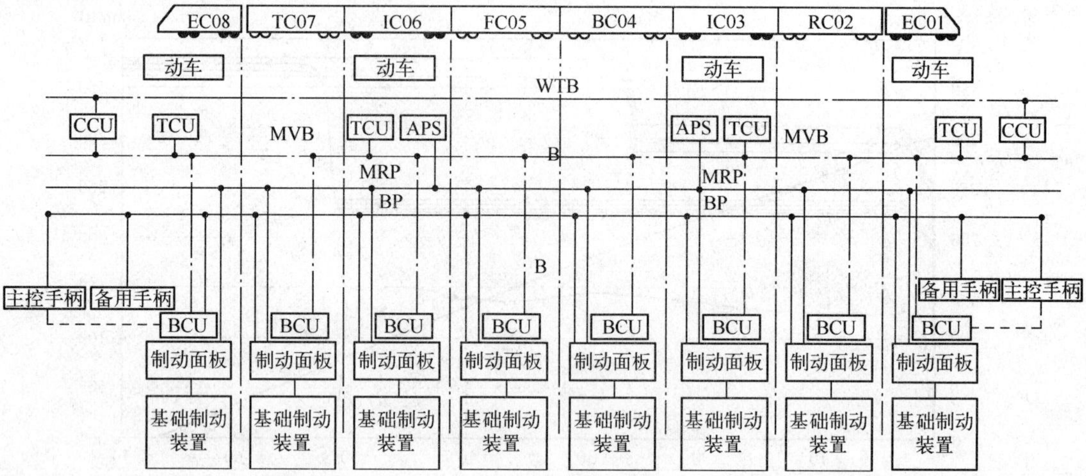

图 6-37　制动系统电气原理图

WTB—列车总线；APS—压缩空气供给系统；MVB—多功能车辆总线；MRP—总风管；BP—制动管；CCU—中央控制单元；TCU—牵引控制单元；BCU—制动控制单元

不会因过高的制动力导致轮轨黏着系数超标，确保列车空气制动装置的载荷均匀。载荷均匀的目的是磨损最低，防止空气制动装置出现过热现象。

司机制动控制器发出的制动指令进入 EC01 车制动控制单元（BCU），主 BCU 负责整车制动力的分配，通过 MVB 和 WTB 将制动力分配信号发送至每车的 BCU，由每车的 BCU 控制本车制动力的复合和建立。

6.5.6　故障诊断及信息

制动系统通过带电接点的截断塞门及各种速度传感器采集外部零部件的信息，并将这些信息输入制动控制单元（BCU），由其对车辆制动系统状态进行判断，并将出现的故障和车辆制动状态通过 MVB 和 WTB 发送至司机室显示器，以便于车辆的运行控制和故障处理。

制动系统的故障诊断主要包括以下几方面：影响安全、功能监测、制动试验故障等。

1. 影响安全故障

影响安全故障如制动不缓解、运行中停放制动意外施加、转向架横向加速度超标、车轴抱死、列车分离等，这些故障的存在严重影响车辆的运行安全。为此，BCU 会依据故障的重要等级触发紧急制动。

2. 功能监测

功能监测如各种截断塞门的位置、各种传感器的状态、制动工作状态等，通过功能的监测，司机可随时掌握车辆制动系统的状态，并为地面维护提供支持。

3. 制动试验故障

动车组在运行前，需进行一系列制动试验，以检查车辆制动系统的功能是否正常。这些试验司机可按 BCU 提供的指示，按步实施，制动控制单元需对试验结果进行诊断，确定车辆制动状态及存在故障的情况。

上述故障诊断均由制动控制单元（BCU）完成，并通过 MVB 和 WTB 进行信息的传输。故障信息储存在制动控制单元中，并在司机室显示器显示，以便于故障处理和车辆运行控制。

6.6 CRH3 型动车组连挂与回送

6.6.1 连挂方式

若动车组本身已不能继续正常运行，例如因为轴损坏，损坏的转向架必须放在应急转向架上，应急转向架有一套标准设计；若因电气部件或者电缆损坏，则此时无法使动车组再次恢复整备，此时动车组需要连挂回送。列车回送之前，应将该车关闭。

根据连挂/回送车辆的种类，有两种方式用于 CRH3 型动车组的连挂/回送，一是同种类型列车间的连挂/回送；二是不同种类型列车间的连挂/回送。两种方式都是在没有乘客的情况下进行连挂/回送作业。在不同种类列车连挂/回送作业中所采用的过渡车钩不应超出其许用载荷。

1. 同种类型列车间连挂/回送

同种类型列车间连挂/回送指的是一列车（CRH3）由另外一列同样的列车（CRH3）进行连挂/回送的情形。两列动车组中的一列不能依靠自身进行牵引。连挂/回送有下列几种情形。

1）牵引力失效

当列车牵引力失效时，被连挂/回送列车的工作状态：通过受电弓进行车载供电（直流及交流供电），列车控制处于工作状态；包括制动在内的压缩空气系统功能良好。

当两列车都处于正常运行准备状态时（被连挂/回送列车和连挂/回送列车），应用“挂车编组/解编”概念。这种状态的先决条件是只有动力车（牵引设备）故障，车载供电和其他部件状态良好。在这种情况下，通过电气连接（直接制动）实现两列车间的紧急制动环制动信号的连接。因此，从制动的角度来说，被连挂/回送的列车的控制和调节方式与两列车的重联方式是一样的。

2）接触网电压供电失效

当接触网电压供电失效时，被连挂/回送列车的工作状态：通过蓄电池有选择地给直流和交流部件进行车载供电，列车控制处于工作状态；压缩空气供应（空气压缩机）失效。

如果在被连挂/回送列车上诊断到供电故障（例如受电弓损坏），连挂/回送列车必须提供控制功能，通过重连实现控制被连挂/回送列车。

3）供电的全部失效

当所有的供电设备全部失效时，被连挂/回送列车的工作状态：电气系统的供电全部失效（包括电池），同时被连挂/回送列车也诊断出紧急供电的失效，借助重连不能给被连挂/回送列车提供任何紧急供电；所有电气部件停止工作；列车控制被切断，整体的压缩空气供给失效。

在这种情况下，只有自动式空气制动可以起作用，在回送其间通过制动管实施只有空气制动力的制动方式，并且通过总风缸管提供压缩空气。

4）空气制动失效

当空气制动失效时，被连挂/回送列车的工作状态：压缩空气系统失效（例如制动管故障）。

在这种情况下，被连挂/回送列车没有空气制动系统，只有连挂/回送列车承担空气制动。通过切断总风管和制动管使两列车之间的压缩空气被隔离（连挂/回送列车与被连挂/回送列车之间）。

特别注意，如果检查出被连挂/回送列车只有部分列车发生故障，而且这一部分列车远离连挂/回送列车，只需隔离有故障的部分，完好的其他部分列车可以采用本车的制动力被连挂/回送。在这种情况下，最大连挂/回送速度取决于连挂/回送列车（指的是连挂机车）和被连挂/回送列车重量。

另外，当列车连挂/回送时应当遵守线路坡度及倾斜条件，按照相关规定速度行使。

2. 不同种类型列车间的连挂/回送

不同种类型列车间的连挂/回送发生在装有 AAR 型号车钩的机车与 CRH_3 型动车组之间。在这种情况下，需要一个紧急过渡车钩用于机械连接。紧急过渡车钩由 CRH_3 型动车组随车配备，有关过渡车钩的所有部件放置在 FC05 车的车底。同时也准备了一个工具包。

1）紧急过渡车钩的目的

该过渡车钩只能用于装有中国标准车钩的机车（AAR 型号车钩）连挂/回送 CRH_3 列车，过渡车钩安装在 CRH_3 型动车组车钩的头部，过渡车钩同时起到提供推和拉的作用力外，还起到了在两个不同高度车钩系统间的过渡作用。在标准情况下，牵引机车车钩的平均高度为 880^{+10}_{-5} mm，而 CRH_3 型动车组车钩的高度为（1000 ± 10）mm。

中国机车的车钩允许钩头有垂向位移，允许应用点的强度变化超出公差范围。紧急过渡车钩必须保证这种运动。

除了机械车钩连接外，在风源的部位还要求有空气连接。为了连接两部分的压缩空气，紧急过渡车钩必须配备各两个空气截断塞门和空气软管，允许和连挂/回送机车间进行直接的空气连接。紧急过渡车钩是一个由几部分构成的车钩，作为一个固有部件在每列 CRH_3 型动车组内配备，而且将其放置在 FC05 车某个合适的部位。

在连挂/回送过程中，应当严格遵守过渡车钩的载荷极限，启动加速度不能超过 $0.1\ m/s^2$。在连挂/回送两列动车组的作业中启动时的线路坡度不能超过 12 ‰。另外，在连挂/回送过程中线路坡度不应大于 20‰。

2）不同类型列车间连挂/回送时的制动功能

在不同类型列车间进行连挂/回送时，下列有关制动功能的运行情形必须区分清楚。

第一种，牵引设备失效。被连挂/回送列车的工作状态如下：

① 通过受电弓进行车载供电；

② 列车控制功能正常；

③ 空气制动功能正常。

通过对连挂/回送列车的制动管及其被连挂/回送列车自身的压缩空气对其制动进行控制。被连挂/回送列车提供自身全部的制动力。由于被连挂/回送列车的紧急制动环 EBL 不能被连挂/回送机车控制，因此制动激活时间增加，并且导致制动距离变长。

第二种，压缩空气供应失效。被连挂/回送列车的工作状态如下：

① 受电弓故障；

② 供电故障；

③ 空气压缩机故障；

④ 压缩空气系统没有压缩空气，但是功能良好。

列车可以通过制动管充气实现对被连挂/回送列车空气制动力的制动，当连挂/回送列车通过总风缸管对被连挂/回送列车提供压缩空气时会延长其制动激活时间（原因是由于缺少紧急制动环 EBL 会延长激活时间，并且延长制动距离）。

第三种，蓄电池车载供电和压缩空气供应都失效。被连挂/回送列车的工作状态如下：

① 蓄电池故障；

② 受电弓故障；

③ 供电单元故障；

④ 空气压缩机故障；

⑤ 压缩空气系统没有压缩空气，但是功能良好。

列车可以通过制动管实现对被连挂/回送列车充气，以实现空气制动力的制动，但是制动激活时间和制动距离延长，在作业过程中连挂/回送列车通过总风缸管可以对被连挂/回送列车提供压缩空气，空气制动车轮防滑系统不能工作。

第四种，空气制动失效。被连挂/回送列车的工作状态如下：

① 压缩空气系统失效（制动管故障）；

② 被连挂/回送列车制动功能丧失。

如果检查出被连挂/回送列车只有部分发生故障，而且这部分列车远离连挂/回送列车，只需隔离有故障的部分列车，完好的那一部分列车可以使用本身的制动力被连挂/回送；否则，列车只能在水平轨道上以低速进行连挂/回送。最大的连挂/回送速度取决于牵引机车和被连挂/回送列车的重量。

只有满足下列条件后，才允许在坡道上对没有制动能力的列车进行连挂/回送启动作业：

① 由两列具有牵引/制动能力的列车进行连挂/回送，一列车（带有若干制动客车的牵引机车）位于 CRH3 型动车组的前部，另外一列位于后部，在坡道或倾斜线路，两列列车同时对被连挂/回送列车进行推、拖或制动，连挂/回送的速度取决于它们的重量及两列车联合制动的可能能力。

② 连挂/回送 CRH3 型动车组的单节车如果不能采用上述①方式，列车就必须被分解，分解后的单个车通过牵引机车拖走，这种情形作为一种绝对紧急措施，只有当极端例外事件或事故发生时才考虑使用这种方式；

③ 对于自动式空气制动，通过牵引机车的制动管可以实现制动信号的传送，制动功

能可以通过牵引机车司机的制动阀和制动管压力的下降来实现。这样的话，通过传统的自动式空气制动可以实现对车辆或动车组进行操作，但制动信号只能由空气实现。最大的连挂/回送速度取决于牵引机车与被连挂/回送列车的制动力百分率。

6.6.2 连挂过程

前端自动车钩可在速度达 2 km/h 执行常规分路操作时实现自动联挂。联挂头位于轨道顶端上方 1 000 mm。在与同一类型的车辆进行机械联挂时，所有电气连接（控制、总线线路等）和气动连接（BP）和（MRP）都自动完成。

联挂头和电气联挂器的正面都装有加热器。加热器防止在低温下冰雪影响联挂程序过程。前端车钩加热器由电子控制电平在室外温度降到约 5℃时启动。

传递压力和拉力由弹簧承载装置弹性地吸收，直到达到规定的最大值。

为了使头部狭窄的两个联挂的动车组之间有充分的自由移动空间，自动联挂器的联杆应设计为可伸缩式。车钩可气动伸出和缩回。制动管（BP）和主储气风缸管（MRP）的气管联挂器位于联挂器正面。保护板端盖保护电气联挂器不被污染（解编位置）。接点位于联挂面的右侧和左侧。保护板端盖防止联挂器的直接接触，并在执行联挂和解编程序时自动打开和关闭。前端车钩金属件的保护接地由两个规定的电气接头每个连接一个保护电阻器实现。对中装置使独立式车钩保持在车辆的纵轴中心线，这可以防止车辆在运行时出现不必要的摆动。

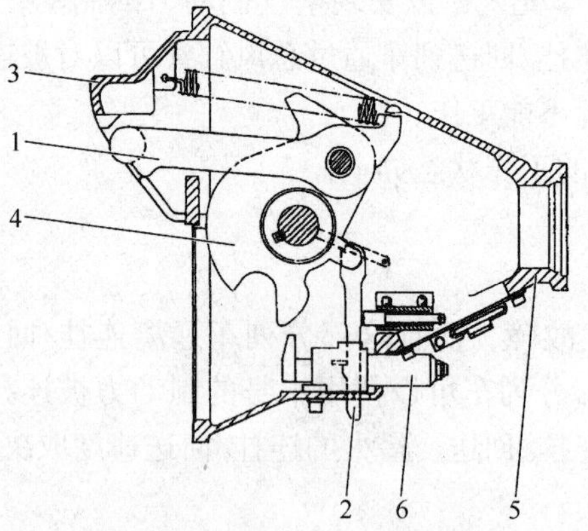

图 6-38　联挂就绪时自动车钩的位置

1—连杆；2—棘轮；3—外锥；4—钩板；5—钩头套；6—气门杆导管

联挂就绪时自动车钩的位置见图 6-38。在该位置，连杆（1）缩回并由棘轮（2）托住放在靠近外锥（3）边缘位置。钩板（4）由弹簧拉紧。棘轮（2）伸出到钩头套（5）侧并与气门杆导管（6）的掣子啮合。

车钩的已联挂位置见图 6-39。钩头面（a）连接时，装有弹簧的气门杆被外锥（3）向后压，抵住棘轮（2），棘轮已被掣子释放。钩锁通过拉簧转向已联挂位置，直到连杆与钩板（4）接合为止，这时，钩板被压到钩头套（5）内的挡块上。

联挂后，钩锁形成平行四边形，确保力均衡。不会出现意外开锁的情况。钩锁仅承受拉伸载荷，这一载荷均匀地分布在两个连杆（1）上。

解编时，装有弹簧的钩板（4）转动，直到连杆（1）从钩板上释放为止。棘轮（2）与气门杆接合后钩锁固定。车分开时，装有弹簧的气门杆和掣子向前移动并释放棘轮。钩锁随拉簧动作转动，直到棘轮与气门杆掣子接合。钩锁再次回到联挂就绪状态。

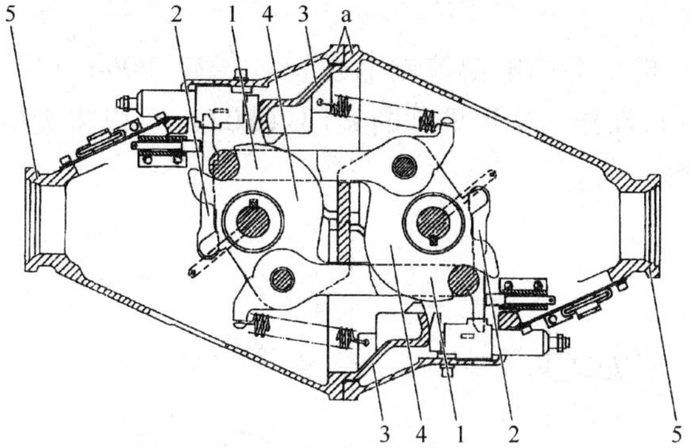

图 6-39　已联挂位置

1—连杆；2—棘轮；3—外锥；4—钩板；5—钩头套；a—钩头面

6.7　CRH3 型动车组气动辅助设备

气动辅助设备包括空气弹簧和所有辅助系统，它们都由空气压缩机提供压缩空气，气动辅助设备主要包括以下设备和系统：

① 空气弹簧装置；

② 风笛（气动喇叭）；

③ 刮雨器装置；

④ 卫生间、门控系统；

⑤ 车钩设备。

6.7.1　空气弹簧装置

空气弹簧装置由主风管提供压缩空气，每个转向架空气悬挂由两个空气弹簧构成。空气弹簧用风主要有：一组气囊，最小和最大容积分别为 67 L、72 L（每个转向架有 2 个气囊）；气囊的附件容积（在摇枕转向架里，每个转向架有一个附件容器）为 110 L。

空气弹簧充气开关的设计，要防止由于充气过量，导致危险状态的出现。因此每个转向架里必须安装调整阀，根据车辆载荷调节空气悬挂的气压。为了改善运行质量，每套气囊式空气弹簧包括一个附件容器（转向架中有横梁）。每个转向架的水准测量系统必须有以维护为目的的试验接口。

来自总风缸管的压缩空气通过溢流阀、节流阀流向三通塞门。采用溢流阀的目的是当总风缸管的压力变低时，优先向制动系统供风，该阀将阻止空气流向悬挂装置，直至总风缸管达到预设的压力值（670 kPa）。而三通塞门用于在发生故障或维护时隔离每辆车的水平高度调整系统。

6.7.2　风笛

风笛设备即声音信号设备，是一种高度安全系统。它安装在头车前端。每个头车装有“高”音（P04）和“低”音（P05）两个喇叭，分别在市区或郊区使用。风笛由主空压机提供压缩空气。

风笛可以通过在司机桌上的电钮控制电磁阀（P03，P06）启动风笛，也可以通过脚踩阀（P07）对风笛进行操作。桌柜里截断塞门（P02）可以将喇叭系统的空气关闭，风笛作用原理见图6-40。

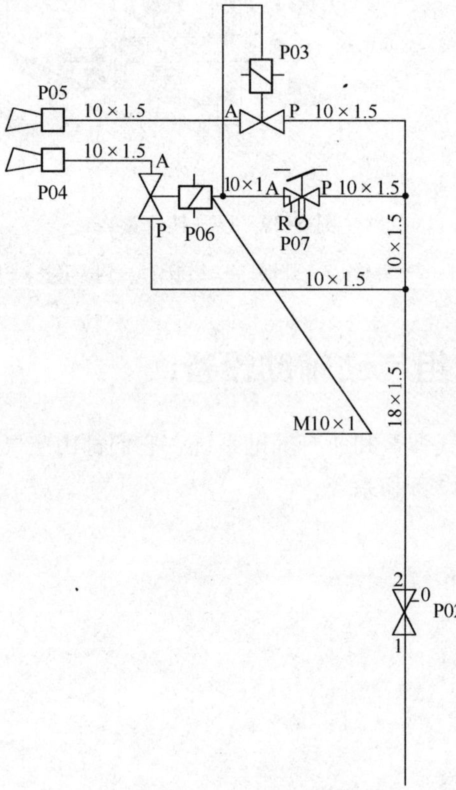

图6-40 风笛作用原理图

6.7.3 刮雨器装置

雨刷系统位于动车组两端的司机室。雨刷系统由电子控制的气动雨刷和清洗系统组成。雨刷驱动装置安装在前挡风玻璃下方。根据速度的不同，雨刷系统的功能有两个。

① 无痕擦拭，速度可高达160 km/h；

② 擦拭功能运转，速度可高达330 km/h 。

动车组采用的并行雨刷臂是在采用了流体技术最佳化的雨刷臂断面和特别考虑到整体设计的情况下而研制的。并行雨刷臂的外形和大小与整体设计相协调，所选择的造型可以使雨刷臂在停车位置上不会影响动车组司机的视野。

雨刷臂擦拭角度为55°，包括因材料弹性可能导致的雨刷臂过度摆幅，总擦拭角度为 $55° + 2 \times 8° = 71°$。

主雨刷臂固定在雨刷驱动轴上，并行雨刷臂固定在装于固定板上的一个并行轴上。挡风玻璃清洗液通过雨刷驱动轴和整合在主动臂上的软管线经喷嘴喷洒在挡风玻璃上。在清洗过程中，当清洗键持续启动时，挡风玻璃清洗剂被不断送到前挡风玻璃上。整个挡风玻璃雨刷和清洗系统都是免维修的，除了雨刷片。

整个雨刷系统是由雨刷装置、清洗装置和应急运行装置组成的。

1. 雨刷系统

雨刷系统由控制装置、快速通风阀、装置单元、雨刷驱动装置、固定板、雨刷臂和雨刷片组成，见图 6-41。

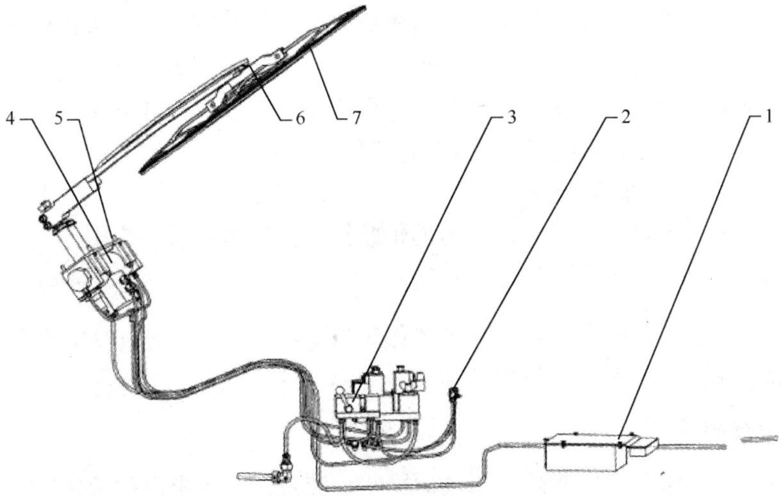

图 6-41　雨刷装置

1—控制装置；2—快速通风阀；3—装置单元；4—雨刷驱动装置；5—固定板；6—雨刷臂；7—雨刷片

1）控制装置

电子控制装置根据来自车辆的总信号（“$v<5$ km/h”、“驾驶室有人”和“洗车”），以及擦拭系统两个控制装置（选择开关和擦拭速度及间歇性间隔定时开关）上的设置来设定雨刷操作模式。雨刷驱动装置由电子气动装置单元（停车、擦拭和中央位置电磁阀和擦拭速度比例阀）控制。该电子控制装置利用装在雨刷驱动装置上的传感器优化和监控擦拭动作。它有一个在系统发生故障时就会打开的零电位触点。

可能发生的系统故障：雨刷驱动装置的工作状态与选择开关上设置的功能不符（如给定状态是停车，而雨刷臂并不在停车位置）或发生内部电子故障。一旦系统故障得到解决，该触点会自动复位。

2）快速通风阀

快速通风阀可缩短雨刷驱动装置从停车位置转到擦拭工作方式的启动时间，必须安装在雨刷驱动装置和装置单元之间，尽可能靠近装置单元。

3）装置单元

电子气动装置单元将电子控制装置发出的信号转换为雨刷驱动装置的气动功能。维修时在装置单元中预接一个截止阀。

4）雨刷驱动装置

配有一个液压阻尼装置的雨刷驱动装置的供电是通过电子气动装置单元气动完成的。

产生的转矩通过转轴发送给雨刷臂。那些安装在雨刷驱动装置中的将进一步处理的电子信号传输给电子控制装置的传感器监控着驱动装置的终端位置。雨刷驱动装置由驱动轴传导挡风玻璃清洗剂，实施所有擦拭动作。

5）固定板

固定板用来将雨刷驱动装置固定在车内，并带有雨刷驱动轴和并行轴的支承部位。

6）雨刷臂

雨刷臂设计为带有自适应擦拭区的并行雨刷臂，主雨刷臂和并行雨刷臂在停车位置上是完全重合的。每个雨刷臂有一个夹紧支架，用来将主雨刷臂固定在雨刷驱动轴上，将并行雨刷臂固定在并行轴上。在主雨刷臂和并行雨刷臂上集成了拉伸弹簧，用来调整雨刷片的接触力。雨刷臂内和上面都集成了可调清洗喷嘴。

7）雨刷片

两个雨刷片由一个可平均分布接触力的耐磨损和低摩擦铰接机构引导。

2. 清洗装置

清洗泵是一个旋转滑阀真空泵，最大工作压力为1000 kPa，通过喷嘴在所有行驶速度下将挡风玻璃清洗剂传送给前挡风玻璃。

3. 应急运行装置

气动装置单元用来在发生故障时启动雨刷驱动装置。在供电发生故障时，在没有向电子控制装置发出信号或发出的信号不正确时，或者在电子气动装置失灵时，就可以通过将气动装置单元手动阀的手柄从“正常操作方式”位置转换到“紧急操作方式”位置上，气动式启动雨刷臂驱动装置，雨刷臂继续以最大的双冲程值移动。

在紧急操作过程中，所有电气信号限制都不工作。紧急操作的启动只能在主驾驶室进行。

6.7.4 其他设备

门控系统由主风管提供风源给门控系统供风，车上采用软管连接，设有压力表用于压力显示，供风压力为600 kPa，正常工作确保4.500 kPa的压力。

集便装置供风由主风管提供风源给卫生间供风，供风压力设定为6.200 kPa，通过塑料管与卫生间接口相连。

车钩系统供风由主风管提供风源给车钩供风，供风压力为1000 kpa。

6.8 制动距离与空气消耗量计算

6.8.1 制动距离计算

从司机发出制动指令的瞬间起，到列车速度降为零，列车所驶过的距离，称为列车制动距离。

1. 制动距离的主要计算条件

制动距离的主要计算条件如下。

配置：8 辆车，4 动转向架 +4 拖车转向架；

制动初速度：300 km/h；

制动方式：纯空气、电制动 +100% 空气；

最大电制动力：149 kN；

空走时间：3 s；

单位基本阻力公式：$w_0 = 0.79 + 0.0064\,v + 0.000115\,v^2$ (N/kN)；

列车重量：空车 460 t，重车 536 t（不包括旋转质量）；

制动总重量：空车 486 t，重车 562 t（包括旋转质量）；

车轮直径：920 mm；

制动盘直径：轮盘 750 mm，轴盘 640 mm；

平均摩擦半径：轮盘 305 mm，轴盘 251 mm；

$0 < v \leqslant 300$ 摩擦系数：0.34；

$v = 0$ 摩擦系数：0.4；

牵引阻力：

$$F_W = k_0 + k_1 \cdot (v + v_{wind}) + k_2 \cdot m_7 + k_3 \cdot v \cdot m_7 + k_4 \cdot k_{tunnel} \cdot (v + v_{wind})^2 + k_5 \cdot k_{tunnel} \cdot (v + v_{wind})^2 \cdot m_7$$

式中：$k_0 = 501.4$；

$k_1 = 120.3$ kg/s；

$k_2 = 0.007$ N/kg；

$k_3 = 01/\text{s}$；

$k_4 = 6.38$ kg/m；

$k_5 = 01/\text{m}$；

$v_{wind} = 0$；

$k_{tunnel} = 1$。

2. 计算结果

1）计算结果

空气制动和牵引阻力产生的减速度（纯空气制动）：

$v > 200$ km/h 时为 0.88 m/s²，$v \leqslant 200$ km/h 时，为 1.16 m/s²

空气制动和牵引阻力产生的减速度（100% 电制动 + 空气制动）：

$v > 200$ km/h 时为 1.07 m/s²，$v \leqslant 200$ km/h 时为 1.22 m/s²

2）理论制动距离

空走距离：250 m

总的制动距离（纯空气制动）：3 670 m

总的制动距离（纯空气制动 +100% 电制动）：3 256 m

6.8.2 空气消耗量计算

1. 主要参数

空压机：1×1 300 L/min ±7%（只有一个空压机工作），整列车有 2 台空压机。

2. 列车用风情况

列车用风情况见表 6-2。

表 6-2 列车用风情况表

列车状态	用风量
紧急制动（车轮有滑动）	40 L/min
全常用制动	58 L/min
空气弹簧—动态，动行中	445 L/min
空气弹簧—负荷，车站停车	44 L/min
鸣笛	24 L/min
撒砂	10 L/min
总风缸系统漏气	56.7 L/min
制动管漏气	5.66 L/min
车门	0.37 L/min
厕所门（残疾人）	7.0 L/min
厕所	70 L/min
停放制动	4.04 L/min
轮缘润滑	5 L/min
冲洗/擦拭系统	90 L/min
其他（锁闭）	90.4 L/min
受电弓损耗	15 L/min
附加的气动设备	5 L/min

3. 供风量校核

列车供风量校核见表 6-3。

表 6-3 列车供风量校核表

参数	取值
列车空气耗风总量	970 L/min
空气压缩机工作循环	80%
空压机停顿时间	4.75 min
空压机充风时间	19.22 min
空压机启动次数/小时	2.5

6.9 CRH_3 型动车组撒砂装置

由于动车组运行的环境不同，在恶劣条件下，可通过撒砂系统有效改善轮轨接触面的工作环境，改善黏着系数，提高动车组运行品质。

撒砂系统可分为如下三个部分：信号的产生、信号的分配和执行部分，见图 6-42。其工作过程如下。

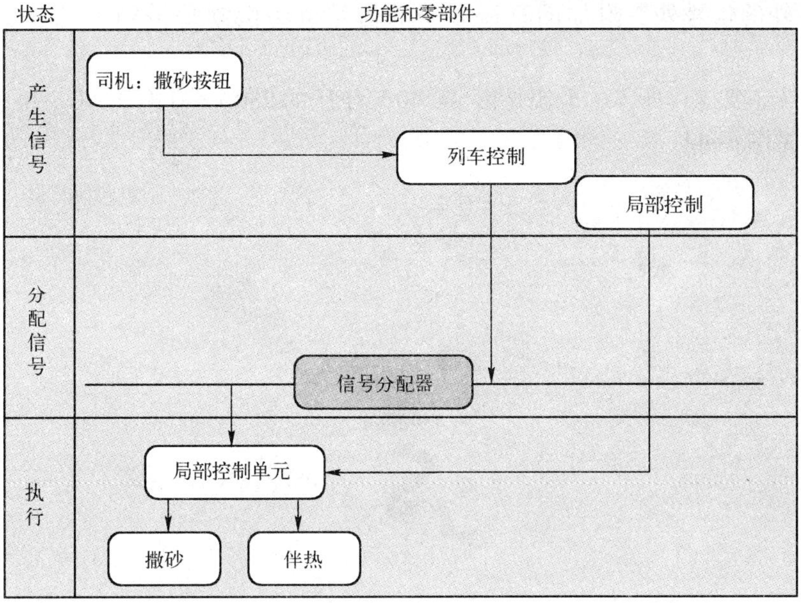

图 6-42 撒砂系统

① 当司机按“撒砂”按钮时撒砂开始；

② 中央控制单元（图示列车控制）接受由按钮产生的“撒砂”信号后，检测列车行驶方向并分配相应地信号，通过多功能车辆总线（MVB）和列车总线（WTB）并利用信号分配器传递给具备相应电磁阀的本车气动控制装置。具体的撒砂设备分配信号分配处理见图 6-43。

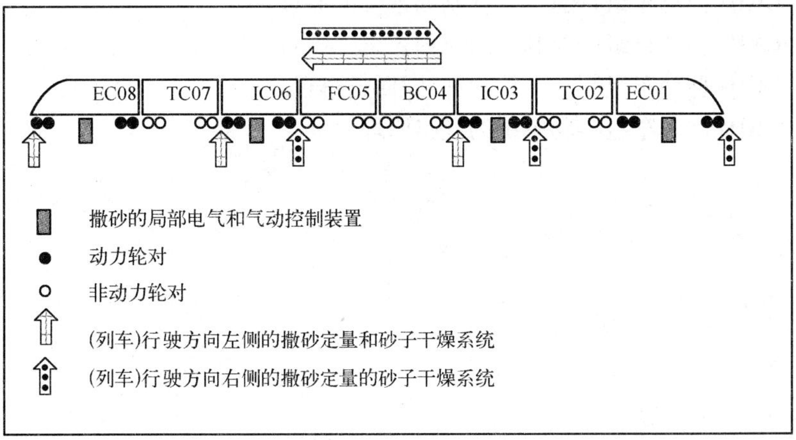

图 6-43 撒砂设备分配

为优化撒砂的给砂量，撒砂装置将在列车高速时（$v>160$ km/h）被施予 630 kPa 的压力，而在列车低速时（$v<160$ km/h）仅被加 500 kPa 的压力。这由 BCU（制动控制单元）根据相应的速度激活相应的电磁阀控制。

除了撒砂的信号外，附加的干燥砂子的信号也将由制动控制单元分配给相应电磁阀。

撒砂系统正常工作所需的电源是由 AC 40 V 变压的 230 V/60 Hz 1 AC。位于转向架上的撒砂设备见图 6-44。

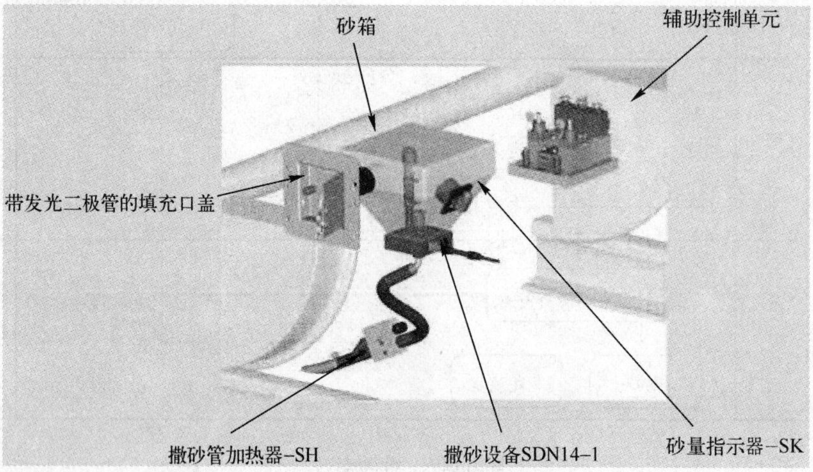

图 6-44 转向架上的撒砂设备

复习思考题

1. CRH3 型动车组制动系统由哪些部分组成?
2. 简述 CRH3 型动车组直通式空气制动系统的原理。
3. 简述 CRH3 型动车组停放制动的原理。
4. 简述 CRH3 型动车组制动系统的连挂/回送过程。
5. 简述 CRH3 型动车组制动系统的气路原理。

第 7 章　动车组制动系统的维修

7.1　CRH2 型动车组制动系统维修

7.1.1　专项检修作业标准

1. 一、二级检修标准

1）检修范围

动车组制动系统一、二级检修范围见表 7-1。

表 7-1　动车组制动系统一、二级检修范围

检修项目	检修要求	一　级	二　级
(1) 夹钳装置	检查	◎	◎
(2) 增压缸	检查	◎	◎
(3) BP 管、MR 管、油路管	检查		◎
(4) 空气压缩机及附属装置	检查		◎
(5) 常用制动	试验	◎	◎
(6) 综合制动	测试		◎

2）一级检修作业程序及质量标准

一级检修作业程序及质量标准见表 7-2。

表 7-2　一级检修作业程序及质量标准

序号	检查项目	作业程序及质量标准
1	制动装置	1. 夹钳装置，配件齐全，状态良好；油缸及油管无漏油；悬吊螺栓紧固，各部件无裂纹；闸片外观状态良好，厚度符合规定（动车 >5 mm，拖车 >6 mm） 2. 增压缸安装螺栓无松动；悬吊部件无裂纹；管路无漏泄
2	车轮及轮盘	1. 踏面擦伤深度≤0.5 mm，连续碾擦长度≤70 mm；踏面剥离一处，长度≤20 mm，踏面剥离二处，长度≤10 mm 2. 轮缘无缺损，磨耗不过限度 3. 轮盘螺栓安装牢固，无松动，盘面裂纹不过限度
3	制动夹钳装置及闸片	1. 闸片外观状态良好，厚度符合规定（动车 >4.5 mm，拖车 >5.2 mm） 2. 夹钳装置配件齐全，状态良好；悬吊部件无裂纹 3. 踏面清扫装置状态良好，配件齐全，悬吊部件无裂纹，研磨块厚度≥10 mm 4. 增压缸油位正常，安装螺栓无松动，悬吊部件无裂纹，管路无漏泄，各部状态良好
4	空气弹簧及减振装置	1. 空气弹簧外观状态良好、无漏风，充风状态下上盖与基准面间距在 160 mm 到 270 mm 之间 2. 高度调整阀无漏风，调整杆无变形，配件无缺失；锁紧装置紧固，塞门正位，管路无漏泄 3. 抗蛇行油压减振器无漏油及外观状态良好，安装不松动；减振器座无裂纹；橡胶套无破损，卡子无松动

3）二级检修作业程序及质量标准

二级检修作业程序及质量标准见表 7-3。

表 7-3　二级检修作业程序及质量标准

序号	检查项目	作业程序及质量标准
1	制动装置	1. 增压缸外观良好，无漏油、漏气，安装牢固 2. 制动闸片外观状态良好，厚度≥7 mm；夹钳装置配件齐全，状态良好；油缸及油管无漏油；悬吊螺栓紧固，各部件无裂纹 3. 夹钳装置、框架体、油缸、自动间隙调整装置、支撑销外观及安装状态良好；自动间隙调整动作良好，无伤痕、磨耗及漏油 4. 制动盘外观状态良好，无贯穿裂纹，轮盘裂纹沿半径方向长度≤127 mm；轴盘裂纹沿半径方向长度≤70 mm；轴盘、轮盘安装螺栓无松动 5. 踏面清扫器状态良好
2	制动控制装置	1. 制动控制装置外观及安装状态良好，配管无漏气，各部配线外观及连接状态良好 2. 阀类安装状态良好，无漏气 3. 控制箱内各电器配件外观清洁，状态良好，配线紧固，无异常
3	电动空气压缩机（3、5、7 号车）	1. 电动空气压缩机安装状态良好，无漏油、漏气 2. 空气配管无损伤、漏气 3. 空气压缩机油位在规定范围 4. 冷却器、除湿装置外观及安装状态良好，无漏气 5. 各阀门外观及安装状态良好 6. 过滤器外观及安装状态良好，滤清器卸下清扫
4	空气配管	1. 空气软管、接头无损伤，漏气（空气软管每 4 年更换一次） 2. 空气配管、接头无损伤，漏气 3. 各阀、塞门、调压器、气压开关外观及安装状态良好，无漏泄 4. 风缸配管无损伤、漏气；排水阀无损伤 5. 各风缸进行排水
5	车轮及轮盘	1. 车轮无偏磨，测量各部尺寸： 轮径≥795 mm 轮缘高度 25 ～ 35 mm 内侧距离（1 353 ±21） mm 踏面擦伤深度≤0. 5 mm 擦伤长度≤50 mm 踏面剥离一处，长度≤20 mm 踏面剥离二处，长度≤10 mm 2. 轮缘无缺损，磨耗不过限度 3. 轮盘螺栓安装牢固，无松动 4. 轮盘裂纹不过限度，盘面裂纹沿半径方向长度≤127 mm
6	制动夹钳及闸片	1. 闸片外观状态良好，厚度≥7 mm 2. 夹钳装置配件齐全，状态良好；悬吊部件无裂纹 3. 踏面清扫装置无漏泄，安装状态良好，研磨块厚度在 13 mm 以上 4. 增压气缸外观及安装状态良好，无漏油、漏气，油量在规定范围内
7	总风缸空气压力开关	进入 1 号车司机室，接通 BV，确认双针压力表指针由 590 kPa 以下开始回升，同时确认监控器显示屏显示 MR 压力由红变绿
8	制动漏泄	1. 确认主风缸压力达到 880 kPa 2. 接通[停放]开关，制动手柄置于[B1]，双针压力表在 1 min 内漏泄显示不超过 40 kPa。车下检查作业人员对各辆车进行漏泄检查，确认各部良好 3. 试验完毕后，断开[停放]开关，制动手柄置于[拔取]位

续表

<table>
<tr><th>序号</th><th>检查项目</th><th>作业程序及质量标准</th></tr>
<tr><td>9</td><td>制动缓解动作确认试验</td><td>1. 制动手柄置B1位，从MON显示器确认BC压力为100 kPa
2. 车下作业人员确认各车闸片处于压紧制动状态
3. 制动手柄置运行位，从MON显示器确认BC压力为0 kPa
4. 车下作业人员确认各车闸片处于缓解状态
5. 制动手柄置快速位，增压缸行程显示杆动作良好，快速制动时伸出在50 mm以下；行程显示杆动作在3 mm/min以内</td></tr>
<tr><td>10</td><td>主空压机控制器</td><td>1. 主空压机自动停止工作时：确认主风缸压力表压力为（880±20）kPa；在监控显示器显示CMP由绿变黑
2. 进行紧急制动复位，按下紧急制动复位按钮，确认「紧急制动」显示灯熄灭。反复操作制动手柄，将主风缸压力降至（780±20）kPa时，空压机开始工作，监控显示器（MON）显示CMP由黑变绿
3. 主风缸压力升至（880±20）kPa时，空压机停止工作</td></tr>
<tr><td>11</td><td>汽笛试验</td><td>踏下汽笛脚踏阀，确认鸣笛声音良好</td></tr>
<tr><td>12</td><td>快速、常用制动测试</td><td>1. 将紧急制动复位，打开中央控制装置，按检修开关，进入检修模式
2. 触摸监控显示器「车上检查实行」，再触摸「试验项目」，选择「常用·快速制动」触摸「确认」
3. 制动手柄置于运行位，将车上试验、空档开关接通，确认制动缓解
4. 触摸监控显示器（MON）确认键，依据监控显示器的提示进行制动手柄BV操作：
单位：kPa
<table>
<tr><th>位置</th><th>T车</th><th>M车</th></tr>
<tr><td>运行</td><td>0</td><td>0</td></tr>
<tr><td>1</td><td>110±20</td><td>120±20</td></tr>
<tr><td>4</td><td>220±20</td><td>250±20</td></tr>
<tr><td>7</td><td>330±20</td><td>370±20</td></tr>
<tr><td>快速</td><td>480±20</td><td>560±20</td></tr>
</table>
5. 在监控显示器上确认：
试验B1级时，各辆车处于制动状态
试验运行位时，各辆车处于缓解状态
6. 试验结束：
在监控显示器（MON）触摸试验结束、触摸确认键，完成试验</td></tr>
<tr><td>13</td><td>紧急制动测试</td><td>1. 将UBS紧急制动开关拉出，再复位，从双针压力表上确认BC压力上升至（360±20）kPa。确认「紧急制动」显示灯亮
2. 按下紧急复位按钮，从双针压力表上确认BC压力下降至0 kPa。确认「紧急制动」显示灯灭</td></tr>
<tr><td>14</td><td>辅助制动测试</td><td>1. 打开中央控制装置，按检修开关，进入检修模式
2. 触摸监控显示器（MON）「车上检查实行」，再触摸「试验项目」，选择「辅助制动试验」触摸「确认」</td></tr>
</table>

续表

序号	检查项目	作业程序及质量标准
14	辅助制动测试	3. 闭合[辅助制动]开关 4. 按照监控显示器指示操作： 单位：kPa 位置 / T·M车 运行 / 0 1 / 130 ～ 210 4 / 250 ～ 340 7 / 330 ～ 490 快速 / 540 ～ 760 5. 触摸「试验结束」、「确认」键，断开[辅助制动]开关，试验结束

4）检修限度

检修限度见表7–4。

表7–4　检修限度表

序号	检修项目	一级	二级	备注
1	制动手柄在各挡位上制动控制装置的BC压力	位置　T车　M车 运行　0　0 1　100±20　90±20 7　300±20　290±20 快速　430±20　420±20 拔取　360±20　350±20	位置　T车　M车 运行　0　0 1　110±20　120±20 4　220±20　250±20 7　330±20　370±20 快速　480±20　560±20	
2	主空气压缩机E1L安全阀： 开始排气 停止排气		（950）kPa ≥880 kPa	
3	进行CMGv（压缩机电机控制器）的动作确认： CM「断开」时 CM「接通」时		（880±20）kPa （780±20）kPa	
4	压力表指针误差		≤10 kPa	与标准压力表校对
5	管系漏泄	≤40 kPa	≤40 kPa	总风缸压力880 kPa时，每分钟漏泄量
6	进行MRrAPS动作确认：MRrAPS「断开」时，总风缸的双针压力计指示值		（590±20）kPa	在两驾驶台实施
7	制动盘磨耗（单侧） 动车 拖车轴盘 拖车轮盘	 19 mm 14 mm 16 mm	 ≥14 mm ≥9 mm ≥11 mm	
8	制动盘表面凹槽	≤1 mm	≤1 mm	
9	制动盘偏磨最高点和最低点之差	≤1.5 mm	≤1.5 mm	

续表

序号	检修项目	一级	二级	备注
10	闸片厚度 动车 拖车	 10.5 mm 19.2 mm	 ≥5 mm ≥6 mm	
11	轴盘摩擦面裂纹		≤70 mm	
12	轮盘摩擦面裂纹		≤127 mm	
13	踏面清扫装置研磨块厚度	40 mm	≥10 mm	

2. 电动空气压缩机润滑油更换作业办法

1）检修保养周期

（1）定期更换润滑油

每运行60万km或每24个月必须更换润滑油。

（2）初期更换润滑油

初期使用新压缩机时，存在各部的初期摩擦，润滑油会出现早期劣化，因此必须进行初期更换，应在压缩机运转开始150 h后实施。

2）更换、补充润滑油

更换润滑油基准见表7-5。

表7-5　更换润滑油基准

项　目	换油基准	备　注
黏度	新油的±15%	
总酸值	1.0 mgKOH/g	
水分	0.1容积%	
不溶解量（树脂量）	0.1重量%	

（1）要求

① 首先卸下位于曲轴箱正面的给油盖，然后通过位于同一面的油面计确认油位，同时给油。

② 给油量以油面计MAX线为标准，初期给油量为约4.5 L。若需达到油面计MAX～MIN线，需要约2.5 L。

（2）更换润滑油要点

① 油面高度不能超过油面计MAX线。

② 不能混用不同品牌的润滑油。

③ 更换润滑油时，应从曲轴箱正面的排油管排出剩余的润滑油，并清洗曲轴箱、清扫滤油器，然后加入新的润滑油。

④ 润滑油应使用黏着等级ISO VG 100压缩机专用油，指定润滑油为MObil生产的Rarus827润滑油。

⑤ 运用期间，对混入润滑油并堆积在储油器内底部的冷凝水需适时排放。排放时，可拧松曲轴箱的排放管，此时应注意润滑油也会随着冷凝水一起排放（应监控油面积，

考虑适当补油）。

3）注意事项

① 确认吸入式滤尘器盖等的挂钩及各部安装零件是否存在松动。

② 维护作业须在压缩机停止后约2h后进行。否则有可能接触高温部，导致烫伤。

③ 进行维护作业时，要在稳定的场所进行作业，避免部件掉落导致受伤、故障。

④ 取下吸入式滤尘器过滤器时，要使用防尘眼镜、防尘口罩。粉尘等有可能进入眼睛、嘴等，造成人身伤害。

⑤ 润滑油必须使用规定的润滑油或与此同等的润滑油并定期更换。润滑油劣化、润滑不良有可能因电动机电流过大而引起烧损及发热，最终导致火灾。

⑥ 压缩机停止后，约2h以后才可打开排油口，防止润滑油温度过高导致烫伤。

⑦ 更换密封垫时、剥下密封垫时、使用锐利的刀具时，注意防止划伤。

3. 增压缸油补充、更换作业办法

1）增压缸外观检查

① 通过油位表上的标志检查增压缸油位，如油位低于油位表下线位置时进行补充更换。

② 检查增压缸油质，若发现变质、乳化、混有杂质时进行更换。

③ 检查增压缸油位表、行程杆、注油孔、排油堵等各部位状态良好，紧固部件无松动。外观无变形、损伤、漏油。

2）更换润滑油步骤

① 从增压缸组件上卸下注油孔盖，清洗滤网，确认防尘胶帽无裂损变形。

② 卸下排油口的排油堵。

③ 排净增压缸油箱中的机油。

④ 重新安装排油堵。

⑤ 从注油口注入力矩变压器油（TAFUNATORUKU 油 B）至油位线（红点）处。

⑥ 给油箱加油时须做到小心轻缓，防止尘埃混入。

⑦ 关闭并拧紧注油孔盖。

3）检查确认

注完油，检查确认油量符合规定；增压缸外观状态良好，紧固部件无松动，各部位无漏油。

4. 闸片更换作业办法

1）拆卸闸片

① 切断下侧螺栓的防松铁丝。

② 松开螺栓，取下螺栓和平垫圈（注意防止闸片掉落）。

③ 用弹簧销卡住闸片底座向车轴相反一侧旋转，拔出闸片（闸片固定而难于拔出时，利用闸片的拉拔孔来拉出）。

2）自动间隙调节装置的调整复位

在更换闸片之前，将间隙调整装置及活塞返回初始状态：取下垫片，在液压缸相反侧卡钳的腕部与车轮之间，插入返回夹具，向外侧方向活动，将间隙调整装置及液压缸返回至初始位置。

3）安装新闸片

① 液压缸侧与相对侧均安装新闸片时，先安装液压缸相对侧的闸片；

② 确认间隙调整装置及液压缸处于返回状态；

③ 液压缸相对侧的安装，从夹钳上方沿闸片支持槽将闸片顶住闸片底座；

④ 旋转闸片底座（外、下）返回水平位置后，用固定螺栓与平垫片来紧固闸片，相邻的螺栓用铁丝防松（紧固力矩 63.7 ～ 78.5 N · m）；

⑤ 在安装液压缸侧闸片时，从液压缸相反侧压住夹钳，并在支持销上滑动；

⑥ 液压缸相反侧同样地，从下方将闸片插入液压缸侧闸片支持槽内，顶住上侧闸片底座；

⑦ 旋转闸片底座（内、下）返回水平位置后，用固定螺栓与平垫片来紧固闸片，相邻的螺栓用铁丝防松。

7.1.2　大修流程

① D20NHA 型除湿装置检修流程见图 7-1。

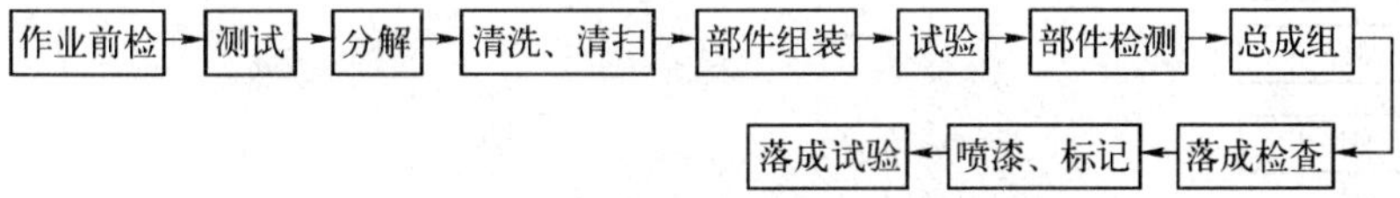

图 7-1　D20NHA 型除湿装置检修流程图

② ACMF2 型控制空气单元检修流程见图 7-2。

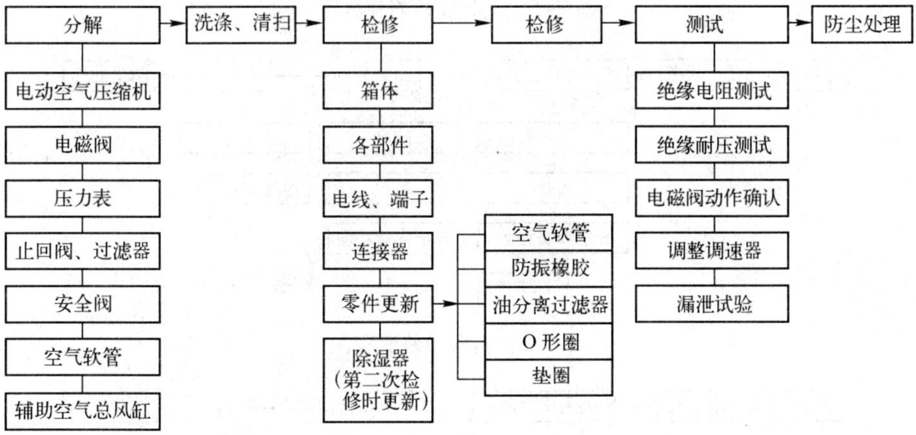

图 7-2　ACMF2 型控制空气单元检修流程图

③ ACM 压缩机检修流程（AK19 型）见图 7-3。

④ ACM 安全阀检修流程见图 7-4。

⑤ 电磁阀检修流程见图 7-5。

⑥ 笛阀检修流程见图 7-6。

⑦ 制动控制装置检修流程见图 7-7。

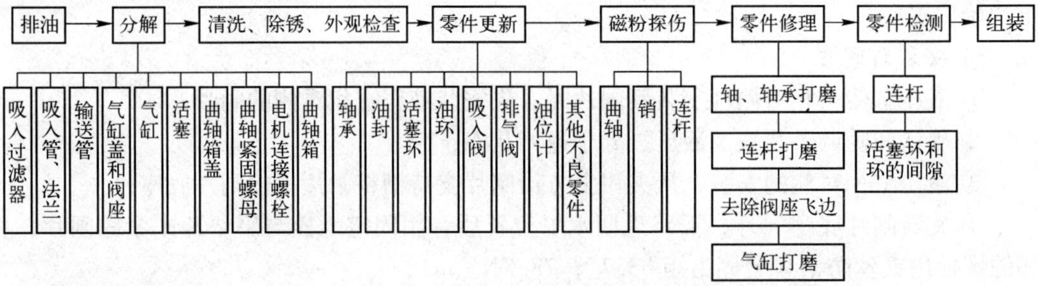

图 7-3 ACM（AK19 型）压缩机检修流程图

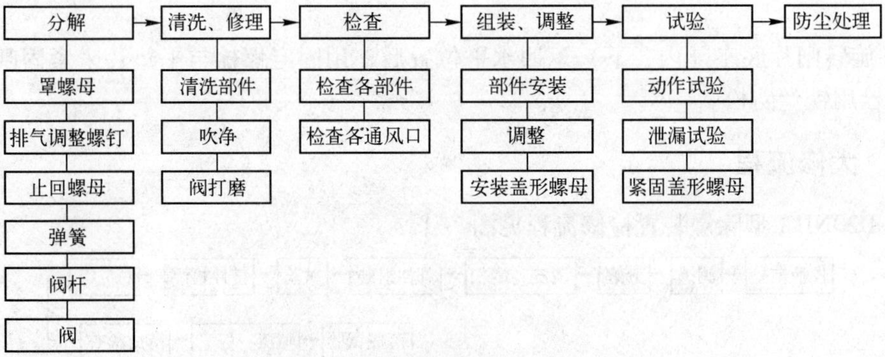

图 7-4 ACM 安全阀检修流程图

图 7-5 电磁阀检修流程图

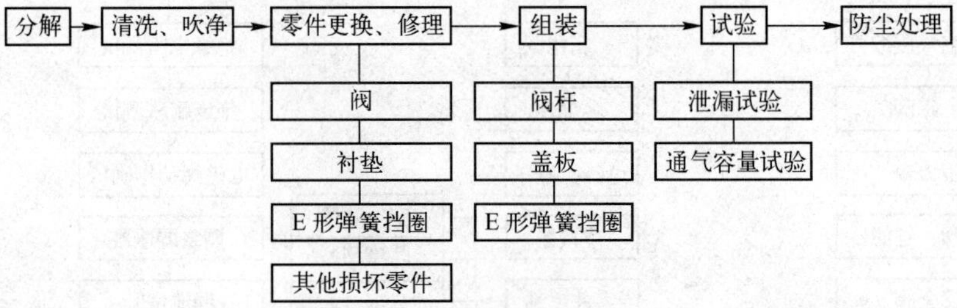

图 7-6 笛阀检修流程图

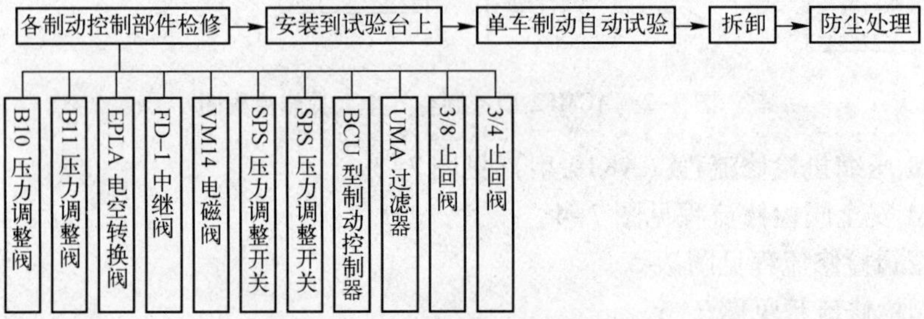

图 7-7 制动控制装置检修流程图

⑧ 制动控制器检修流程见图 7-8。

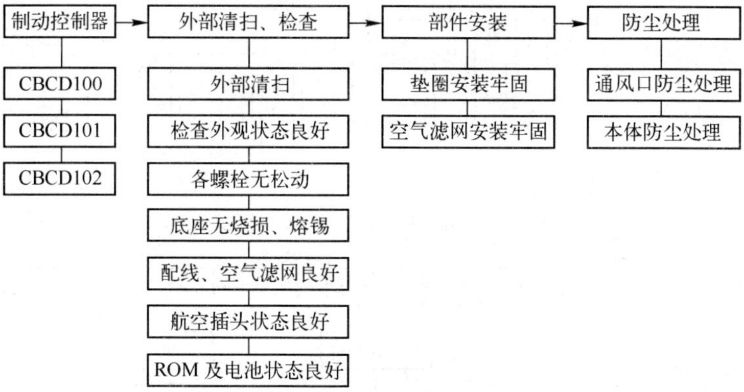

图 7-8　制动控制器检修流程图

⑨ EPLA 电空转换阀检修流程见图 7-9。

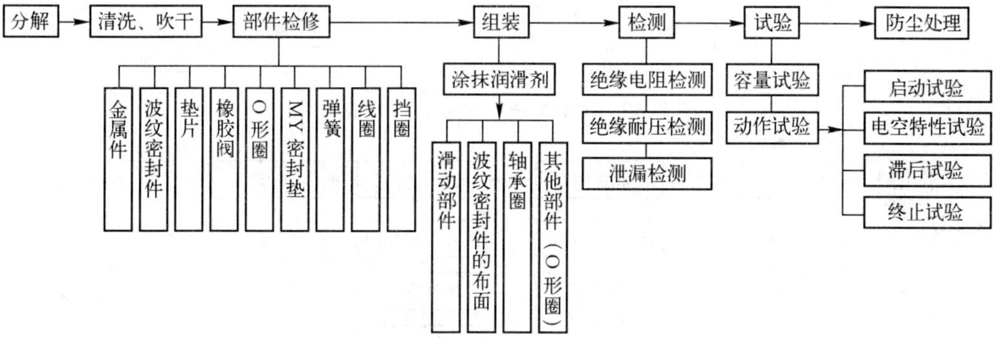

图 7-9　EPLA 电空转换阀检修流程图

⑩ FD—1 型中继阀检修流程见图 7-10。

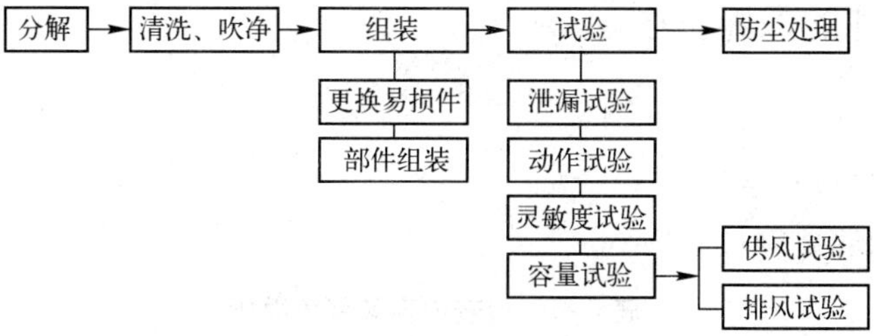

图 7-10　FD—1 型中继阀检修流程图

⑪ B10 型压力调整阀检修流程见图 7-11。

⑫ B11 型压力调整阀检修流程见图 7-12。

⑬ VM32 型电磁阀检修流程见图 7-13。

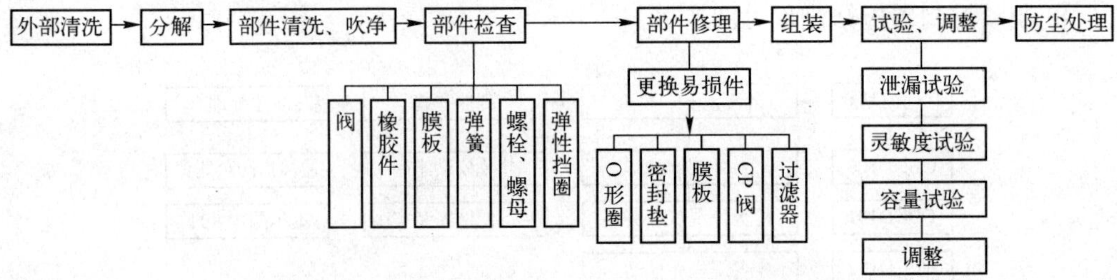

图 7-11　B10 型压力调整阀检修流程图

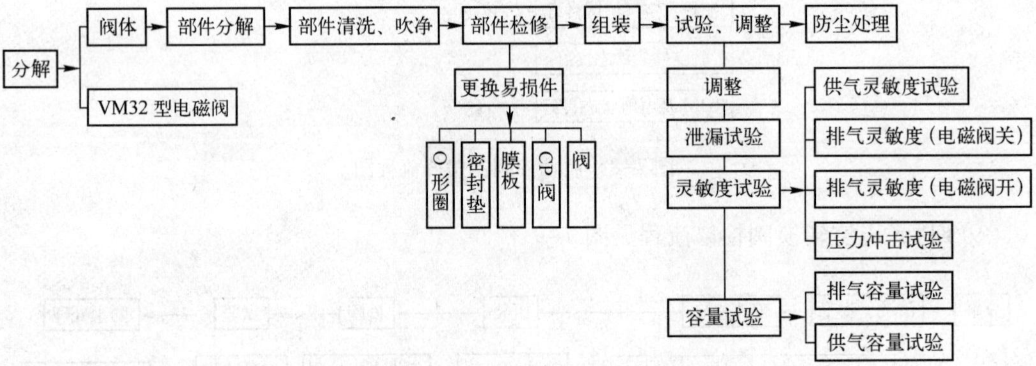

图 7-12　B11 型压力调整阀检修流程图

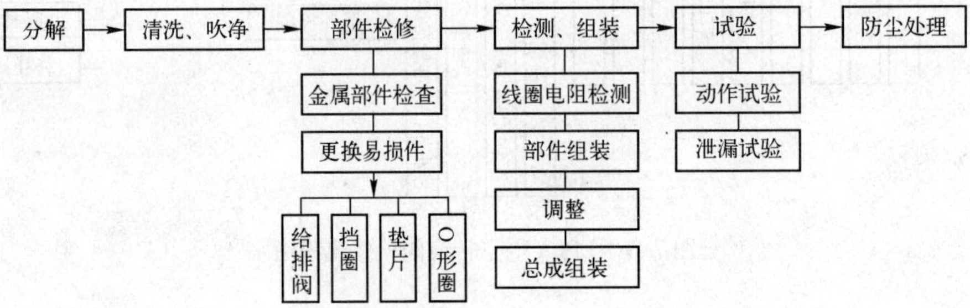

图 7-13　VM32 型电磁阀检修流程图

7.1.3　关键部件的保养

1. 增压缸

1）检查内容和保养要领

检查内容和保养要领见表 7-6。

表 7-6　检查内容和保养要领

检查内容		周期				备注
		A	B	C	D	
1	压力检查	○	○	○	○	
2	拆卸检查			○	○	
周期　A—隔日检查　C—重要部位检查　B—每月检查　D—全面检查						

2）拆卸组装要领

拆卸和组装时参照增压缸拆卸图（见图 7-14）。

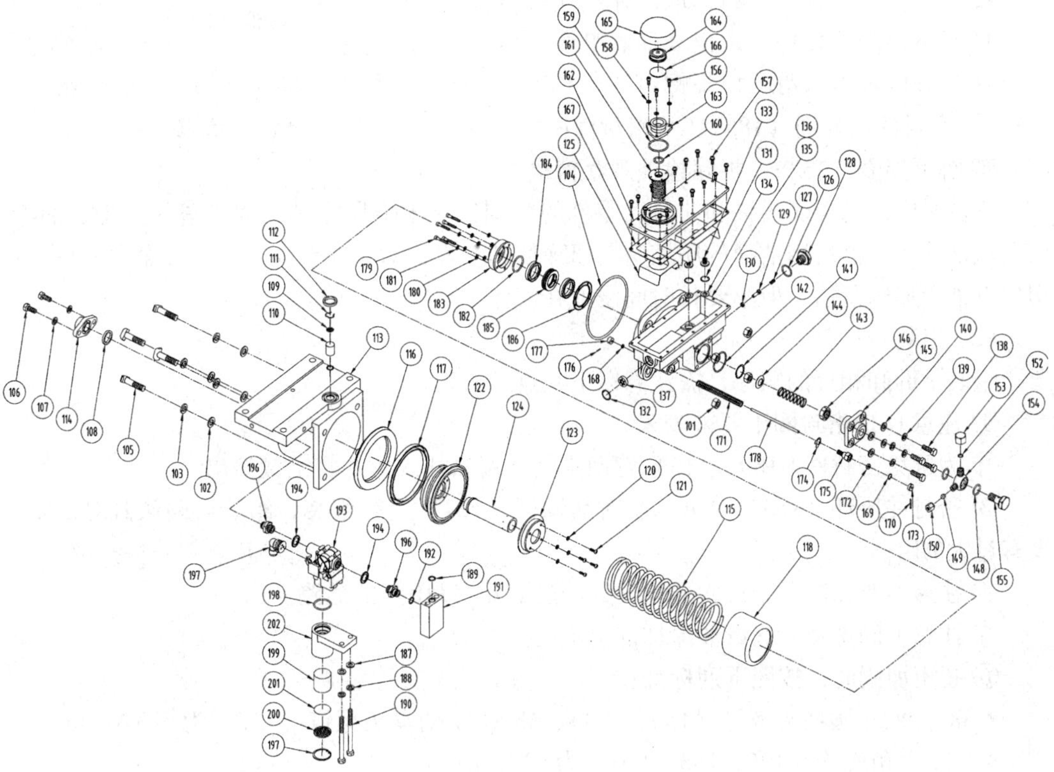

图 7-14　增压缸拆卸图

（1）拆卸

① 先将油槽盖（162）的 16 根带弹簧垫圈的十字槽盘头螺钉 M6（157）旋松，拆下油槽盖组件（159 ~ 166），取出防波板之后（125），将油槽横放，让残油排出。

② 松开 M12 六角螺栓（190），拆开压力控制阀组件（187 ~ 202），拆除挡圈（197），多孔板（200），金属网（201），滤尘器芯片（199）。

③ 松开 4 根 T 形螺栓（105）上的六角螺母（101），拆下油压缸组件（135）。

注意：拆除螺栓时，释放弹簧的作用可能会造成油压缸体弹出的危险。

④ 从空气缸体组件（113）中取出释放弹簧（115）和活塞组件（120 ~ 124）。

⑤ 用竹片取出气缸密封件（116），抽出向轨圈（117）。

⑥ 拆下固定挡圈（111），取出滤尘板（109）和过滤器（110）。

⑦ 抽出开口销（170），拆下行程指示杆（178）和行程指示杆弹簧（171）。拆下固定挡圈（169），取出防尘密封（172）和向轨（175）。

⑧ 为清除残油而先行拆下的油槽盖组件，拆下油槽防护罩（165），松开进油口盖（164）。松开 3 根内六角圆柱头螺钉（156），拆除进油口（163）和滤油器 组件（161）。

⑨ 拆下盖形螺母（153），松开钢管接头螺栓（155），拆除嵌入式接头组件（148 ~ 155）。

⑩ 松开四根六角头螺栓 M12（138），拆除油压盖 组件（141～146）。

⑪ 拆下挡圈（141），取出弹簧座（144）、弹簧（143）、止回阀（146）。

⑫ 松开供给阀盖（128），取出弹簧（127）、供给阀（129）。

⑬ 拆下挡圈（131）、取出滤油器组件（133）。（有2处）

⑭ 松开四根内六角圆柱头螺钉 M6（179），拆除密封件压环（183）、NY 型 密封件（184）、密封件压环圈（185）。从密封件压环（183）处拆除 O 形密封圈（182）。

⑮ 拆下挡圈（132），拆除检油观察窗组件（137）。

清洁时应注意金属零件和非金属零件的区别，对于金属零件，为了清除灰尘、油垢、用白汽油洗净，然后用洁净的压缩空气喷涂使其干燥；对于非金属零件，和金属零件一样用白汽油等加以清洁，但不要长时间浸泡在液体中。

（2）组装

组装是拆卸相反的顺序，需注意以下几点：

① 注意 O 形密封圈不要被咬入。

② 为避免密封件 U180（116）背面空气滞留，插入竹片将空气挤出。

③ 密封件压环（183）是插入临时活塞杆（124）进行组装，组装后确认其对活塞杆没有过大的阻碍。

④ 注意不要让润滑脂进入通气口处的过滤器（110）的通路。

⑤ 注意不同型号的润滑油涂抹部位不同。

⑥ 扭矩加固时，按照下列标准：

- M6 内六角圆柱头螺钉（156，179）、M6 十字槽盘头螺钉（157）为 6.3 N · m；
- M12 六角螺栓（106，138，190）为 43.1 N · m；
- M16 六角螺母（101）为 79.4 N · m；
- 行程指示杆向轨（175）为 20.6 N · m；
- 供给阀盖（128）、钢管接头螺栓（155）为 101 N · m。

3）维修范围

（1）滑动部位间隙

确认滑动部位无异常磨损及严重的缺损。超出以下范围标准的，请更换新部件。滑动部位的间隙范围见表 7-7。

表 7-7　滑动部位的间隙范围

部位	零件名	范围	间隙标准	备注
增压缸	密封件压环（183）与活塞杆（124）的间隙	密封件压环内径 42.2 以下 活塞杆外径 41.85 以上	0.225～0.284	
	密封件压环圈（185）与活塞杆（124）的间隙	密封件压环内径 42.2 以下 活塞杆外径 41.85 以上	0.055～0.114	
	衬套（136）与供给阀（129）的间隙		0.025～0.069	

（2）弹簧范围见表 7-8。自由长度表示设计值，但制作时应注重负荷值。

（3）橡胶零件。橡胶零件的使用期限以生产公司标准管理规定为准。

① 滑动部位的 O 形密封圈、密封件的使用期限见表 7-9。

表 7-8 弹簧范围

部位	图内号码	自由长度/mm	承重测试		备注
			承重/N	高度/mm	
增压缸	115	348	490 ±49	197 以上	
	171	170	9.8 ±2.0	122 以上	
	143	86.2	48 ±4.9	19.2 以上	
	127	17.5	0.49 ±0.05	11.5 以上	

表 7-9 滑动部位的 O 形密封圈、密封件的使用期限

部位	图内号码	零件名	标准	使用期限（建议）	备注
增压缸	182 184	O 形密封圈 NY 型密封件	每次拆卸时更换	2 年以内	

② 固定 O 形密封圈、环形密封垫、防尘密封、油封的使用期限见表 7-10。

表 7-10 固定 O 形密封圈、环形密封垫、防尘密封、油封的使用期限

部位	图内号码	零件名	标准	使用期限（建议）	备注
增压缸	— 172	A 项以外的 O 形密封圈 防尘密封	每次拆卸时更换	4 年以内	

③ 气缸密封件、密封垫、膜板、防护罩、排气筒的使用期限见表 7-11。

表 7-11 气缸密封件、密封垫、膜板、防护罩、排气筒的使用期限

部位	图内号码	零件名	标准	使用期限（建议）	备注
增压缸	116 167 186 165 108 112	密封件 U 180 油槽盖密封垫 密封垫 防护罩 环形密封垫 41.3 ×32 环形密封垫 49.2 ×40	出现肉眼可以识别的缺损和裂痕、与新品相比硬度有明显差异时需更换	4 年以内	

④ 橡胶阀的使用期限见表 7-12。

表 7-12 橡胶阀的使用期限

部位	图内号码	零件名	标准	使用期限（建议）	橡胶面修理费
增压缸	130	供给阀橡胶座	1. 橡胶座有损伤、裂痕情况需更换 2. 与阀座接触面应呈均匀的圆形凹陷状，出现断层状磨损应更换	4 年以内	

(4) 其他

① 挡圈、开口销、弯曲垫圈每次维修时更换。

② 海绵滤尘器有污损时，用气体喷枪清扫，建议4年内更换新品。

③ 油位计在污损严重、造成漏油时需更换。

4）定期更换消耗品（见表7-13）。

表7-13 定期更换消耗品

图纸内编号	零件名	零件编号	个数/台
104	O形密封圈1种A G185	0401-2001850-00	1
108	环形密封垫41.3×32	1084-70299040-04	1
110	过滤器	1080-4106977-02	1
111	挡圈	1083-4023994-01	1
112	环形密封垫49.2×40	1084-70299004-05	1
116	密封件U180	1073-2033693-01	1
126	O形密封圈1种A G30	0401-2000300-00	1
130	供给阀座	1771-4056870-02	1
131	孔用C形挡圈24	0180-1000240-01	2
132	孔用C形挡圈30	0180-1000300-01	1
134	环形密封垫24.2×13.5	1084-4084832-04	2
137	检油观察窗	1771-4131943-02	1
141	孔用C形挡圈38	0180-1000380-01	1
142	O形密封圈1种A G55	0401-2000550-00	1
146	止回阀组件	1771-4073243-01	1
148	O形密封圈1种A P26	0401-1000260-00	2
152	O形密封圈1种B P11	0401-1000110-10	1
159	O形密封圈1种A P50	0401-1000500-00	1
160	O形密封圈1种A P22A	0401-1010220-00	1
165	防护罩	1771-4070817-01	1
167	油槽盖密封垫	1771-4147919-01	1
169	孔用C形挡圈16	0180-1000160-01	1
170	开口销2.5×32	0253-0025032-63	1
172	防尘密封	1081-4105572-01	1
174	防止转动垫圈	1771-4072341-01	1
182	O形密封圈1种A P42	0401-1000420-00	1
184	NY型 密封件	1771-4083564-01	2
186	密封垫	1771-4181398-01	1
189，192	O形密封圈1种A P16	0401-1000160-00	3
193	密封平垫圈W22	1084-4087690-21	2
197	孔用C形挡圈50	0180-1000500-70	1
198	O形密封圈1种A P46	0401-1000460-00	1
199	滤尘器芯片	1080-4114727-01	1

2. FD—1中继阀

1）分解顺序

① 将环型垫圈（113，115）拆下。

② 松动M12螺母（126），拆下底盖（117）。

③ 把活塞（122）从给排阀棒（121）中拔出，拆下O形环（105）和下边的扁平膜板（109）。

④ 把排阀棒（121）从阀体（129）拔出，拆下O形环（105）和上边的扁平膜板（109）。

⑤ 拆下弹簧（108）。从阀体（129）中拆下六角螺栓（110），拔出上盖（119），拆下O形环（106）。

⑥ 拔出供给阀（110），拆下O形环（104）及弹簧（107）。

2）清洗方法

在拆下来的部件中，金属零件使用金属清洗油，橡胶制品使用肥皂水，或者用水清洗后，向零件上吹入低压空气，使其保持干燥。

3）安装方法

安装时，按照和拆卸相反的顺序进行，零部件组装时，在O形环（104，105）和给排阀棒（121）、供给阀（110）的滑动部位涂上相当于SHELL ALVANIA NO. 2的油脂。

3. B10压力调整阀

1）调整方法

① 松动螺母（101）之后，转动螺母（114）进行调压。

② 将螺母（114）按顺时针方向转动，调压值升高；逆时针方向转动，则调压值降低。

③ 调压后将螺母（101）紧固，以不使调压出现异常。

2）修理

（1）外部清扫

① 用钢丝刷将外部的污物等去掉，吹气清扫之后再拆开。

② 使用喷丸机时，为了不使钢丸（粒）从安装面、通气孔进入，要用盖子、胶布等盖严实。要防止安装螺母、螺钉部位造成损伤。胶带、涂油清扫后，要吹气。

（2）分解

把上部的防尘罩（111）拆下，拆下C形挡圈（或扣环）（113），将导向阀（119），阀门（108）、阀门弹簧（104）取出。弹簧箱 的M12阻止螺母（101）松开，拆下调整螺钉（114）。松开M10六角螺母（122），拆下弹簧箱（115）。从弹簧箱中将膜板（107）、给排阀棒（117）、弹簧承（105）、弹簧（103）取出。

（3）清洗、吹气

① 各阀的各种部件用汽油和其他的清洗剂清洗。

② 充分吹气，特别是各个接口应仔细吹。

③ 清洗后，将部件装入整理箱内，以防丢失、混淆。

（4）目视检查

① 检查各阀门的安装部分（划伤等）。

② 检查膜板、橡胶的剥离、橡胶断裂等。

③ 检查薄片面的划痕等。

④ 检查弹簧的变形。

⑤ 检查O形环的截断、破损、变形等。

⑥ 确认螺栓、螺母、挡圈有无变形、损伤。

（5）修理

① 把膜板的不良品替换下来。

② 不良的阀门要修理或替换。

③ 修理时，将#500 耐水纸放在定盘上，最后装饰阀面。

④ 替换 MY 包装的不良品。

⑤ 给排阀棒和轴衬上有滑伤的要修理或替换。

(6) 安装

① 安装时按照和拆卸相反的顺序进行。

② 在弹簧承上涂油（接触面）。

③ 在调整螺钉上薄薄地涂上油再安装。

(7) 试验、调整

安装完毕后，进行试验台试验及调整，确认没有异常。

(8) 防尘措置

试验结束后，在安装座、通气孔处用胶带等做防尘处理。

(9) 涂层、标证

防尘处理结束后，进行外部涂层，将检查年月日及检查位置的各个符号用白油漆（涂料）做上标识。

3) 修理上的要点

(1) 橡胶板阀上有凹凸不平和有磨耗的，应该修理或替换（平面打平时，将耐水性的砂纸浸在水油中使用效果较好）。

(2) 膜板有划伤的应该替换（安装之际，在安装面薄薄地涂一层二硫化钼油脂，效果较好）。

4. 180—42×55 增压缸

1) 维修、保养

① 油压配管在油缸盖的安装是通过钢管连接套筒及钢管螺纹接套进行的。连接套筒及螺纹接套只有半径方向的自由变化，可以避免不合理的配管。

② 补油。在油箱侧面设有检油窗的红圆点上部为止供油，油面在检油窗红圆点的下部时应立即补充干净的油。

③ 向油箱补油时要平静地进行，要极力防止供油中混入气泡，同时也要充分注意不能有尘埃的侵入。

④ 供给阀漏油将会使活塞行程异常增大，保养时需要特别注意，并需要保持供给阀衬套的接触面与供给阀座的状态良好。

⑤ 使用油为液压变扭器油。

注意事项：

① PC1S 压力控制阀的励磁时间绝对不许超过 20 s。

② 外部连线要确保做到防止摇摆及做防水处理。

2) 作业中的注意事项

(1) 安装时的注意事项

① 确实固定于车体上。另外，安装后要检验是否抽真空、有无漏油。

② 安装、拆卸时要戴手套等，请注意不要受伤。

③ 从车体上拆卸时，要确认没有压力后再作业。

（2）检查时的注意事项

① 检查油量及行程量。行程量在规定值以上时，没有油压会有不制动的可能性。

② 检查是否有漏油。

③ 检查各紧固件是否有松动。运行中如有零部件脱落，将是引起事故的原因。

（3）保养时的注意事项

① 分解、组装要放置于稳定的工作台上，牢固地固定好再进行。落下和受伤是故障的原因。

② 取出挡圈时，在作业中要注意向外飞出伤人。

③ 取出弹簧时在作业中，也要注意弹簧及其零件的飞出伤人。

5. MH1114A—TC2000B 电动空气压缩机

1）电动空压机部分的维修与保养

（1）联轴器

每次大修都要更换新弹性体。

（2）防振橡胶座

每次大修都要检查该处，如发现离合器有溶胀或者防振橡胶座的自由高度在 81 mm 以下时，则要更换新的。

（3）组装要领

组装时，将联轴器的弹性体在联轴器法兰盘的一侧插入。空压机和电动机在平台上组装，并测量联轴器的间隙。此值应在 2.5 ～ 3.5 mm 之间，否则要用垫片（4）、（5）来调整。

螺栓、螺母类按表 7-14 的紧固力矩来紧固。

表 7-14　螺栓、螺母类的紧固力矩

尺寸	紧固力矩/（N·m）
M5	2.94
M6	4.90
M8	12.25
M10	25.48
M12	42.14
M16	98.0
M20	196.0

2）空压机部分分解、组装要领

（1）分解

按图 7-15 的程序进行分解，以下所为分解时的要点：

① 拔出活塞销（见图 7-16）；

② 活塞环、油环的取出（见图 7-17）。用压板一边沿活塞圆周方向撬动，一边将活塞环向上移动而取出。但是要注意不能用强力，如用强力将活塞环向上或向下撬动，会使活塞环折断。

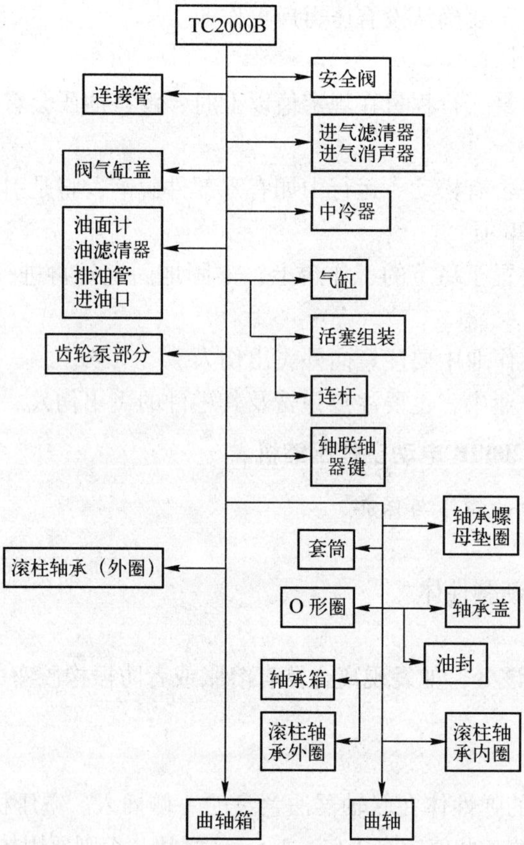

图 7-15　分解程序图

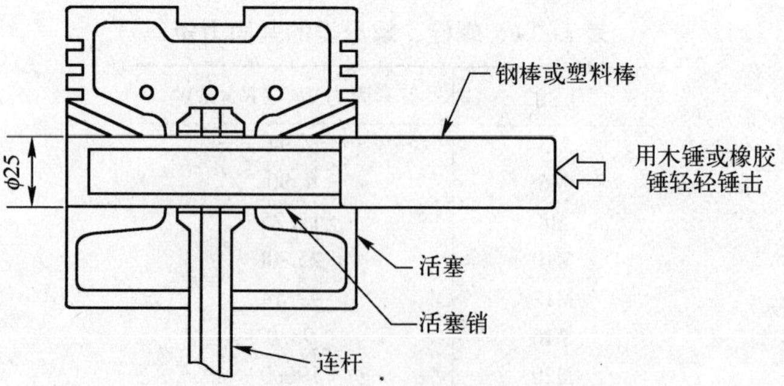

图 7-16　拔出活塞销

③ 卸下轴承螺母、垫圈

④ 卸下套筒、O 形圈，利用缺口取下套筒。

⑤ 卸下油封（见图 7-18）。油封经过分解就不能再利用。

⑥ 卸下轴承箱、轴承外圈。（见图 7-19）。

⑦ 卸下曲轴、轴承内圈，见图 7-20。

⑧ 卸下曲轴箱、轴承，见图 7-21。

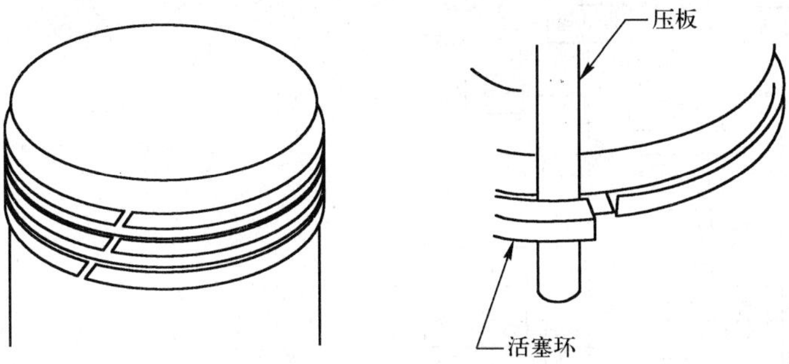

图 7-17 活塞环、油环的取出

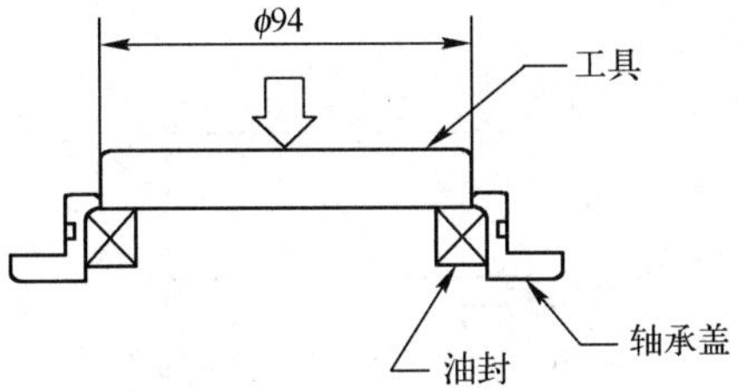

图 7-18 油封拆卸图

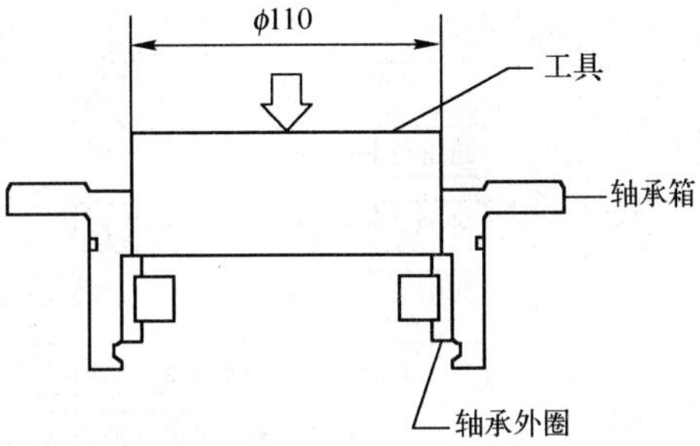

图 7-19 轴承箱、轴承外圈拆卸图

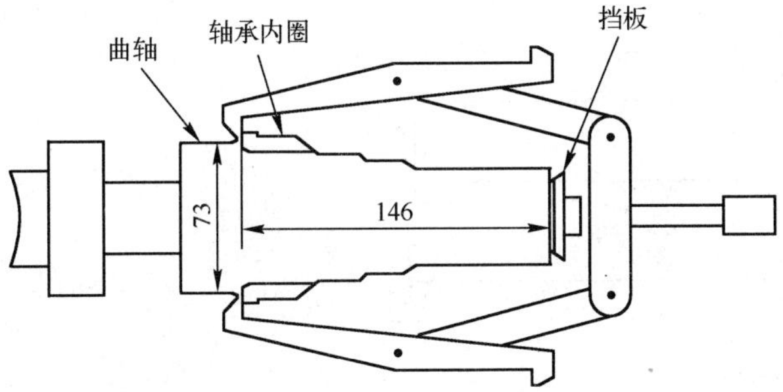

图 7-20 曲轴、轴承内圈拆卸

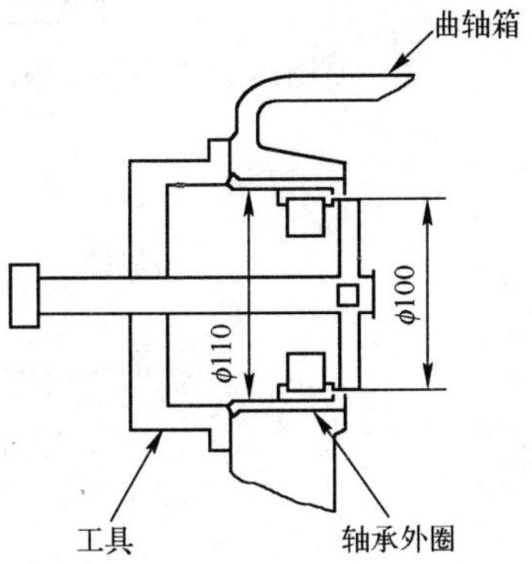

图 7-21 曲轴箱、轴承拆卸

(2) 组装

按图 7-22 程序进行。此图省略清洗、检修、简单的组装。以下所示为组装时的要点。

① 在曲轴上热压配合滚柱轴承内圈。热套时的油温为 120℃。

② 在轴承箱上压入滚柱轴承外圈，见图 7-23。

③ 在轴承盖上压入油封。压入时注意不要损伤油封的橡胶材料，见图 7-24。

④ 在曲轴上插入套筒、O 形圈，注意不要损伤 O 形圈，见图 7-25。

⑤ 将滚柱轴承及套筒用轴承螺母及垫圈固定，见图 7-26。

⑥ 在曲轴箱上压入滚柱轴承外圈，见图 7-27。

⑦ 将曲轴装入曲轴箱上，见图 7-28。

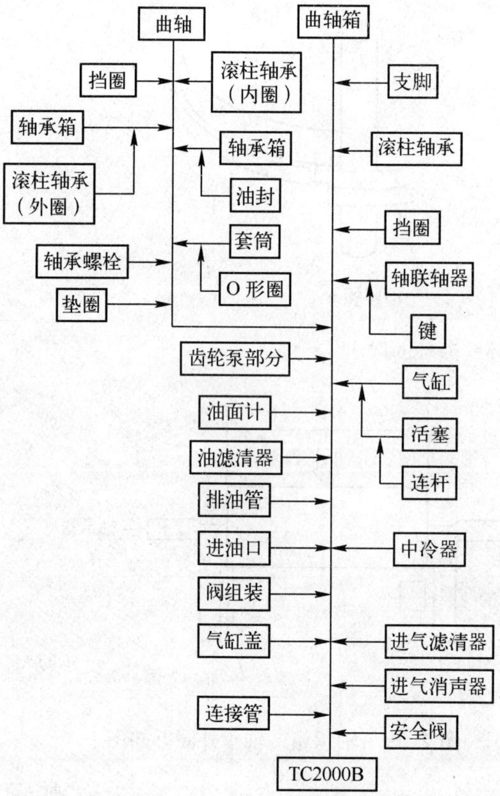

图 7-22　组装程序图

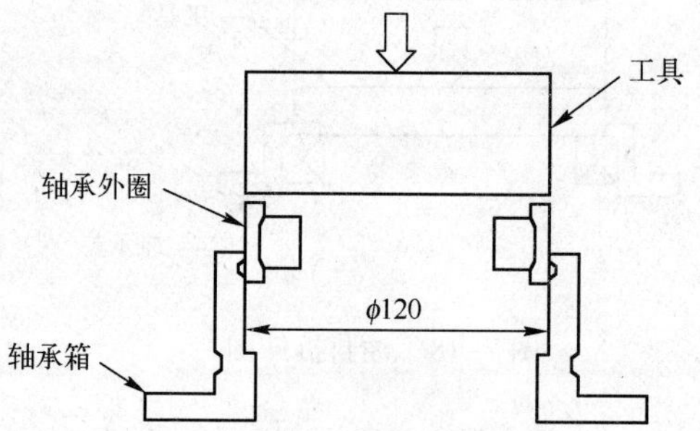

图 7-23　滚柱轴承外圈压入图

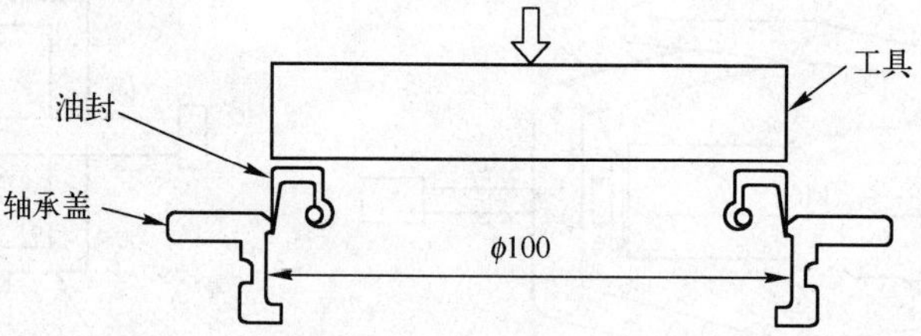

图 7-24　油封压入

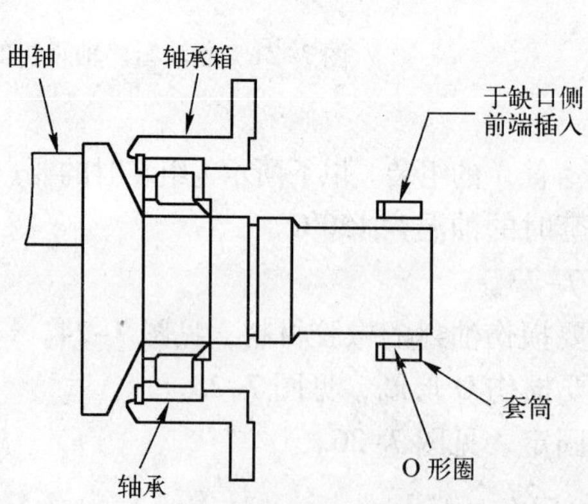

图 7-25　套筒、O 形圈的插入

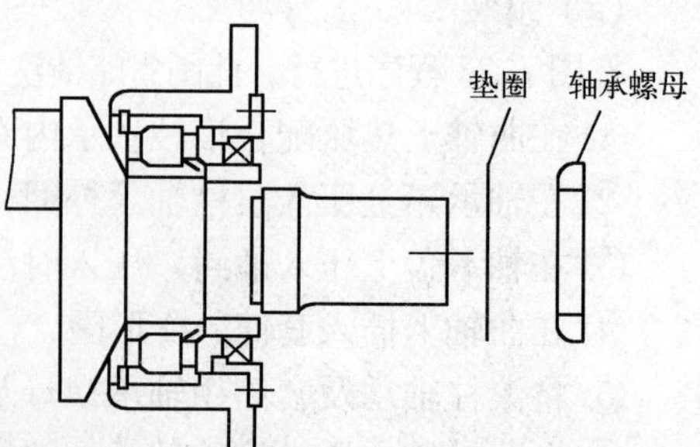

图 7-26　轴承螺母、垫圈固定

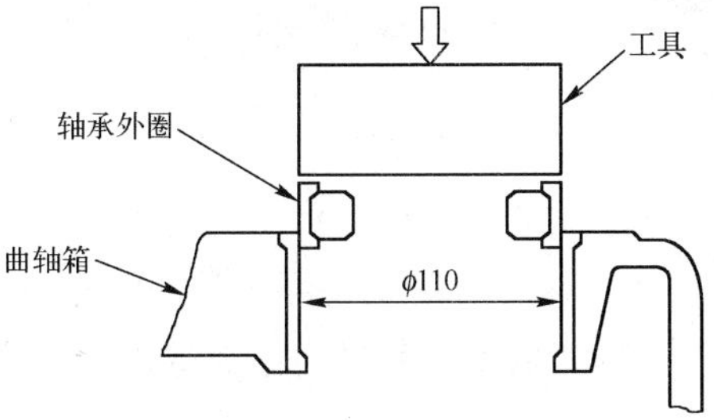

图 7-27 轴承外圈的压入

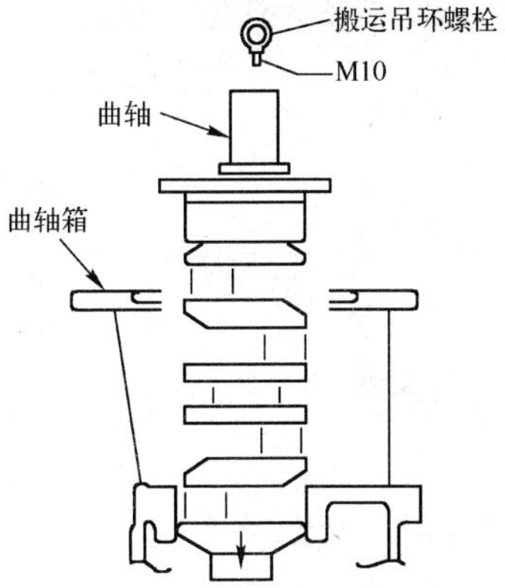

图 7-28 曲轴装入图

⑧ 安装好的联轴器、曲轴用键连接。键与曲轴上的键槽有 0.01 ～ 0.02 mm 的过盈量。键与联轴器上的键槽用手试着合适来确认。在装入联轴器前要在轴上涂覆薄薄的一层二硫化钼润滑剂，见图 7-29。

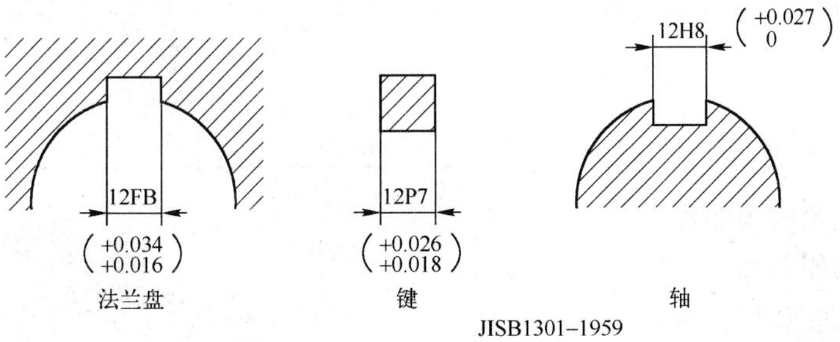

图 7-29 键连接图

⑨ 进行齿轮泵盖与安全阀的对研。在对研作业时要用#800 金钢砂与润滑油混合进行。

⑩ 在曲轴箱上安装齿轮泵体。组装时要注意：不能有弹簧、联轴器、键的脱落 。组装完成后要旋转曲轴来确认齿轮的旋转。

⑪ 确认连杆瓦与曲轴的接触状态。用紧固力矩 25 N · m 将连杆紧固在曲轴上，并以匀速旋转来确认。组装时要使连杆与连杆大头的标记一致。

⑫ 在活塞上安装活塞环、油环、活塞环，油环在活塞环槽内能无阻滞的活动，以此来确认组装质量，并使上标记面朝上来组装，见图 7-30。

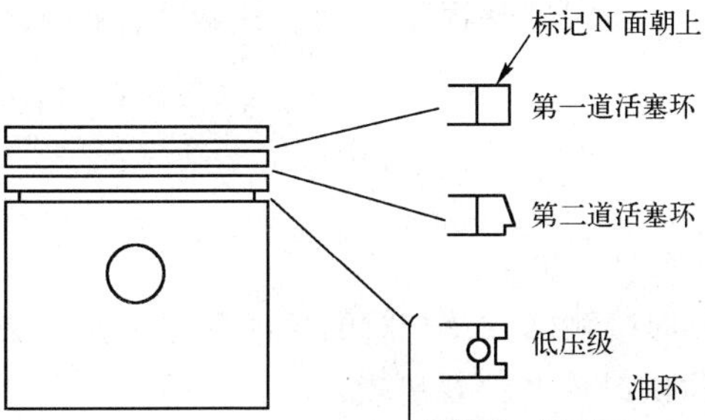

图 7-30 活塞环、油环安装

⑬ 将活塞销装入活塞，见图 7–31。

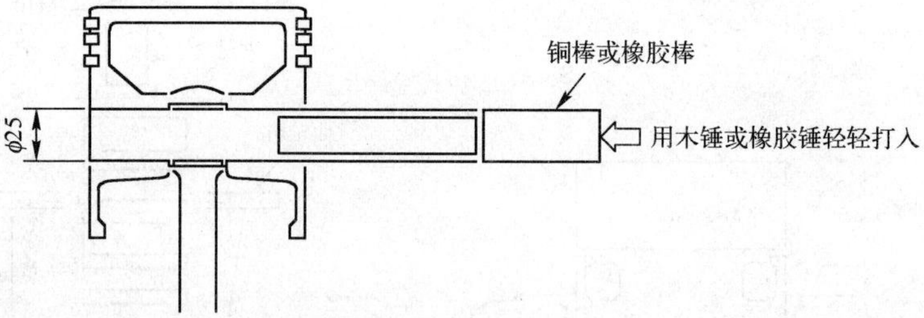

图 7–31　活塞销装入图

⑭ 将气缸、活塞及连杆安装到曲轴箱上。测量活塞顶面和气缸上端面的顶部间隙，顶部间隙为 0. 35 ～ 0. 05 mm。

⑮ 将阀、气缸盖安装于气缸上。

⑯ 各种螺栓（上述没有特别注明的部分）按表 7–15 的紧固力矩紧固。

表 7–15　螺栓紧固力矩

尺寸	紧固力矩/(N · m)	尺寸	紧固力矩/(N · m)
M5	2. 94	M12	42. 14
M6	4. 90	M16	98. 0
M8	12. 25	M20	196. 0
M10	25. 48		

阀安装螺栓紧固力矩如下：

低压进气阀安装用（M4）　　4. 02 ～ 4. 31 N · m。

低压进气阀安装用（M6）　　13. 33 ～ 14. 50 N · m。

高压进气阀、排气阀（M5）　　7. 84 ～ 8. 43 N · m。

6. D20NHA 除湿装置

1）滤芯

① 由于油、灰尘等作用慢慢会劣化，所以在大修时要更换。

② 在安装时要确认方向（滤芯侧面表示有方向）。

2）排气阀部分

① 每次维修都要更换 O 形圈。

② 阀杆上要均匀地涂覆润滑脂。

③ 橡胶座有龟裂、损伤及阀座磨损不均匀，比新产品的弹性大大降低，都要更换成新橡胶座。

3）消声器

要分解清洗消声器。

4）逆止阀

① 衬套及逆止阀的导向接触部分及与阀的接触部分不能有缺陷。

② 挡圈及 O 形圈在每次维修时都要更换。

③ 橡胶座有龟裂、损伤及阀座有不均匀磨损，与新产品比较其弹性大大降低的橡胶座，都要更换成新的。

5）电磁阀

① 线圈有断线、短路，使其阻抗值偏离有效值时，要更换线圈。

② 橡胶座有龟裂及损伤时要更换。

7. 制动控制装置

1）分解、组装

分解检查时，将各个安装阀、塞门、滤尘器从管座上拆下，应对管座表面及内部通路进行清扫、吹风。不进行检查、清扫时，将阀门类拆下之后的管座开口部应该用胶带等堵上。

各种阀门类的清扫、检查、注油应遵循各种阀门类的使用说明书。

2）检查、更换

应进行如下检查、更换：

① 密封垫圈有变形·破损的，应更换。另外，即使没有异常也应该4年（300万km左右）更换一次；

② O形垫圈每次拆下后都应该更换；

③ 各种阀门、旋塞、滤尘器应拆下，清扫、检查、加油，有异常的应修理、更换；

④ 配管有异常的，应更换；

⑤ 内部布线有断线、被覆有损伤的应更换；

⑥ 拆分、组装后，应进行泄漏检查。

8. 制动控制器

1）全面保养

全面保养项目如下：

① 内部不能有垃圾及灰尘等进入；

② 凸轮开关接点不要有毁损；

③ 球轴承（轴承）是两面密封式，所以不需要加油；

④ 球轴承（轴承）不能用有机溶剂清洗，只要用干净的布擦拭即可；

⑤ 分解作业时受损伤的球轴承（轴承）不得再使用；

⑥ 凸轮轴的表面不要涂抹油类等物。

2）检查项目及保养要领

按照表7-16检查项目及保养要领进行保养。

表7-16 检查项目及保养要领

部位	检查保养事项	月检	重检	全检	备注
外观	外观有无异常的确认	○	○	○	每8年
连接器	确认连接器是否紧密地连接在一起，紧固螺栓如有松动的，将其紧固		○	○	
轴承	正常的手柄操作阻力的确认、交换	○	○	○	
插销部件	正常的手柄操作阻力的确认	○	○	○	
	在手柄位置对正常的操作阻力进行确认	○	○	○	
	如滚轮及插销凸轮的滚轮接触部表面干燥的情况下，可薄薄地涂抹一层黄油		○	○	

续表

部位	检查保养事项	月检	重检	全检	备注
凸轮开关	在手柄位置对正常的操作阻力进行确认	○	○	○	接点间隙：(5±1) mm
	接点间隙的确认		○	○	
	接点的荒损状态的确认		○	○	
凸轮	凸轮表面的阶段磨损情况的确认		○	○	限度：0.2 mm
各弹簧	确认有无弹力减弱、锈、伤损			○	
钥匙机构	有异常声音、干涩感时，更换部件			○	
其他部件	有异常磨损时，更换			○	
螺栓类	如有松弛，紧固之		○	○	
橡胶部件	每次分解时更换	—	—	—	

7.2 CRH_1 型动车组制动系统维修

7.2.1 制动系统一、二级检修作业标准

制动系统一、二级检修作业标准见表7-17。

表7-17 制动系统一、二级检修作业标准

序号	检修项目	检修要求	一级	二级
1	基础制动装置	检查	◎	◎
2	供风管系	检查	◎	◎
3	空气压缩机及附属装置	检查		◎
4	制动试验	试验	◎	◎
5	综合制动试验	测试		◎
6	制动控制装置	检查		◎

7.2.2 一级检修作业程序及质量标准

一级检修作业程序及质量标准见表7-18。

表7-18 一级检修作业程序及质量标准

序号	作业程序	质量标准	备注
1	检查轮盘	轮盘螺栓安装牢固，无松动。轮盘裂纹不过限度，盘面裂纹沿半径方向长度不过限度	
2	检查制动夹钳及闸片	1. 闸片托外观状态良好，安装牢固 2. 闸片厚度符合规定，闸片不反装 3. 闸片托防翻转机构安装牢固，无变形、折断 4. 制动夹钳装置配件齐全，状态良好；悬吊部件齐全、无裂纹，安装螺栓紧固	
3	检查空气弹簧装置	1. 空气弹簧胶囊外观状态良好、无裂损、无鼓泡、无漏风 2. 高度调整阀安装牢固，无漏风 3. 高度调整杆无变形，配件无缺失；锁紧装置紧固 4. 空气管路无漏泄、无腐蚀	

7.2.3 二级检修作业程序及质量标准

二级检修作业程序及质量标准见表7-19。

表7-19 二级检修作业程序及质量标准

序号	作业程序	质量标准	备注
1	检查轮盘	轮盘螺栓安装牢固，无松动。轮盘裂纹不过限度，盘面裂纹沿半径方向长度不过限度	
2	辅助空气压缩机测试	按压辅助空气压缩机启动按钮，启动后，压缩机将运行10 min，有警告信息显示	
3	检查制动夹钳及闸片	1. 闸片托外观状态良好，安装牢固 2. 闸片厚度符合规定，闸片不反装 3. 闸片托防翻转机构安装牢固，无变形、折断 4. 制动夹钳装置配件齐全，状态良好；悬吊部件齐全、无裂纹，安装螺栓紧固	
4	检查空气弹簧装置	1. 空气弹簧胶囊外观状态良好，无裂损、无鼓泡、无漏风 2. 高度调整阀安装牢固，无漏风 3. 高度调整杆无变形，配件无缺失；锁紧装置紧固 4. 空气管路无漏泄、无腐蚀	
5	检查制动装置	1. 制动装置闸片托外观状态良好，闸片厚度符合规定。 2. 夹钳装置配件齐全，状态良好；悬吊螺栓紧固，各部件无裂纹 3. 制动缸保护托吊及闸片托防翻转装置状态良好，安装紧固	

7.2.4 检修限度

检修限度见表7-20。

表7-20 检修限度表

序号	项目	一级修程	二级修程	备注
1	制动盘磨擦盘片磨耗量（单侧） 轮制动盘 轴制动盘	 ≤7 mm ≤7 mm	 ≤7 mm ≤7 mm	
2	制动盘摩擦面凹入磨损	≤2 mm	≤2 mm	
3	制动盘摩擦面斜磨损	≤2 mm	≤2 mm	
4	轴制动盘摩擦表面划伤深度	≤1.2 mm	≤1.2 mm	
5	轴制动盘摩擦面裂纹 ① 从边缘开始的裂纹 ② 不从边缘开始的裂纹 ③ 两条裂纹间距	 ≤80 mm ≤100 mm ≥50 mm	 ≤80 mm ≤100 mm ≥50 mm	制动盘摩擦面不得有贯通裂纹，制动盘环连接处不得有裂纹
6	轮制动盘摩擦面裂纹 ① 从边缘开始的裂纹 ② 不从边缘开始的裂纹 ③ 两条裂纹间距	 ≤80 mm ≤100 mm ≥50 mm	 ≤80 mm ≤100 mm ≥50 mm	制动盘摩擦面不得有贯通裂纹，制动盘环连接处不得有裂纹

续表

序　号	项　　目	一级修程	二级修程	备　　注
7	闸片与制动盘间的间隙	（1.5±0.5）mm	（1.5±0.5）mm	每一闸片
8	闸片厚度 动车轮盘 拖车轴盘	≥5 mm ≥5 mm	≥5 mm ≥5 mm	测量最薄处
9	销和衬套间隙	≤1 mm	≤1 mm	销、衬套磨损量分别不大于0.5 mm

7.2.5　专项修检作业标准

主、辅助压缩机检修作业校准如下：

① 清洗机油滤清器，检查主压缩机油位；

② 排空微孔机油滤清器内的积油；

③ 检查压缩机油位；

④ 目视检查均衡阀和离心式滤清器；

⑤ 清洁供气单元并目视检查软管。

7.2.6　应急故障处理

1. 制动无法正确缓解

故障代码：6911。

行车控制要求：停车处理。

故障部位：制动系统。

故障现象：制动没有在规定的缓解时间内得到缓解。

故障原因：

① 压力传感器故障；

② 制动面板上的数字压力传感器故障；

③ 紧急制动阀故障；

④ 制动机有空气泄漏故障；

⑤ 制动计算机的通信受到干扰。

处理措施：

① 通过 IDU 检查制动机的压力状态；

② 确认故障车辆后，对该车采取制动关门措施；

③ 关门后进行一次制动试验，确认制动系统的状态；

④ 当切除25%制动力时，限速160 km/h 运行；切除50%制动力时，限速120 km/h 运行。

2. 主风缸低压（600 kPa）

故障代码：5103。

行车控制要求：立即停车。

故障部位：供风系统。

故障现象：主风缸压力低于 600 kPa。
故障原因：
① 拖车之间截断塞门关闭；
② 主风缸漏风量大；
③ 干燥塔模块压力传感器截断塞门关闭；
④ 故障接线或模拟输入连接压力传感器。
处理措施：
① 检查空压机状态；
② 查找向制动和其他部件供风的供风系统漏风来源，如二系悬挂。

3. 主风缸低压（400 kPa）

故障代码：5104。
行车控制要求：立即停车。
故障部位：供风系统。
故障现象：回送模式下，主风缸压力低于 400 kPa。
故障原因：
① 拖车之间截断塞门关闭；
② 主风缸漏风量大；
③ 干燥塔模块压力传感器截断塞门关闭；
④ 故障接线或模拟输入连接压力传感器。
处理措施：
① 检查空压机状态；
② 查找制动和其他部件供风的供风系统漏风来源，如二系悬挂。

4. 严重漏风（ >200 kPa/min）

故障代码：5106。
行车控制要求：可维持运行。
故障部位：供风系统。
故障现象：微机检测出动车组有漏风现象。
处理措施：

① 维持正常运行，同时检查空压机状态。由于空压机运行次数将大大增加，会增加主风缸压力过压而停机的风险。如果空压机不能完全正常工作，列车运行时间不要太长。

② 停车时检查动车组漏风部位：

- 检查空气悬挂装置；
- 分车隔离，检测漏风的车辆；
- 分功能隔离，检测漏风的位置。

5. 紧急制动故障

故障代码：6060。
行车控制要求：立即停车。

故障部位：制动装置。

故障现象：紧急制动回路为失电状态，但 C_v – 压力 < R – 压力。制动计算机代码显示为0400。

故障原因：

① BCU 的紧急制动回路输入线路异常；

② 制动面板上 D 位置的紧急制动阀故障；

③ Cv 压力传感器故障；

④ EB02B—A7 板故障；

⑤ MB04B—A9 主板故障。

处理措施：

① 停车并对出现问题的车辆采取关门措施；

② 关门进行一次制动试验，确认制动系统的状态；

③ 当切除25%制动力时，限速160km/h运行；切除50%制动力时，限速120km/h运行。

6. 乘客紧急制动激活

故障代码：6073，6173，6273，6373。

行车控制要求：立即停车。

故障部位：紧急制动手柄。

故障原因：乘客已经拉动了通过台的紧急制动手柄。

处理措施：

① 当乘客拉动紧急制动手柄时，紧急制动即被启动，列车控制系统自动进入程序；

② 司机室“暂停乘客启动的紧急制动”按钮开始闪亮，紧急通话单元启动，司机可以和乘客或乘务员进行语音通话，以决定要采取的措施；

③ 司机在10s内按下“暂停”按钮，并至少保持3s，紧急制动取消；否则，列车将自动发生紧急制动；

④ 当“暂停乘客启动的紧急制动”按钮开始闪亮时，司机不得随意按下“暂停”按钮，必须立即了解清楚情况后再采取相应措施；

⑤ 情况不明时，司机立即采取紧急制动停车，并通知随车机械师全面检查动车组状态。

7. 制动管路压力偏差30kPa

故障代码：6075。

行车控制要求：继续维持运行。

故障部位：回送面板上的压力传感器。

故障现象：回送面板上的压力传感器偏差超过30kPa。

故障原因：

① 回送板上的压力传感器故障；

② 回送面板的线路故障。

处理措施：

① 维持动车组运行；

② 如果制动控制故障，则申请救援。

8. 回送制动管路压力小于400 kPa

故障代码：6076。
行车控制要求：立即紧急制动停车。
故障部位：制动系统。
故障现象：被回送动车组制动管路压力小于400 kPa，被回送动车组可能发生了紧急制动。
处理措施：检查被回送列车的制动系统状态。

9. 回送时紧急制动阀继电器故障

故障代码：6078。
行车控制要求：立即紧急制动停车。
故障部位：时间继电器 C. K1. 57。
故障现象：当开关处于被回送位时，来自时间继电器 C. K1. 57 的 DI 未设置。
故障原因：
① 时间继电器故障；
② 时间继电器设置故障。
处理措施：
① 检查时间继电器 C. K1. 57 的状态及设置；
② 故障不能处理时，采取制动关门限速回送措施。

10. 停放制动故障

故障代码：6082，6282。
行车控制要求：立即停车。
故障部位：停放制动机。
故障原因：制动计算机检测出故障，制动计算机代码显示为0200。
处理措施：
① 停车后进行缓解和施加停放制动操作，停放制动机正常后可继续运行；
② 如果还有问题，手动缓解故障车辆的停放制动机，并对该车进行制动关门处理。

7.3 CRH5 型动车组制动系统维修

7.3.1 检修周期

CRH5 型动车组的检修周期以走行公里为主，以时间为辅，其检修周期分为 5 个等级：日常级是每日运行结束后的例行检查；基本级是“基本性”检修，检修周期为 6×10^4 km；第三级是一级大型维修，检修周期是 120 万 km；第四级是二级大型维修，检修周期是 240 万 km；第五级是三级大型维修，检修周期是 480 万 km。

7.3.2 检修内容

CRH5 型动车组制动系统各零部件的检修内容见表 7-21。

表 7-21　CRH5 型动车组制动系统零部件检修标准

主系统	系统	维修内容	7.5 km	30 km	60 km	120 km	180 km	360 km	720 km	1 200 km	2 400 km	3 600 km	4 800 km
固定车底架	风缸组装橡胶部件	更换部件									X		X
转向架上的制动系统	管线—活动软管	目测泄油情况			X	X	X	X	X	X	X	X	X
转向架上的制动系统	管线—活动软管	预防性更换部件（在一定条件下）									X		X
转向架上的制动系统	制动连接组件	功能性检查和制动测试	X	X	X	X	X	X	X	X	X	X	X
转向架上的制动系统	制动连接组件	检查磨损和松弛度								X	X	X	X
转向架上的制动系统	制动盘	目测正确定位、磨损及腐蚀性		X	X	X	X	X	X	X	X	X	X
转向架上的制动系统	制动盘	搭接								X		X	
转向架上的制动系统	制动盘	更换部件（在一定条件下）									X		X
转向架上的制动系统	制动卡钳	检查磨损、腐蚀性及漏油			X	X	X	X	X	X	X	X	X
转向架上的制动系统	制动卡钳	大修拆卸和重装（除锈作业）									X		X
转向架上的制动系统	制动卡钳	大修								X	X	X	X
转向架上的制动系统	带弹簧制动卡钳	大修								X	X	X	X
转向架上的制动系统	制动卡钳	特大修									X		X
转向架上的制动系统	带弹簧制动卡钳	特大修									X		X
转向架上的制动系统	制动卡钳	再润滑						X	X			X	
转向架上的制动系统	制动衬片	目测制动衬片磨损		X	X	X	X	X	X	X	X	X	X
转向架上的制动系统	制动衬片	预防性更换部件				X		X	X	X	X	X	X
转向架上的制动系统	制动卡钳	大修拆卸和重装（除锈作业）									X		X
转向架上的制动系统	制动组横梁	目测磨损及腐蚀性			X	X	X	X	X	X	X	X	X
转向架上的制动系统	制动组横梁	拆卸横梁								X	X	X	X
转向架上的制动系统	制动组横梁/外围接头	更换接头								X	X	X	X
转向架上的制动系统	制动组横梁	大修拆卸(除锈作业)									X		X

续表

主系统	系统	维修内容	7.5 km	30 km	60 km	120 km	180 km	360 km	720 km	1 200 km	2 400 km	3 600 km	4 800 km
转向架上的制动系统	制动组横梁	大修（除锈作业）									X		X
拖车转向架上的制动系统	管线—活动软管	目测是否漏油			X	X	X	X	X	X	X	X	X
拖车转向架上的制动系统	管线—活动软管	预防性部件更换(在一定条件下)									X		X
拖车转向架上的制动系统	制动连接组件	功能测试及制动测试	X	X	X	X	X	X	X	X	X	X	X
拖车转向架上的制动系统	制动连接组件	松紧情况及磨损测试								X	X	X	X
拖车转向架上的制动系统	制动盘	目测定位．磨损及腐蚀		X	X	X	X	X	X	X	X	X	X
拖车转向架上的制动系统	制动盘	搭接								X	X	X	X
拖车转向架上的制动系统	制动盘	更换部件(在一定条件下)									X		X
拖车转向架上的制动系统	制动卡钳	检查磨损、腐蚀及漏油			X	X	X	X	X	X	X	X	X
拖车转向架上的制动系统	制动卡钳	大修拆卸及重装（除锈作业）									X		X
拖车转向架上的制动系统	制动卡钳	大修								X	X	X	X
拖车转向架上的制动系统	弹簧制动卡钳	大修								X	X	X	X
拖车转向架上的制动系统	制动卡钳	超大修									X		X
拖车转向架上的制动系统	弹簧制动卡钳	超大修									X		X
拖车转向架上的制动系统	制动卡钳	重新润滑						X	X			X	
拖车转向架上的制动系统	制动衬片	目测制动衬片磨损		X	X	X	X	X	X	X	X	X	X
拖车转向架上的制动系统	制动衬片	预防性更换部件				X		X	X	X	X	X	X
拖车转向架上的制动系统	制动卡钳	大修拆卸及重装（除锈作业）									X		X
拖车转向架上的制动系统	制动组横梁	目测磨损及腐蚀			X	X	X	X	X	X	X	X	X
拖车转向架上的制动系统	制动组横梁	拆卸横梁								X	X	X	X
拖车转向架上的制动系统	制动组横梁外部接头	更换接头								X	X	X	X
拖车转向架上的制动系统	制动组横梁	大修拆卸（除锈作业）									X		X

续表

主 系 统	系 统	维修内容	7. 5 km	30 km	60 km	120 km	180 km	360 km	720 km	1 200 km	2 400 km	3 600 km	4 800 km
拖车转向架上的制动系统	制动组横梁	大修（除锈作业）									X		X
空气制备及处理系统	供气模块	大修更换部件									X		X
空气制备及处理系统	压缩机	检查油位		X	X	X	X	X	X	X	X	X	X
空气制备及处理系统	压缩机	注油				X		X	X	X	X	X	X
空气制备及处理系统	压缩机	清洁冷却器						X	X			X	
空气制备及处理系统	压缩机	更换空气过滤器部件/防护槽						X	X			X	
空气制备及处理系统	压缩机	使用油返回过滤器						X	X			X	
空气制备及处理系统	压缩机	更换油槽								X	X	X	X
空气制备及处理系统	压缩机	换油、更换油过滤槽								X	X	X	X
空气制备及处理系统	压缩机	检查温度开关								X	X	X	X
空气制备及处理系统	压缩机	检查反弹组件								X	X	X	X
空气制备及处理系统	压缩机	大修									X		X
空气制备及处理系统	压缩机	大修电机											X
空气制备及处理系统	空气干燥机	功能测试					X	X	X			X	
空气制备和处理系统	空气干燥机	露点测量						X	X			X	
空气制备和处理系统	空气干燥机	检查空气干燥机热度						X	X			X	
空气制备和处理系统	空气干燥机	更换干燥盐								X	X	X	X
空气制备和处理系统	空气干燥机	大修									X		X
空气制备和处理系统	冷凝槽	检查液位，放空		X	X	X	X	X	X	X	X	X	X
空气制备和处理系统	冷凝槽	大修											X
空气制备和处理系统	微过滤器	排水，放空					X	X	X			X	
空气制备和处理系统	微过滤器	更换过滤器部件								X	X	X	X

续表

主系统	系统	维修内容	7.5 km	30 km	60 km	120 km	180 km	360 km	720 km	1 200 km	2 400 km	3 600 km	4 800 km
空气制备和处理系统	安全阀	清洗阀门座				X		X	X	X	X	X	X
空气制备和处理系统	安全阀	功能测试更换部件						X	X			X	
空气制备和处理系统	安全阀	功能测试						X	X			X	
空气制备和处理系统	风缸	目测(外部)						X	X			X	
空气制备和处理系统	风缸	目测内部和外部											X
空气制备和处理系统	排水旋塞	功能测试						X	X			X	
空气制备和处理系统	排水旋塞	大修									X		X
电气指令设备	电路板	更换部件											X
气动控制面板	控制器	大修更换部件									X		X
气动控制面板	调节阀	大修									X		X
气动控制面板	空气过滤器	清洁过滤器部件							X			X	
气动控制面板	压力传导器	检查无压点/增压									X		X
气动控制面板	继电阀	大修									X		X
气动控制面板	模拟变流器	大修									X		X
配电阀	配电阀	大修									X		X
配电阀	脉动阀	功能测试						X	X			X	
配电阀	风缸	目测(外部)						X	X			X	
配电阀	风缸	目测内部及外部											X
扩压器	扩压器	大修									X		X
(弹簧)制动命令系统	弹簧触发器	大修									X		X
(弹簧)制动命令系统	脉动阀	功能测试						X	X			X	
直接阀	阀门	检查是否漏油				X		X	X	X	X	X	X

续表

主 系 统	系 统	维修内容	7. 5 k n	30 km	60 km	120 km	180 km	360 km	720 km	1 200 km	2 400 km	3 600 km	4 800 km
直接阀	阀门	检查功能(制动步骤)				X		X	X	X	X	X	X
直接阀	阀门	检查功能						X	X			X	
直接阀	阀门	大修									X		X
制动旋塞	管线	目测				X		X	X	X	X	X	X
制动旋塞	管线	更换									X		X
制动旋塞	紧急制动阀	大修									X		X
车体上的制动系统	软管	目测				X		X	X	X	X	X	X
车体上的制动系统	软管	更换									X		X
车体上的制动系统	空气制动	制动功能测试					X	X	X			X	
车体上的制动系统	空气制动	紧急制动功能测试					X	X	X			X	
防滑	防滑阀	大修									X		X
防滑	压力传导器	功能测试						X	X			X	
防滑	压力传导器	更换									X		X
停车制动软管	软管	目测				X		X	X	X	X	X	X
停车制动软管	软管	更换									X		X
紧急制动手柄	紧急制动手柄	检查密封情况				X		X	X	X	X	X	X
紧急制动手柄	紧急制动手柄	功能测试								X	X	X	X
紧急制动手柄	紧急制动手柄	大修									X		X
列车连接软管	软管	检查				X		X	X	X	X	X	X
列车连接软管	软管	更换部件									X		X
列车连接软管	隔离旋塞	检查						X	X			X	
列车连接软管	隔离旋塞	更换部件									X		X
制动指示器	指示器	更换部件											X

复习思考题

1. 简述 CRH_2 动车组专项检修标准、大修流程及关键部位保养方法。
2. 简述 CRH_1 动车组检修作业标准、作业程序及应急故障处理方法。
3. 简述 CRH_5 动车组的检修周期及检修内容。

第8章 制动系统试验

动车组必须进行一系列的试验才能交付使用。所有系统（部件）型式试验应于动车组制造期间进行，且首列动车组进行线路综合试验前完成并通过。其中制动系统型式试验内容至少应包括制动性能试验和列车空气动力学性能试验；例行试验至少包括制动静止试验和整车气密性试验。试验完毕后需完成试验大纲，包括型式试验、例行试验及各项常规试验的程序。试验大纲包括测试方法、试验条件、试验地点、试验仪器、鉴定方法和标准、试验数据处理方法及试验结果的描述、试验报告格式等内容。试验报告的内容包括动车组制动性能和动车组空气动力学性能。计算资料的内容包括制动能力、功率及其分配的计算和用风量计算。

8.1 制动试验种类

8.1.1 基础研究性试验

我国高速列车制动技术研究起步较晚，国外的许多成果可以直接借鉴。大大减少了基础研究试验的内容。但是，有些内容是必须自己研究的。

1. 黏着系数研究

在我国的气候条件下，高速区段的黏着系数研究是最基本的一项研究。它包括室内实验室研究和线路实际试验研究。前者不但可以探索黏着系数规律，并可进行主动防滑研究。后者可为我国高速列车研发提供基础数据。

2. 摩擦材料研究

摩擦制动是高速列车制动的基本方式，开发大功率摩擦制动材料是继续提高列车速度的重要保证。

3. 其他试验

包括电空配合研究试验、部件可靠性试验、新型制动方式探索试验等。

8.1.2 部件研制、检验试验

为保证高速列车制动系统符合设计规范，在研发期间必须辅以必要的试验，并且在加工生产中也需要进行检测试验。这些试验须配合具体设计确定。一般由开发和生产单位进行。

8.1.3 系统试验

系统试验包括室内系统试验和装车试验。室内系统试验可以进行参数设置、故障模拟，具有其他试验无法替代的优点，是系统开发、验证的必要环节。

装车试验的真实感也是别的试验不可比的。但装车试验由于环节复杂、费用昂贵，一般只在新系统试用前才进行。

8.2 地面室内静置试验

微机控制电空制动系统室内静试验台是一个机电一体化的大型综合试验台，能够对任何模式的微机控制电空制动系统的性能进行室内 1:1 的静置试验。

8.2.1 试验台的组成

试验台主体由三大部分组成（见图 8-1），分别为控制台、风源系统及试验台架。控制台包括显示屏、主机、电源装置、速度发生装置、AD/DA 装置、I/O 装置、ATP 模拟装置、司控器及司机信号转换装置等。风源提供试验台所需的洁净压缩空气。试验台架部分是 1:1 模拟列车制动系统管路及转向架制动单元，以及检测用仪器、仪表及信号采集装置。试验台架上设有安装被测制动系统的接口（机械接口和电气接口）。

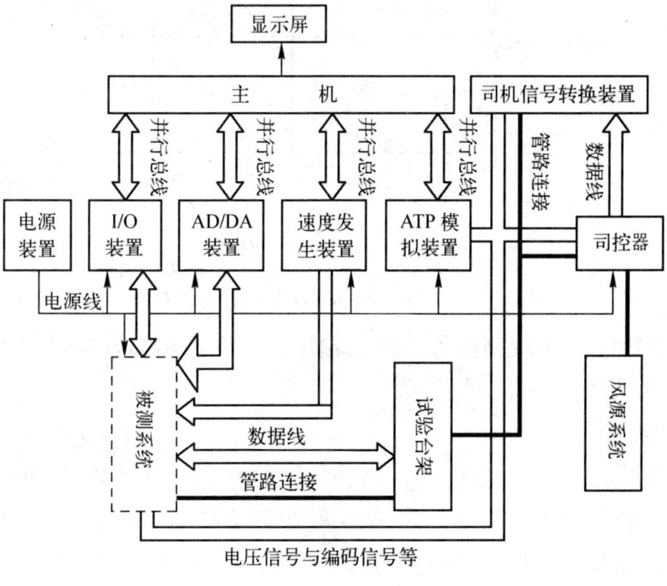

图 8-1 试验台组成

1. 控制台部件

控制台是试验台三大部分中的核心，控制台的主要部件有以下八个单元：AD/DA 装置、I/O 装置、速度发生装置、司控器、司机信号转换装置、ATP 装置、工控机、电源装置，控制台示意图见图 8-2。试验时通过这八个单元对被测系统的性能进行检测。

1）AD/DA 装置

AD/DA 装置负责模拟量的输入输出，输入包括传感器信号和电制动申请，输出包括模拟实际电制动力和载重的信号。该装置由一个 CPU 管理所有量的输入输出，通过并行总线与工控机相连。将读入的监测数据传送到工控机，同时也从工控机得到数据输出。

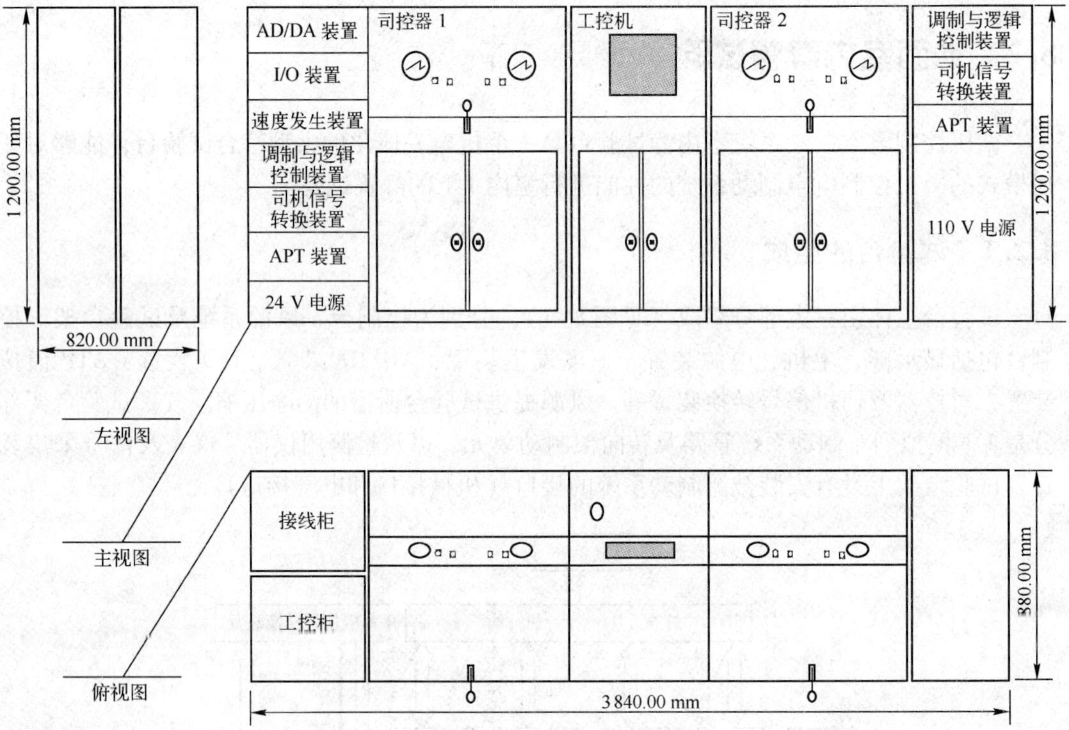

图 8-2　控制台示意图

2）I/O 装置

I/O 装置负责数字量和调制信号的输入输出，输入包括非常制动等开关量，输出包括电制动有效、电制动滑行等开关量信号。

3）速度发生装置

速度发生装置模拟速度脉冲信号，该装置同样设置一个 CPU，通过并行总线从工控机获得初始速度、路面状况、黏着、各车载重和各车制动力等数据，由 CPU 模拟计算后向被测系统输出速度信号，同时将这些速度信号通过并行总线发送给工控机。

4）司控器及开关

司控器提供表示制动级位的模拟量和开关量信号，同时提供常用制动、紧急制动两个开关量信号。这些信号通过接线箱一路发送到调制与逻辑运算器，一路发送到工控机进行检测。本试验台采用双端操纵，因此设有两个司控机器。

按钮开关共两套，分别为：停放制动拨位开关、非常制动按钮开关、强迫缓解拨位开关，备用制动拨位开关、钥匙开关。

5）司机信号转换装置

司机信号转换装置用来接受司机控制器的信号，并将其转换成不同形式、不同幅度的电压信号，以适应各种不同被测系统的要求。因为本试验台采用双端操纵，因此需设置两个司机信号转换装置。

6）ATP 装置

ATP 装置模拟 ATP 的功能，通过并行总线与工控机相连获得所需信息。ATP 根据试验设定的制动级位输出常用制动、紧急制动。试验台设置两个 ATP 装置。

7）工控机

工控机负责试验台大部分的数据处理任务和试验参数的显示任务。工控机通过并行总线与 AD/DA 装置和速度发生器及 ATP 装置交换数据。同时工控机模拟 TCU 的功能，接收微机制动控制单元的电制动申请信号后向微机制动控制单元发送实际电制动力信号和电制动滑行、电制动有效和摩擦制动信号。

8）电源装置

电源装置为整个试验台的电气装置及检测所用的传感器提供电源。

2. 风源系统

试验台风源由一台 1.3 m^3/min 空压机、一套空气处理装置（包括干燥器、油水分离器、冷却器等组成）和一个 0.6 m^3的总风缸组成。

3. 试验台架

试验台架按照 1:1 模拟列车制动系统布置。试验台架上装有用于控制和检测用的压力比例阀、流量计、压力传感器、压力开关等部件。在试验台各个部位留有备用接口（包括电路和管路），可根据需要增加检测功能。

8.2.2 试验台可完成的试验项目

在试验台上，可通过工控机设置各种试验需要的参数，使用不同的模拟装置提供制动系统需要的信号，通过分布在试验台架台上的各个测点监测系统的性能，并可将测试数据保存下来，通过软件选择所需要分析的测试数据具体显示各数据的详细信息或打印。试验台可完成的主要试验项目有：

① 动力制动与空气制动配合性能试验；

② 空重车调整（动力制动和空气制动）性能试验；

③ 制动系统防滑控制性能试验；

④ ATP（ATC）控制下制动系统性能试验；

⑤ 直通电空制动系统与备用空气制动系统切换性能试验；

⑥ 轮轨黏着利用性能试验；

⑦ 制动系统实施非常制动后，强迫缓解性能试验；

⑧ 制动系统阶段制动、阶段缓解性能试验；

⑨ 停放制动性能试验；

⑩ 高速列车与动车在不同初速度时直通电空系统常用制动工况试验；

⑪ 高速列车与动车在不同初速度时直通电空系统紧急制动工况性能试验；

⑫ 高速列车与动车在不同初速度时直通电空系统非常制动工况性能试验；

⑬ 各种工况下制动距离试验；

⑭ 制动系统停车精度性能试验；

⑮ 冲动限制试验。

8.3 CRH2 型动车组制动静态性能试验

8.3.1 试验目的

对摩擦制动的静态特性进行确认。

8.3.2 试验编组

试验对每列车的前后 4 辆分别进行试验。前 4 辆试验编组见图 8-3（a），后 4 辆试验编组见图 8-3（b），以下的条款为前 4 辆编组的实施内容，后 4 辆的试验实施内容参照前 4 辆车，后 4 辆测试内容同前 4 辆。

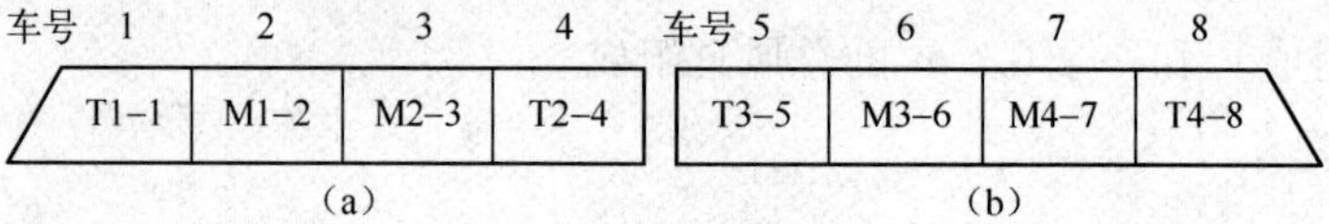

图 8-3 试验编组

8.3.3 测定设备

试验所使用的测定设备见表 8-1。

表 8-1 测定设备

编号	设备名称（英文）	设备名称（中文）	数量
1	Chart Recorder	图表记录器	1 台
2	DC Isolation Amplifier	直流缓冲放大器	5 台
3	Function Generator	信号发生器	2 台
4	Pressure Regulator	压力调节器	1 台
5	Pressure Sensor	压力传感器	5 个
6	Dynamic Strain Amplifier	动态应变放大器	5 台

8.3.4 测定项目

试验所测定项目见表 8-2。

表 8-2 测定项目

测定项目		车号	测定部位	
BC 压力	P_{BC1}	T1—1	制动控制装置	BCT（BC 压力检压旋塞）
BC 压力	P_{BC2}	M1—2	制动控制装置	BCT（BC 压力检压旋塞）

续表

测定项目		车号	测定部位	
BC 压力	P_{BC3}	M2—3	制动控制装置	BCT（BC 压力检压旋塞）
BC 压力	P_{BC4}	T2—4	制动控制装置	BCT（BC 压力检压旋塞）
MR 压力	P_{MR}	M2—3	制动控制装置	MRT（MR 压力检压旋塞）
61	V_{B1}	T1—1	LJB1	LJB1
64	V_{B4}	T1—1	LJB1	LJB1
67	V_{B7}	T1—1	LJB1	LJB1
152	V_{EB1}	T1—1	LJB1	LJB1
154	V_{EB2}	T1—1	LJB1	LJB1

8.3.5 试验设定

1. 列车速度

表 8-3 所示为各设定速度的频率发生器的频率设定值。由频率发生器输出的频率为经过各试验车辆制动控制装置的圆柱形插头 CN3 输入至制动控制装置。

表 8-3 列车速度设定

速度 v/(km/h)		50	118	200	计算式/Hz
频率 f/Hz	T 车	305	720	1220	$f = 5\,305.2 \times v/d$
	M 车	927	2187	3708	$f = 5\,305.2 \times 3.04 \times v/d$

* 车轮径 $d = 870$ mm。

2. 载荷条件

表 8-4 所示为空车时、定员时的 AS 压力。

表 8-4 AS 压力设定

AS 压力 / 车辆类型	空车/kPa	定员/kPa
T1—1、T2—4	345	450
M1—2、M2—3	395	510

8.3.6 试验准备

测定设备设置与制动控制装置见图 8-4 和图 8-5。

8.3.7 常用/快速制动的静态特性试验

1. 试验程序

① 通过 AS1、AS2 截断塞门的操作，作截断（关闭）状态；

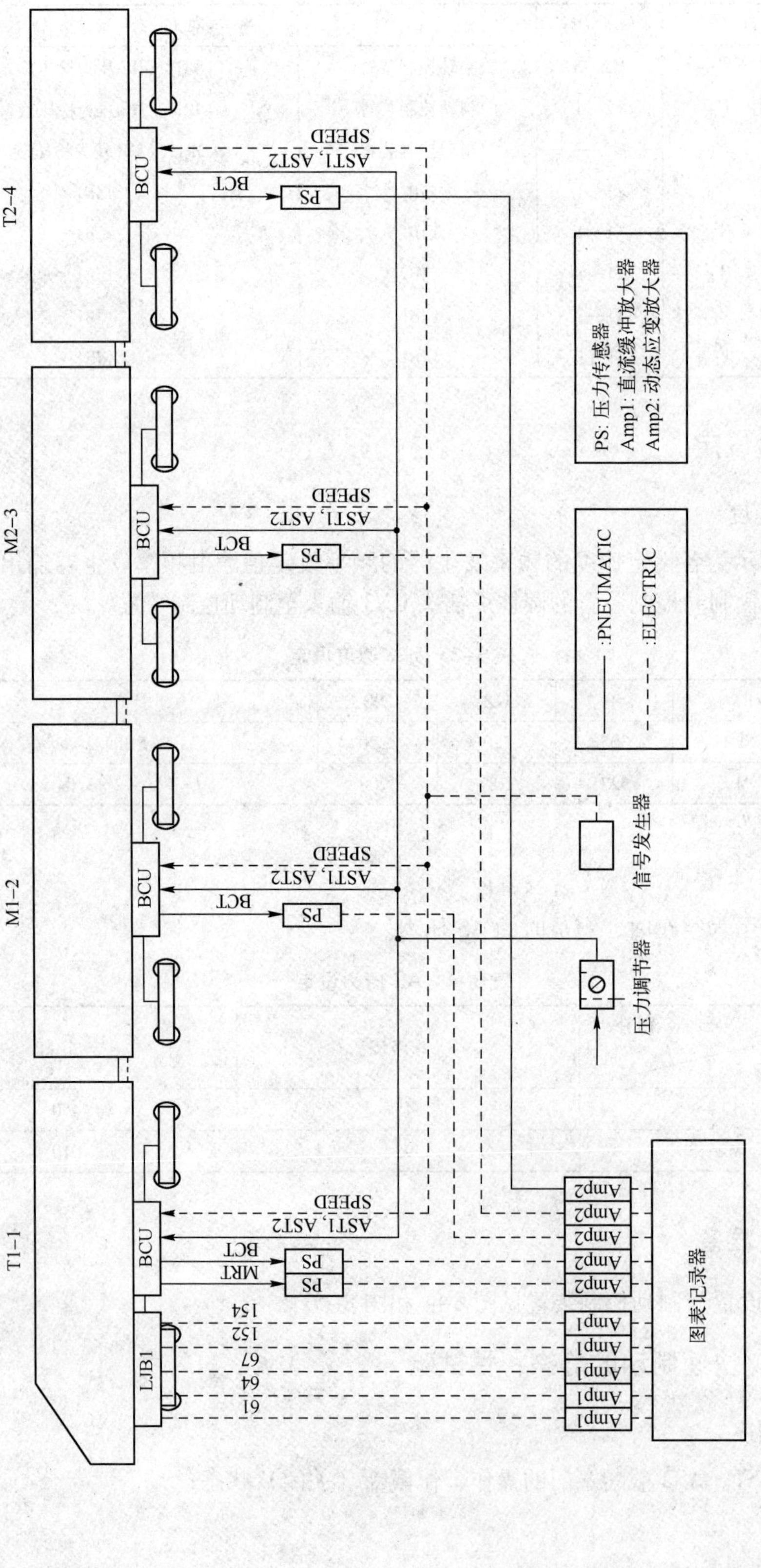
T1-1
M1-2
M2-3
T2-4
BCU
LJB1
PS
BCT
MRT
SPEED
AST1, AST2
61
64
67
152
154
Amp1
Amp2
图表记录器
压力调节器
信号发生器
:PNEUMATIC
:ELECTRIC
PS: 压力传感器
Amp1: 直流缓冲放大器
Amp2: 动态应变放大器

图 8-4 测定设备设置

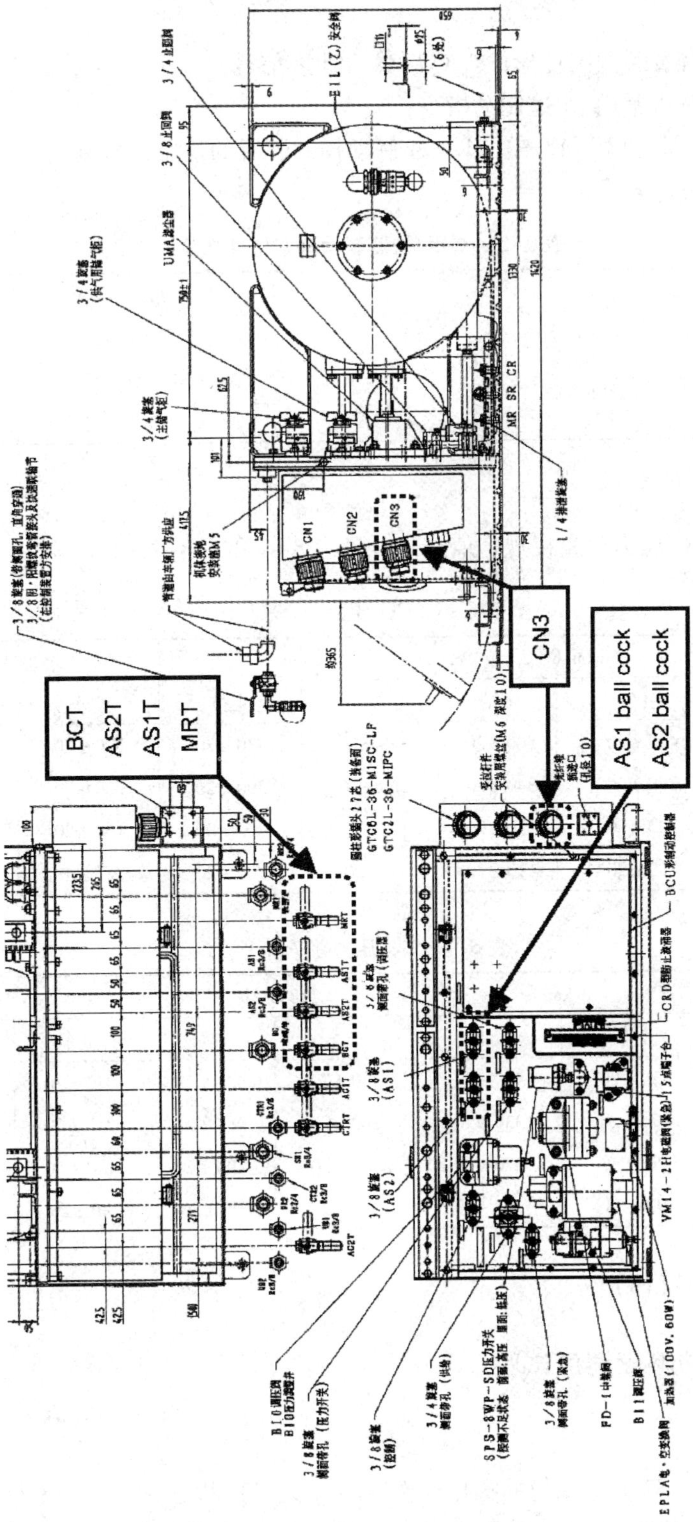

图 8-5 制动控制装置

② 由制动控制装置的 AS 压力检压旋塞（AS1T、AS2T）输入表 8-4 中记载的 AS 压力；

③ 由制动控制装置的圆柱形插头 CN3 输入速度信号；

④ 由司机台输入常用/快速制动指令；

⑤ 由 T1—1、M1—2、M2—3、T2—4 制动控制装置的检压旋塞测定 BC 压力；

⑥ 实验条件见表 8-5。

表 8-5　常用/快速制动静态特性试验

项　目	设 定 值
列车速度/(km/h)	50、118、200
制动指令	B1、B4、B7、EB
载荷条件	空车、定员

2. 判定标准

各条件下的 BC 压力值应在规定值之内，见表 8-6 和表 8-7。

表 8-6　BC 压力（T 车）

		50 km/h		118 km/h		200 km/h	
		空车	定员	空车	定员	空车	定员
BC 压力/kPa	EB	430 ± 20	500 ± 20	370 ± 20	430 ± 20	320 ± 20	360 ± 20
	B7	300 ± 20	340 ± 20	260 ± 20	300 ± 20	220 ± 20	250 ± 20
	B4	200 ± 20	230 ± 20	170 ± 20	200 ± 20	150 ± 20	170 ± 20
	B1	100 ± 20	110 ± 20	90 ± 20	100 ± 20	80 ± 20	90 ± 20

表 8-7　BC 压力（M 车）

		50 km/h		118 km/h		200 km/h	
		空车	定员	空车	定员	空车	定员
BC 压力/kPa	EB	420 ± 20	490 ± 20	360 ± 20	420 ± 20	310 ± 20	350 ± 20
	B7	290 ± 20	330 ± 20	250 ± 20	280 ± 20	210 ± 20	240 ± 20
	B4	190 ± 20	220 ± 20	170 ± 20	190 ± 20	140 ± 20	160 ± 20
	B1	90 ± 20	100 ± 20	90 ± 20	90 ± 20	80 ± 20	80 ± 20

3. 试验报告书（略）

8.3.8　快速制动响应速度试验

1. 试验程序

① 通过 AS1、AS2 截断塞门的操作，作截断（关闭）状态；

② 由制动控制装置 AS 压力检压旋塞（AS1T、AS2T）输入表 8-4 中记载的 AS 压力；

③ 由制动控制装置的圆柱形插头 CN3 输入速度信号；
④ 由司机台输入快速制动指令；
⑤ 由 T1—1、M1—2、M2—3、T2—4 制动控制装置的检压旋塞测定 BC 压力；
⑥ 在表 8-8 各条件下进行①～⑤各项试验。

表 8-8　快速制动响应速度试验

项　　目	设 定 值
列车速度/(km/h)	50
制动指令	EB
载荷条件	定员

2. 判定标准

自输出制动指令到启动快速制动为止的（要求 BC 压力 ×0.63）响应时间应在 2.3 s 之内，见图 8-6。

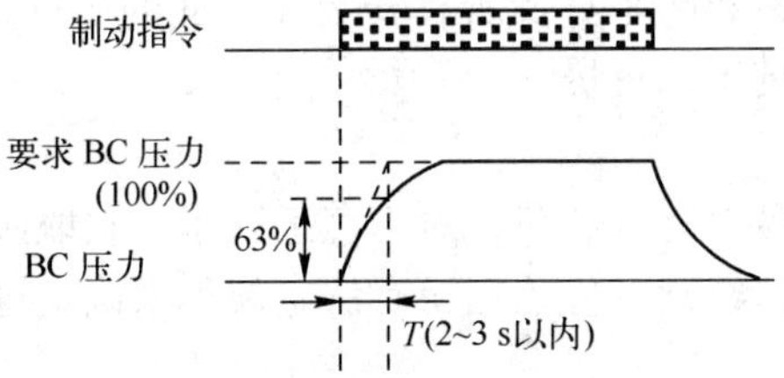

图 8-6　响应时间

3. 试验报告书（略）

8.3.9　紧急制动静态特性试验

1. 试验程序

① 将设在各车司机用配电盘的 BCUN（制动控制装置控制电源用断路器）开放；
② 由 T1—1 车 LJB1，根据速度条件加压 · 非加压 30 线；
③ 由司机台输入紧急制动指令（制动控制器切换为“运行”至“拨取”位置）；
④ 由 T1—1、M1—2、M2—3、T2—4 制动控制装置的检压旋塞测定 BC 压力；
⑤ 在表 8-9 各条件下进行试验。

表 8-9　紧急制动静态特性试验

项　　目	设 定 值
列车速度/(km/h)	160 km/h 未满
	160 km/h 以上
制动指令	UB

2. 判定标准

各条件下的 BC 压力值应在规定值之内，如表 8-10 所示。

表 8-10 BC 压力

车　　种	T 车		M 车	
速度/(km/h)	160 未满	160 以上	160 未满	160 以上
BC 压力/kPa	360 ± 20	320 ± 20	350 ± 20	300 ± 20

3. 试验报告书（略）

8.4 CRH1 型动车组制动系统试验

8.4.1 静态试验

1. 机车车辆的载荷状态及重量定义

重量定义按照欧洲标准 EN12663 的规定。

1）工作状态的车身重量（m_1）

工作状态的重量包括整装的车身及所有安装在上面的部件，其中包括水、沙、燃料、食品的全部运转储备量和员工总重量。

2）最大有效载荷（m_2）

应依据车辆种类确定最大有效载荷，对于客运列车，它取决于乘客的座位数量和站立区域每平方米的乘客数量。经营者应依据所有法定规程来确定这些数值，给出有效载荷和车辆运输允许的乘客数量。

3）转向架或走行系统的重量（m_3）

转向架或走行系统的重量是 4）～9）所列所有设备的重量，包括悬挂装置的重量。

4）空车自重

空车自重包括：

① 全部组装完成后的车辆；

② 在正常工作水平的油、制冷/制热用液体，润滑剂等；

③ 工具、备件、紧急装备等。

5）服务重量

每辆车的服务重量等于 $m_1 + m_2 + m_3$，包括：

① 空车自重；

② 易耗材料和液体的最大运行储备；

③ 车组工作人员重量。

6）最大正常重量

每辆车的最大正常重量相当于 $m_1 + m_2 + m_3$，包括：

① 服务重量；

② 就座乘客的最大重量；

③ 乘客的重量（包括行李）是 80 kg。

7）最大超载重量

载荷情形包括最大正常重量加上 20% 的超员重量，额外 20% 重量的重力中心取决于地板空地范围。

8）车辆水平的重量要求

重量要求根据车辆技术规格书的要求，即：在最大正常载荷条件下，轴载荷不超过 16t。

9）车辆重量

服务重量：421 t（±5%）

最大正常重量：474 t（±5%）

最大超载重量：485 t（±5%）

2. 全面气密性和压缩空气设备操作试验

1）主风缸和其他空气设备的气密性（R）

目的：

① 检查主风缸和其他空气设备的气密性；

② 气密性检查将作为常规试验。

2）制动气缸和辅助风缸的气密性（R）

目的：

① 联合二系悬挂的气密性，检查制动气缸和辅助风缸的气密性；

② 本试验作为常规试验进行。

3）压缩空气设备的操作检查（R + T）

（1）目的

① 检查压缩空气设备的操作；

② 试验的一部分也作为常规试验进行。

③ 规范/标准参考 IEC 1133。

（2）条件

试验对象：8 辆车组成的列车单元。

地点：BSP 工厂。

所需电源：3 × 400 V 蓄电池供电。

（3）程序

① 压缩机容量：检查压缩空气系统的充气时间；

② 外部供风：当外部供风阀打开时，检查外部供风阀打开的信息是否显示给司机，并检查牵引阻块起作用；

③ 主风缸压力低：检查主风缸压力低的信息是否显示给司机；

④ 主风缸压力过低：检查主风缸压力过低是否切断牵引电源；检查压力更低是否启动刹车；

⑤ 压力开关和传感器的监控：检查压力开关或传感器出错的信息是否显示给司机；

⑥ 主压缩机运转时间：检查主压缩机运转时间过长的信息是否显示给司机；

⑦ 主压缩机过电流保护：检查过电流保护跳闸的信息是否显示给司机；

⑧ 主压缩机操作：检查整列车的压缩机之间运转分配是否正确；

⑨ 辅助压缩机：检查辅助压缩机的运转；检查辅助压缩机运转时间过长的信息是否显示。

3. 静态制动试验

1）运行与紧急制动试验（T）

(1) 目的

检查静态时运行和紧急制动的性能。

规范/标准参考 IEC 1133。

(2) 条件

试验对象：1 个列车单元（8 辆车）。

地点：BSP 工厂。

所需电源：压缩空气，蓄电池供电。

(3) 程序

所有轮轴和制动气缸压力表已经安装。安全制动试验过程中将使用的制动闸片测力装置。

① 制动试验：检查司机制动功能试验；

② 运行制动：检查制动时制动缸压力；当应用全运行制动时检查制动缸压力、充放的时间；检查全部运行制动功能；

③ 紧急制动：检查紧急制动时的制动缸压力及作用时间；检查紧急制动作用和缓解功能；

④ 安全制动：在不同的模拟载荷下作用安全制动时，检查制动缸压力、充放时间；在一个驱动轴和一个拖车轴上检查制动闸力；检查安全制动作用和缓解功能（包括打开安全回路和主风缸压力过低）。

⑤ 停放制动：检查停放制动的自动功能；检查驾驶室的应用和缓解功能；检查主风缸的压力低于 350 kPa 时的应用；

⑥ 载荷状态：在服务重量、模拟正常重量的一半及模拟最大正常重量时检查制动缸压力；

⑦ 车轮滑动保护：检查使用 WSP 阀制动气缸的压力释放和应用时间；

⑧ 制动组件：检查所有与制动有关的组件，其正确动作由 TCMS 控制。

2）停放制动（A）

(1) 目的

检查静态保持和停放制动（斜坡不适用，可在有阻滞的平轨道上进行）。

规范/标准参考 IEC 1133。

(2) 条件

试验对象：8 辆车组成的列车单元。

(3) 程序

所有转向架上应安装制动缸压力表。

① 保持制动：检查保持制动功能；检查列车单元在最大正常载荷下在 30‰斜坡上保持制动；

② 停放制动：检查列车单元在最大正常载荷下在 30‰斜坡上停放制动。

4. 紧急车钩（包括制动管路功能牵引试验）（T）

1）目的

验证紧急车钩在动车组或机车牵引时的机械连挂功能。

规范/标准参考：

① 3EST000210—7715ES 功能辅助电气系统；

② MLN_EYS1_05085—CHE 辅助负载模式 ；

③ MLN_EYS1_04218—CHE 辅助电气系统负载模式。

2）条件

2 个动车列车单元，无多余载荷，空车自重，中国机车 15 #车钩和符合中国标准的制动管，所有设备已安装，列车单元处于激活状态。

3）程序

① 检查机械连挂和分解；

② 检查机车作用的运行制动逐步传递到动车组；

③ 检查机车的紧急制动传递到动车组，反之亦然；

④ 检查停车制动的缓解和应用正确；

⑤ 检查制动管路进出气完成正确；

⑥ 检查蓄电池供电包括不充电时能安全供电多长时间。

5. 车轮防滑，牵引控制（T）

1）目的

检查 DCU/M 的防滑控制功能。

规范/标准参考 N/A。

2）条件

试验对象：单个列车单元。

地点：有肥皂水的轨道线路。

使用仪器：牵引/制动记录器，牵引/制动力，滑动指示，牵引/制动力参考 DC（直流电压），防滑制动系统的指示。

3）程序

车辆在洒有肥皂水的低黏着状态线路上运行：

① 给车辆高的牵引力，当车辆打滑时牵引力减少，记录试验中 DC；

② 给车辆高的制动力，检查当车轮打滑指示时电控制动力减少直至关闭，当轮对持续打滑时，防滑系统起作用。记录试验中 DC；

③ 在不同的速度下进行试验。

8.4.2 线路试验

1. 线路制动试验

1）线路制动试验，服务载荷（T）

（1）目的

检查制动性能。

规范/标准参考 UIC 544—1。

（2）条件

试验对象：服务载荷的单个列车单元。

地点：直的/水平/干的轨道。

最大速度：200 km/h。

(3) 程序

用设备检查制动缸压力、应用时间、减速和制动距离，每种速度至少试验三次，在下列情况下检查制动距离。

① 全运行制动

120 km/h - 0 采用 100% 再生制动；

200 km/h - 0 采用 100% 再生制动；

120 km/h - 0 采用无再生制动；

200 km/h - 0 采用无再生制动（研究试验）；

60 km/h - 0 采用 75% 再生制动；

200 km/h - 0 采用 75% 再生制动；

60 km/h - 0 采用 50% 再生制动；

200 km/h - 0 采用 50% 再生制动；

200 km/h - 0 采用制动过程中断开再生制动，测量可能发生的冲击，将不同的制动距离与正常的运行做比较。

② 紧急制动

紧急制动全摩擦制动，速度分别采用下列范围：

90 km/h - 0；

120 km/h - 0；

150 km/h - 0；

180 km/h - 0；

200 km/h - 0；

2）线路制动试验，最大正常载荷（T）

(1) 目的

检查制动性能。

规范/标准参考 UIC 544—1。

(2) 条件

试验对象：最大正常载荷的单个列车单元。

地点：干燥、平直水平线路。

(3) 程序

用设备检查制动缸压力，应用时间，减速和制动距离，每种速度至少试验三次，在下列情况下检查制动距离。

① 常用制动

120 km/h - 0 采用 100% 再生制动；

200 km/h - 0 采用 100% 再生制动；

120 km/h - 0 采用无再生制动；

200 km/h - 0 采用无再生制动。

② 紧急制动

紧急制动全摩擦制动，速度分别采用下列范围：

120 km/h - 0；

180 km/h - 0；

200 km/h - 0。

3）线路制动试验，最大超员载荷（T）

（1）目的

检查制动性能。

规范/标准参考 UIC 544—1。

（2）条件

试验对象：一满载列车单元。

地点：干燥、平直、水平线路。

（3）程序

用设备检查制动缸压力、应用时间、减速和制动距离，每种速度至少试验三次。在下列情况下检查制动距离。

① 常用制动

120 km/h - 0 采用 100% 再生制动；

200 km/h - 0 采用 100% 再生制动；

120 km/h - 0 采用无再生制动；

200 km/h - 0 采用无再生制动；

200 km/h - 0 采用 75% 再生制动；

200 km/h - 0 采用 50% 再生制动。

② 紧急制动

紧急制动采用全摩擦制动，速度分别采用下列范围：

90 km/h - 0；

120 km/h - 0；

150 km/h - 0；

180 km/h - 0；

200 km/h - 0。

（4）紧急制动时热量情况

检查紧急制动下制动盘温度。

4）线路制动试验，多组运行（T）

（1）目的

检查两列车连挂运行时的制动性能。

规范/标准参考 UIC 544—1。

（2）条件

试验对象：两列服务载荷列车单元。

地点：干燥、平直、水平线路。

(3) 程序

用设备检查制动距离，下列情况下检查制动距离和延迟。

① 常用制动

120 km/h - 0 采用 100% 再生制动；

200 km/h - 0 采用无再生制动。

② 紧急制动

紧急制动采用全摩擦制动，速度分别采用下列范围：

120 km/h - 0；

180 km/h - 0；

200 km/h - 0。

5）线路制动试验，减少的性能（T）

(1) 目的

检查去掉一辆车后的制动性能。

规范/标准/参考 UIC 544—1。

(2) 条件

试验对象：一个列车单元，最大超员载荷。

地点：干燥、平直、水平的线路。

(3) 程序

用设备检查制动距离，下列情况下检查制动距离和延迟。

① 紧急制动，去掉一动车，速度分别采用下列范围：

120 km/h - 0；

180 km/h - 0；

200 km/h - 0。

② 紧急制动，去掉一拖车，速度分别采用下列范围：

120 km/h - 0；

180 km/h - 0；

200 km/h - 0。

6）线路制动试验，紧急制动的选择（T）

(1) 目的

检查启动可选择的紧急制动的制动性能。

规范/标准参考 UIC 544—1。

(2) 条件

试验对象：一个载荷的列车单元。

地点：干燥、平直、水平的线路。

(3) 程序

用设备检查制动距离，下列情况下检查制动距离和延迟。

① 乘客启动紧急制动

检查正确使用制动系统，误操作时能被司机控制改变。速度分别采用下列范围：

90 km/h – 0 采用 100% 再生制动；

200 km/h – 0 采用 100% 再生制动。

② DSD 启动紧急制动

90 km/h – 0 采用 100% 再生制动；

200 km/h – 0 采用 100% 再生制动。

③ 安全停止启动紧急制动

90 km/h – 0 采用 100% 再生制动；

200 km/h – 0 采用 100% 再生制动。

7）轮对防滑系统（A）

（1）目的

检查轮对防滑系统性能。

规范/标准/参考 IC 541—05。

（2）条件

试验对象：一服务载荷的列车单元。

地点：不同条件下平直、水平的轨道线路。

（3）程序

用设备检查制动缸压力、主风缸压力、减速、轴速和制动距离；

在轨面上喷洒肥皂水；

检查在下列情况下紧急制动时，WSP 系统的制动距离、减速和综合性能。

① 带有动力学制动的制动试验，速度分别采用下列范围：

120 km/h – 0；

200 km/h – 0。

② 不带有动力学制动的制动试验，速度分别采用下列范围：

120 km/h – 0；

200 km/h – 0。

③ 检查当黏着状态改变时的反应时间

从干燥线路向 40 m 洒有肥皂水的线路做制动试验时，检查无滑跳现象，有或没有动力学制动。

2. 速度控制和自动列车保护系统试验

1）速度控制试验（E）

（1）目的

验证速度自动调节功能。

（2）条件

有或无载荷的一个列车组。

（3）程序

① 速度控制试验

列车在带有曲线及坡度（上下坡都有）的轨道上行驶。速度调整到固定值时测量车辆速度。在指定的时间间隔内测量调整前的速度和车辆速度平均差。这个值不能超过指定的值。

② 低变速试验（研究试验）

以5km/h的速度增加调整前的速度，测量速度和加速度，加速倍率不能超过指定的值。

③ 高变速试验（研究试验）

以50km/h速度增加调整前的速度，测量速度和加速度，加速倍率不能超过指定的值。

④ 电动制动器断开的限速试验

在一个指定的速度，断开电制动器，检测速度在限定的时间降低到限定的值。

⑤ 自动列车保护系统断开的限速试验。

断开自动列车保护系统，检测速度不能超过限制的值。

⑥ 低速控制试验

设置一个低速参考值：15km/h。

⑦ 控制速度降到零的试验

⑧ 冲洗速度模式试验

0km/h，6km/h。

⑨ 耦合速度模式试验

1km/h，2km/h

⑩ 检查在限定的功率内速度调节工作正常

在2/3倍的牵引力下车速从0加速到100km/h。

2）自动列车保护，线路试验，ATP and APC（T + MoR）

（1）目的

验证ATC和APC的功能。

规范/标准参考N/A 。

（2）条件

一个列车单元。

适合200km/h高速运行的试验线路。

（3）程序

由MoR指定。

3. 牵引和制动能力试验

1）牵引能力（E）

通常在系统试验的部分电力驱动试验时检测牵引能力需求，本试验规定不能在系统水平时进行的试验。

（1）目的

在现行高压、牵引、辅助系统正常工作的条件下，检测零部件的温度。

规范/标准参考N/A 。

（2）条件

试验对象：一个列车单元，最大正常重量。

地点：客户选定的线路。

试验仪器：记录主变压器油温，转换器箱内气体的温度，滤波器箱内气体温度，交流器舱体的温度，辅助变压器的温度，二频感应器的温度，牵引电机的温度，电缆的温度，还要记录列车速度及牵引功率。

注：线路要完全控制以便达到最大性能。

(3) 程序

在车辆的典型试验中记录和检测设备温度

2) 制动能力 (E)

(1) 目的

检查制动能力。

规范/标准参考 N/A。

(2) 条件

试验对象：一个列车单元，服务载荷和最大正常载荷。

地点：干燥、平直、水平的轨道。

(3) 程序

每次运行结束测量制动盘的温度。

8.5 电动空气压缩机例行试验大纲

8.5.1 技术规格

空气压缩机技术规格见表 8-11。

表 8-11 空气压缩机技术规格

项目		规格
空气压缩机部分	型式	HS20—8
	方式	往复活塞型两级压缩
	气缸排列状态	水平对置 4 缸
	气缸直径(mm)×行程(mm)×数量	低压级 110×65×2 缸 高压级 62×65×2 缸
	变位容积	1 754 L/min
	排出压力（最大）	880 kPa
	容积效率	70% 以上
	润滑方式	齿轮泵强迫润滑
	冷却方式	自然空冷
	动力传递方式	橡胶弹性联轴器直接耦合
电动机部分	型式	A1 240
	方式	三相鼠笼形
	外壳通风	全封闭制冷
	额定电压	AC 400 V (50 Hz)
	额定输出功率	12 kW
	转速	1 435 rpm
	额定运转时间	30 min
	绝缘	H 级
	主极	4
	启动方式	直接启动

8.5.2 试验准备

① 安装油压计。

② 在中间冷却器上安装压力计。

③ 加润滑油至油位计的 MAX 线。

④ 确认电动机的绝缘状况。

参考值：绝缘电阻 1 000 V 兆欧表，要在 50 MΩ 以上（运转之前）。

8.5.3 磨合运转及溢漏油试验

磨合运转及溢漏油试验在组装过程中，安装气缸盖之前测定。

1. 磨合运转

在将缸盖从压缩机组件拆除的状态下，低速运转（100 ~ 200 r/min），连续运转 5 min 后，确认各部。

规格：各部无漏油、油压上升，无异音，无异常升温。

2. 溢漏油试验

在将缸盖从压缩机组件拆除的状态下，按照额定速度连续运转 30 min，确认缸体顶面的溢漏油情况。

规格：30 min 内缸体上没有油滴下。

8.5.4 性能试验

按图 8-7 连接方法连接到试验用的风缸、各种仪表和塞门等装置后，再进行以下试验项目。

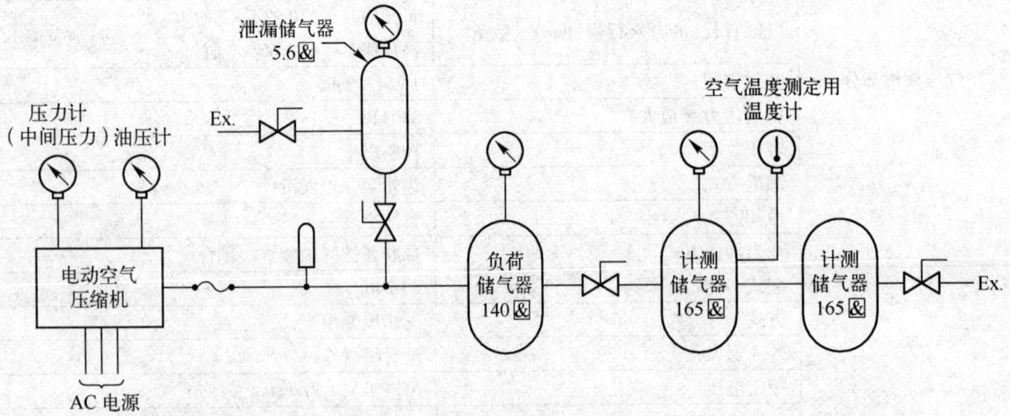

图 8-7 试验连接图

1. 负荷温度上升试验

各部温度和基准周围温度的差要在 ±5℃ 以内时开始，基准周围温度的测定，要在对压缩机的温度不会产生影响的地方进行。在下列条件下，每 10 min 分别对电动机电压、电流、旋转速度、各部温度进行测定，使用激光式温度计进行测量。

条件：负荷压力：885 kPa；

电动机外加电压：AC 400 V/50 Hz；

30 min 连续运转。

规格：30 min 运转后的热机状态下：

① 电动机旋转速度要在 1 420 $^{+70}_{0}$ rpm 的范围内；

② 各部温度上升值要在表 8-12 中的值以下。

表 8-12　各部温度上升值

部位		温度上升值/K
空气压缩机	低压缸体	100
	高压缸体	150
	低压缸盖	150
	高压缸盖	200
	轴承	60
	油温	80
电动机	轴承（温度计法）	70
	定子线圈（电阻法）	180

轴承温度的测定位置见图 8-8。

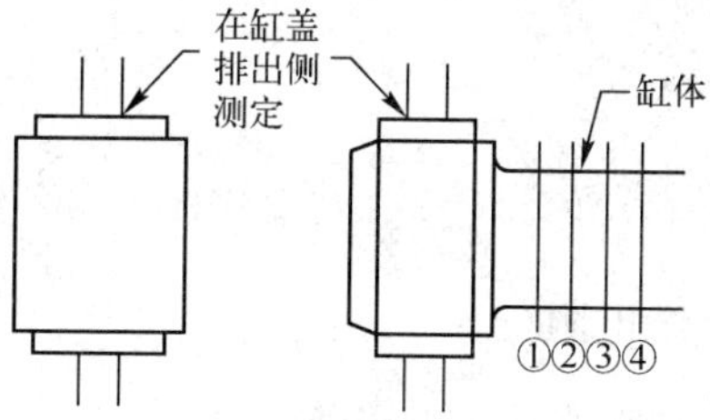

图 8-8　轴承温度的测定位置

注：油温与定子线圈是在运转前及运转后测定，定子线圈根据计算式计算。

下面介绍用电阻法计算温度上升的算法。

温度上升，测定因温升引起的电阻值变化，用式（8-1）算出：

$$t = t_2 - t_a = \left(\frac{R_2}{R_1} - 1\right)(T + t_1) + (t_1 - t_a) \tag{8-1}$$

式中：t——线圈的温度上升，℃；

R_1——冷状态（t_1℃）的电阻值，Ω；

R_2——热状态（t_2℃）的电阻值，Ω；

t_a——基准周围温度，℃；

T——常数（铜 = 234.5，铝 = 230.0）；

t_1、t_2——线圈的温度，t_1 与用温度计从表面测定的温度一样。

2. 油压试验

下列条件下，每 10 min 测定一次油压。

条件：负荷压力：885 kPa；

电动机外加电压：AC 400 V/50 Hz；

30 min 连续运转。

规格：油压范围为 145 ～ 390 kPa。

3. 容积效率试验

用充填法测定。吸入空气的温度，要在离吸气口 10 cm 以内的地点测定。

条件：负荷压力：885 kPa；

电动机外加电压：AC 400 V/50 Hz；

规格：要在 68% 以上（热机状态时）。

容积效率计算公式见式（8–2）：

$$\eta = 9.639 \times 107 \times \frac{1}{P_a \cdot N \cdot t} \times \frac{273 + T_a}{273 + T_R} \times 100 \tag{8-2}$$

式中：η——容积效率，%；

P_a——大气压，mmHg；

N——压缩机（电动机）旋转速度，r/min；

t——充填时间，s。计测储气器从 0→785 kPa 的充填时间；

T_a——吸入空气温度，℃；

T_R——计测储气器空气温度，℃。

4. 绝缘试验

进行电动机的绝缘试验。

1）绝缘电阻试验

用 1 000 V 兆欧表测定绝缘电阻。

规格：10 MΩ 以上。

2）绝缘耐压试验

规格：施加 1 800 V/50 Hz 1 min，无异常。

5. 泄漏试验

1）调查各部的泄漏情况（见图 8–9）。

规格：涂压缩机使用油，用目测的方法确认无泄漏。

2）阀的泄漏试验

① 负荷储气器的压力上升到 900 kPa 以上并停止，确认泄漏储气器的压力在 885 kPa 以上。

② 泄漏储气器的压力下降到 885 kPa 时开始，确认在额定时间内泄漏储气器的压力下降。

规格：1 min 内 75 kPa 以下。

③ 负荷压力 885 kPa 下，运转·停止连续操作 3 次，确认停止时的中间冷却器内压力的衰减。

规格：1 min 内无压力上升。

6. 启动试验

条件：启动时的负荷压力：0 kPa；

外加电压：AC 360 V/50 Hz；

启动方式：直接启动。

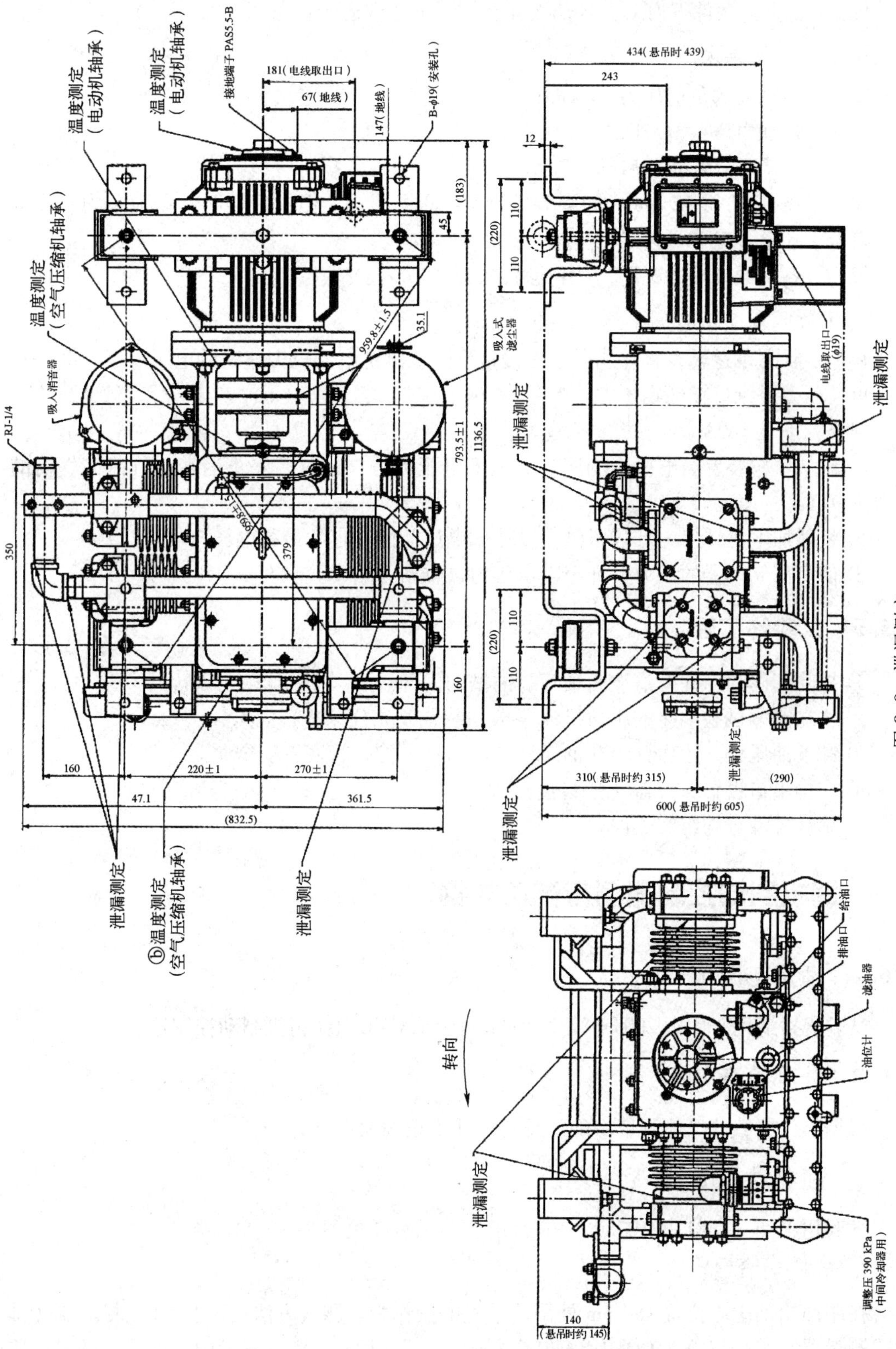
温度测定
（电动机轴承）
温度测定
（空气压缩机轴承）
接地端子 PAS5.5-B
181（电线取出口）
67（地线）
147（地线）
B-φ19（安装孔）
吸入式
滤尘器
吸入消音器
RJ-1/4
959.8±1.5
793.5±1
1136.5
(183)
45
35.1
350
379
160
220±1
270±1
47.1
361.5
(832.5)
泄漏测定
ⓑ温度测定
（空气压缩机轴承）
434（悬吊时 439）
243
12
110
(220)
电线取出口
（φ19）
310（悬吊时约 315）
(290)
600（悬吊时约 605）
转向
给油口
排油口
滤油器
油位计
调整压 390 kPa
（中间冷却器用）
140
（悬吊时约 145）

图 8-9　泄漏测定

规格：在上述条件下启动，各部无异常情况下达到运转状态。

7. 重复启动试验

条件：启动时的负荷压力：0 kPa；
外加电压：AC 360 V/50Hz；
启动方式：直接启动。

在上述条件下，以 2 min 为间隔共进行 5 次重复启动。但再启动时的负荷压力，要减小至符合上述条件时才可再启动。

规格：各部无异常情况下，达到运转状态。

8. 失速试验

在额定状态下运转，将外加电压慢慢地下降，测定电动机失速时的电压。

负荷压力要维持在额定压力。

规格：不足 360 V。

① 以从试验装置高电压侧能测定的最低电压无法失速时，停止运转，负荷储气器的压力为 0 kPa。

② 将外加电压转换为低电压侧，以从低电压侧能测定的最高电压再启动。

③ 使负荷储气器的压力上升至额定压力，重新开始试验。

8.5.5 试验终了后

① 排除润滑油，并要清洗曲轴箱、油槽的内部。

② 将在泄漏试验中涂的压缩机油擦拭（装置要充分凉透）。

③ 卸下油压计、压力计，在油压计、压力计上拧入管塞 - 安全阀。

④ 在排出口设置保护盖（塑料盖）。

⑤ 确认各部分均组装无误。

8.6 司机制动控制器例行试验大纲

8.6.1 适用范围

试验规格适用于中国 200 km/h EMU 车辆所载 CMC 100 司机制动控制器。

8.6.2 外观检查

根据组件所载的尺寸测量，确认没有尺寸不正确的地方。

8.6.3 机械动作试验

试验用手柄（1381—3107800—01）的安装示意图见图 8-10。

1. 手柄阻力试验

在距凸轮轴中心位置 180 mm 处测定手柄的操作力。测量方法见图 8-11。测量器（推振式测量器）采用（株）COMURA 制作所所制“S—10 K”型。测量中，推压手柄时，要和手柄中心线保持直角，进行操作。

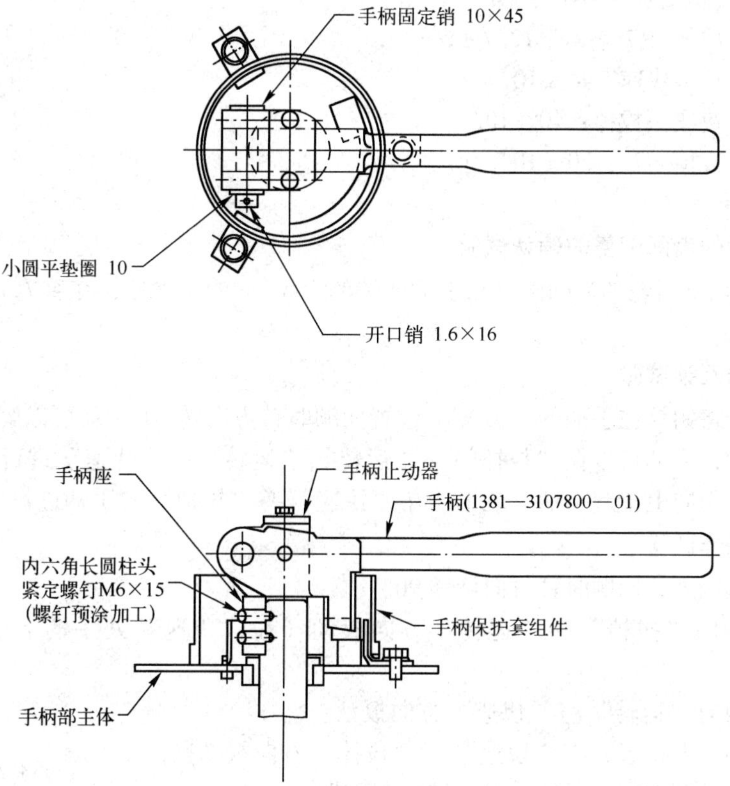

图 8-10 试验用手柄安装（快速位置）

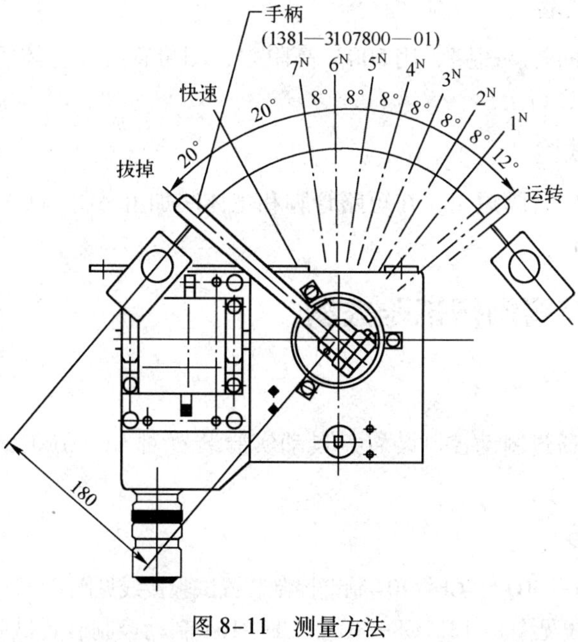

图 8-11 测量方法

规格：① 运转 <=> 1^N：20 ± 5^N

（但要比 $1^N\to2^N$，高 3^N 以上）

② 1^N <=> 7^N各级：12.7 ± 6^N

③ 7^N→快速：44 ± 10^N

④ 快速→拔掉：40 ± 10^N

⑤ 拔掉→7^N：30 ± 10^N

注：1 kgf≈10 N。

2. 锥齿轮的齿间隙量的确认试验

规格：确认锥齿轮的齿间隙量在手柄前端的205 mm 的位置处，在4.7 mm 以内，凸轮轴要固定起来。

3. 机械的互锁试验

① 确认，将钥匙在手柄的“拔掉”位置向顺时针方向转90°，就可以解开锁定状态。

② 开锁后，手柄可以在“拔掉”→“运转”、“运转”→“快速”进行操作。

③ 确认，不向上抬起手柄，就不能在“快速”→“拔掉”对手柄进行操作。

4. 手柄操作试验

① 将钥匙插入，向顺时针方向旋转90°。

② 将手柄向“拔掉”→“运转”方向扳动（在“快速”处手柄下压着扳向“运转”）。

③ 将手柄向“运转”→“快速”方向扳动。

④ 将手柄向上抬起，向“快速”→“拔掉”方向扳动操作。

⑤ 将插入的钥匙向反时针方向旋转90°后拔出。

规格：从1～5作为一个循环，作20个循环，确认可以正常动作。

8.6.4 绝缘电阻试验

将航空插头全部的管脚短路，用500 V 高阻表，测量管脚和主体间的绝缘电阻。

规格：达到50 MΩ 以上。

8.6.5 绝缘耐力试验

将航空插头全部的管脚短路，在短路管脚和主体间加上 AC1 200 V 电压。

规格：可耐1 min。

8.7 制动控制装置例行试验大纲

8.7.1 适用范围

试验规格适用于通过制动控制装置、自动实验装置对 CF—100 ～ CF—104 制动控制装置进行单独检查。

8.7.2 实验台连接

电气部连接中，CF—100 ～ CF—104 制动控制装置试验接线见图8-12。CF—100 ～ CF—102 制动控制装置试验接线见图8-13。CF—103、CF—104 制动控制装置试验接线见图8-14。

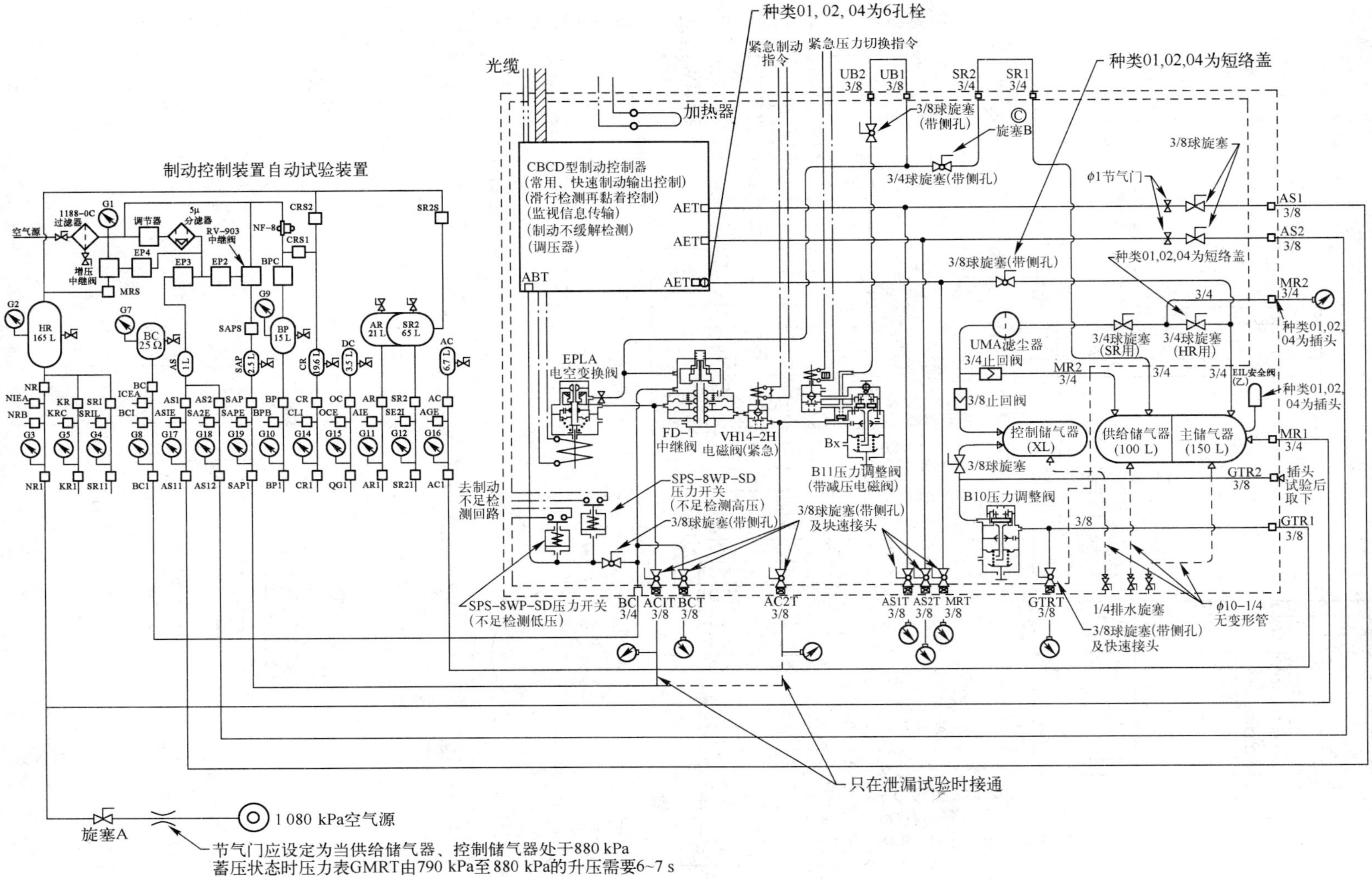

图8-12 CF—100～CF—104制动控制装置试验接线

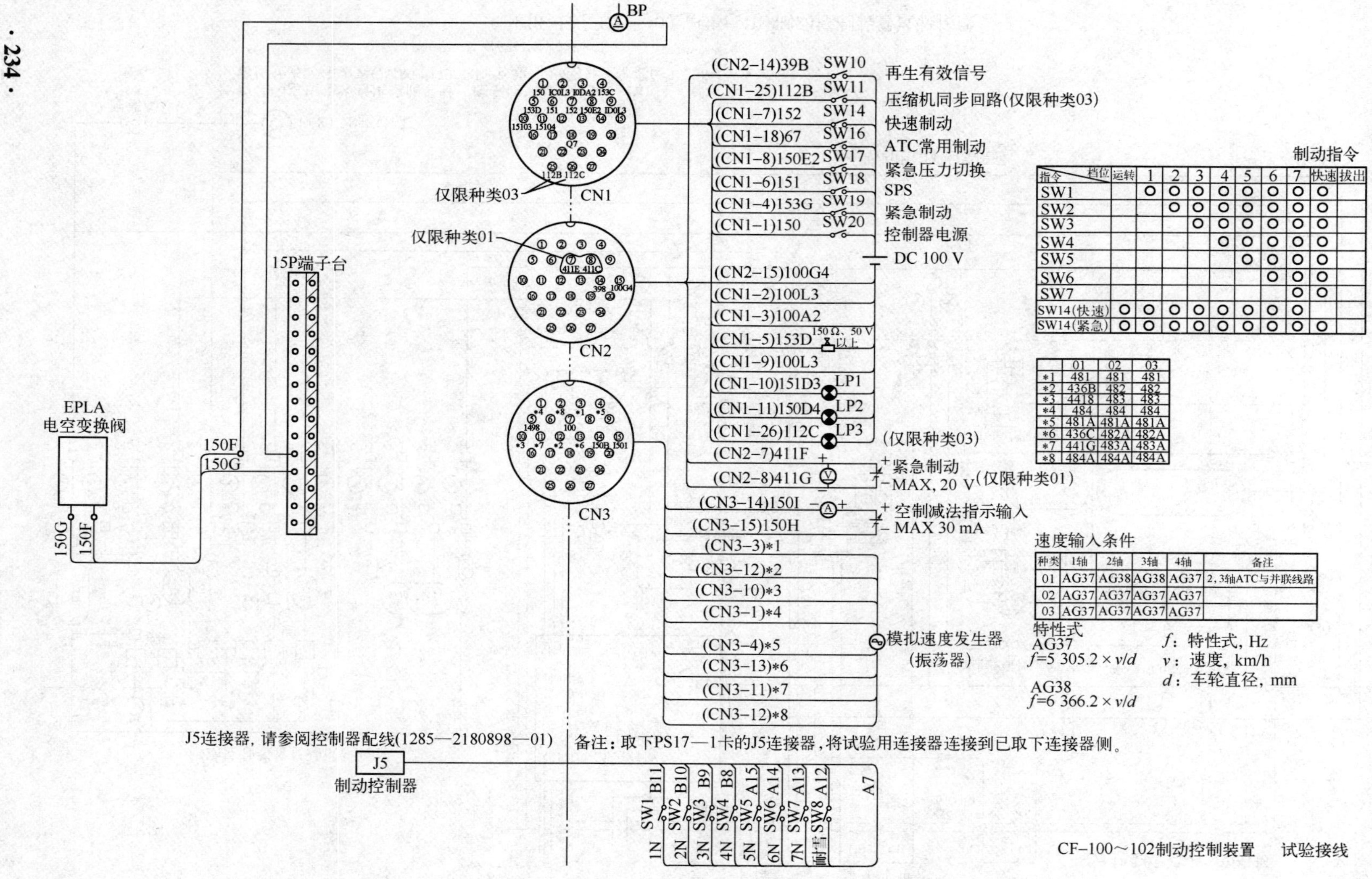

制动指令

指令＼档位	运转	1	2	3	4	5	6	7	快速	拔出
SW1		O	O	O	O	O	O	O	O	
SW2			O	O	O	O	O	O	O	
SW3				O	O	O	O	O	O	
SW4					O	O	O	O	O	
SW5						O	O	O	O	
SW6							O	O	O	
SW7								O	O	
SW14(快速)	O	O	O	O	O	O	O	O		
SW14(紧急)	O	O	O	O	O	O	O	O	O	

	01	02	03
*1	481	481	481
*2	436B	482	482
*3	4418	483	483
*4	484	484	484
*5	481A	481A	481A
*6	436C	482A	482A
*7	441G	483A	483A
*8	484A	484A	484A

速度输入条件

种类	1轴	2轴	3轴	4轴	备注
01	AG37	AG38	AG38	AG37	2，3轴ATC与并联线路
02	AG37	AG37	AG37	AG37	
03	AG37	AG37	AG37	AG37	

图8-13 CF—100～CF—102制动控制装置试验接线

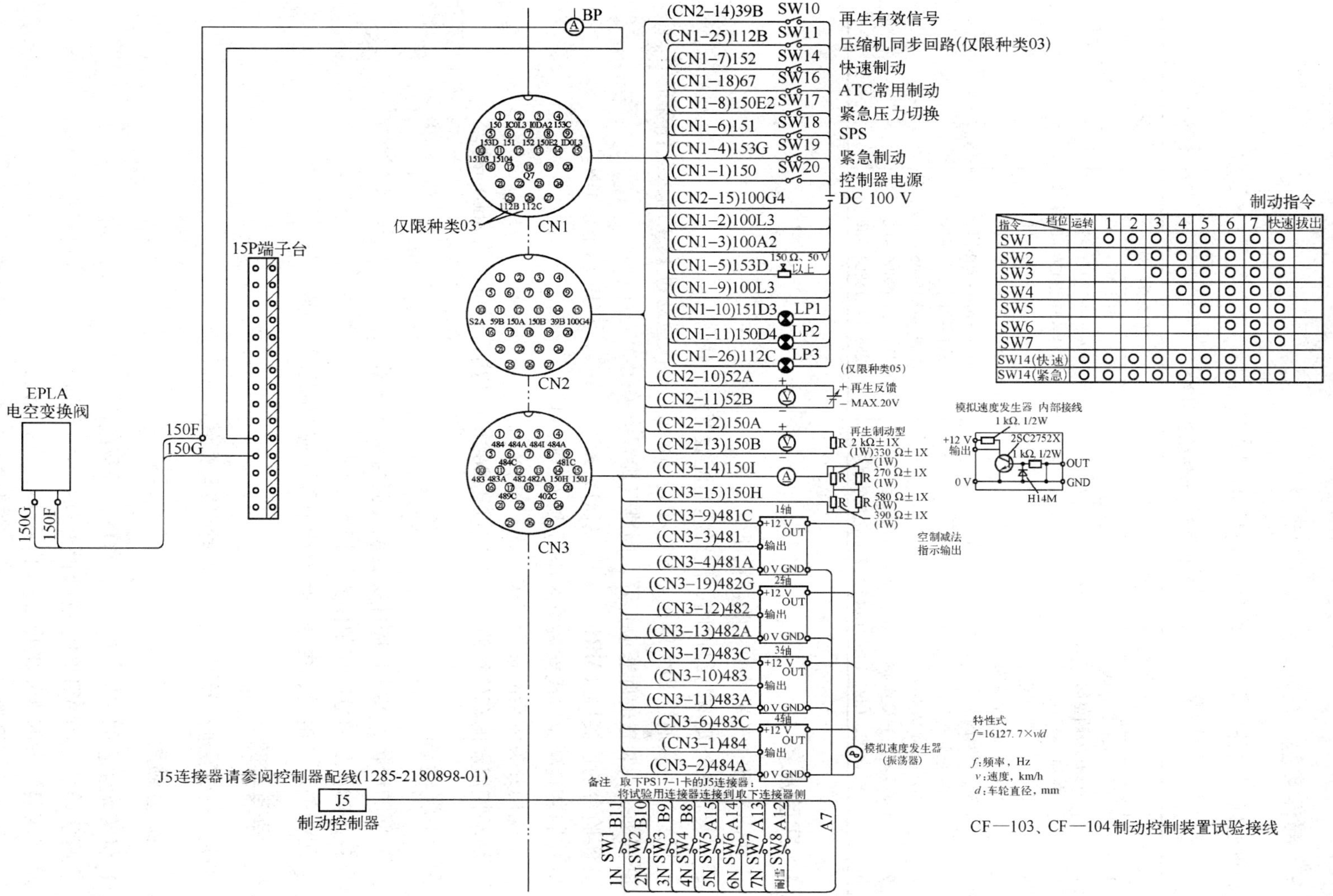

制动指令

指令＼档位	运转	1	2	3	4	5	6	7	快速	拔出
SW1		O	O	O	O	O	O	O	O	
SW2			O	O	O	O	O	O	O	
SW3				O	O	O	O	O	O	
SW4					O	O	O	O	O	
SW5						O	O	O	O	
SW6							O	O	O	
SW7								O	O	
SW14(快速)	O	O	O	O	O	O	O	O		
SW14(紧急)	O	O	O	O	O	O	O	O	O	

图8-14 CF—103～CF—104制动控制装置试验接线

8.7.3 部件实验

装置所使用的各个部件应符合表8-13的检查规格。

表8-13 部件检查规格

项目	部件名	检查规格	备注
1	EPLA 电空变换阀	1558-3K12994-00	
2	B11 压力调整阀	1414-3K13741-12	
3	FD—1 中继阀	1574-3K13436-00	
4	B10 压力调整阀	1414-3K13737-00	
5	VM14—2H 电磁阀	1262-3K11669-00	
6	3/8 止回阀	1821-3K11459-00	
7	3/4 止回阀	1821-3K11461-00	
8	3/8·3/4 球旋塞	1839-4K15845-56	
9	E1L（乙）安全阀	1431-3K12006-00	
10	CBCD100，CBCD101，CBCD102 制动控制器	1285-4K15804-56	

8.7.4 实验准备

① 确认各部电气配线如实验连接所示正常。

② 本装置的外观应与组件图、配线应与配线图相一致。

③ 供给压力应通过EP4调压至880 kPa，AS压力每次应通过EP4调压至各规定值。

④ 制动控制装置的旋塞应打开，但排气旋塞应关闭。

⑤ 实验台的连接口（MR1，BC1，ASI1，ASI2，AC1，SAP1）至于ON。

⑥ 控制装置减压口应安装单芯压力表（1 000 kPa）。

⑦ 实验用开关应全部置于“关”。

⑧ 制动控制器的车轮径修正开关应设于860 mm（出厂时也设为860 mm）。

8.7.5 外观检查

① 各部的形状、尺寸、部件安装位置应与组件图相一致。

② 各部的涂装颜色应与制作要领相一致。

③ 配线关系（电线、线号、环形标记等）应与配线图一致。

8.7.6 导通实验

通过实验装置进行导通实验，确认配线与配线图相一致。

8.7.7 实验顺序

① 将实验装置的MR电磁阀置于ON，进行励磁。

② 将实验装置的AS1的电磁阀置于ON，进行励磁。

③ 将实验装置的AS2的电磁阀置于ON，进行励磁。

④ 将开关1～7断开，进行消磁；将开关14接通，进行励磁。

⑤ 通过上述操作，紧急制动缓解。

⑥ 关闭旋塞 B。

⑦ 确认 AC1T、AC2T 的压力为 0 kPa，并将实验台的连接从 AC1T 变更为 AC2T。

⑧ 打开旋塞 B

⑨ 将开关 19 断开，进行消磁。

⑩ 通过上述操作，紧急制动起作用。

⑪ 将实验装置的 SAP 电磁阀置于 ON，进行励磁。

⑫ 缓慢提升 SAP 的压力，当 B11 排气后缓慢降低 SAP 压力，确认 BC 压力达到规格值以内，然后将 SAP 置于 OFF。

⑬ 将实验装置的 SAP 的电磁阀置于 OFF，进行消磁。

⑭ 将实验装置的 MR 电磁阀置于 OFF，进行消磁。

⑮ 将实验装置的 AS1 电磁阀置于 OFF，进行消磁。

⑯ 将实验装置的 AS2 电磁阀置于 OFF，进行消磁。

⑰ 通过 G8、AC2T 的压力计测量，确认 AC2、BC 的压力下降到规格值。

8.8 制动管路试验

8.8.1 试验前的准备

① 制动系统外购件须有合格证方可装车，各制动装置设定值符合表 8-14 的规定。

表 8-14 制动装置设定值

NO.	部件名称	对象								调整值	备注
		1 T1c	2 M2	3 M1	4 T2	5 T1k	6 M2	7 M1s	8 T2c		
1	E5 调压器		○		○		○			开：(640 ± 10) kPa 关：(780 ± 10) kPa	辅助空气压缩机（内置于辅助空气压缩机装置）
2	F3A 安全阀		○		○		○			吹始：(950^{+0}_{-20}) kPa 吹止：880 kPa 以上	辅助空气压缩机（内置于辅助空气压缩机装置）
3	E1L 安全阀（乙）			○		○		○		吹始：(950^{+0}_{-20}) kPa 吹止：880 kPa 以上	原储气缸（内置于制动控制装置）
4	E1L 安全阀（甲）			○		○		○		吹始：(390 ± 20) kPa 吹止：340 kPa 以上	空气压缩机中间冷却机（内置于电动空气压缩机）
5	B10 压力调整阀	○	○	○	○	○	○	○	○	(490 ± 10) kPa	控制压力
6	S39 乙 A 气压开关	○							○	开：710 kPa 以下 关：(590 ± 10) kPa	MR 不足检测

续表

NO.	部件名称	对象								调整值	备注
		1 T1c	2 M2	3 M1	4 T2	5 T1k	6 M2	7 M1s	8 T2c		
7	SPS－8WP－SD 压力开关	○	○	○	○	○	○	○	○	（未定）	BC 不足检测（高速）制动控制装置内置
8	SPS－8WP－SD 压力开关	○	○	○	○	○	○	○	○	（未定）	BC 不足检测（低速）制动控制装置内置
9	L1A 压力调整阀	○	○	○	○	○	○	○	○	（490±10）kPa	踏面清扫装置
10	B11 压力调整值	○	○	○	○	○	○	○	○	高压 （未定） 低压 （未定）	紧急制动用（内置于制动控制装置）
11	制动控制器	○	○	○	○	○	○	○	○	（未定）	
12	制动控制装置	○	○	○	○	○	○	○	○	（未定）	

② 制动系统部件、空气干燥器、空气压缩机组等应符合图纸和相关技术文件要求。

③ 管路布置及部件安装应符合图纸和相关技术文件要求。

④ 制动控制器手柄置运转位，各塞门手柄把置正常工作位置（平行开通）。

⑤ 在如下位置安装压力表：

- 将 T1—1、T4—8 号车司机室侧门供风管路中的三通 DN 10 上的螺堵解下，安装压力表（代号风表一）；
- 将 T1—1、T4—8 号车分割合并装置安装管路中的三通 DN 10 上的螺堵解下，安装压力表（代号风表二）；
- 将 T1—1、T2—4、T3—5、T4—8、M1—2、M2—3、M3—6、M4—7 号车制动控制装置中 CTRT 快速接头处安装压力表（代号风表三）；
- 将 M4—4 号车减压阀外箱中三通 DN 10 上的螺堵解下，安装压力表（代号风表四）；
- 将 T1—1、T4—4 号车制动控制装置中 MRT 快速接头处安装压力表（代号风表五）；
- 将 T1—1、T2—4、T3—5、T4—8、M1—2、M2—3、M3—6、M4—7 号车制动控制装置中 BCT 快速接头处安装压力表（代号风表六）。

⑥ 空气压缩机润滑油型号、油位、油压、转向、转速应符合使用维护说明书要求，空气压缩机运转正常。若用外接风源，该风源需达到下述净化指标：

- 空气的相对湿度 RH≤35%；
- 含尘埃的颗粒度不大于 10 μm；
- 含油率不超过 10 ppm。

8.8.2 制动系统管路及压缩空气设备的气密性和运转试验

1. 制动系统管路气密性试验

1）MR 总风管路的气密性试验

① 将列车 8 辆编组中的所有塞门均放在正常工作位置；并将总风缸压力充压至（880±10）kPa。

② 空压机运转停止后，保压 5 min，MR 管路（风表五）压力下降值不得大于 20 kPa。

2）BC 制动管路的气密性试验

① 将列车 8 辆编组中的所有塞门均放在正常工作位置；并将总风缸压力充压至（880 ±10）kPa。

② 将司机控制器放在拔取位。

③ BC 制动管的压力到达最大值时开始保压；保压 3 min，各车 BC 制动管路（风表六）下降值不得大于 10 kPa。

2. 压缩空气设备动作检查

1）主空压机充风时间试验

① 初充风时间试验。

② 测量 MR 压力由 0 到（880 ± 10）kPa（调压器动作）的时间。应在 10 min 以下，理论值为 7.54 min。

③ 正常工作时充风时间试验：开启 T1—1 号车排水塞门，使总风压力下降；当总风压力下降到空压机启动压力以后即关闭排风塞门，测量从空压机启动开始到停止时的时间。应在 2 min 以下，理论值为 0.89 min。

2）BCU 内主空压机压力调节器的动作试验

开启 T1—1 号车总风缸的排水塞门，当总风压力降到（780 ± 10）kPa 时，压力调节器应动作，主空压机启动（此时应关闭 T1—1 号车的排水塞门）；当总风压力升至（880 ±10）kPa 时，压力调节器应再次动作，切断主空压机电源，空压机停止运行。

E5 调压器控制辅助空气压缩机动作试验（以 2 号车辅助空气压缩机为例，4 号车、6 号车辅助空气压缩机动作试验参照执行）。

关闭 2 号车辅助空气压缩机，打开辅助空气压缩机装置中辅助气缸排水塞门，观测辅助空气压缩机装置中单针压力表，当压力降至（640 ± 10）kPa 时，E5 调压器动作，辅助空气压缩机启动（此时应关闭排水塞门），当压力升至（780 ± 10）kPa 时，E5 调压器应再次动作，空压机停止运行。

3. 各压力调节阀的核对试验

将列车 8 列编组中的所有塞门均放在正常工作位置；并将总风缸压力充压至（880 ± 10）kPa：

① 调节司机室侧门供风管路中的 3/8 减压阀，使风表一测量值为（100 ± 10）kPa；

② 调节分割合并装置安装管路中的减压阀，使风表二测量值为（295 ± 10）kPa；

③ 调节制动控制装置中 B10 压力调整阀，使风表三测量值为（490 ± 10）kPa；

④ 调节减压阀外箱中减压阀，使风表四测量值为（100 ± 10）kPa。

8.8.3 紧急制动（UB）试验

① 司机制动控制器手柄放置拔取位，全列车应启动紧急制动。

② 操纵司机室及乘务员室紧急制动开关，全列车应启动紧急制动。

③ 总风管压力下降时（按以下条件操纵），全列车应启动紧急制动：

- 将电路系统调至列车正常运行状态，切断电动空气压缩机启动电路，开启 T1—1 号车总风缸的排水塞门，使 MR 压力下降，当 MR 压力降至（590 ± 10）kPa 时，全列车应启动紧急制动；

- 将电路系统调至列车救援回送状态，切断电动空气压缩机启动电路，开启 T1—1 号车总风缸的排水塞门，使 MR 压力下降，当 MR 压力降至（340 ± 10）kPa 时，全列应启动紧急制动。

8.8.4 救援转换装置试验

① 断开全列主、辅助空压机启动电路，T1—1 车司机制动控制器手柄置于运转位，T4—8 车司机制动控制器手柄置于拔出位。

② 厂内机车（或其他类似设备）与动车组连挂，并将机车列车管与总风管分别接到电动车组 BP 管及 MR 管，见图 8-15。

③ 关闭截断塞门 1、2。

④ 分别打开制动软管连接器总成球芯折角塞门及总风软管连接器总成球芯折角塞门，向动车组 BP 管及 MR 管充风：

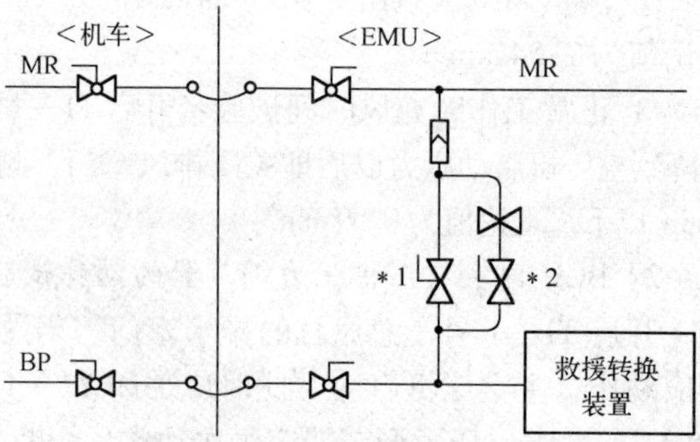

图 8-15 空气系统图

- 当机车 BP 管压力为 600 kPa、MR 管压力为 600 kPa 时，将救援转换装置的转换开关置于客车位，由厂内机车（或其他类似设备）分别做减压至 560 kPa、540 kPa、520 kPa、500 kPa、480 kPa、460 kPa、440 kPa 的制动试验，动车组应分别产生 1 至 7 级相应的制动，缓解时应产生与厂内机车（或其他类似设备）相同的缓解作用；
- 当机车 BP 管压力为 500 kPa、MR 管压力为 600 kPa 时，将救援转换装置的转换开关置于货车位，由厂内机车（或其他类似设备）分别做减压至 460 kPa、440 kPa、420 kPa、400 kPa、380 kPa 的制动试验，动车组应分别产生 1 至 5 级相应的制动，缓解时应产生与厂内机车（或其他类似设备）相同的缓解作用。

8.9 FD—1 中继阀性能试验

8.9.1 试验规格

1. 用途

适用于使用 AB 或 HSC 试验台对 FD—1 中继阀（1574—2129413—01）进行单独试验，接线图见图 8-16。

2. 试验板

使用 FD—1 中继阀试验板（1 003—3 130 766—01）。

3. 压力调整

把 D24B 调到 8 kgf/cm^2，试验规格见表 8-15 和表 8-16。

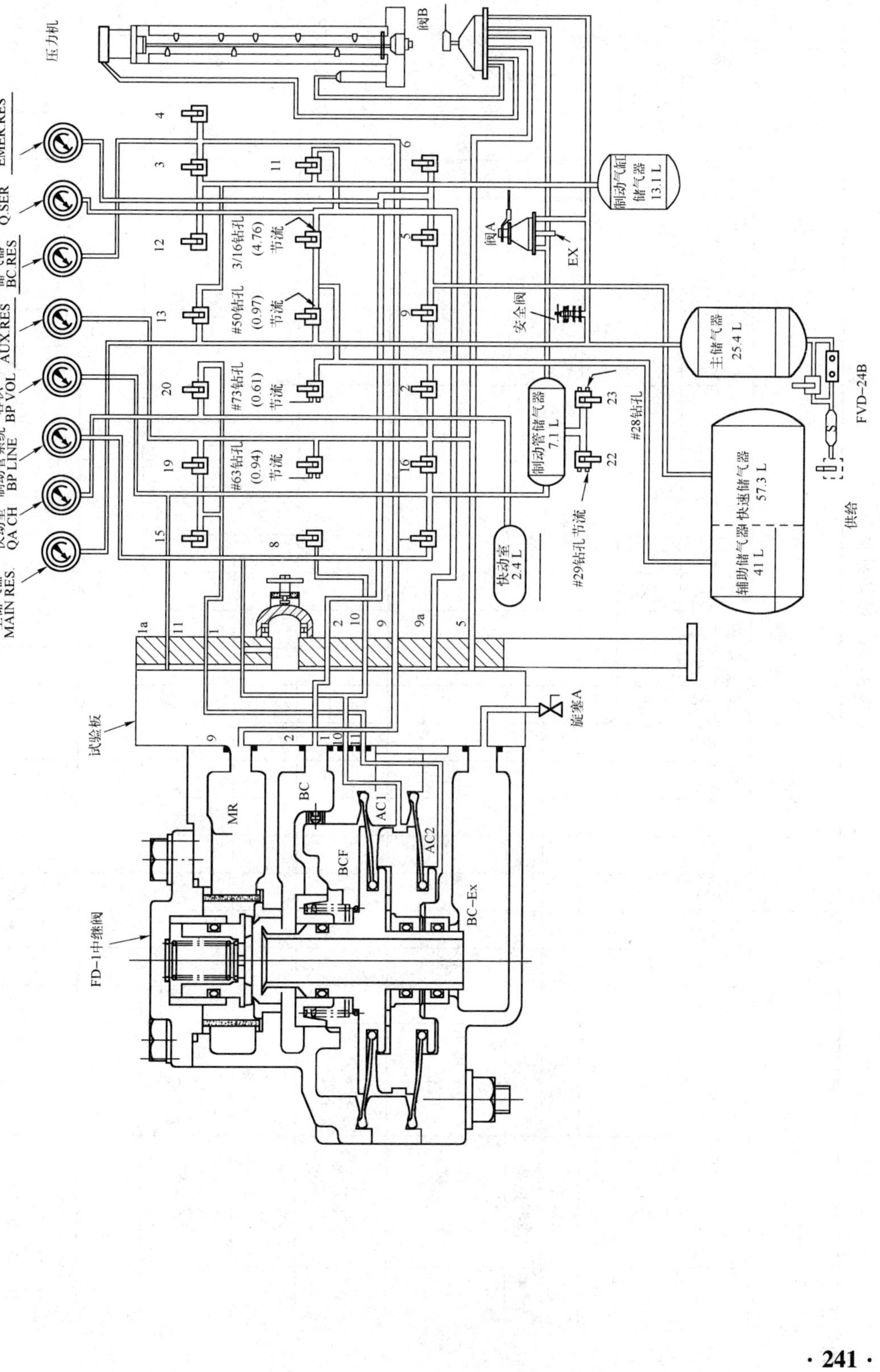
压力机
阀B
主储气器
MAIN RES.
快动室
QA CH
制动管系统
BP LINE
制动管
容积
BP VOL
辅助储气器
AUX.RES
制动气缸
储气器
BC RES
快速制动
Q.SER
快带储气器
EMER.RES
4
3
12
13
20
19
15
11
#50钻孔
(0.97)
节流
3/16钻孔
(4.76)
节流
#73钻孔
(0.61)
节流
#63钻孔
(0.94)
节流
8
6
5
9
2
16
1
制动气缸
储气器
13.1 L
阀A
EX
安全阀
主储气器
25.4 L
制动管储气器
7.1 L
23
22
#28钻孔
#29钻孔节流
快动室
2.4 L
辅助储气器 快速储气器
41 L　57.3 L
FVD-24B
S
供给
1a
11
1
2
10
9
9a
5
试验板
旋塞A
9
2
1
10
11
MR
BC
BCF
AC1
AC2
BC-Ex
FD-1中继阀

图8-16　中继阀接线图

表 8-15 试验规格

			试验板						压力调整							试验准备							年 月 日
	检查步骤	规 格	旋塞号码																			阀 A	备 注
			1	3	4	5	6	8	13	15	16	19	20	A	9								
4.	准备		④	②		⑦			①		⑤	⑥		③								⑧ ⑨ 1 8	⑩、⑧、⑨、反复操作阀，做多次动作
5.	试验																						
5－1	泄漏试验																						
A	MR 系统	30 s 压力无下降		△3																		① 8	②制动管系统及快速储气器为 0 kPa ④注意观察制动器气缸储气器压力表
B	AC1 系统	30 s 压力无下降	△7		①						△3											④ ⑥ 2 3	②制动器气缸储气器为 0 kPa ⑤制动管系统为 700 kPa
																							⑧注意观察制动管系统压力
C	AC2 系统	30 s 压力无下降	① △5					④			⑥ △10											② ⑦ ⑧ 8 2 3	③制动管系统压力表为 0 kPa ⑧辅助储气器为 700 kPa
																							⑪注意观察辅助储气器压力表
D	BC 系统	30 s 压力无下降		③ △5	△2	△6					①												④快速储气器约为 700 kPa ⑦注意观察制动气缸、储气器及快速储气器压力表

续表

			试验板						压力调整									试验准备						年 月 日
	检查步骤	规格	旋塞号码																			阀A		备注
			1	3	4	5	6	8	13	15	16	19	20	A	9									
E	BC－EX系统	30s间压力降下10kPa				② △5								△1								③ 8		④辅助储气器压力为0kPa （结果，快速储气器压力会稍低于700kPa）
																								⑥注意观察快速储气器压力表
5－2	动作试验																							
A	启动压力	≤30kPa		①		②								③								⑤2		④快速储气器约为0kPa ⑥制动管容积压力逐渐上升，测定快速储气器压力上升时的制动
																								制动管容积压力
B	均衡压力（供给膜板重叠压力）																							
B－1	常用制动（加压到AC2）	（4.5±0.1）450kPa											①									② ④ 2 3		③向制动管容积送入压力可以达到450kPa ⑤测定快速储气器压力
B－2	快速制动（加压到AC1、RV2）	（500±10）kpa	③					△2			△1											④ ⑥ 2 3		⑤制动管容积缸压力为500kPa ⑦测定快速储气器压力

续表

			试验板						压力调整												试验准备		年 月 日
	检查步骤	规格	旋塞号码																		阀 A		备注
			1	3	4	5	6	8	13	15	16	19	20	A	9								
C	灵敏度及滞后																						
C－1	供气灵敏度	10 kPa 以下	△4				⑨	⑤			①											② ⑥ ⑧ 8 2 3		③制动管容积及快速储气器压力为 0 kPa ⑦制动管容积压力为 450 kPa
							△11																	⑩快速储气器压力逐渐下降，测定从 MR 开始向 BC 补充时的压力下降量
C－2	排气灵敏度及滞后	排气灵敏度 15 kPa 以下													①									②制动管容积缸的压力逐渐上升，测定 BC 开始排气时的压力上升量
		滞后 10 kPa 以下													△3									④测定快速储气器压力，测定与 B－1 项的实测压力值相比的上升量

表 8-16 试验规格

						试验板					压力调整						试验准备							年 月 日
	检查步骤	规格	旋塞号码																		阀A			备注
			1	3	4	5	6	8	13	15	16	19	20	A	9									
5-3	容量试验																							
A	供给容量	0→450 kPa 7 s 以内		△3	④ △6																	① ⑦ ⑨ 8 2 3		②制动管容积及快速储气器压力为0 kPa ⑤制动管容积缸压力为0 kPa
				⑨																				⑧制动管容积压力为500 kPa ⑩测定快速储气器压力的上升时间
B	排气容量	500→40 kPa 6 s 以内								③		△1		△2										④测定快速储气器压力的下降时间

8.9.2 性能试验

1. 目的

确认试验新设计的300系列TEC用FD1中继阀（力求小型、轻巧，具有与JA中继阀同样的容量）的性能。

2. 试验对象

FD—1中继阀（1574—2129413—01），No：88001。

3. 试验要领

1）试验装置

试验装置见图8-17。

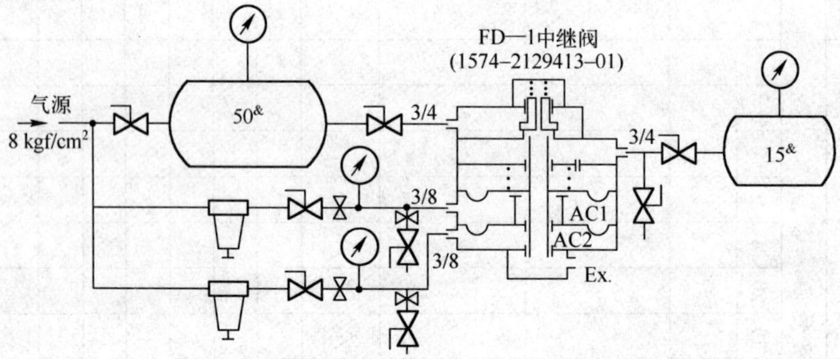

图8-17　试验装置

2）试验内容

(1) 输出输入特性试验

① 测定对应输入时的输出静态特性。

② 以AC1、AC2的两种输入实施。

(2) 容量试验

① 测定阀处于全开状态时的给排容量。

② 供给：50 L的500 kPa→ 18500 kPa的压力下降时间。

③ 排气：15 L的500 kPa→ 18500 kPa的压力下降时间。

(3) 耐久试验

阀处于全冲程状态，进行100万次耐久试验。

4. 试验结果

1）输出输入特性试验

① AC1见图8-18。

② AC2见图8-19。

2）容量试验

容量试验数据见表8-16。

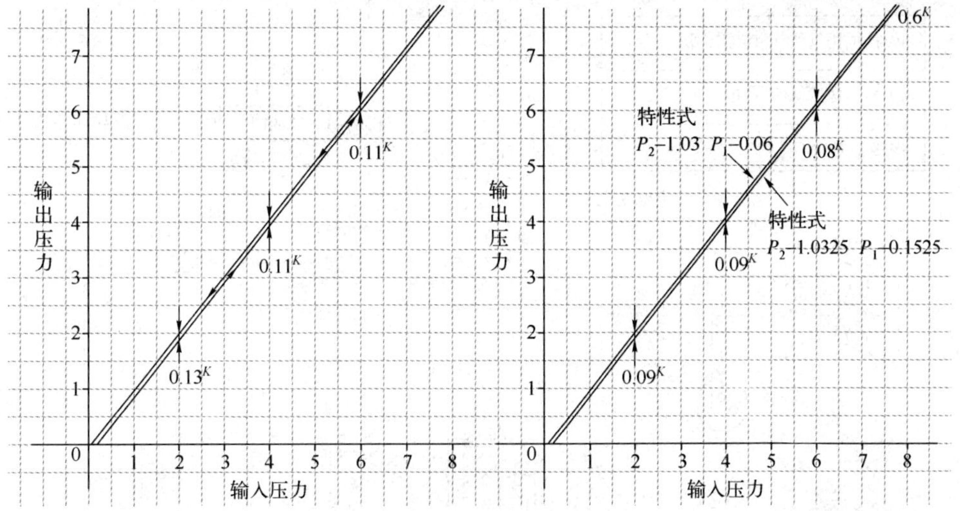

图 8-18 AC1（常用 · 快速回路）

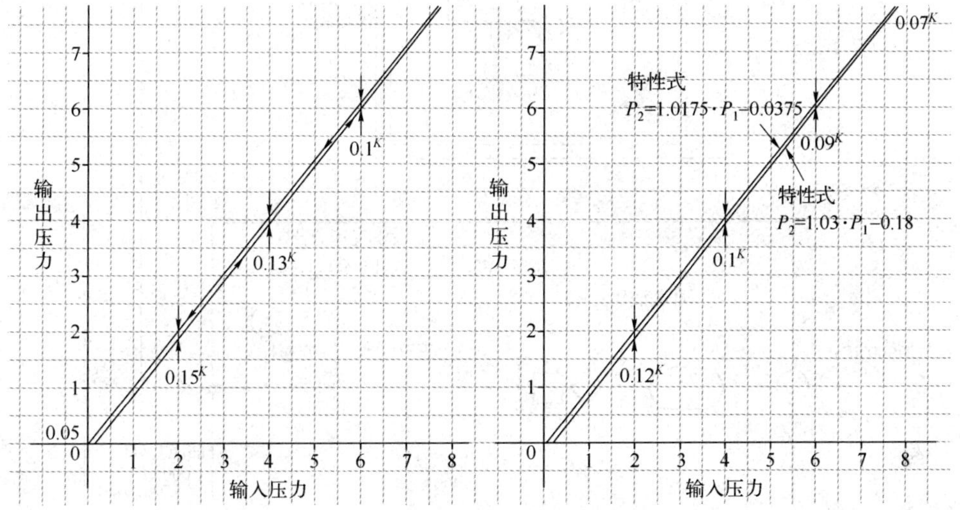

图 8-19 AC2（紧急回路）

表 8-16 容量试验数据

	储气器容积	压力/（kgf/cm²）	压力下降时间/s	相当孔内径/mm
供给	50L	5→	—	
排气	15L	5→	—	

8.10 180—42×55 增压缸试验

8.10.1 试验准备

试验连接图见图 8-20。

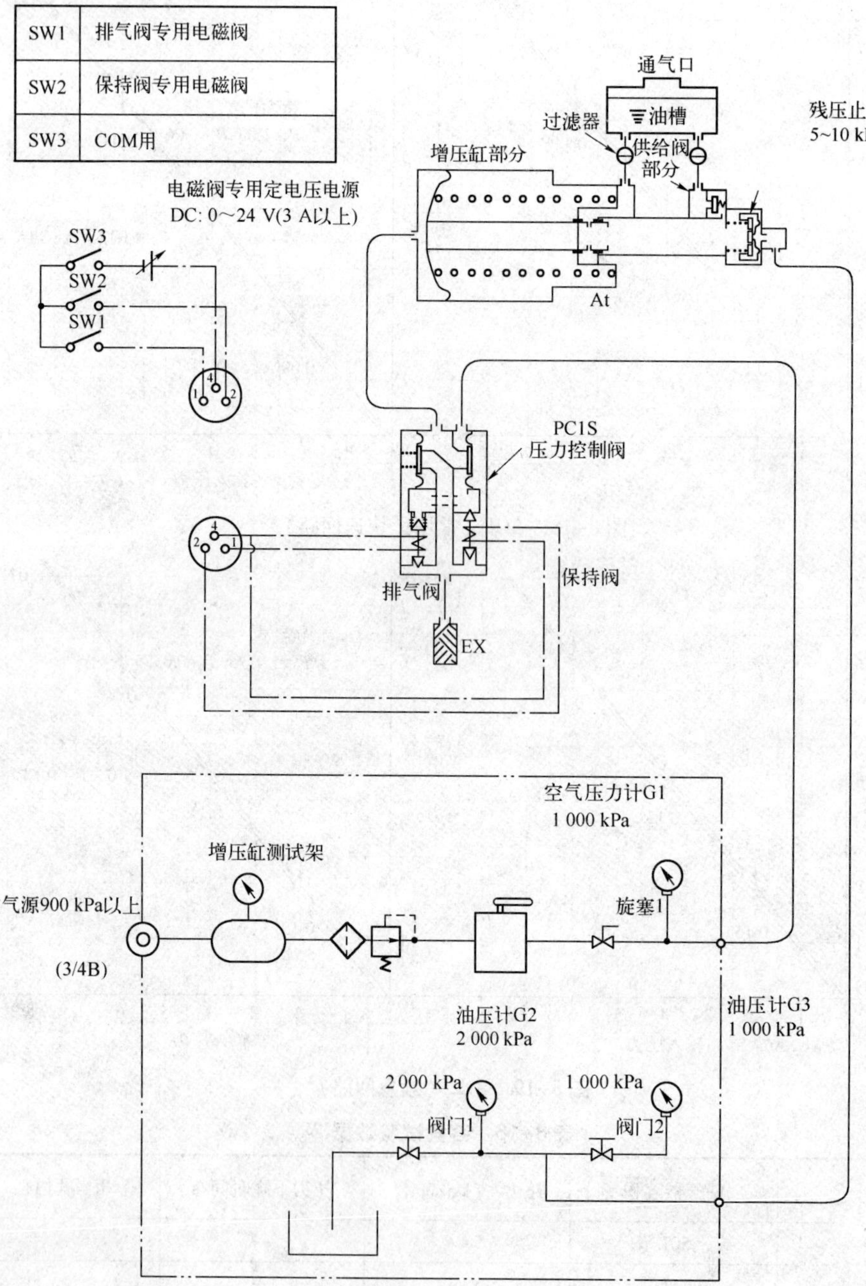

图 8-20　试验连接图

① PC1S 压力控制阀（防滑阀）使用符合 1817—3K13787—00 检查规格的合格品。

② 取下增压缸油槽的防护罩进行测试。

③ 油槽加入规定用油（纯矿物有机变速机油 B /Daphne torque oil B）。

④ 增压缸内供入 200 kPa 的空气，排出油压缸部及油配管内的空气。

⑤ 防滑阀的操作电源调整至 24 V（使用直流电 24 V/3 A 以上的定电压电源装置）。

注意：PC1S 压力控制阀的励磁时间，要严格控制在 20 s 以内。

8.10.2 泄漏测试

1. 空气缸部分

① 给增压缸供 690 kPa 的空气压，转动阀门 1，使增压缸的行程表示杆移动到约 40 mm 处。

② 关闭全部的旋塞和阀门，在气压计 G1 中检查增压缸空气部分泄漏情况并检查行程表示杆的动量。

③ 标准：

- 放置 5 min，压力下降量在 20 kPa 以内；
- 5 min 行程表示杆的动量在 1 mm 以下。

2. 油压缸部分

检查中，注意在油压缸侧各部分油的泄漏情况。此时，油压计 G2 为（12 260 ± 490）kPa。

标准：无泄漏。

8.10.3 增压测试

从活塞行程表示杆为 0 时，逐渐增加供给压，测量空气压力（压力计 G1）和油的压力（油压计 G2）之间的关系，应满足表 8-17 要求。

表 8-17 空气压力与油压的关系

气压/kPa	油压/kPa
100	1 370 ± 290
290	5 000 ± 290
690	12 260 ± 490

8.10.4 高压泄漏测试

加入空气压，使油压（油压计 G2）达到 14 710 kPa，关闭旋塞 1。检查增压缸油压部分的泄漏情况。

标准：无泄漏。

测试结束后打开旋塞 1。

8.10.5 残压测试

使供给空气压为 0 kPa，观测增压缸缓解时油压计 G3 的情况。

标准：50 ～ 100 kPa。

8.10.6 防滑阀动作测试

增压缸供 690 kPa 的空气压，关闭防滑阀的开关，确认防滑阀的状态。

注意：防滑阀的励磁时间，需严格控制在20 s之内。

1. 感知滑行动作测试（缓解/充气）

置开关SW1、SW2状态为ON。

反复置开关SW3的状态为ON与OFF，间隔2 s反复3次，最后停在OFF位置。

标准：油压（油压计G2）反复下降、上升。

2. 泄漏测试

保持阀置开关SW3状态为ON，关闭旋塞1。

标准：压力计G1的压力下降，在10 s内降至10 kPa之内。

置开关SW3状态为OFF，打开旋塞1。

3. 测试结束后

确认开关SW1、SW2、SW3状态均为OFF。

压力计G1、油压计G2回复到0 kPa后，拆除配管、配线。

8.11 EPLA电空转换阀试验

8.11.1 试验说明

1. 目的

实施EPLA电空变换阀的温度试验，明确温度特性。

2. 试验项目

（1）泄漏试验

（2）特性试验

① 输入电流—压力特性试验。

② 上升灵敏度试验。

③ 供给灵敏度试验。

④ 排气灵敏度试验。

⑤ 滞后试验。

8.11.2 试验要领

1. 温度条件

温度分为-30℃、-15℃、20℃、60℃ 4种。在这些条件无异常情况下，可以实施恒温槽的能力界限温度-40℃、80℃试验。（-40℃不可用时，可实施-35℃；80℃不可用时，可实施70℃）。

2. 试验结构（连接）

试验连接见图8-21。

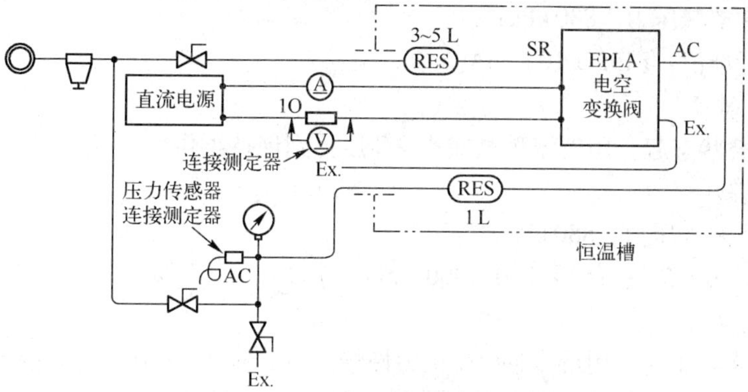

图 8-21 试验连接图

3. 泄漏试验

使用滑动式变压器调整线圈电流，调整到下面【条件】中列出的输入电流。用肥皂水确认排气口是否有泄漏（供给重叠和排气重叠两个状态都要确认）。本试验也可以与后面讲到的输出输入试验合并实施。

【条件】主空气压力：880 kPa；

输入电流（mA）：230、300、400、500、600、700。

4. 特性试验

1）输入电流—压力特性

使用滑动式变压器调整线圈电流，测定输入电流上下阶段性变动时的 AC 压力，确认其在标准值内（见表 8-18）。

输出输入特性式：$P_{AC}(\mathrm{kPa})=1.4514\cdot I_{EP}(\mathrm{mA})-282.3$

主空气压力：880 kPa

表 8-18 输入电流—压力值（标准）

输入电流/mA	230	300	400	500	600	700
压力/kPa	51 (±14.7)	15.3 (±11.8)	298.1 (±11.8)	443.3 (±11.8)	588.4 (±11.8)	733.5 (±11.8)

2）上升灵敏度

灵敏度试验结果见图 8-22。线圈电流从 0 开始徐徐上升，测量 AC 压力开始出现时的线圈电流。

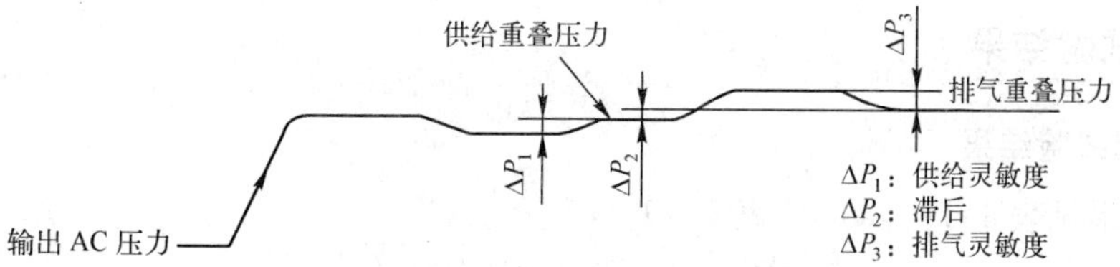

图 8-22 灵敏度试验结果

【条件】主空气压力：880 kPa；

标准值：（195 ± 10） mA。

3）供气灵敏度

从供气重叠状态起，用旋塞稍微减小 AC 压力到保持再供给的状态时，测量与供给重叠压力之间的差。

【条件】主空气压力：880 kPa；

输入电流（mA）：230、300、500、700。

4）排气灵敏度

从排气重叠状态起，用旋塞使 AC 压力慢慢上升，根据当 AC 压力保持从排气口出来微小的排气状态时与排气重叠压力之间的差，测量排气灵敏度。

【条件】主空气压力：880 kPa；

输入电流（mA）：230、300、500、700。

5）滞后

测量供给重叠压力和排气重叠压力的差，把求出的输入输出值绘制为图表求出滞后，见图 8-23。

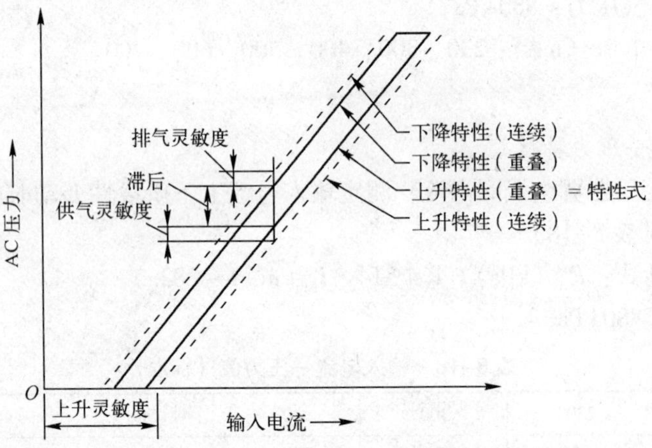

图 8-23　输出输入特性曲线

【条件】标准值：30 kPa 以下；

主空气压力：880 kPa；

输入电流（mA）：230、300、500、700。

8.11.3　试验结果

1. 泄漏试验结果

试验结果见表 8-19（a）～表 8-19（e）。

表 8-19　泄漏试验

（a）温度：80℃

测试项 \ 输入电流	230 mA	300 mA	400 mA	500 mA	600 mA	700 mA
供给重叠	◎	◎	◎	◎	◎	◎
排气重叠	○	○	○	○	○	○

（b）温度：60℃

测试项 \ 输入电流	230 mA	300 mA	400 mA	500 mA	600 mA	700 mA
供给重叠	◎	◎	◎	◎	◎	◎
排气重叠	○	○	○	○	○	○

（c）温度：20℃

测试项 \ 输入电流	230 mA	300 mA	400 mA	500 mA	600 mA	700 mA
供给重叠	◎	◎	◎	◎	◎	◎
排气重叠	○	○	○	○	○	○

（d）温度：－15℃

测试项 \ 输入电流	230 mA	300 mA	400 mA	500 mA	600 mA	700 mA
供给重叠	◎	◎	○	◎	○	○
排气重叠	○	○	○	○	○	○

（e）温度：－30℃

测试项 \ 输入电流	230 mA	300 mA	400 mA	500 mA	600 mA	700 mA
供给重叠	◎	△	△	△	×	×
排气重叠	◎	△	△	×	×	×

表中：－30℃时泄漏不止，用－25℃进行试验仍泄漏不止；
◎—无泄漏；
○—2 min 以内静止；
△—经过 2 min 以上无停止倾向（肥皂水膨大）；
×—经过 2 min 以上无停止倾向（肥皂水不膨大）。

2. 输出输入特性试验

1）输出输入特性试验结果

输出输入特性（试验结果见表 8-20、图 8-24（a）～图 8-24(d)）

80℃：$P_{AC}=1.414\cdot I_{EP}(\text{mA})-261.79$

60℃：$P_{AC}=1.415\cdot I_{EP}(\text{mA})-261.63$

20℃：$P_{AC}=1.429\cdot I_{EP}(\text{mA})-271.14$

－15℃：$P_{AC}=1.467\cdot I_{EP}(\text{mA})-278.77$

表 8-20　输出输入特性结果

（a）温度：80℃

试验值	电流值/mA	230	301	403	503	602	702
	AC 压力/kPa	60	163	310	456	590	726
换算值	AC 压力/kPa	60	162	308	453	588	724

(b) 温度：60℃

试验值	电流值/mA	231	303	398	502	601	704
	AC 压力/kPa	60	167	305	455	589	729
换算值	AC 压力/kPa	60	165	307	453	588	725

(c) 温度：20℃

试验值	电流值/mA	231	302	391	503	601	701
	AC 压力/kPa	50	162	295	454	590	723
换算值	AC 压力/kPa	50	161	302	451	589	722

(d) 温度：－15℃

试验值	电流值/mA	230	302	406	500	602	701
	AC 压力/kPa	52	164	323	461	607	742
换算值	AC 压力/kPa	52	163	■	■	■	741

表中：所谓换算值就是把 AC 压力作为标准值时换算所得的值；

■——标准值以外的值。

表 8-21 给出的是输入输出特性标准值。

表 8-21　标准值

标准	输入电流/mA		230	300	400	500	600	700
	AC 压力/kPa	下限	36.3	141.2	286.3	431.5	576.6	721.7
		上限	65.7	164.8	309.9	455.1	600.2	745.3

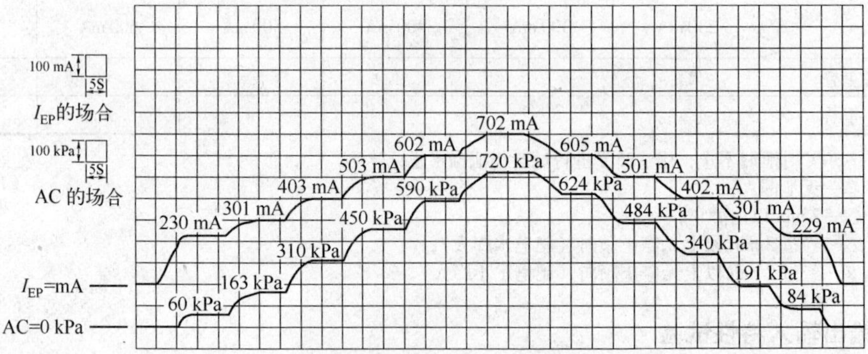

(a) 输入输出特性(温度：80℃　SR：880 kPa)

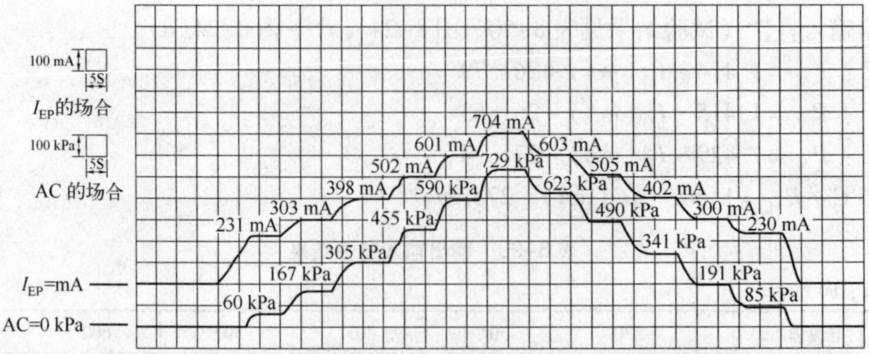

(b) 输入输出特性(温度：60℃　SR：880 kPa)

图 8-24　输入输出特性

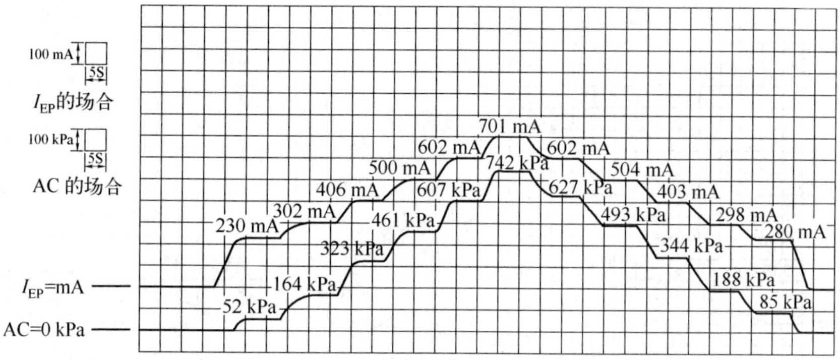

（c）输入输出特性（温度：20℃　SR：880 kPa）

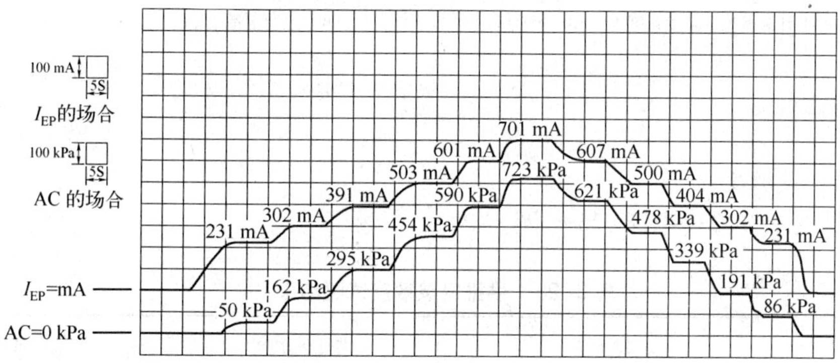

（d）输入输出特性（温度：-15℃　SR：880 kPa）

图 8-24　输入输出特性（续）

2）上升灵敏度

试验结果见表 8-22、图 8-25（a）～图 8-25 ～（d）。

表 8-22　上升灵敏度

温度	80℃	60℃	20℃	-15℃
上升灵敏度	195 mA	200 mA	207 mA	203 mA

标准值：（195 ± 10）mA

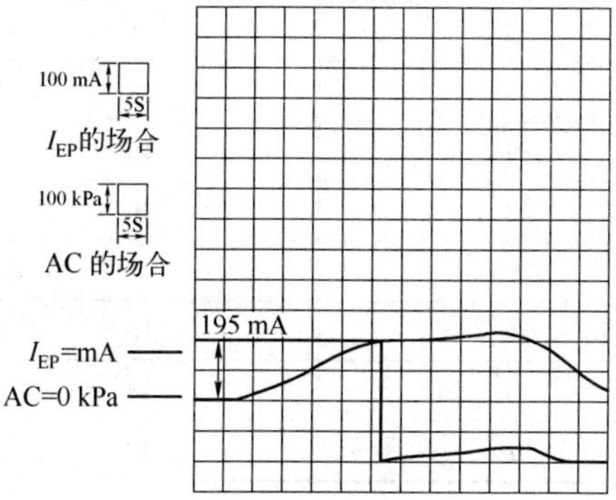

（a）上升灵敏度（温度：80℃　SR：880 kPa）

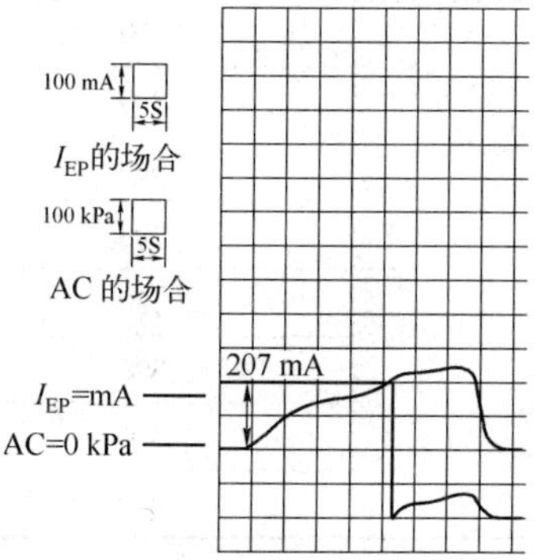

（c）上升灵敏度（温度：20℃　SR：880 kPa）

图 8-25　上升灵敏度

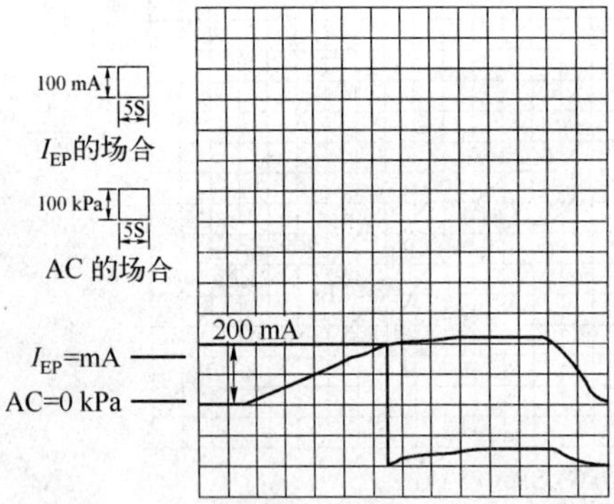

（b）上升灵敏度（温度：60℃ SR：880 kPa）

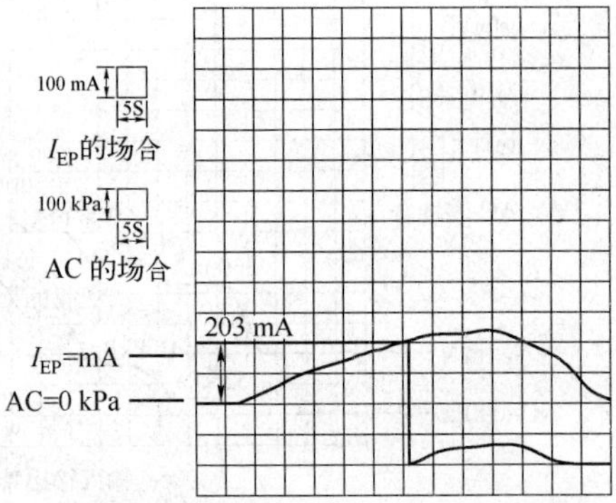

（d）上升灵敏度（温度：-15℃ SR：880 kPa）

图 8-25 上升灵敏度（续）

3）供排气灵敏度

试验结果见表 8-23、图 8-26 ～图 8-29。

表 8-23 供排气灵敏度试验结果 kPa

温度	AC 压力	供气灵敏度（AC）	排气灵敏度（AC）
80℃	230	7	8
	300	8	7
	500	12	9
	700	12	7
60℃	230	7	8
	300	3	7
	500	8	9
	700	7	8
20℃	230	3	11
	300	8	18
	500	9	18
	700	8	8
-15℃	230	11	18
	300	6	16
	500	7	14
	700	6	17

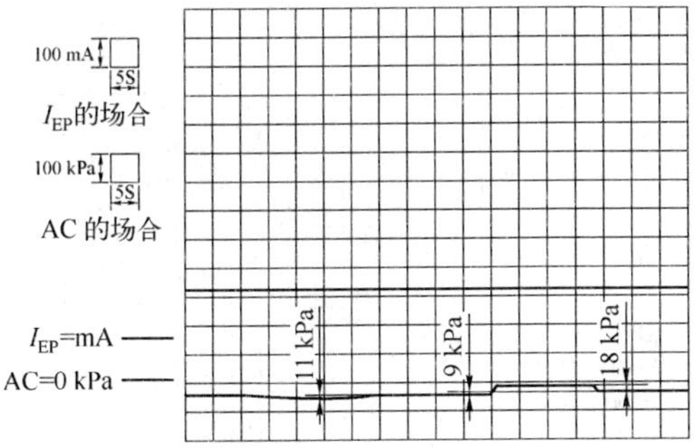

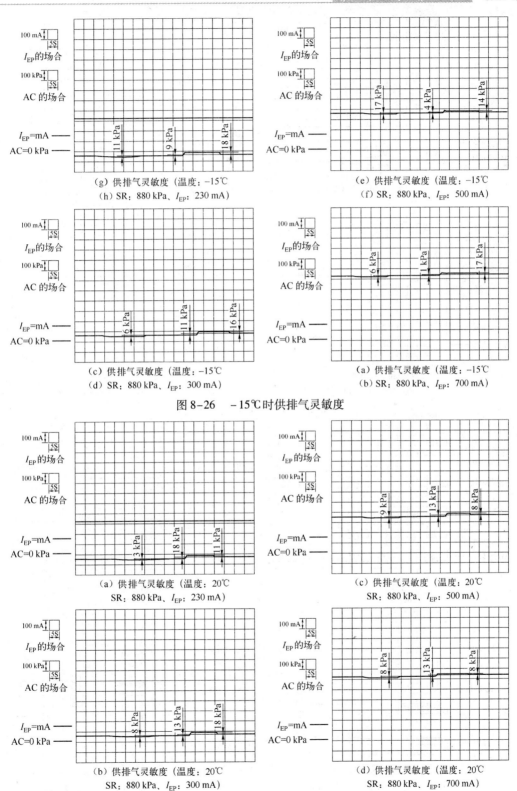

（g）供排气灵敏度（温度：-15℃
（h）SR：880 kPa、I_{EP}：230 mA）

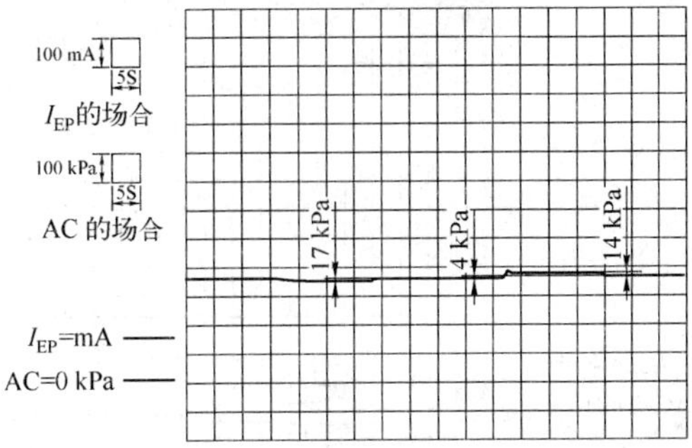

（e）供排气灵敏度（温度：-15℃
（f）SR：880 kPa、I_{EP}：500 mA）

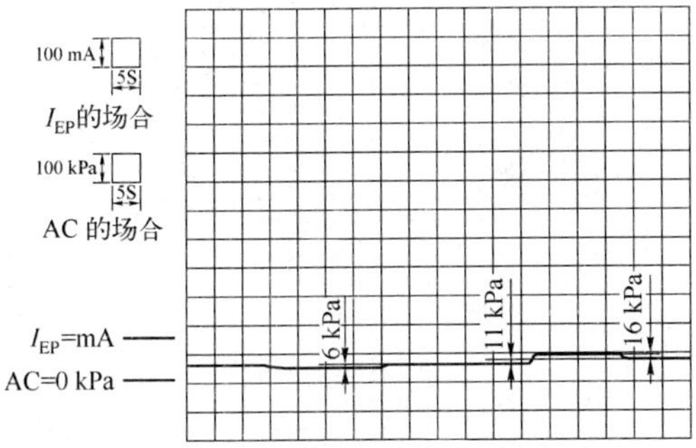

（c）供排气灵敏度（温度：-15℃
（d）SR：880 kPa、I_{EP}：300 mA）

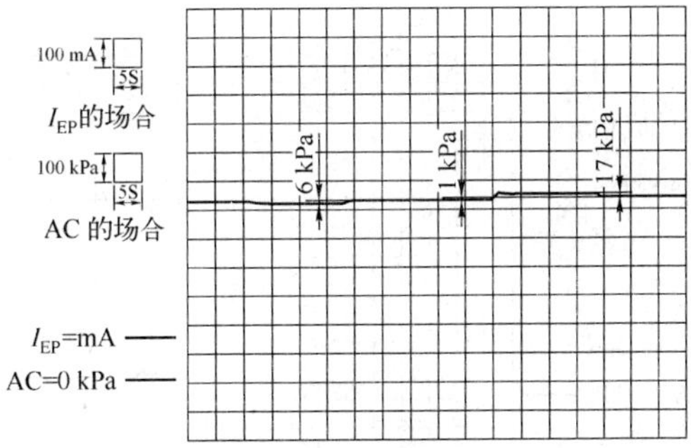

（a）供排气灵敏度（温度：-15℃
（b）SR：880 kPa、I_{EP}：700 mA）

图 8-26　-15℃时供排气灵敏度

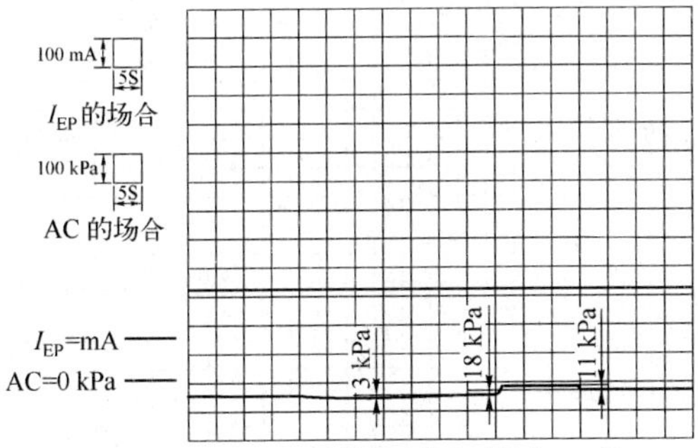

（a）供排气灵敏度（温度：20℃
SR：880 kPa、I_{EP}：230 mA）

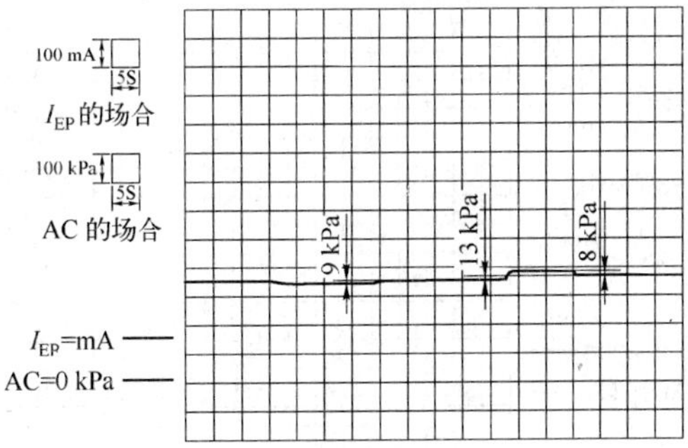

（c）供排气灵敏度（温度：20℃
SR：880 kPa、I_{EP}：500 mA）

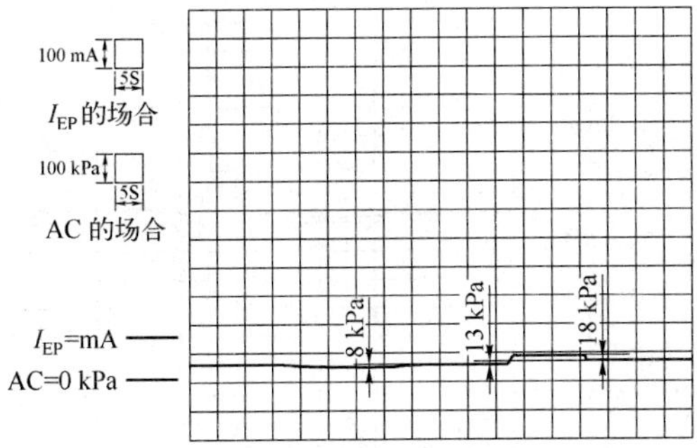

（b）供排气灵敏度（温度：20℃
SR：880 kPa、I_{EP}：300 mA）

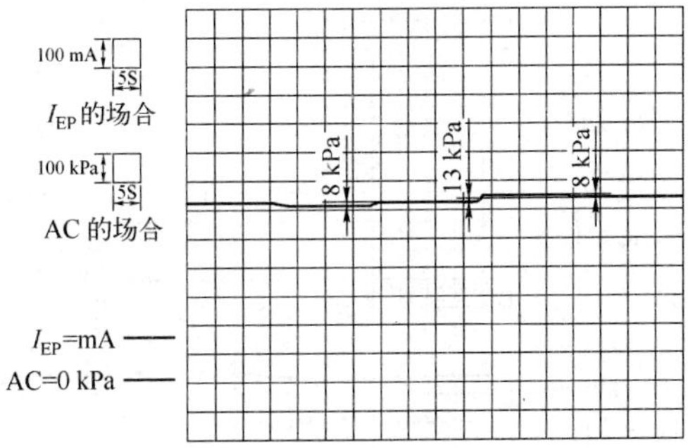

（d）供排气灵敏度（温度：20℃
SR：880 kPa、I_{EP}：700 mA）

图 8-27　20℃时供排气灵敏度

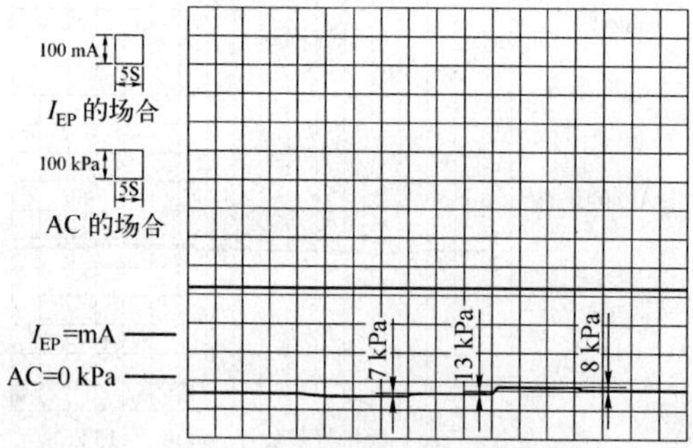

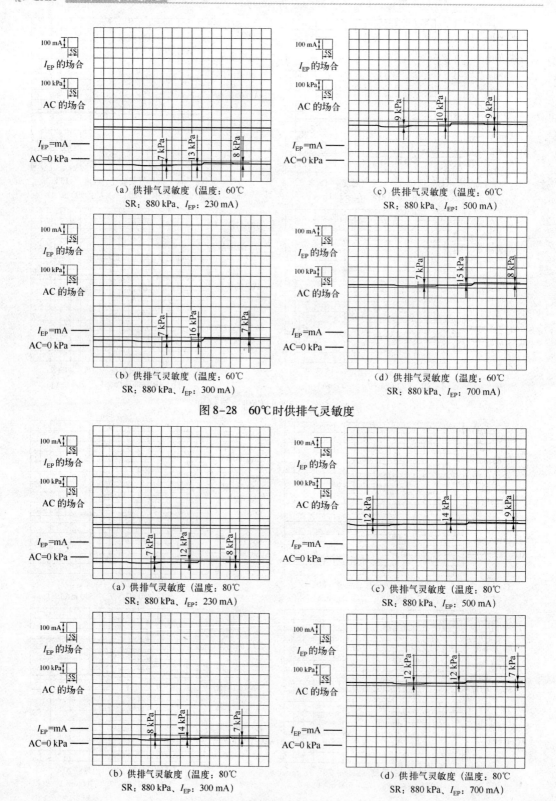

（a）供排气灵敏度（温度：60℃
SR：880 kPa、I_{EP}：230 mA）

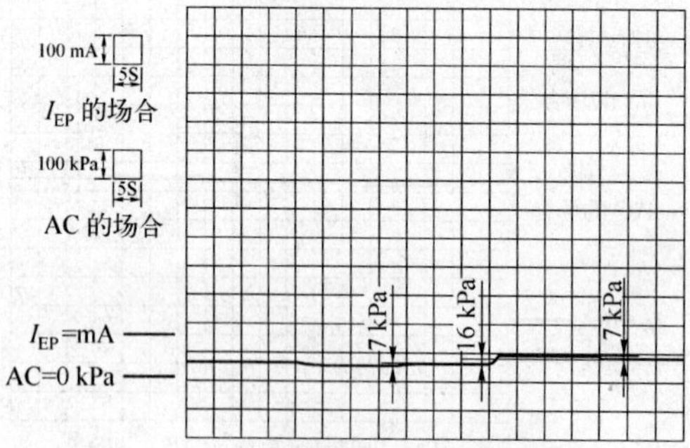

（b）供排气灵敏度（温度：60℃
SR：880 kPa、I_{EP}：300 mA）

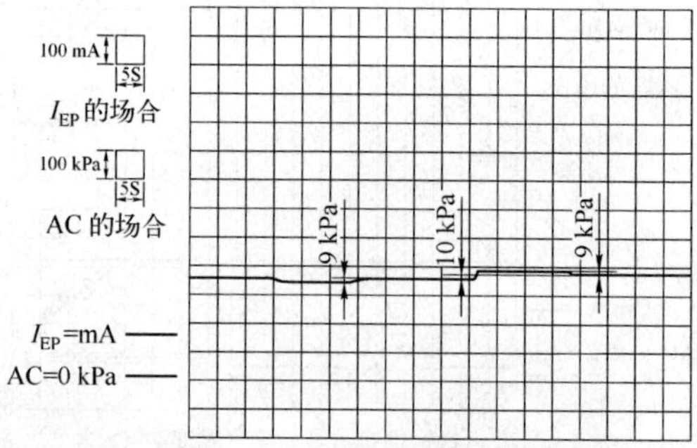

（c）供排气灵敏度（温度：60℃
SR：880 kPa、I_{EP}：500 mA）

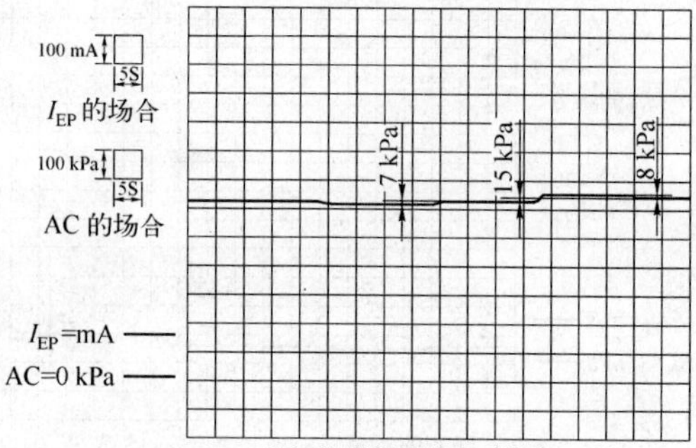

（d）供排气灵敏度（温度：60℃
SR：880 kPa、I_{EP}：700 mA）

图 8-28　60℃时供排气灵敏度

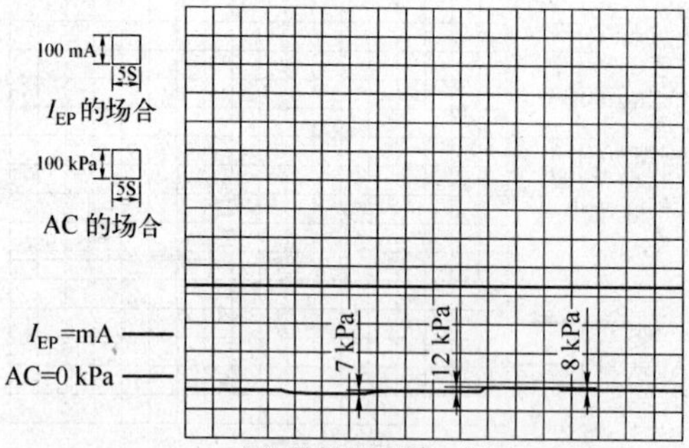

（a）供排气灵敏度（温度：80℃
SR：880 kPa、I_{EP}：230 mA）

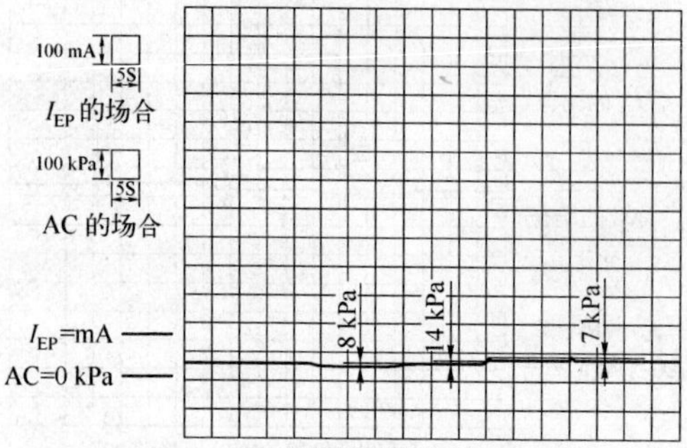

（b）供排气灵敏度（温度：80℃
SR：880 kPa、I_{EP}：300 mA）

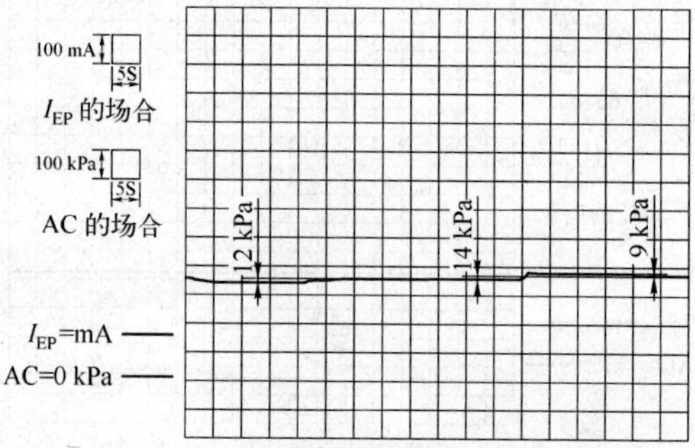

（c）供排气灵敏度（温度：80℃
SR：880 kPa、I_{EP}：500 mA）

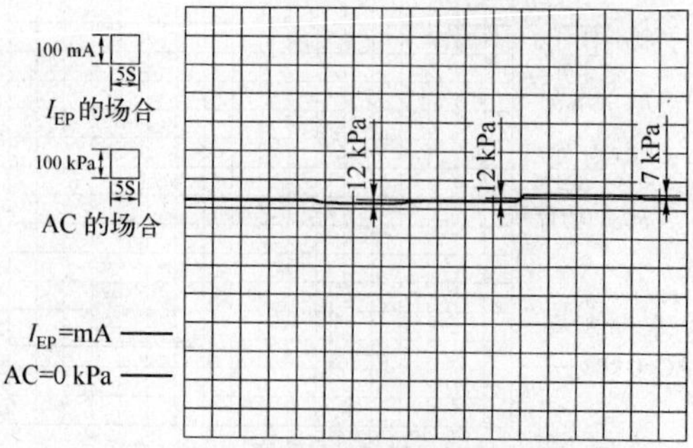

（d）供排气灵敏度（温度：80℃
SR：880 kPa、I_{EP}：700 mA）

图 8-29　80℃时供排气灵敏度

4）滞后

试验结果见表 8-24、图 8-30。（$X-Y$ 曲线是根据图 8-24 的输出输入特性绘制的）

表 8-24　滞试验结果　　kPa

温　度	输入电流 I_{EP}/mA	滞后 P_{AC}/kPa
80℃	230	25
	300	27
	500	33
	600	35
60℃	230	25
	300	27
	500	32
	600	35
20℃	230	30
	300	30
	500	30
	600	29
-15℃	230	29
	300	29
	500	28
	600	27

5）考察

① 关于泄漏试验，在到 -15℃为止时 2 min 内泄漏停止；在 -30℃时泄漏无法停止。把温度提高到 -25℃再次试验，同样泄漏无法停止。关于“2 min 以内静止”，是用肥皂水能确认程度的微量使用，在使用上没有问题。

② 关于输入输出特性，以 20℃调整为基础，在 -15℃有若干提高脱离，考虑是橡胶硬度的影响。变动量最大为 16 kPa，即使超过 BC 压力公差 ±20 kPa 的范围，可以用微调电流值来解决。

③ 关于上升灵敏度，-15℃以上在标准以内。

④ 关于供给灵敏度，不受温度梯度的影响。排气灵敏度与温度低下成比例，有增加倾向。

⑤ 关于滞后，是以上升、下降绘制的数据为基础分别制作的线性近似式，整体上的值偏高，在温度 60℃、80℃（输入电流 I_{EP}：600 mA 时）时，超过标准值 30 kPa。即使在 20℃标准值自身，在性能上没有更多优势。因此由于温度造成的滞后的变动在 -15℃～80℃的范围最大仅为 8 kPa，认为在使用上没有问题。

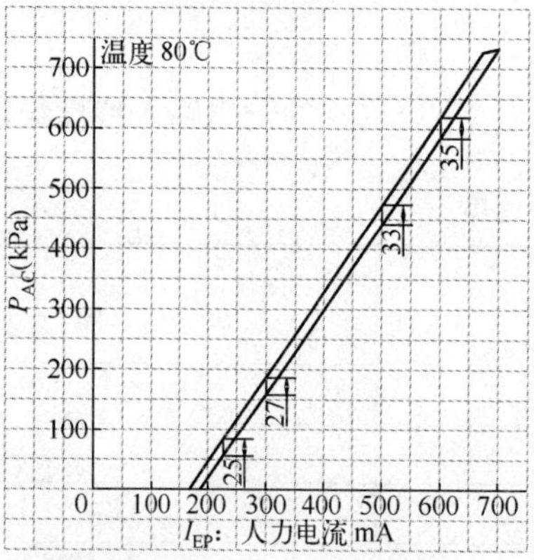

（a）滞后（温度：80℃　SR：880 kPa）

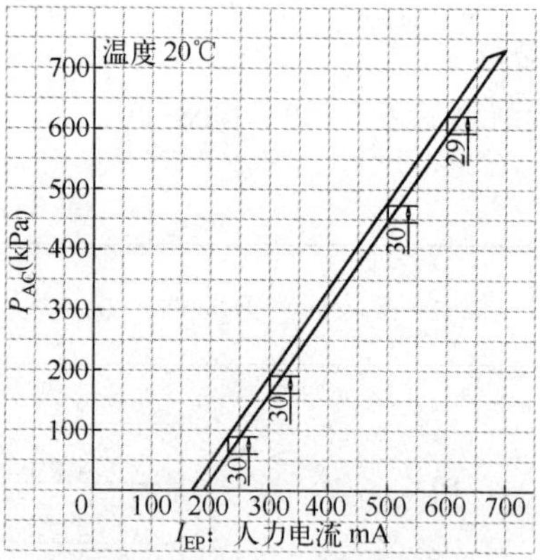

（c）滞后（温度：20℃　SR：880 kPa）

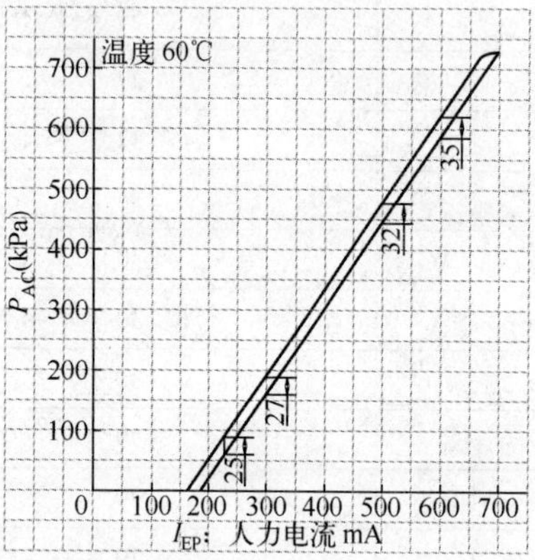

（b）滞后（温度：60℃　SR：880 kPa）

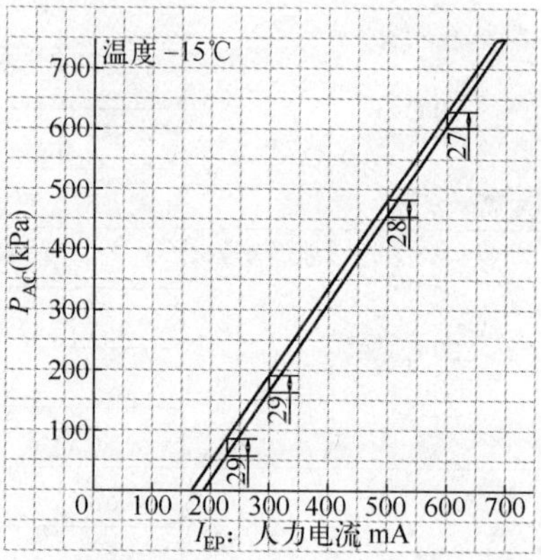

（d）滞后（温度：−15℃　SR：880 kPa）

图 8-30　滞后曲线

复习思考题

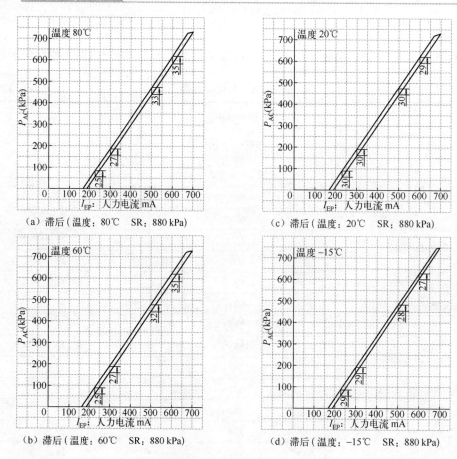

1. 地面室内静置试验台由哪几部分组成？可完成哪些试验？
2. 简述 CRH_2 型动车组制动静态性能试验的测量项目及测量方法。
3. 如何做 CRH_1 制动系统的线路试验？
4. 制动系统试验有几个大纲？简述其主要内容。
5. 如何做制动管路试验？
6. 如何做中继阀性能试验？
7. 如何做增压缸试验？
8. 如何做电空转换阀试验？

附录A　动车组制动系统模拟试题

学生姓名：________　　　　学号：________

题　号	一	二	三	四	五	总分
得　分						
阅卷人						

一、填空（每空1分，共16分）

1. 反映动车组制动性能的最常用的技术指标为________。

2. 影响黏着系数的因素主要有________和________两个。

3. 按制动力的形成方式来分，旋转涡流制动属于________制动。

4. 动车组受到的运行阻力可分为基本阻力和附加阻力两种；其中，受车型影响比较大的是________阻力。

5. 备用制动系统采用无电控的自动式空气制动系统的有________型动车组，采用有电控的直通式空气制动系统的有________型动车组。

6. 自动式空气制动机的特点是列车制动管________压缓解（填“增”或“减”）。

7. 与轨道涡流制动相比，磁轨制动要达到相同的制动能力，其耗电量要________（填“多”或“少”）。

8. 救援/回送制动系统采用无电控的自动式空气制动系统的有________型动车组，采用有电控的直通式空气制动系统的有________型动车组。

9. 为实现轻量化，可采用的制动盘材料有________和________两种。

10. 电阻制动是通过控制主回路中的________值来得到恒定的制动力（转矩）；感应电机是通过控制________来对制动力（转矩）进行控制。

11. 按照制动盘的安装位置，盘形制动可分为轴盘式和轮盘式两种；动力轴多采用________盘式盘形制动装置。

二、简答（每题10分，共60分）

1. 简述ON型和OFF型电磁阀的工作原理，紧急制动用电磁阀属于其中的哪一种？为什么？

2. 简述CRH_2型动车组1M1T组成的单元在常用制动时制动力的控制原理。

3. 简要分析盘形制动的制动力形成过程，闸片作用到制动盘上的摩擦力是不是制动力？为什么？

4. 简述微机控制的防滑装置的工作原理，防滑装置为何对动车组具有尤其重要的作用？

5. 如何在低速下有效地利用电制动?

6. 闸片摩擦系数受哪些因素的什么影响?

三、分析(24 分)

动车组的制动系统为什么要具有“制动能力强、响应速度快”的特点?所采取的技术措施是如何满足这个要求的?

参 考 文 献

[1] 饶忠．列车制动．北京：中国铁道出版社，2003.

[2] 内田清五．日本新干线列车制动系统．北京：中国铁道出版社，2004.

[3] 彭俊斌．动车组牵引与制动．北京：中国铁道出版社，2007.